ISBN 978-0-332-32691-7
PIBN 10988372

1 MONTH OF
FREE
READING

at

www.ForgottenBooks.com

By purchasing this book you are eligible for one month membership to ForgottenBooks.com, giving you unlimited access to our entire collection of over 1,000,000 titles via our web site and mobile apps.

To claim your free month visit:

www.forgottenbooks.com/free988372

English
Français
Deutsche
Italiano
Español
Português

www.forgottenbooks.com

Mythology Photography **Fiction**
Fishing Christianity **Art** Cooking
Essays Buddhism Freemasonry
Medicine **Biology** Music **Ancient
Egypt** Evolution Carpentry Physics
Dance Geology **Mathematics** Fitness
Shakespeare **Folklore** Yoga Marketing
Confidence Immortality Biographies
Poetry **Psychology** Witchcraft
Electronics Chemistry History **Law**
Accounting **Philosophy** Anthropology
Alchemy Drama Quantum Mechanics
Atheism Sexual Health **Ancient History**
Entrepreneurship Languages Sport
Paleontology Needlework Islam
Metaphysics Investment Archaeology
Parenting Statistics Criminology
Motivational

Die
Palau-Inseln
im Stillen Ocean.

Reiseerlebnisse

von

Karl Semper,

Professor der Zoologie und vergleichenden Anatomie an der Universität
Würzburg.

———

Mit einer lithographirten Karte.

Leipzig:

F. A. Brockhaus.
—
1873.

Das Recht der Ueberſetzung iſt vorbehalten.

Meinem lieben Weibe.

Die Mütter haben das Kind ihrer größten Schmerzen am liebsten. Als ein solches lege ich, mein liebes Weib, heute dieses Buch in Deine Hände. Wer es mit Aufmerksamkeit liest, wird erkennen, was Du um mich, den Verschollenen, durch Wochen, Monate in banger Erwartung gelitten hast: solchen Kummers Frucht biete ich heute Deiner Liebe an. Dein ist dies Buch; hältst Du es werth, so hat es seinen Zweck erfüllt und damit auch den meinen: Freude Dir zu bereiten als Ersatz für alles Leid, das Du damals durch mich erfahren hast.

Vorwort.

Die zufällige und innige Verkettung meiner eigenen Reise=
erlebnisse mit den Schicksalen eines in letzter Zeit arg heimge=
suchten sogenannten wilden Völkchens im Stillen Ocean, der
Palau= oder Pelew=Insulaner, hat dem vorliegenden Buche
seine Form gegeben. Abweichend, wie sie von der gewöhnlich in
Reisebeschreibungen angewendeten ist, glaubte ich doch durch keine
andere Darstellungsweise der doppelten Forderung gerecht wer=
den zu können: weder die freundlichen Mikronesier, noch den
Fremdling allzu sehr zu begünstigen. Das letztere war leicht,
das erstere viel schwieriger; denn es galt, aus der Unzahl ein=
zelner Beobachtungen das Wesentliche auszusondern und den Stoff
derart zu vertheilen, daß nicht durch Wiederholungen der Leser
ermüdet oder durch Unbedeutendes gelangweilt werde. Ueber
die auffallenden Sitten und Gewohnheiten, den Charakter und
Culturzustand dieses Volks habe ich getreulich alles mitgetheilt,
was ich selbst gesehen und erlebt; was ich von andern erfahren,
wurde mit Vorsicht benutzt.

Der Wunsch, die Bewohner der Palau=Inseln nicht be=
schreibend zu charakterisiren, sondern sie in lebendigen Gestalten,
in Charakteren dem Leser vorzustellen, zwang mich, sie oft
redend einzuführen. Wörtlich übersetzen läßt sich ihre Sprache
nicht, im Deutschen nachahmen ebenso wenig: dabei hätten
vielleicht Fritz Reuter oder Franz von Kobell eine schlechte
Copie von sich gefunden. Es blieb mir nichts übrig, als sie

gutes Deutsch sprechen zu lassen; doch versuchte ich, Gedanken-
gang und Satzfolge so zu bilden, daß damit zwar nicht der
Bau der Sprache sklavisch nachgeahmt, wohl aber deren Charakter angedeutet würde. Sollte mitunter jemand fragen, wie
es denn möglich sei, daß Wilde so gebildet sprächen: so frage
ich dagegen, ob er denn wirklich glaubt, alle Wilden seien so
über einen Leisten geschlagen, daß bei ihnen nicht auch Ab-
stufungen der Charaktere und der Begabung vorkommen könnten
wie bei gebildeten Völkern.

Die im Text nur flüchtig berührte Frage nach den Ursachen des Aussterbens der Insulaner sowie die nach ihrem
Namen und ihrer ethnologischen Verwandtschaft habe ich in den
beiden Nachträgen etwas ausführlicher behandelt, als dort geschehen konnte. Doch habe ich auch hier mich jeder weitläufigen
wissenschaftlichen Erörterung enthalten, um nicht den Anhang
gegenüber dem eigentlichen Text allzu sehr anschwellen zu lassen.

Auf der beigegebenen Karte ist die Reiseroute von Manila
nach den Palaus und zurück durch eine punktirte und mit Pfeilen
bezeichnete Linie angedeutet. Als Vorlage diente die bekannte
Morata-Coello'sche Karte von den Palaus; daher ist auch die
spanische Bezeichnung Isla für Insel beibehalten worden. Die
Namen der Inseln und Dörfer dagegen, welche im Texte vorkommen, sind so geschrieben, wie sie, bei deutscher Aussprache
der Buchstaben, dort auf den Palaus gesprochen werden; nur
das th ist englisch auszusprechen. Die Form der Insel Babelthaub wurde nach einer von mir in der Umgegend von Aibukit
vorgenommenen Aufnahme den frühern Darstellungen gegenüber
wesentlich verbessert.

Würzburg, im September 1872.

Der Verfasser.

Inhaltsverzeichniß.

Von Manila nach den Palau-Inseln.

Es war im Mai des Jahres 1859. Von Lugban, einem hoch am nordöstlichen Abhange des erloschenen Vulkans Banajao auf Luzon liegenden Bergdorfe, aus ritt ich auf schlechtem, aber wunderbar schönem Wege nach Mauban zu. Ehe ich diesen an der östlichen Küste liegenden Ort erreichte, bot mir noch in ziemlicher Höhe eine Windung des Weges den ersten Blick auf den Stillen Ocean, dessen langgestreckte Wogen sich an den Riffen des Ufers brachen, während er im Horizont mit dem Himmel zu verschmelzen schien. Die Bewegung des Seeganges war nur an dem Schaum der Küste zu erkennen; und das Meer selbst schien gänzlich ruhig dazuliegen, in der That ein stiller Ocean, auf dessen weiter Fläche kein Boot, kein Schiff zu erblicken war. Aber der unbegrenzte Horizont setzte meiner Phantasie kein Hinderniß entgegen; weiter und weiter nach Osten zu schweifte mein Blick in die Ferne, und je weiter er drang, um so bewegter schien mir auch das Leben des Meeres zu werden. Zunächst traf mein Auge die Marianen, unter denen mir Tinian in der Erinnerung an Anson's warme Schilderung tiefe Sehnsucht erweckte, während von südwärts her die kraushaarigen dunkelbraunen Bewohner der Carolinen gastlich zu winken schienen.

Semper.   1

Abba Thules*) und Leeboos freundliche Gestalten zogen, be=
deutungsvoll lächelnd, an mir vorüber; aber auch grause Mord=
scenen zwischen Farbigen und Weißen traten mir vor das Auge.
Bald sah ich die Fidji=Insulaner den getödteten Feind als Sühn=
opfer verzehren, während von ihrer heimatlichen Insel vertriebene
Bewohner der Samoa=Inseln nach Tonga und Neuseeland ab=
segelten, bis plötzlich ein großartiger Ausbruch des Mauna=Roa
das Bild zerstörte, das sich mir so in der Fülle des tropischen
Lebens und mit geschichtlichen Erinnerungen verwebt entrollt
hatte. Verlangen nach den wunderbaren Koralleninseln des
Stillen Oceans erfaßte mich mächtig, und ich gelobte mir, keine
Gelegenheit unbenutzt vorübergehen zu lassen, wenigstens einen
kleinen Zug aus dem übervollen Freudenbecher zu thun, den ich
dort zu meinen Füßen so unermeßlich weit ausgebreitet zu
sehen wähnte.

Mit diesem Entschluß, einige Inseln des Stillen Oceans
kennen zu lernen, kehrte ich nach Manila zurück. Bald schien
sich mir eine treffliche Gelegenheit zu bieten. Ich erfuhr durch
einen Freund, daß ein englischer Kapitän, Namens Cheyne, so=
eben mit einer Ladung Trepang**) von einer den Spaniern längst
bekannten Inselgruppe, den Palaos (Pelew-Islands der Eng=
länder, besser Palau=Inseln), angekommen sei und nach Verkauf
derselben möglichst rasch wieder dahin zurückzukehren gedenke.
Zwar lagen diese Inseln noch ziemlich nahe an den Philippinen
und schienen so von keinem besondern Interesse; aber da ihre
Bewohner sicherlich einer ganz andern, der tagalischen, ganz fern
stehenden Rasse angehörten und ihre Barrièrenriffe mit den durch
sie eingeschlossenen Kanälen und Lagunen reiche zoologische Ernte

---

*) Siehe das Buch von Keate (Wilson), „An Account of the Pelew
Islands“ (London 1783), das seinerzeit großes Aufsehen erregte und auch in
Deutschland viel gelesen wurde.

**) So heißen die für den Handel nach China zubereiteten Holothurien,
eigenthümliche fast wurmartige Thiere aus der Klasse der Echinodermen.

versprachen, so verschaffte ich mir eine Empfehlung an diesen
Kapitän. Ich besuchte ihn an Bord seines Dreimasters. Er
empfing mich freundlich, fast zu sehr, war gleich bereit mich mitzunehmen und deutete mir sogar an, daß ich mit ihm reisend
wol auch im Handel mit den Eingeborenen, den er mir gestatten
wolle, einigen Ersatz für meine Reisekosten würde finden können.
Dennoch wies er mich nachher mit einigen Entschuldigungen ab.

Ich vergaß bald diese Enttäuschung während einer gleich danach
unternommenen Reise nach dem südlichsten Punkte der Philippinen,
nach Zamboanga und Basilan; und ich vergaß Cheyne um so
leichter, als ich bei meinen Erkundigungen nach dem Trepanghandel mit den Palaos in Erfahrung gebracht, daß noch andere
Kapitäne von Zeit zu Zeit in Manila einzulaufen pflegten, welche
vom Stillen Ocean herkämen, daß ich also leicht zu einer andern
Zeit den ungern aufgegebenen Plan würde ausführen können.

Jahre vergingen nun. Rastlos wandernd, bald zu Fuß, bald
zu Pferde, oder im Boot, durchzog ich das nördliche Luzon nach
allen Richtungen, bis mich endlich im October des Jahres 1861
eine langgenährte aber nicht erkannte und unbeachtet gelassene
Dysenterie so daniederwarf, daß ich die Reise unterbrechend rasch
nach Manila zurückkehren mußte. Meinen Diener Antonio
Angara schickte ich weiter auf der begonnenen Reise, da ich
hoffte, ihn in kürzester Frist wieder irgendwo im Norden treffen
zu können. Das Schicksal hatte es anders beschlossen. Dort in
Manila, obgleich von treuen, liebenden Händen gepflegt und
von einem geschickten deutschen Arzt behandelt, wurde ich des
Uebels nicht Herr — und mitten in meinem Gram über die
Unmöglichkeit meiner Weiterreise überraschte mich eines Tages
meine Braut mit dem Worte, daß der Arzt eine Seereise drin-
gend anrathe und daß sie bereits ein Schiff gefunden habe,
welches in wenig Wochen nach den Carolinen absegeln solle!
Alles war bereits mit dem Kapitän Woodin verabredet, ich

1*

brauchte nur noch mein Wort zu geben, daß ich mich der auf
höchstens vier bis fünf Monate berechneten Expedition anschließen
wolle. Die sicher scheinende Aussicht auf Erfüllung eines meiner
sehnsüchtigsten Wünsche gab meiner Spannkraft neue Nahrung
— und ich entschloß mich leicht und gern zu einer Reise, die ich
krank, nur unvollständig ausgerüstet und ohne meinen treuen,
erprobten Antonio antreten mußte, die aber zu einer der genuß=
reichsten und zugleich mühseligsten meines ganzen Wanderlebens
werden sollte!

Kapitän Woodin, der Befehlshaber der Lady Leigh, ein
alter englischer Seemann von echtem Schrot und Korn, empfing
mich aufs freundlichste. Zwar bot er mir nicht an, wie Cheyne
es früher gethan, dort neben ihm Handel treiben zu dürfen; ja,
er verweigerte sogar seine Einwilligung, Aexte, Beile und eiserne
Kochschalen, die dort auf den Inseln beliebtesten Artikel, zum
Zweck des Eintauschens von Thieren mitnehmen zu dürfen.
Aber gerade diese Offenheit und die humane Gesinnung, die aus
seinem nicht sehr geistreichen Auge sprach, nahmen mich für
den Mann ein. Unter seiner Leitung besorgte ich denn auch
meine Ausrüstung, obgleich ich mir namentlich in Bezug auf
Lebensmittel, wie Chocolade, Biscuit, Thee, Plumpudding und
conservirtes Fleisch einige Ausschreitungen erlaubte; und es
kostete mir einen kleinen Kampf, seine Einwilligung zu meinem
Plane zu erhalten, außer einem nur für meine leiblichen Bedürf=
nisse sorgenden Diener, Alejandro, noch einen jungen Mestizen,
D. Enrique Gonzalez, seines Zeichens ein angehender Maler,
mitzunehmen. Mit diesem letztern wollte ich einmal den Ver=
such wagen, ob nicht ein in der zu Manila 1859 gegründeten
und unter der Leitung des trefflichen spanischen Malers D. Matias
be Sainz stehenden Malerschule (Real Academia de pinturas)
gebildeter Mestize, der Leitung seines Lehrers entzogen und
selbständig arbeitend, Tüchtiges würde leisten können. Durch
seine Hülfe hoffte ich eine Fülle ethnologischer Studien und

Porträts, ohne selbst viel Zeit an die Verfertigung von Skizzen verwenden zu müssen, sammeln, statt dessen aber meine ganze Zeit zu Beobachtungen aller Art und zum Fangen von Thieren verwenden zu können. Während ich theilweise die Anschaffung der Lebensmittel und der benöthigten Tauschartikel (Reis, Pulver und Flintenkugeln, weißer und rother Calico, Taschenmesser u. s. w.) dem Kapitän überließ, wendete ich die geringe mir noch zu Gebote stehende Zeit und körperliche Kraft dazu an, meine Gläser für die Reise einzupacken und alle nöthigen Vorbereitungen zu zoologischen Arbeiten zu machen. Endlich war alles bereit. Meiner Braut, die nun so nah vor der Trennung sich einer sorgenden Aengstlichkeit nicht ganz erwehren konnte, rief ich zum Trost noch die Scheideworte zu: „daß es ja nur eine Spazierfahrt zu nennen und etwa einer Reise von Deutschland nach Italien zu vergleichen sei"; und am letzten Tage des Jahres 1861 fuhr ich, eher heiter als trübe gestimmt, um 5 Uhr abends an Bord der Lady Leigh. Der kleine Schoner, von kaum 110 Tonnen Gehalt, lichtete um 6 Uhr die Anker.

Aber schon die Neujahrsnacht brachte uns Unglück. Noch in der Bai von Manila, in der Nähe des Leuchtthurms der Insel Corregider, mußten wir ankern — das Schiff machte Wasser — und erst am 2. Januar konnte das Leck gestopft werden, denn Kapitän Woodin war ein energischer Seemann, aber auch ein frommer Engländer, der am Neujahrstag nur das eindringende Wasser auspumpen ließ, sonst aber nicht arbeiten lassen wollte. Mittags den 2. Januar fuhren wir fort, und nun ging es lustig bei frischem Winde zum Hafen hinaus, an Ambil vorbei in die Straße zwischen Mindoro und der Provinz Batangas hinein. Hier wechselten stürmische Winde und Windstillen. Mochte nun bei dem heftigen Herumwerfen des kleinen und alten Fahrzeuges das frühere Leck wieder aufgesprungen oder ein neues entstanden sein, genug, wir mußten während dieser Tage wieder ziemlich stark pumpen und schließlich im Hafen von

Burias am 7. Januar einlaufen, um das Schiff womöglich einer gründlichen Reparatur zu unterwerfen.

Die Einfahrt in den kleinen, aber sehr geschützten Hafen von Burias ist schmal und eng, durch die zahlreichen von Korallen bedeckten Untiefen in der Nähe der Ufer gefährlich und nur bei gutem Winde und am Tage zu passiren. Dadurch, daß diese kanalartige Lücke zwischen der eigentlichen Insel Burias und der nach Westen liegenden Insel Busin sich in der Nähe der Hauptstadt des kleinen Districts bassinartig ausweitet, entsteht ein jeglichem Seegange fast gänzlich entzogener und auch gegen die Südweststürme wie gegen den heftigen Nordostmonsun geschützter Hafen. Doch wird er nur im Binnenverkehr von einiger Bedeutung sein können; denn er ist einestheils zu klein und der Eingang zu schwierig für große Schiffe, andererseits aber ist die Insel selbst von zu geringer Bedeutung und den Nachbarprovinzen gegenüber zu ungünstig gelegen, um jemals zu einem Ausfuhrhafen nach fremden Ländern werden zu können. Die Insel selbst, lang und schmal, hügelig aber sicher nicht im Mittel die Höhe von 800—1000 Fuß übersteigend (nach Schätzung), ist zum größten Theil bedeckt von Wiesen, die hier und da von mächtigen Waldungen unterbrochen sind und zahlreichen Rinderheerden Weide geben. Es ist die Zucht und die Ausfuhr der lebenden Kühe, hauptsächlich nach den nächstliegenden Provinzen, die einzige Beschäftigung der nur einige hundert Tribute *) zahlenden Einwohner. Ursprünglich waren es ausschließlich militärische Sträflinge, die hierher geschickt wurden; sie siedelten sich hier an, und so entstand allmählich das kleine Gemeinwesen, das von

---

*) Als „Tribut" bezeichnet man auf den Philippinen die Summe der Abgaben, welche zwei erwachsene Menschen zusammen zahlen; Kinder bis zu 10 Jahren und Greise über 60 Jahren sind gänzlich frei. Die Zahl der Tribute gibt daher weniger als die Hälfte der Einwohner an. Kurzweg bezeichnet man auch je zwei Menschen immer als einen Tribut; man fragt nicht, wie viele „tributantes" im Dorfe seien, sondern nur, wie viele „tributos".

einem Kapitän der Armee als sogenanntem Commandanten des Militärdistricts geleitet wird.

Obgleich nun trotz des längern Lebens auf der See mein Unwohlsein nicht ganz gehoben, meine Kräfte noch nicht völlig wiederhergestellt waren, so konnte ich doch der Versuchung nicht widerstehen, der in den Annalen der Conchologie berühmt gewordenen Isla Temple einen Besuch abzustatten. Der Commandant, selbst ein Schalenliebhaber, wußte mir viel von dem Reichthum der kleinen Insel an Landschnecken zu erzählen; er besorgte mir ein Boot und Leute, und so fuhr ich denn, von einem ebenfalls als Passagier auf der Lady Leigh befindlichen Schweden, Namens Johnson, begleitet, am 9. Januar morgens dahin ab. Dieser Schwede war ein alter Bekannter des Kapitäns. Als Mr. Woodin in frühern Jahren noch reich und Besitzer mehrerer großen Schiffe gewesen war, welche alle zwischen Hobarttown, China und den Inseln des Stillen Oceans fuhren, war Johnson auf einem derselben als Kajütenjunge angestellt gewesen. Unglückliche Speculationen zwangen Woodin, eins oder zwei seiner Schiffe zu verkaufen, ein anderes wurde irgendwo in China condemnirt, und das, worauf Johnson fuhr, scheiterte beim Einlaufen in einen Hafen der Palau-Inseln. Es ging ihm wie so manchem europäischen Matrosen. Die Freundlichkeit der Eingeborenen gegen den kräftigen und jungen hübschen Menschen und die Achtung, in welcher unter jenen Wilden jeder noch so ungebildete Europäer steht, erleichterten ihm die Angewöhnung an ihr häusliches Leben, sodaß er gern das gezwungene Exil zu einem freiwilligen machte, als vorbeifahrende Schiffe seinen Gefährten und auch ihm die Rückkehr ins europäische Leben ermöglichen wollten. Hier fand ihn dann — ich weiß nicht nach wie viel Jahren — sein alter Kapitän, der nun verarmt wieder am Ende seiner Tage zum abenteuernden Leben des handeltreibenden Seefahrers seine Zuflucht nehmen mußte; aber er fand ihn schon halb als Eingeborenen, kaum noch fähig, seine

Muttersprache correct zu schreiben, schwach und krank, sodaß er
ihm aus Mitleid freie Passage nach Manila gewährte, um ihm
durch bessere Nahrung und weniger ausschweifendes Leben wieder
zu Kräften zu verhelfen. Sein Plan freilich, ihn seinem Vater=
lande wieder zu gewinnen, schlug fehl. Mochte Johnson wirk=
lich sein den Eingeborenen gegebenes Wort, wieder zurückzukehren,
heilig halten, wie er vorschützte; oder glaubte er, verleitet durch
die Ehrfurcht, die er als Weißer genoß, „der Erste in dem
kleinen Ländchen" werden zu können — genug, er kehrte mit
uns wieder nach den Palaus zurück. Mir war natürlich ein
Europäer, der, irre ich nicht, schon vier oder fünf Jahre mit
den Bewohnern gelebt, ihre Sprache erlernt und manche ihrer
Gebräuche und Sitten mit offenem Auge, wie mir damals schien,
beobachtet hatte, ein angenehmer und nützlicher Reisegefährte;
ein angenehmer, denn die Hoffnung, wirklich gebildete Begleiter
zu finden, hatte ich längst aufgegeben, und ein nützlicher, denn
wäre er mehr das gewesen, was er zu sein schien, so hätte ich
sicherlich nicht so sehr mit meinen eigenen Augen sehen gelernt,
als ich es nachher that.

Wir kamen auf der Insel Temple nach ruhiger und be=
quemer Fahrt an. Schon in ziemlicher Entfernung sahen wir
am Meeresgrunde zahlreiche Korallen, in wunderbaren Gestalten
und prangend im prächtigsten Farbenschmuck, regellos durchein=
ander wachsend, dem langsam ansteigenden Meeresboden folgen,
ohne ein eigentliches durch schäumende Wogen — die sogenannten
Brecher — bezeichnetes Korallenriff zu bilden. Nur an einigen
vorspringenden Punkten am Südende der Insel brachen sich die
unbedeutenden Wellen, die der leichte und wechselnde Wind er=
hob. Aus dem so ganz allmählich vom Meeresgrunde empor=
wachsenden Korallenboden, der aber bis einige Fuß unter die
tiefste Ebbelinie von größtentheils abgestorbenen Korallen gebildet
ward, stieg die niedrige, ganz aus Korallenkalk und einem
Conglomerat von Korallenfragmenten, Muscheln und Sand

gebildete Insel in steilen Klippen empor. Nur an geschützten
Stellen, Buchten und Einschnitten war das Gestein unter Korallen=
sand begraben, während an den vorspringenden Punkten die
Klippen einen durch die Brandung ziemlich tief ausgewaschenen
Fuß zeigten. Nirgends war eine Spur eruptiven Gesteins zu
bemerken. Ueberall mit ziemlich dichtem Wald bedeckt, unter
deffen Bäumen vor allem vieſ herrlichen Barringtonien (Palo
Maria) und die unschönen, aber charakteristischen Pandanusarten
auffielen, stieg die Insel zu höchstens (schätzungsweise) 30—40 Fuß
über dem Meeresspiegel an. Das Wetter war köstlich während
der zwei Tage, die ich dort zubrachte — im Sinne des Touristen;
denn mir, der ich mit Schmetterlingsnetz und Schachteln aus=
gerüstet war, schien die Trockenheit, welche schon seit langer Zeit
hier geherrscht haben mußte, nach dem verstaubten und ver=
trockneten Aussehen der Blätter zu urtheilen, ein ungünstiges
Zeichen für die gehoffte Ernte. In der That fing ich denn
auch fast gar keine Insekten, während ich doch im Jahre vorher
zur selben Zeit in den ewig feuchten tiefen Schluchten der Ge=
birge in Central=Luzon viele der schönsten Schmetterlinge erbeutete.
Dennoch aber füllten sich die Bambusrohre, welche mir auf
meinen Reisen seit lange die Schachteln und Körbe ersetzten,
rasch mit zahlreichen von den Baumblättern abgelesenen Land=
schnecken, welche in allen Altersstufen vertreten waren. Hier
fand ich Eierhaufen in wie Düten zusammengedrehten Blättern;
dort krochen die kleinen durchscheinenden Thierchen munter herum,
während für die grüngebänderten oder roth= und gelblich=
gesprenkelten halb oder ganz erwachsenen Thiere der Wonnemonat
gekommen zu sein schien. Wie aber erstaunte ich erst, als ich
am 11. Januar, schon auf der Rückfahrt begriffen, auf einer
kleinen zwischen Temple und Busin liegenden Insel landete!
Hier waren fast buchstäblich die Bäume mit Schnecken
bedeckt. In weniger als drei Stunden sammelten wir mehr als
1200 Stück durch Schütteln der Bäume, wobei natürlich immer

nur ein Theil der Thiere herabfiel; aber die einzelnen Bäume
zu ersteigen oder ihre Aeste auch nur herabzubiegen, war eine
zu große Mühe, da wir durch einige rasche Stöße an den Baum=
stamm mehr Exemplare auf den Boden brachten, als wir nachher
wieder auflesen konnten. Auch unter diesen, die alle einer ein=
zigen Art angehörten, fanden sich sämmtliche Altersstadien vom
Ei bis zum ausgewachsenen Thiere vor.

Ganz anders zeigte sich das Verhältniß in Burias selbst, wo
ich am 11. Januar abends wieder eintraf. Obgleich die nächste
hügelige Umgebung des Hafens von Burias *) aus gehobenem
Korallenkalk und Schichten desselben Kalkconglomerats bestand,
welches ich auch auf Temple beobachtet hatte, so fanden sich hier
doch weder genau dieselben Arten als dort, noch auch die vor=
handenen in so großer Individuenzahl. Dagegen flogen hier,
wenn auch spärlich, doch mehrere Arten von Schmetterlingen,
und auf den Büschen erhaschte ich manche Insekten, während ich
von Temple deren fast gar keine mitbrachte. Da sich nun aber
mein altes Uebel durch einen leichten Anfall bei mir wieder in
Erinnerung gebracht hatte, so folgte ich dem Rathe des Kapitäns,

---

*) Die genannten und noch einige andere in der Nähe liegende Inseln
sind durchweg niedrig, die Hügel selbst aber dicht am Meere oft sehr schroff
aufsteigend. Diese Felsen bestehen aus einem Conglomerat einer Unzahl von
solchen Muschel= und Korallenfragmenten, wie man sie jetzt noch am Ufer
aller dortigen Koralleninseln findet. Die einzelnen Theile des Conglomerats
werden durch einen stark kalkhaltigen Kitt zusammengehalten, und das Gestein,
häufig weiß, nimmt durch den Kitt oft, so namentlich bei der Stadt Burias
und an der Nordseite der Insel — die deshalb auch Punta Colorada, d. h.
rothe Spitze genannt wird — eine rothbraune oder selbst schwärzliche Färbung
an. Bei Burias an der Südostseite des Hafens steht ein brauner grobkörni=
ger harter Sandstein an mit sehr zahlreichen Schalen von Ostreen und Pecten,
sowie zahlreichen Fragmenten von Echinidenstacheln, aber fast ganz ohne alle
Cephalophoren. Alle Inseln, namentlich die kleinern, tragen den deutlichsten
Charakter allmählicher Auflösung; einzelne abgerissene Felsblöcke, die auf
schmaler Basis stehen — Resultat der Ausfressung durch die Brandung —
zeigen deutlich die Fortsetzung correspondirender Schichten an den ihnen be=
nachbarten Inseln. Die Schichten lagern fast ganz horizontal.

unterließ die Landexcursionen und brachte die Tage, welche wir
noch zur Reparatur des lecken Schiffs dort verweilen mußten, mit
gelegentlichen Untersuchungen von Meerthieren und einem unter
dem Tropenhimmel so glücklich machenden dolce far niente zu.

Das Leck war, wie die fortgesetzte Arbeit des Kapitäns zeigte,
gefährlicher gewesen als er gesagt und wir geglaubt hatten.
So konnten wir erst am 21. Januar, nachdem wir also volle
14 Tage in Burias zugebracht hatten, nachmittags 3 Uhr
den Anker lichten. Ein frischer Nordostwind brachte uns rasch
zur südlichen Oeffnung des Kanals heraus, um die Südspitze
der Insel herum, und in der Nacht des 24. Januar kamen wir
bei leichten Winden in der Straße von S.=Bernardino bei der
Insel gleichen Namens an. Die bis dahin vergleichsweise rasche
Reise mit dem altersschwachen Schiff hatte mir hinreichende
Beschäftigung und Abwechselung in der Betrachtung der zahl=
losen Inseln gebracht, sodaß ich leicht den unbehaglichen Ein=
druck überwand, den mir das, wie mir schien, nach jener langen
Reparatur in Burias allzu häufige Auspumpen des Grund=
wassers verursachte. Wer jemals in einem stark Wasser
machenden alten Schiffe gereist ist, weiß, was für ver=
pestende Gerüche das Auspumpen eines solchen in den Kajüten
verbreitet; und obgleich meine empfindliche Nase, ein väterliches
Erbtheil, um welches mich meine Frau später noch oft unglück=
lich schalt, sehr darunter zu leiden hatte, so vergaß ich doch
leicht alles, unangenehmes Geräusch und Gerüche und den Ge=
danken daß das Meer keine Balken hat, in der Hoffnung einer
raschen Fahrt nach den Inseln des Stillen Oceans. Abermals
getäuschte Hoffnung! Calmen, conträre Winde und heftige von
Osten her zur Straße S.=Bernardino einsetzende und täglich
etwa 18 Stunden lang anhaltende Strömungen bannten unser
Schiff fast wie auf Einen Fleck und gaben mir nun Gelegenheit,
mich etwas mehr der Unterhaltung mit meinen Schiffsgenossen
zu widmen, als ich es bisher gethan.

Wie ich auf meiner Reise um das Cap aus Langeweile fast die ganze Reise verschlief, so fing ich nun an aus dem gleichen Grunde mit dem alten Woodin, Johnson, seinem Steuermann Mr. Barber und einem kleinen Palau-Insulaner, Namens Corbo, zu plaudern. Gern hätte ich neben der geistigen Nahrung auch noch etwas mehr leibliche erhalten, als ich wirklich bekam. Im Anfang der Reise zwar waren wir ziemlich reichlich bei Tische versehen, aber das dauerte nicht gar lange. Während wir früher mittags und abends jedesmal wenigstens ein Huhn nebst eingemachtem Fleisch, Gemüsen u. s. w. erhalten, wurde bald nur noch ein warmes Mittagsmahl gemacht, zu welchem ein Huhn gewöhnlich die Suppe, Braten und den in indischen Gegenden so allgemein verbreiteten „curry" für sieben Personen abgeben mußte. Je länger aber die Reise dauerte, um so stärker wurde mein Reconvalescentenhunger, den ich nun in Ermangelung eines guten Mittagsmahls mit Chocolade, vielem Zwieback und einsam verzehrten in Blechdosen mitgenommenen geräucherten Zungen und Würsten zu stillen versuchte. Woodin war dabei immer sehr um meinen Appetit besorgt. Wie oft sagte er mir nicht, wenn nur noch ein Unterschenkel des Huhns im Reis versteckt lag: „Hier, Dr. Semper, nehmt dies gute Stück vom Huhn — upon my soul, Ihr eßt nicht wie Ihr thun solltet." Nun, dachte ich bei mir, der Mann hat wol eigenthümliche Ansichten, wie man einen heißhungerigen, kaum vom Tode erstandenen Genesenden behandeln soll, vielleicht spart er mir alle die Leckerbissen, die er damals in Manila mitzunehmen versprach, für spätere Zeiten auf, wenn ich besser im Stande sein werde, als Gastronom mich an die Arbeit ihrer Vertilgung zu machen. Dennoch, ich leugne es nicht, sehnte ich mich mitunter nach diesen sicherlich im Raume versteckten Fleischtöpfen, von denen ich hin und wieder einen reizenden Vorgeschmack durch die Gunst des Steuermanns erhielt, den ich mir zum Freunde gemacht und der bisweilen einen derselben in das gewöhnliche Mittagsessen von

Reis, Huhn, Erbsen und Speck einschmuggelte. Ich erinnerte
eines Tages, gerade als mich mein Heißhunger plagte, Mr. Barber
an Woodin's Versprechungen. „Ja", meinte dieser lachend, „die
Liste hatte Woodin allerdings entworfen, es waren zwei Folio-
seiten voll trefflicher Gerichte, die von Ihrem theuern Passage-
geld gekauft werden sollten. Der Kapitän hatte die beste Absicht
mit Ihnen. Aber dann that ihm wieder das viele Geld leid;
und nun wurde Tag für Tag etwas von der Liste als überflüssig gestrichen, bis endlich fast keine Nummer auf dem Papier
mehr stehen blieb. Ihr habt gut gethan, Euch selbst zu ver-
proviantiren."

„Aha, nun verstehe ich, darum fordert er mich immer des
Mittags auf, so ängstlich um meinen Appetit besorgt, auch noch
die Knochenreste des Hühnchens zu verzehren; er fürchtet, ich
könnte Sie veranlassen, zum Abend doch wieder eins dieser seltenen Gerichte zum Vorschein zu bringen! Nun, da werde ich
mich wol auf die Palau-Insulaner verlassen müssen, nicht wahr,
mein Cordo?" Damit wandte ich mich, wie ich oft und gern
zu thun pflegte, diesem kleinen muntern Burschen zu, der, um
sich Manila anzusehen, als Passagier mitgegangen war und, voll
von Bewunderung des europäischen Lebens und der Männer des
Westens, der „lakad-ar-angabard", der großen Städte und der
zahllosen Schiffe, der Uniformen der Soldaten und der hoch auf-
getreppten Häuser, nun nach seiner Heimat zurückkehrte, brennend
vor Sehnsucht, all das Gesehene seinen Freunden schildern zu
können. Aufmerksam, sinnenden Auges hörte er zu, wenn ich
ihm diese oder jene Frage beantwortete, oder ihm irgendeine
gerade seinen Blick fesselnde Erscheinung zu erklären versuchte;
aber lebhaft in seinen Worten und feurigen Blickes wurde er
erst, wenn er mir nun von seiner Heimat erzählte, und wie sich
seine Mutter, die Frau des Krei, und seine gleichalterigen Freunde
alle freuen würden, ihn wiederzusehen und von ihm zu hören,
wie das Land des Westens, „angabard", doch so gar wunderbar sei.

In seinem gebrochenen Englisch theilte er mir manche Notiz über die Verhältnisse seines Heimatdorfes Aibukit mit, die mir erlaubten, nach meiner Ankunft mich rasch zu orientiren. Auch Johnson, der als Passagier an Bord nichts zu thun hatte, erzählte mir während unserer langweiligen Irrfahrten in der Straße S.-Bernardino und an der Nordküste von Samar gar manches über die Sitten der Eingeborenen, ihre Kriege, ihr staatliches Leben, ihre Sagen und religiösen Gebräuche. *)

---

*) Zur vorläufigen Orientirung mag hier kurz Folgendes bemerkt werden: Trotz der Kleinheit des Areals sind doch die Bewohner der Inseln in eine große Menge einzelner mehr oder minder selbständiger Staaten geschieden, und oft bestehen diese, wie z. B. der Staat Coröre, nur aus einer einzigen kleinen Insel, mit zwei oder drei Dörfern, denen dann häufig eine ganze Menge anderer oft größerer Staaten verbündet sind. Doch stehen auch diese immer in einem gewissen Vasallenverhältniß, das sich freilich nicht kurz in einer für uns recht verständlichen Weise bezeichnen läßt. Ohne daß solche Vasallenstaaten gerade einen Tribut zu zahlen brauchen, sind sie doch in gewisser, später zu erörternder Weise an das leitende Reich gebunden, d. h. sie müssen sich manche Eingriffe in ihr sociales Leben gefallen lassen, die sie unter andern Umständen zurückweisen würden. Es hängt dies damit zusammen, daß bei der Kleinheit der Reiche alle persönlichen Beziehungen höhern Werth erhalten als in größern; und es wird dadurch noch gesteigert, daß auch die geselligen Bande so mit der halb monarchischen, halb oligokratisch-republikanischen Staatsform verquickt sind, daß die Lösung der erstern auch die politischen Beziehungen der Staaten zueinander lockern muß.

Auf der beigefügten Karte sind die hauptsächlichsten Staaten verzeichnet. Die politische Gruppirung war, als ich dort ankam, folgende. Infolge der Unterstützung von seiten Wilson's und seiner Engländer am Ende des vorigen Jahrhunderts hatte Coröre, im Centrum der Inselgruppe gelegen, unerwartetes Ansehen und Macht gewonnen, sodaß sich Eirei, Armlimui und einige andere Staaten im südlichen Theil von Babelthaub wegen ihrer großen Nähe zu jener Insel, ferner Aracalong an der Nordspitze von Babelthaub aus persönlichen Rücksichten der dort herrschenden Familie, dem Ebadul (d. h. dem König) von Coröre, als Verbündete angeschlossen hatten. Früher waren auch noch die Mittelstaaten von Babelthaub in diesem Bunde gewesen, mit einziger Ausnahme von Athernal an der Ostküste, welches sich zu Wilson's Zeit nach drei verlorenen Schlachten zur Tributzahlung genöthigt sah, doch nie in die Stellung eines Vasallen von Coröre gebracht werden konnte. Die Eroberung und vollständige Zerstörung des Ortes Kaslan an der Westküste

Abermals zwang uns hier ein neues, wie es schien sich immer vergrößerndes Leck, am 29. Januar in den Hafen von Palapa einzulaufen. An der Nordostspitze von Samar, die ziemlich weit ins Meer vorspringt, zieht sich Batag, eine niedrige und von einem weit abstehenden Riffe umsäumte Insel, hoch nach Norden hinauf und begrenzt gegen Süden einen nach Westen wie Osten geöffneten ziemlich breiten, aber wegen zahlreicher Korallenbänke gefährlichen und stark gewundenen Kanal. Wir ankerten südlich von Batag, einem kleinen Dorfe auf der Insel gleiches Namens, aber da bis hierherein der Seegang seinen Einfluß geltend machte und der Kapitän infolge davon nicht bis zu den ziemlich tief liegenden Lecken gelangen konnte, so beschloß er, in den innern eigentlichen Hafen von Pampan zu gehen, wo günstige Verhältnisse zur Reparatur des Schiffs obzuwalten schienen. Bei einem ersten Versuch am 1. Februar, durch den engen gewundenen Kanal zu gelangen, stieß das Schiff auf einen Korallenblock, kam jedoch bald wieder los; aber erst am 3. Februar gelang es uns, den ganz gegen allen Seegang geschützten Hafen zu erreichen. Hier wurde das Schiff theilweise gelöscht und dann auf die Seite gelegt, sodaß bei niedrigem Wasser der Kiel hervortrat; denn die Lecke schienen alle in der

---

von Babelthaub, dicht bei Aibukit, im Anfang dieses Jahrhunderts, scheint der Grund gewesen zu sein, weshalb sich nun Aibukit auf die Seite Athernals stellte, und mit ihm wurden zu Verbündeten des letztern eine Reihe kleiner Staaten dicht bei Aibukit (Roll, Rallap, Aural u. s. w.), welche von jeher wirklich in einem Vasallenverhältniß zu diesem standen. Es war also die nördlichste Spitze und die südliche Hälfte von Babelthaub, der größten Insel der Gruppe, verbündet mit Coröre; ihnen gegenüber standen, geographisch abgeschlossen aber isolirt, die Mittelstaaten von Babelthaub. Kreiangel im höchsten Norden, ein durch einen breiten Kanal getrennter Atoll, und Peleliu wie Ngaur ganz im Süden spielten die Neutralen; sie standen in einer gewissen Abhängigkeit durch die Furcht vor Coröre, ohne daß sie jedoch an ihren Kriegen theilnahmen oder selbst den dort üblichen Tribut an lebenden Tauben entrichteten. Daß trotzdem das Wort Ebadul's von Coröre ein großes Gewicht hatte, sollte ich bald zu eigenem Nachtheil erfahren.

Nähe desselben zu sein, sodaß eine solche für die Passagie‘
natürlich sehr unbequeme Procedur absolut nöthig war zur Au:
besserung des Schiffs. Ich packte deshalb mein Handwerkszei
zusammen und bezog ein kleines Häuschen im Dorfe Pampar
das ich mir für die Dauer unsers Aufenthalts gemiethet hatt
Mein Diener Alejandro führte hier nach gewohnter Reisesit
unsern Haushalt, während ich selbst mich theils mit Excursioner
theils mit zoologischen Untersuchungen vergnügte und Gonzal‘
dazu anhielt, möglichst viel Aquarellskizzen zu machen.

Ueberall zeigten die nur zu niedrigen Hügeln ansteigende
Inseln die deutlichsten Spuren ganz junger Hebung. Schon a:
29. Januar besuchte ich eine im nördlichen Kanal liegende klei:
kaum 4 Fuß über Flutlinie hohe Koralleninsel, auf deren Mit:
große Korallenblöcke lagen, die nur durch Hebung, sicherlich nic
durch die hier sehr schwache Brandung hingelangt sein konnter
Auch die im Mittel etwa 50—70 Fuß hohen Vorhügel der Ins
Batag bestanden gänzlich aus theilweise verändertem Koraller
kalk, welcher nur von einer sehr wechselnden Humusschicht ode
direct von Korallendetritus bedeckt war. Dagegen war die Bata
gegenüberliegende, den Südrand des Kanals bildende Ins
Laguan, die ich zu verschiedenen malen besuchte, aus einer
horizontale Schichten aufweisenden kalkigen feinkörnigen Sant
stein gebildet, in welchem Pteropodenschalen fast die einzige
Petrefacten zu sein schienen. Die mikroskopische Untersuchun
ließ aber außerdem zahlreiche Foraminiferen erkennen. Von der
ziemlich steil abfallenden Ufer stürzte ein dünner Bach heral
welcher uns das zur Weiterreise benöthigte gute Wasser lieferte
und in seiner Nähe hing hart am Meere ein großer abgestorb
ner Baum über, der, mit seinen Wurzeln noch in der Erde b
festigt, mit den herabhängenden Zweigen nur eben noch d
höchste Flutlinie berührte. Dennoch war der Baum in etr
2 Fuß Länge ganz von leeren Gängen eines Schiffsbohrer
(Teredo) durchlöchert, sodaß eine Erhebung von mindestens 4 Fu

stattgefunden haben mußte während der Zeit, welche seit seiner Senkung ins Meer verflossen sein mochte. Die kleine, im innern Hafen liegende Insel Busin, südlich von Laguan, von ihr nur durch einen schmalen Kanal getrennt, war hügelig, und die etwa 150—200 Fuß hohen dicht bewaldeten Hügel bestanden aus stark thonhaltigem, bald gelblichem, bald blaugrauem Sandstein, den ich wegen seines großen Reichthums an Foraminiferen als „Foraminiferensandstein von Pampan" bezeichnen will. Es war derselbe Thon, der auch Laguan bildete; und ebenso bestanden die niedrigen Hügel der Insel, auf welcher Pampan liegt, aus dem gleichen Thonsandstein. Endlich fand ich dann am nordwestlichen Ufer der Insel Pampan ein weitgehendes abgestorbenes Korallenriff, auf dessen Fläche große Blöcke fast gänzlich metamorphosirten Korallenkalks lagen, die sich bei niedrigster Ebbe etwa 4½—5 Fuß über Wasser erhoben. So fanden sich überall die mannichfaltigsten und sichersten Anzeichen, daß noch in der allerjüngsten Zeit eine Hebung erfolgt sein mußte. Sie war vielleicht der Grund eines Unfalls, der uns nachher beim Auslaufen betraf, und ihr dankten wir es auch wol, daß wir beim Einlaufen am 1. Februar auf einer Stelle einen Korallenblock berührt hatten, der nach den neuesten spanischen Karten 3—4 Faden unter höchster Flutlinie liegen sollte, nach dem Tiefgange unsers Schiffs jetzt aber nur 2 Faden Wasser über sich haben konnte.

Bei dem fortgesetzt stürmischen Wetter der letzten Wochen konnten die Arbeiten am Schiff nicht so rasch beendigt werden, als unsere Ungeduld, endlich in den Stillen Ocean zu gelangen, uns alle wünschen ließ. Bei dem Umlegen des Schiffs hatten wir eine hohe Springflut gehabt, sodaß nun, als die niedrigen Fluten kamen, nie genug Wasser war zum Flottmachen des aufliegenden Schiffs, und erst am 13. Februar kam es mit vieler Mühe und nach mehrern vergeblichen Versuchen wirklich vom

Semper. 2

Boden ab. Nun waren aber unter der Wasserlinie noch einige
Löcher zu stopfen, dann noch die theilweise gelöschte Ladung
wieder einzunehmen, sodaß abermals drei Tage verflossen, ehe
wir versuchen konnten, wieder unter Segel zu gehen. Der stür=
mische, von häufigen Regenschauern begleitete Nordost=Monsun
hatte nun schon mit seiner ganzen Wucht eingesetzt und vereitelte
mit den heftigen und sehr unregelmäßigen, gerade in der Rich=
tung des Kanals hereinstehenden Winden erst am 21. Februar,
dann wieder am nächsten Tage unsern Versuch, bei Eintritt der
Ebbe aus dem Hafen herauszukreuzen. Auch am 23. schlug
ein Versuch fehl. Endlich am 24. gelangten wir in den äußern
Kanal. Aus Verdruß über die viele verlorene Zeit und im
Vertrauen auf die Richtigkeit eines der Karte von Morata=
Coëllo beigegebenen Specialplanes des Hafens von Palapa, ver=
suchte der Kapitän durch die östliche Mündung desselben direct
in den Stillen Ocean zu gelangen, um so den beim Auslaufen
aus der westlichen Mündung durch die weit nach Norden hin
vorspringende Insel Batag verursachten Umweg abzuschneiden.
Dieser Versuch, an und für sich nicht tollkühner als der früher
gewagte, überhaupt in den Hafen einzulaufen, sollte uns theuer
zu stehen kommen. Der Wind war günstig zum Auslaufen, der
Weg, den wir, beständig sondirend, verfolgten, schien klar, aber
plötzlich schrabten wir an einem Korallenfelsen, den wir des
trüben Wassers wegen nicht hatten sehen können, an, und im
Moment nachher saßen wir auf einem andern fest. Der arme
Woodin that mir in der Seele leid, wie er nun, um seine letzte
aufs Spiel gesetzte Karte, die Lady Leigh, zu retten, die Be=
fehle zum Backen der Segel und zu andern Manövern gab, die
geeignet waren, das Schiff flott zu machen. In seine den Ma=
trosen zugerufenen Befehle mischten sich Wehklagen um sein Weib
und seine Kinder, die er in Hobarttown in Armuth zurückge=
lassen und die aus solcher zu erretten ihm die früher so gewo=
gene Glücksgöttin versagen zu wollen schien. Aber keins half.

Das Wasser war noch im Fallen, und das Schiff bewegte sich nicht von der Stelle. Zum Glück war es nahe an tiefster Ebbe gewesen, als wir auf den Felsen aufliefen, sodaß keine Gefahr des Umschlagens zu besorgen war. Nach einigen ängstlichen Stunden endlich hob uns die rückkehrende Flut wieder von unserm Ankergrunde ab.

Inzwischen war die Nacht hereingebrochen, sodaß wir in der Nähe dieses unglückseligen Korallenblocks ankern mußten. Nun hatte Woodin alle Lust verloren, nochmals eine Ausfahrt zum östlichen Kanal zu versuchen, und da auch am 25. morgens ein schöner Ostwind wehte, so fuhren wir, diesmal ohne weitern Unfall, zum westlichen Kanal hinaus. Freilich brauchten wir jetzt drei volle Tage, um die Nordspitze der Insel Batag, ankämpfend gegen Wind und Wogen, zu gewinnen, und auch am 1. März verloren wir, gegen östliche und südöstliche Winde kreuzend, nur sehr langsam die Ostküste Samars aus dem Auge. Eine heftige, etwa $1\frac{1}{2}$—2 Knoten stündlich laufende südöstliche Strömung setzte uns immer wieder zurück, sodaß der Kapitän, um recht rasch aus dieser widrigen Gegend herauszukommen, möglichst nach Süden zu gelangen trachtete.

Mochte nun der Landaufenthalt und die schon so lange anhaltende kärgliche Nahrung, verbunden mit dem ewigen schlechten Wetter und dem heftigen Schreck am 25. Februar, mir geschadet haben; genug, bis zum 1. März fühlte ich mich so elend, daß ich selbst die wenigen günstigen Stunden, die mir hin und wieder der etwas leichtere Wind gönnte, nicht zum Fischen mit dem feinen Netz zu benutzen vermochte. Als wir aber am 1. und 2. März in jenen südöstlichen Strom hineingeriethen und einige Thermometermessungen mir die hohe Meereswärme von 22° R. am ersten Tage, später sogar von 23° R. ergaben, nahm ich voller Erwartung mein Netz zur Hand. Denn ich dachte mich wieder in eine ähnliche warme Strömung versetzt, wie sie am

2*

Cap der guten Hoffnung als letztes Ende des Mozambique=
stromes bis auf 42⁰ und 44⁰ südl. Br. heruntergeht, und welche
mir auf meiner Reise nach Singapore eine Ueberfülle der schön=
sten pelagischen Seethiere ins Netz lieferte.   Drei Tage lang
fuhren wir damals in einem so dichten Schwarme der kolossalen
Feuerzapfen (Pyrosoma giganteum), daß selbst beim Waffer=
schöpfen mit Eimern häufig die fast 1 Fuß langen Thiere ge=
fangen wurden, und des Nachts leuchteten alle diese Myriaden
von Wesen, die den Ocean bis zum Horizont zu bedecken schie=
nen, in so zauberhaftem Lichte, daß ich mit einziger Ausnahme
einer wunderbaren Octobersturmnacht nördlich von Helgoland
nie etwas Aehnliches gesehen zu haben glaubte.   Leider wurde
meine Erwartung gänzlich getäuscht.   Trotz der tiefblauen reinen
Farbe des Meeres fing ich auf der Oberfläche nichts als eine
geringe Zahl gallertiger Haufen von einzelligen Algen, wie sie
mir so oft schon in den Tropen das Fischen mit dem feinen
Netz verleidet hatten; und auch das bei Windstillen bis zu
60—80 Fuß Tiefe niedergelassene und durch die starken, auch
hier wirkenden Strömungen in senkrechter Stellung erhaltene
Netz brachte mir keine Ausbeute.   Allmählich waren wir aus
den südöstlichen Strömen in nordöstliche gerathen, die uns nun
rasch weiter nach Süden brachten, bis wir endlich am 9. März
in 7⁰ 39' nördl. Br. und 129⁰ östl. L. auf starke und sehr
warme westliche Strömungen trafen, die uns nach den Berech=
nungen des Schiffsjournals um durchschnittlich 50—55 See=
meilen per Tag weiter nach Osten brachten.   So waren wir
allmählich aus dem nach Norden an der Ostküste Luzons um=
biegenden obern Arme des nordpacifischen Aequatorialstromes in
die gerade Fortsetzung desselben, dann in den südlichen nach
Süden zu an Samar und Mindanao hinstreichenden Arm dessel=
ben Stromes gerathen, der sich zwischen 6⁰ und 7⁰ nördl. Br.
mit jenem von Westen her aus der heißen Celebes=See ent=
springenden äquatorialen Gegenstrom verbindet, welcher, wenn

anders die von Quatrefages aufgestellten Theorien über die ver=
schiedenen Wanderungen der polynesischen Völker richtig sind, in
der östlichen Hemisphäre eine ebenso bedeutungsvolle Rolle ge=
spielt hat wie der Golfstrom, freilich in anderer Beziehung, auf
der westlichen Erdhälfte. Es ist bekannt, daß die Bewohner der
Carolinen nicht selten nach den Philippinen verschlagen werden;
sie erreichen dann jedesmal die Insel Samar oder den südlich=
sten Theil von Luzon, zum Beweise, daß gerade hier sich der
nordäquatoriale Strom an der philippinischen Inselmauer bricht.
Dagegen scheinen niemals Bewohner der Philippinen nach den
Palau=Inseln gekommen zu sein, wohl aber solche von Celebes
und den in der Celebesstraße liegenden Inseln. So war nach
Johnson's Aussage im Jahre 1859 oder 1860 ein Boot ohne
Segel an der Nordwestseite der Inselgruppe — bei dem Dorfe
Aibukit — angetrieben, dessen Passagiere, sechs an der Zahl, in
drei Tagen von der Insel Salibago dahingelangt zu sein be=
haupteten. Den einen überlebenden Mann sah ich später noch,
sodaß ich mich von der Wahrscheinlichkeit seiner Behauptung,
von der genannten Insel gekommen zu sein, überzeugen konnte.
Auch als der bekannte Kapitän Wilson — dessen Erzählung
vom Schiffbruch der Antilope und dem liebenswürdigen Völk=
chen der Palau=Inseln überall sympathisches Interesse erweckte —
mit den Bewohnern dieser Inseln in Verkehr trat, fand er einen
ebenfalls von einer Celebes benachbarten Insel stammenden
Malaien, der wie jene Leute aus Salibago durch die westliche
Strömung dorthin getrieben worden war.

Unsere Freude, endlich in einem gut ausgebesserten, wasser=
dichten Schiffe zu fahren, sollte leider nur die beiden ersten Tage
anhalten. Solange wir nur leichtere Winde hatten und der
Meergang nicht stark war, mußte die Pumpe nicht öfter in Be=
wegung gesetzt werden, als es überhaupt an Bord eines Schiffs
geschieht. Aber als nun im Streit der starken Meeresströmungen
und der häufig diesen entgegenwehenden, bis zum Sturm sich

steigernden Winde die See sich in hohen und unregelmäßigen
Wellen erhob, da fing unser in allen Fugen ächzendes und grausam herumgeworfenes Schiffchen wieder an, sehr viel Wasser zu
machen, und da, je tiefer wir nach Süden kamen, der Sturm
wuchs und das Meer aufgeregter wurde, so nahm das Pumpen
in ganz unliebsamer Weise zu.   Zuerst wurde bei Tage häufiger
gepumpt, dann auch in der Nacht, und als endlich an einem
ruhigen Tage, welcher unsern Schoner von den gehabten Stra-
pazen etwas ausruhen ließ, doch das in den Schiffsraum eindringende Wasser nicht abnahm, eher wuchs — da wurde uns
allen klar, daß dennoch jener Ritt auf dem Korallenblock im
Hafen von Palapa dem Boden des Schiffs eine unheilbrohende
Wunde geschlagen haben mußte.   Vom 5. oder 6. März an
blieb nun die Pumpe Tag und Nacht in unausgesetzter Bewegung; denn bei dem bald wieder eintretenden und uns lange
Zeit unausgesetzt begleitenden·Sturme drang schließlich so viel
Wasser ein, daß wir alle, auch der Kapitän und die Passagiere,
mit Hand an das Werk legen mußten, da wir uns nur mit der
angestrengtesten Thätigkeit flott erhalten konnten.   Endlich hatten
wir, dank dem westlichen Sturme, trotz der entgegenwehenden
Winde auf etwa 4° nördl. Br. die Länge von 135° östl. erreicht, sodaß wir jetzt am Winde segelnd nach Norden umkehren
und die zwischen 6° und 8° nördl. Br. liegende Inselgruppe der
Palaus aufsuchen konnten.   Am 22. März morgens 2 Uhr sahen
wir im herrlichsten tropischen Mondenscheine die südlichste Insel
der Gruppe, Ngaur (Angaur), welche durch einen etwa drei
Meilen breiten und sehr tiefen Kanal von der Insel Peleliu getrennt liegt.   Bei Tagesanbruch fuhren wir von Osten her durch
ihn hindurch, da der von uns aufzusuchende Hafen — Aibukit —
an der Nordwestseite der Insel lag.   Mit steilen Klippen, an
deren Fuß sich direct das Meer mit seinen Wogen brach, stieg
die Insel Ngaur zu nicht sehr großer Höhe aus dem Meere
senkrecht empor, im grünen Schmucke des tropischen Waldes,

zwischen welchem kahle Felsen von blendender Weiße dem Auge auffielen. Es waren wol ähnliche Kalkfelsen, theilweise ver= kreidet, wie sie auch die in einzelnen schroffen und zackigen Gipfeln zu größerer Höhe aufsteigende Insel Peleliu und die ihr benachbarten kleinern Inseln zeigten. Auch diese waren zum größten Theil bewaldet, und am Ufer, dem wir uns näherten, zeigte sich ein Saum sehr hoher und schmächtiger Kokospalmen, wie ich sie so noch nie zuvor gesehen hatte. Es sollen — wie verschiedentlich zu lesen steht — diese hohen mastbaumähnlichen Palmen gewesen sein, nach welchen die Spanier, als sie im 17. Jahrhundert die Inselgruppe entdeckten, ihr den Namen der „Islas Palos“ gegeben haben, nach den dem Mastbaum (palos) ähnlichen Palmbäumen. Absichtlich hatten wir uns der be= wohnten Insel Peleliu genähert, weil alle an Bord den Wunsch hatten, Nachrichten über die jüngsten Ereignisse im Lande zu erhalten, und wir durch unsere Annäherung einige Bewohner von Peleliu heranzulocken dachten. Unsere Hoffnung wurde nicht getäuscht. Das war ein wildes Durcheinander der Stim= men, als endlich die kraushaarigen, dunkelkupferbraunen Leute in unsere Nähe kamen; sie mußten uns offenbar erkannt haben, denn „Piter“, „Cabel Mul“, „Cordo“ und „Baber“ schrien sie zu uns herüber, je nachdem sie Johnson, oder den Kapitän, den kleinen Cordo oder den Steuermann am Schiffsbord erblickten. Sie waren offenbar sehr aufgeregt. Schon aus großer Entfer= nung schrien sie uns allerlei zu, einzelne Worte, wie Feuer, Krieg, Engländer, konnte Johnson unterscheiden; als sie am Schiffe anlegten, hatten sie alle eine solche Eile, zu uns zu ge= langen, uns zu begrüßen und zu erzählen, daß einer derselben, der sich an einem losen Taue hinaufschwingen wollte, direct ins Meer fiel. Triefend vom unfreiwilligen Bade kam er an Bord und erzählte nun seinerseits Piter (Johnson) in großer Hast und Wortfülle die traurige Geschichte, welche während der Ab= wesenheit des Kapitäns Woodin dort vorgefallen war und welche

den armen Greis mit einem traurigen Vorgefühl aller der
Schläge erfüllte, die ihn noch am Abend seines Lebens treffen
sollten. Sie theilten uns mit, daß vor wenigen Wochen ein
englisches Kriegsschiff im Hafen von Coröre, der durch Wilson
als „Korror“ so berühmt gewordenen Insel, eingelaufen sei,
daß der Kapitän desselben die Eingeborenen von dort auf einem
Kriegszuge gegen Aibukit begleitet und unterstützt habe und daß
ein großer Theil der dem letztern Orte angehörigen Fahrzeuge,
ihr Dorf und ein dem Kapitän Woodin zugehöriges, am Ufer
des Meeres dicht bei Aibukit stehendes Haus mit dem darin
aufgespeicherten Trepang verbrannt worden seien.

Schon früher hatte ich den Aeußerungen des Kapitäns und
Johnson's entnommen, daß seit einigen Jahren die nationalen
Kriege in frischer Kraft entbrannt waren infolge der Ankunft
Woodin's und des oben schon genannten Cheyne. Beide hatten
sich 1860 zuerst im Hafen von Coröre zusammen aufgehalten,
eine Zeit lang auch gemeinschaftlich Geschäfte gemacht, die sie
theils dort im Hafen selbst, theils durch kleine nach Nord und
Süd ausgedehnte Bootexcursionen führten. Der alte Woodin,
ehrlich und gutmüthig, aber nicht „klug wie die Schlangen“,
hatte Cheyne ein zu großes Vertrauen geschenkt, welches dieser
schmählich mißbrauchte. Im März oder April 1860 waren beide,
nachdem sie sich dort zufällig im Hafen von Coröre — Ma=
lakka — getroffen hatten, mündlich übereingekommen, gemein=
schaftliche Geschäfte mit gleichem Risico zu machen, in der Weise,
daß Cheyne für seine Tauschwaaren nur Trepang, Woodin
dagegen ausschließlich Oel und Schildpatt einhandeln sollte. In
dieser Zeit hatte Woodin schon 70 Pikul Trepang an Bord,
die er Cheyne übergab, wie er denn von jenem Tage an auch
alle Eingeborenen, die Trepang verkaufen wollten, zurückwies
und ihm, dem Kapitän des Dreimasters „Black=River=Packet“,
zuschickte. Am 31. Mai schrieb dieser an Woodin, daß er
infolge des schlechten Zustandes seines Schiffs sich genöthigt

fehen würde, fpäteftens bis zum 15. Auguft die Infeln zu ver=
laffen, daß er aber fo lange, bis Woodin von der beabfichtigten
Reife nach Manila zurückgekehrt fei, auf eigene Koften und
Rifico Handel treiben, dann aber nach Shanghai abreifen und
dort die gewonnene Ladung und das Schiff verkaufen wolle,
um ihm, Woodin, das Feld — dort auf den Palaus — freizulaffen.
Aber fchon am 7. Juni fchrieb er meinem Freunde, der gerade im
Begriff ftand, nach Manila abzufegeln, abermals, indem er einen
Contract vorlegte, der, wenn er angenommen worden wäre,
diefem den empfindlichften Schaden hätte zufügen müffen. Es
hätte fich dann Woodin verpflichtet gefehen, 1) allen von Ka=
pitän Cheyne bis dahin gefammelten Trepang frei von Fracht
nach Manila zu bringen und dort Cheyne's Agenten zu über=
geben; 2) die erheblich höhern Unterhaltungskoften des Black=
River=Packet zur Hälfte, vom Tage feiner Abreife an gerechnet,
zu tragen, während Cheyne die Hälfte der Unterhaltungskoften
der Lady Leigh, die beträchtlich geringer waren, erft von jenem
Tage an zu übernehmen hätte, an welchem Woodin wieder den
Handel beginnen würde; 3) die Palau=Infeln ganz zu verlaffen,
da fich Cheyne das Recht des Handels dort refervirte. Abge=
fehen von den Nachtheilen, welchen fich Woodin fchon durch die
erften beiden Punkte ausgefegt gefehen hätte, fo wäre die legte
Beftimmung für ihn · geradezu verderblich geworden. Cheyne
wäre dann im ausfchließlichen Befig der auf den Carolinen für
den Trepanghandel am günftigften gelegenen Palau=Infelgruppe
geblieben, während Woodin die fowol für diefen Handel we=
niger productiven als nautifch unbekanntern übrigen Infeln der
Carolinen und einen Verkehr mit den viel kühnern und rohern
Bewohnern derfelben zu fuchen gehabt hätte. Im Fall eines
Unglücks hätte dann Cheyne die Palau=Infeln für fich allein aus=
beuten können; denn er wußte fehr wohl, daß Woodin's legter
und dazu noch ganz verfchuldeter Befig jener kleine Schoner war,
daß fein Rival fich alfo ganz außer Stande fehen würde, ein

neues Schiff zu kaufen und seine Handelsreisen wieder aufzu=
nehmen. Dies war denn auch in der That das Ende von
Woodin's Laufbahn. Aber selbst im allergünstigsten Falle lag
für Woodin eine directe Benachtheiligung in diesem Vorschlage,
welchen er denn auch ohne weiteres abzulehnen beschloß. Aus
Gefälligkeit nahm er noch eine kleine Quantität Trepang mit
nach Manila, von wo er Mitte September desselben Jahres nach
den Inseln zurückkehrte. Zwar lief er abermals im Hafen von
Coröre ein, aber nur, um bald nach dem weiter nördlich ge=
legenen Ort Aibukit abzusegeln, dessen Bewohner schon früher
mit ihm gehandelt hatten und die er nun, frei von den Chica=
nen Cheyne's und der Fürsten von Coröre, in ihrem eigenen
Lande zu besuchen beschloß. Dies war den Bewohnern von
Coröre sowol wie seinem Rivalen ein unangenehmer Entschluß.
Jene fürchteten, daß sie, gering an Zahl, nur im Besitz einer
kleinen Insel, die hauptsächlich seit Wilson's Zeiten und theil=
weise durch dessen thätige Hülfe gewonnene Uebermacht über die
übrigen Staaten der Inselgruppe einbüßen würden, wenn nun
durch Woodin ein directer Handel mit den nördlichen Staaten
eröffnet würde, die bisher von ihnen durch größern Reichthum
und durch die bedeutendere Zahl von Feuerwaffen in einer ge=
wissen Botmäßigkeit erhalten worden waren. Cheyne aber besorgte,
seinen Lieblingsplan, dessen Verwirklichung er in der That später
nahe genug kam, scheitern zu sehen, wenn es Woodin wirklich
gelänge, festen Fuß im Norden zu fassen. Die spätere Ent=
wickelung der Vorgänge zeigte nämlich deutlich, daß er zunächst
den Handel dort in übermüthigster Weise zu monopolisiren,
dann aber auch sich den Dank seines Vaterlandes dadurch zu
erwerben gedachte, daß er ein im Laufe der Jahre dort gewon=
nenes Anrecht auf eine Insel oder die ganze Inselgruppe der
englischen Nation zu vermachen beschloß. Bei den Eingeborenen
von Coröre war jedenfalls die Eifersucht gegen Aibukit so
groß — ich will den Einfluß, welchen nach Woodin's und

Barber's Behauptungen Cheyne auch hierbei gehabt haben mußte, nicht weiter untersuchen —, daß jene einen Feldzug gegen die Leute des Nordens und die Lady Leigh zu unternehmen beschlossen. Sie waren bei der Inscenirung ihres Planes, den alten Woodin von Aibukit zu verscheuchen, nur ihrem schon früher einmal gegen ein spanisches Fahrzeug geübten Verfahren treu geblieben, das sie ruhig zum Trepangfang nach der nördlich gelegenen Insel Yap absegeln, dort aber von den durch eine große Summe Geldes bestochenen Bewohnern wirklich „abschneiden"*) ließen. Wenigstens geht aus einem von Cheyne am 15. September an den schon nach dem Norden abgesegelten Woodin gerichteten Briefe hervor, daß, nach Aussage der Fürsten von Coröre, die Leute von Aibukit den Plan gefaßt haben sollten, die Lady Leigh am Tage der Ankunft zu nehmen. Diese Mittheilung Cheyne's hatte offenbar den Zweck, den alten Woodin einzuschüchtern und zum Umkehren zu veranlassen. Als aber dieser trotz der Warnung doch im Hafen von Aibukit ankerte und hier statt feindlichen Empfangs das freundlichste Entgegenkommen von seiten der Eingeborenen fand, schrieb ihm Cheyne am 26. September abermals einen Brief, worin er andeutete, daß die Bewohner von Coröre dies Gerücht ausgesprengt oder auch wirklich den Leuten von Aibukit Geld bezahlt hätten, um ihn — Woodin — abzuschneiden; daß er aber seinerseits überzeugt sei, er werde in Aibukit gute Geschäfte machen, da er dort keine Gefahr zu besorgen habe. Diesen Brief übergab er Woodin's Steuermann Barber, welcher in Geschäften nach Coröre in einem Boote gekommen war, mit dem gleichzeitig gemachten Bemerken, er — Barber — solle lieber gleich bei ihm bleiben; er wolle ihn in Dienst nehmen, und es sei für ihn dies das Beste, da er wahrscheinlich, wie wenigstens gerüchtweise ver-

---

*) „Abschneiden" (cut off) ist der seemännische Kunstausdruck für die Beraubung und Zerstörung eines Schiffs durch Wilde.

lautete, die Lady Leigh nicht mehr vorfinden werde. Barber
eilte nun, wirklich etwas in Angst versetzt, da er die Tücke der
Bewohner von Coröre kannte, so rasch als möglich dem Norden
zu und kam hier gerade noch zur rechten Zeit, um Woodin von
dem Herannahen einer offenbar mit feindlichen Absichten aus
dem Süden kommenden Flotille in Kenntniß zu setzen. Wenige
Stunden nach ihm kamen wirklich die Kriegscanoes von Coröre,
Armlimui und einigen andern Staaten des Südens an, fanden
aber Woodin bereit, sie scharf zu empfangen. Nun änderten sie
ihren Plan. Der vornehmste König unter ihnen, Ebadul von
Coröre, ging zu Woodin an Bord und setzte ihm im freund=
schaftlichsten Tone auseinander, daß sie gekommen seien, die Be=
wohner von Aibukit zu züchtigen dafür, daß sie sich Rechte an=
maßten, welche ihnen nicht gebührten; er thue besser, statt dort
oben zu bleiben, wieder mit ihnen nach Coröre umzukehren, um
das alte freundschaftliche Verhältniß wieder anzuknüpfen, er solle
von den Leuten des Südens so viel Trepang erhalten, als sein
Schiff nur fassen könne.   Woodin blieb natürlich taub gegen
die Versicherung der Freundschaft wie gegen das Versprechen,
das ihm Ebadul machte.   Unterdessen waren auch die Kriegs=
canoes der Bewohner von Aibukit aus ihrem Hafen herausge=
kommen und stellten sich in Schlachtlinie so auf, daß sie, ohne
der Lady Leigh zu nahe zu kommen, unter beständigem Feuern
aus Musketen und einigen kleinen Schiffskanonen dem im Halb=
kreise ruhig liegenden Feinde entgegenrücken konnten.   Zum
Glück wurde aus der Schlacht keine Schlächterei. Auf Tau=
sende von Schritten brannten sie gegenseitig ihre Flinten und
Kanonen ab, die ihre Kugeln kaum einige hundert Schritte
weit entsenden konnten, und als nun endlich, ohne daß bisher
eine einzige Kugel ein Unglück angerichtet hätte, ein von einem
jungen muthigen Fürsten befehligtes Canoe von Aibukit denen
von Coröre so nahe gekommen war, daß wirklich ein von ihm
abgesandtes Geschoß einem der feindlichen Canoes ein Loch

schlug, sodaß es augenblicklich sank — da machte die ganze süd=
liche Flotte kehrt und enteilte mit günstigem Winde den Ver=
folgungen des Feindes. Zur Verherrlichung des Sieges wurden
dann in Aibukit Feste gehalten und Lieder gedichtet, in denen
ganz besonders jener muthige Held gefeiert wurde, der mit einer
einzigen glücklichen Kugel die ganze feindliche Armada des Sü=
dens in die Flucht geschlagen hatte. Mit diesem einen Siege
hatte sich nun Aibukit eine Stellung errungen, wie es nie zuvor
besessen hatte; gleich begaben sich mehrere kleinere Fürsten in sei=
nen Schutz, sodaß sich die zahlreichen Palaustaaten in zwei
Gruppen theilten, deren eine dem südlich liegenden Coröre, die
andere Aibukit eine gewisse Führerschaft im Kriege wie in der
Politik zuerkannte. Zwischen den Reichen beider Liguen fanden
nun alle Augenblicke kleine Reibereien statt, die sich auf das
Verbrennen einiger Canoes oder die Ermordung einiger weniger
Personen beschränkten, bis endlich im Januar 1862 den Süd=
ländern die günstige Zeit zur Führung eines Hauptstreichs ge=
kommen zu sein schien. Und die Geschichte desselben war es,
welche unsere Freunde von Peleliu so in Aufregung erhielt und
deren trüben Eindruck auch ich mich um so weniger erwehren
konnte, als ich durch sie gleich an die Rolle erinnert wurde,
welche wir Weißen nun schon seit Jahrzehnten, mit oder ohne
Schuld, dort im Stillen Ocean spielen. Zwar erfuhren wir erst
später den ganzen Zusammenhang des Vorfalls, als wir in
Aibukit angekommen waren; aber so viel schien doch aus den
verworrenen und offenbar sehr ausgeschmückten Erzählungen der
Insulaner hervorzugehen, daß während der Abwesenheit der
Lady Leigh das Dorf Aibukit abermals einem Angriffe von
seiten der Bewohner von Coröre ausgesetzt gewesen, daß aber
diesmal für unser befreundetes Dorf die Sache sehr schlimm
abgelaufen war, da Cheyne's Verbündete sich der thätigen Unter=
stützung von seiten eines englischen Kriegsschiffs zu erfreuen ge=
habt hatten.

Trübe gestimmt von dieser Hiobspost, die uns mehr als
vielleicht nöthig erregte, da wir den Umfang des gethanen Scha=
bens nicht ermessen konnten, setzten wir unsere Reise fort, an
der Westseite der nun allmählich sich je weiter gen Norden zu
um so mehr von den Inseln entfernenden Riffe entlang.   Am
23. März schon hatten wir den höchsten Berg der Insel Babel=
thaub passirt, der in seiner abgerundeten Kuppenform in schrof=
fem Gegensatze zu den steilen, schmalen Klippen des Südens
sowol wie zu einigen andern benachbarten Bergen derselben
Insel stand.   Das Leck hatte sich jetzt offenbar bedeutend ver=
größert; denn nie mehr konnte die Pumpe ruhen bei Tag
und Nacht.   Aber meine durch so widerwärtige Reise noch mehr
gesteigerte Ungeduld, endlich in den Hafen einzulaufen, wo ich
gleich das Schiff zu verlassen und mit Johnson's Hülfe meine
Arbeiten zu beginnen gedachte, wurde erst am Nachmittag des
25. März befriedigt.   Südliche Strömung hatte uns in der
Nacht vom 24. auf den 25. weit nach Norden bis über den
Kanal hinaus getrieben, welcher in nordwestlicher Richtung gegen
Aibukit zu laufend das hier mehr als eine deutsche Meile weit
von der Insel abstehende Riff durchbrach.   Zum Glück drehte
sich am Tage der Wind mehr nach Norden, sodaß wir gegen
3 Uhr nachmittags uns am Eingange des Kanals befanden.
Ich stieg in den Mastkorb, um von hier aus unsere Einfahrt
besser beobachten zu können.   Trotz der ziemlich großen Entfer=
nung des festen Landes war doch die Atmosphäre so durchsichtig,
daß ich deutlich die Insel erkennen konnte, wie sie dalag mit
ihren hier und da hoch über die Waldung emporragenden Kokos=
palmen inmitten eines breiten Streifens prächtig meergrünen
Wassers, während hart an den schäumenden Rand des Außen=
riffs die tiefblaue See stieß.   Sieht man aus solcher Höhe auf
das Meer herab, so sind seine mit der Tiefe wechselnden Farben
von einer wunderbaren Pracht und Durchsichtigkeit.   Und neben

uns tummelten sich auf der Fläche vier der Canoes von Aibukit, die uns entgegengekommen waren, um uns durch die schwierigen Kanäle hindurchzugeleiten. Wie die Möven mitunter, wenn sie ermüdet sind, halb fliegend auf den Spitzen der Wellen zu ruhen scheinen, dennoch aber das schnellste Schiff rasch hinter sich lassen, so flogen die leichten Canoes über das Meer dahin, oft mehr als zur Hälfte aus dem Wasser, an den Seiten unsers Schoners vorbei, vor uns und hinter uns herum; bald gönnten sie dem Schiffe, das seine 5—6 Knoten lief, den Vorrang, dann aber schossen sie spielend in wenig Minuten wieder an ihm vorüber. Eins derselben schlug um, aber niemand kümmerte sich um die Insassen, und schon nach etwa 10 Minuten war das Boot wieder umgedreht, seines eingenommenen Wassers entledigt, und bald darauf flog es wieder heran, uns auch fernerhin in dem scheinbaren Spiele beizustehen. Sie dienten uns nämlich als Lootsen. Wo eine gefährliche Untiefe oder ein vorspringendes verdecktes Riff war, da sprang ein Mann ins Wasser und hielt das Boot an, bis wir glücklich vorüber waren; dann ging es weiter zur nächsten Station. In solcher Beschäftigung muß man die Bewohner der Inseln im Stillen Ocean bewundern lernen, da ist jede Spur von Indolenz und Trägheit aus ihrem Gesicht verschwunden, jede Bewegung ihres aufs äußerste angespannten Körpers ist richtig abgemessen, leicht und schön, und aus dem dunkeln Auge leuchtet die innigste Freude über das aufregende Spiel mit den Gefahren, die ihnen überall in den spitzen Korallenblöcken entgegenstarren. Sie brachten uns glücklich nach etwa einstündiger aufregender Fahrt zum Ankerplatz im Hafen von Aibukit, etwa einen guten Büchsenschuß vom Lande, und als der Anker fiel, da stiegen von allen Seiten auch schon die Insulaner herauf, und Kapitän Woodin und Johnson drückten ihren alten Freunden die braunen Hände. Leider bestätigten sie uns alle jene Nachrichten, die wir bei Peleliu erhalten

hatten; aber in die Trauer über das Elend, dem sie sich bis
dahin ausgesetzt gesehen hatten, mischte sich nun die kindlichste
Freude über die glückliche Ankunft von Piter (Johnson) und
Cabel Mul (Kapitän Woodin), die ihnen wie Boten einer
glücklichern Zukunft erschienen.

Erster Aufenthalt am Lande. Der Angriff auf Aibukit und der Friedensschluß.

Bis spät in den Abend hinein blieben unsere Freunde bei uns. Es waren faßt ausschließlich Männer der untern und mittlern Klassen, die uns zu helfen gekommen waren und von denen gleich eine Anzahl durch Woodin engagirt wurde, zu pumpen und bei dem am nächsten Morgen zu beginnenden Löschen des Schiffs zu helfen, da die hauptsächlich aus Mani=lesen bestehende Mannschaft sehr erschöpft war. Die Mehrzahl dieser Leute waren schlank und gut gewachsen, von dunkelbrauner, selbst schwarzbrauner Körperfarbe, die freilich oft durch das Gelb der aus Curcuma bereiteten Farbe verdeckt wurde, mit der sie sich in verschiedenster Weise bemalt hatten; auf dem Kopfe hatten sie meist eine mächtige, aus krausen Locken gebildete Haarkrone, welche hinten in einen kurzen Zopf zusammengebun= den war. In ihrem dichten Haargewirre steckte der so charakte= ristische dreizackige Kamm mit weitgespreizten Zinken, wie er faßt ausschließlich bei allen polynesischen Negerstämmen gefunden wird. Auch in den Gesichtszügen zeigte sich unverkennbar der papuasische Typus ausgeprägt; und schon unter den ersten Besuchern von Peleliu war mir ein kleiner Mann mit ausgesprochenen jüdischen

Gesichtszügen aufgefallen. Ich kannte damals noch nicht das Reisewerk von Salomon Müller, in dessen prächtigem Atlas ich später das Porträt eines Bewohners von Gobie auf Neuguinea fand, der ganz gut als der Bruder jenes Mannes von Peleliu hätte gelten können. Dieselbe Beobachtung wird aber von allen Reisenden gemacht, welche mit echten Papuas auf Neuguinea oder mit andern Negerrassen im Stillen Ocean, wie den Bewohnern der Louisiaden, Fidji=Inseln oder selbst Australiens in Berührung kamen; allen ohne Ausnahme fielen solche ausgeprägt jüdische Physiognomien auf, wie man sie niemals unter den Stämmen rein malaiischen Ursprungs beobachtet hat. Daß aber die Bewohner von Aibukit neben Papuablut auch malaiisches in den Adern hatten, bewiesen, abgesehen von dem meiner Meinung nach keinen Ausschlag gebenden glatten Haar *), vor allem das breitknochige, fast viereckige Ge=

---

*) In dem äußerst dogmatisch gehaltenen Buche von Häckel „Urgeschichte der Schöpfung" wird ein Stammbaum der Menschen aufgestellt, welchem das glatte oder das krause Haar als ganz scharfes und zutreffendes Merkmal zur Erkennung der Verwandtschaft der verschiedenen Menschenrassen zu Grunde gelegt wird. Es beruht dies wahrscheinlich auf der Untersuchung Pruner=Bei's, welcher den Querschnitt des krausen und glatten Haars ziemlich verschieden fand und daraufhin einen wesentlichen Gegensatz auch sonst in den Rassen annehmen zu können glaubte; denn Pruner=Bei war der erste, der wenigstens genauer als bisher den Querschnitt der Haare in ethnographischer Beziehung untersuchte. Abgesehen nun davon, daß der Einfluß der Vermischung verschiedener Völker auf die Form des Haars (dessen Querschnitt) bisher nicht untersucht worden ist; abgesehen ferner von der Thatsache, daß jeder gewissenhaft beobachtende Reisende überall nur gemischte Rassen, nirgends reine findet — sodaß die Frage, welchem der Urstämme diese oder jene Form des Haars zukomme, gar nicht mehr zu entscheiden ist —; und abgesehen endlich davon, daß die Abhängigkeit des Haars in seinem Wachsthum von den äußern Lebensbedingungen absolut unbekannt ist, also auch darin liegende Fehlerquellen bei der ganz hypothetischen Aufstellung jenes Dogmas vom Gegensatz des krausen und glatten Haars gar nicht vermieden werden konnten: abgesehen von alledem stehen weder die Beobachtungen Pruner=Bei's mit seinen theoretischen Be=

ficht mit den stark hervortretenden Backenknochen und die äußerst
kleinen Augen.

Am nächsten Morgen wurden wir früh durch vornehmen
Besuch überrascht. Am Abend schon hatte uns Krei seinen
Adoptivsohn, den kleinen Cordo, entführt; morgens kehrten sie
beide zurück in Begleitung eines breitschulterigen, ausnehmend
gutmüthig aussehenden Mannes, des vornehmsten Fürsten im
Staate Aibukit, Mad. Mit ihm kamen eine Anzahl anderer
Fürsten und auch mehrere junge Mädchen, von denen zwei sich
immer an der Seite Mad's hielten, während die andern in
ziemlich freier Weise zwischen den fremden Matrosen mit ihren
von der Taille bis zum Knie reichenden und seitlich die Schenkel
ganz frei lassenden Blätterkleidern dahinrauschten. Fast alle
trugen sie eine duftende Blume im Ohr. Die Männer, theil=
weise ganz nackt oder nur mit einem Lendengürtel bekleidet, den
sie oft genug auch in der Hand hielten, blieben mit Ausnahme
weniger Vornehmer ganz im Vordergrunde des Schiffs, weit
entfernt von Krei und Mad, sodaß ich durch die Achtung, welche
beiden gezollt wurde, schon ihre hohe Würde hätte errathen
können, selbst wenn ich nicht durch Woodin und Johnson längst
gehört hätte, daß ich hier die zwei mächtigsten Fürsten des
Dorfs und Staats Aibukit vor mir sähe. Beide Männer
wurden immer nur mit dem angegebenen Namen angeredet,
welche, obgleich beide, Mad wie Krei, Eigennamen, doch auch

---

hauptungen in so vollständigem Einklange, daß sie überhaupt beachtet zu
werden verdienten, noch gehen seine Annahmen parallel mit den analogen
Hypothesen anderer Ethnologen, welche glauben, durch einige Maße die
typische Schädelform jedes Stammes feststellen, durch die Uebereinstimmung
in den Maßen auch die Menschenrassen ethnologisch gruppiren zu können.
Hypothetische Voraussetzungen — und weiter nichts, ich wiederhole, ist der
Häckel'sche Menschenstammbaum — können nur dann einigen Anspruch auf
Beachtung machen, wenn sie sich gegenseitig decken; widerspricht die eine der
andern, so sind sie gewiß beide verkehrt.

zugleich echte Titel für eines jeden Stellung im Staate waren. Beide besitzen noch einen andern Namen, den ihrer Jugend, den sie aber beim Amtsantritt mit dem unwandelbaren Titel ihres Amts vertauscht hatten. Das gleiche Vorrecht haben nur noch die eigentlichen Fürsten — die rupacks —, deren Zahl und Namen ich leider nicht völlig genau ermitteln konnte und welche die erste Klasse der Bevölkerung bilden. Mad (d. h. Tod) ist der eigentliche König, dem als solchem neben dem Vorsitz im Fürstenrathe die alleinige Entscheidung und Sorge über ihre religiösen Feste und alles, was sich mit ihrem Ahnencultus verbindet, zusteht. Ihm ist ein wirklicher Almosenier untergeordnet, der, Jnatekló genannt, ebenfalls Sitz und Stimme im Fürstenrathe hat. Zweiter im Staat ist Krei, der Krieger und Feldherr sowie Anordner aller öffentlichen und Gemeindearbeiten, ein echter Majordomus, der auch hier im Stillen Ocean öfter eine ähnliche Rolle gespielt hat wie der Taikun in Japan oder die Hausmeier der Merovinger im Frankenreiche. Im Fürstenrathe sitzt er Mad gegenüber; und jedem schließt sich auf seiner Seite ein Gefolge kleinerer Fürsten an, bei ihren großen Festen sowol wie bei ihren feierlichen, über das Wohl und Wehe des Staats beschließenden Sitzungen. Diese Theilung der Gesammtzahl der Fürsten in solche, welche dem Krei oder dem Mad folgen, ist aber nicht blos auf das öffentliche Leben beschränkt. Ein jeder der beiden Fürstenhäupter ist zugleich auch Vorsteher seines Gefolges, mit welchem er zusammen ein großes Haus — hier bai genannt — besitzt und worin die Mitglieder dieser Vereinigung, des sogenannten Clöbbergöll, die Nächte und einen großen Theil der Tageszeit zubringen. So bildet also in Aibukit — und ähnlich wie hier ist es in allen übrigen Staaten des Landes — die erste Klasse der eigentlichen Fürsten zwei sogenannte Clöbbergölls.

In der zweiten Klasse der Bevölkerung, der sogenannten kleinen Fürsten (kikeri rupack) oder derjenigen der Freien

sowol wie in der dritten der Hörigen — des armeau — finden
sich ähnliche, aber viel zahlreichere Clöbbergölls, die sich am
besten wol noch mit unsern Regimentern vergleichen lassen.
Denn in der That herrscht hier eine allgemeine Wehrpflicht, wie
sie weitgehender und in alle socialen Verhältnisse tiefer ein=
greifend wol kaum gedacht werden kann.   Vom fünften oder
sechsten Jahre an sind alle Knaben gezwungen, in einen solchen
Clöbbergöll einzutreten, sich an den Kriegen und an den von
der Regierung angeordneten öffentlichen Arbeiten zu betheiligen.
Aber in ihnen sind die Freien und die Hörigen nicht streng
voneinander geschieden, wenngleich jene immer den Vorrang
haben, einmal als Freie, dann aber auch, weil aus ihrer Zahl
die eigentlichen Fürsten theils nach Erbfolgegesetzen, theils durch
Wahl genommen werden.   Während also von diesen viele nur
bis zu einem gewissen Lebensalter einem der zahlreichen niedern
Clöbbergölls angehören, dann aber als Rupacks in den Fürsten=
congreß eintreten, bleiben jene, die Männer des Armeau, bis
an ihr Lebensende in den Regimentern zweiter Ordnung. Eine
Trennung findet hier nur insofern statt, als in jedem einzelnen
Clöbbergöll, welcher im Durchschnitt etwa 35—40 Mann zählen
mag, immer nur gleichalterige Knaben oder Männer zugelassen
werden, sodaß ein jeder von ihnen während seines Lebens (nor=
maler Dauer) wenigstens drei oder vier verschiedenen Clöbber=
gölls angehört hat.

Im Grunde genommen bildet nun eigentlich ein jedes Dorf
einen in der angegebenen Weise gegliederten Staat für sich.
Jeder derselben hat also auch seine besondern Titel für die
entsprechenden Aemter, die niemals die gleichen sind. So heißen
die beiden Coröre regierenden Fürsten Ebadul (Abba Thule
bei Wilson) und Arra Kooker; aber es sind auch hier nicht,
wie Wilson meint, ihre Eigennamen, sondern nur ihre durch
alle Generationen hindurch gleichbleibenden Titel. Ihr Sinn
blieb mir leider unbekannt. Bald bestehen nun diese einzelnen

Dörfer als Staaten für sich und nebeneinander, wie in Peleliu und auf Kreiangel, oder es ordnen sich mehrere einem mächtigern unter und treten zu ihm in ein gewisses Vasallenverhältniß. Ich hatte weiter oben schon angegeben, wie sich infolge der Anwesenheit Cheyne's und Woodin's auf Babelthaub die Staaten in zwei Gruppen theilten, deren Führerschaft Coröre und Aibukit ausübten; mit jenem Staate waren außer den verschiedenen kleinern Reichen Pelelius noch Armlimui und Eimelig an der Südwestküste und Aracalong an der Nordspitze von Babelthaub verbündet, während Athernal und Eirei die Verbündeten von Aibukit waren. Die im Norden der Gruppe, von ihr durch einen breiten Tiefwasserkanal getrennt liegende Insel Kreiangel — ein echter Atoll — verhielt sich neutral. Doch aber war die Absorptionskraft dieser beiden augenblicklich mächtigsten Staaten schon so groß geworden, daß eine Anzahl anderer Dörfer, welche früher theilweise eine nicht unbedeutende Rolle gespielt hatten, in ein directes Abhängigkeitsverhältniß zu ihnen getreten waren, sodaß die dem Mad oder Krei in Aibukit entsprechenden Fürsten z. B. von Rallap, Kaslau, Roll, Aulima und mehrern andern Dörfern, wol in ihrer Heimat noch dieselbe Stellung einnahmen, aber im Fürstenrathe von Aibukit selbst nur den Rang eines gewöhnlichen rupack beanspruchen konnten. Natürlich wurden dadurch in jenen Vasallenstaaten auch die andern Vornehmen um eine Stufe tiefer gestellt, sodaß sie in Aibukit selbst genau dieselbe Stellung besaßen wie die zur Nachfolge bestimmten Vornehmen der zweiten Klasse. An den allgemeinen Berathungen des in Aibukit tagenden Fürstenraths konnten also auch nur die beiden ersten Rupacks der unter= gebenen Dörfer theilnehmen; und durch diese Verschmelzung kam es denn auch, daß mitunter ein solcher neben seinem vorneh= mern Amte in der Heimat noch ein anderes, weniger ausge= zeichnetes, im Staate Aibukit selbst bekleidete. So entsprach Arda in Rallap dem Mad in Aibukit, nahm aber in diesem

Orte seinen Sitz ein unter dem Titel Aibro als der dritte oder vierte hinter Mad.

Schon am Abend unserer Ankunft hatte ich Johnson ungern allein abreisen lassen, denn ich sehnte mich in die neue Umgebung hinein, überdrüßig der langweiligen Unterhaltung mit Woodin und Gonzalez; ich sah die Riffe in meilenweiter Ausdehnung vor mir, ohne daß ich auch nur eine Koralle von ihnen hätte abbrechen können, und zwischen den Palmen hindurch, die ziemlich bestimmt die Lage von Aibukit und einigen andern Dörfern bezeichneten, stiegen Rauchwolken auf, die mich mahnten, daß dort ein weites Feld für meine Studien offen lag. Am 26. März endlich — die zwei Tage an Bord schienen mir eine Ewigkeit zu sein — ging ich, von Johnson geleitet, mit Alejandro und Gonzalez ans Land. Es war gerade Flut. Wir fuhren in einem jener schnellsegelnden einheimischen Boote, dort „amlai"*) genannt, in welchem man freilich vor dem Umschlagen nie so recht sicher ist, auf eine lange, quer die nicht sehr tiefe Bucht von Aibukit absperrende künstlich aufgeführte Mauer zu, durch welche nur eine schmale, mittels einiger Planken überbrückte Oeffnung hindurchführt. Hinter der Mauer wurde das schon sehr seichte Bassin mehr und mehr durch Mangrovendickichte eingeengt, bis wir uns endlich in einem kaum 30 Fuß breiten Kanale befanden, in welchen von allen Seiten die Rhizophoren ihre Luftwurzeln einsenkten. Die Mehrzahl dieser Bäume war offenbar jung; aber mitunter ragten aus dem etwa 40—50 Fuß hohen meerentsteigenden Walde einzelne viel

---

*) „Amlai" heißt ganz im allgemeinen Boot, Canoe, ohne Rücksicht auf Größe oder Bestimmung. Ihre Construction ist eigenthümlich; weiter unten folgt eine genauere Schilderung eines solchen Amlai. Doppelcanoes, wie sie bei den Polynesiern üblich sind, kommen hier nicht vor; selbst die größten Kriegsamlais, in denen 60—80 Personen Platz haben, besitzen nur einen Ausleger an der einen Seite des aus einem Einbaum bestehenden Bootes.

höhere und dickere Bäume hervor. Von einem dieser letztern
waren bei dem obenerwähnten Angriff der Engländer durch
eine Granate mehrere Aeste abgerissen, und auch noch an andern
Stellen wurden mir weite Löcher gezeigt, welche offenbar nur
vom Kanal selbst aus abgeschossene Kugeln eingerissen haben
konnten.   Natürlich bildete bei dieser Fahrt jener Angriff den
wichtigsten und einzigsten Gegenstand der Unterhaltung, und als
wir am innern Hafen des Dorfs landeten, trat mir in dem
halbverbrannten Boothaus der Bewohner ein traurig stimmen=
des Zeichen des stattgefundenen Kampfes entgegen.   Auch als
wir dann auf ziemlich steilem, theilweise gepflastertem Wege
nach etwa 10 Minuten bei den ersten Häusern des Dorfs an=
kamen, verfolgten mich überall die Spuren, die jene Krieger
hier zurückgelassen hatten.   Hier war ein Loch in dem Dache
eines Hauses, durch welches eine Rakete hindurchfuhr, noch nicht
wieder ausgebessert; Eingeborene brachten mir gleich bei der
ersten Begrüßung ausgebrannte Raketen und zersprungene Gra=
naten herbei, und wo ich hinhörte — soweit ich mit Hülfe
Johnson's und Cordo's, der mir auch mitunter als Dolmetscher
diente, erfahren konnte —, wurde von nichts anderm gesprochen
als vom letzten Kriege und von den Hoffnungen, die man nun
auf Cabel Mul und auch auf mich setzte.   Theilweise hatte ich
hieran wol selbst Schuld.   Empörte mich doch in tiefster Seele
das herzlose Spiel, das von Weißen mit diesen freundlichen
Menschen getrieben worden war; und ich nahm mir vor, die
Schuld, die jene Europäer auf sich geladen, dadurch zum Theil
zu sühnen, daß ich die nächste Zeit ausschließlich zum Sammeln
von Notizen benutzte, um die Geschichte des Angriffs mit allen
ihren Einzelheiten der Vergessenheit entreißen und den einzig
Schuldigen öffentlich bezeichnen zu können.   In dieser Absicht
durchstrich ich nun die nächste Umgebung von Aibukit nach allen
Richtungen,   begleitet von Johnson und Cordo als Dolmetscher
und von zahlreichen Eingeborenen, die mein lebhaftes Interesse

an dem Unglück, das ihnen widerfahren, nicht anders auszu=
legen vermochten als durch die Annahme, ich sei ein mächtiger
Rupack meines Landes, gekommen, sie zu beschützen und ihre
Widersacher zu bestrafen. Das Resultat dieser während der
ersten Zeit ganz mich absorbirenden Studien enthält ein Artikel,
den ich später im Juli bei der ersten und einzigen Gelegenheit,
Nachrichten von mir nach Manila gelangen zu lassen, an mei=
nen Schwager Moritz Herrmann schickte, durch dessen Vermitte=
lung derselbe im dortigen „Diario de Manila" erschien. Ich
gebe ihn auch hier unverkürzt wieder, um den Leser in den Stand
zu setzen, sich selbst ein Urtheil zu bilden.

„Die nachfolgende Erzählung bedarf keines Commentars. Sie
enthält die Schilderung der wichtigsten Momente des Angriffs eines
englischen Kriegsschiffs auf ein friedliches Dorf im Norden der
Insel Babelthaub, zu welchem, wie es scheint, der Kapitän
R. Browne «H. M. Ship. Sphinx» lediglich veranlaßt wurde
durch die Aussagen des Kapitän Cheyne, eines Mannes, dessen
langjährigem Treiben im Stillen Ocean hoffentlich bald und für
immer ein Ende gesetzt werden wird. Ich sammelte diese An=
gaben während meines jetzt viermonatlichen Aufenthalts in dem
angegriffenen und theilweise zerstörten Dorfe, doch verwahre ich
mich ausdrücklich gegen die Garantie der völligen Richtigkeit
aller derselben, und ich publicire sie nur, um theils die Auf=
merksamkeit der zuständigen Behörden auf das rasche und in=
humane Verfahren des Befehlshabers des Kriegsschiffs zu lenken,
theils um einem etwaigen Berichte von seiten jenes Cheyne zu
begegnen, da die Erfahrung gelehrt hat, daß jedesmal nach sei=
ner Einkehr in einem englischen Hafen eine gänzlich entstellte
Darstellung der Ereignisse auf den von ihm besuchten Inseln
in den Blättern erschien.

„Im Monat October 1861 warf das englische Schiff Sphinx
Anker im Hafen von Coröre. Vom Admiral der Flottenstation

in Hongkong auf eine friedliche Mission ausgesandt — verschollene Matrosen zu suchen — hatte es auch den Befehl erhalten, die Palauinseln zu berühren.   Kapitän Woobin hatte sich in Manila seines zweiten Steuermanns beraubt und ihn dem damals statt des kranken Kapitäns fungirenden ersten Lieutenant als Dolmetscher gegeben, mit der ausdrücklichen Bitte, ihn in Aibukit zu landen, wohin er — Woobin — später selbst mit seinem Schiffe zu gehen gesonnen war.   Wie es scheint, genügten die Intriguen des Kapitäns Cheyne, über deren Ausdehnung natürlich nur wenig zu erfahren war, den jetzt wieder als Commandeur fungirenden Kapitän Browne zu veranlassen, nicht allein das vom ersten Lieutenant als Commandeur gegebene Wort zu ignoriren, sondern sogar eine Expedition gegen das Dorf Aibukit zu machen, deren Charakter ganz der eines beabsichtigten Angriffs war.   Hierbei wurde, auf Anstiften des Kapitäns Cheyne, jener Steuermann des Kapitän Woobin, gegen seinen ausdrücklich ausgesprochenen Wunsch, in Coröre zurückgelassen, und statt dieses Mannes, der, obgleich spanischer Mestize, doch die Ehre der englischen Flagge gewahrt haben würde, fungirte als Dolmetscher ein seit nahe 30 Jahren hier lebender Engländer Namens Davis, der, lediglich ein Instrument des Kapitäns Cheyne, unter dem Schutze englischer Waffen seine und vielleicht auch fremde Rachsucht befriedigte.

„Eines Tages gegen Mittag erschienen die drei Boote des Kriegsschiffs, wie es scheint, mit vier 18pfündigen Geschützen bewaffnet, vor dem Eingange der kleinen Bucht von Aibukit, denen sich von Aracalong her, einem etwa vier Meilen nördlicher liegenden Dorfe, das Boot des Kapitäns Cheyne angeschlossen hatte, mit seiner Mannschaft und Leuten aus Coröre. Er selbst hatte es für rathsamer erachtet, sich außer Schußweite zu halten.   Dicht vor dem Eingange in die durch einen künstlichen Steinwall fast geschlossene Bucht, bei dem Platze Auru, fiel der erste Schuß, wie es scheint, ein blinder, dem aber rasch und nicht in den üblichen Zeitintervallen die scharfen Schüsse folgten. Währenddessen landeten die Soldaten in Auru, wo sich kein einziger der Eingeborenen sehen ließ, und gingen mit Davis als Führer an der Spitze und einem von Zeit zu Zeit feuernden Berggeschütz versehen, nach dem Dorfe Atraró, wo sich ihnen die Eingeborenen entgegenstellten. Diese flohen bald. Nachdem dann Davis das ganze Dorf in Brand gesteckt, kehrten die Soldaten zurück nach Auru, wo ebenfalls ein dort befindliches Haus niedergebrannt wurde, gingen über jenen obenerwähnten Steinwall nach Ungeläl auf der nördlichen Seite des Hafens und über die Hügel nach dem Dorfe Eijül, wo sie jedoch, wie es scheint, einen kräftigern Gruß erhielten als im ersten Dorfe; denn es gelang ihnen an jenem Tage nicht, das Dorf zu nehmen. Sie kehrten um, und mit einbrechender Nacht zogen sie sich nach Aracalong zurück.

„Am nächsten Tage etwa gegen 10 Uhr kehrten sämmtliche vier Boote zurück nach Ungeläl, von wo ein Theil der Soldaten unter Davis' Führung über die Berge nach Eijül ging, nachdem sie vorher ein großes, den Vornehmen des Dorfs gehörendes Haus in Brand gesteckt hatten. Diesmal gelang es ihnen, den Ort zu nehmen, welcher ebenfalls zum größten Theil eingeäschert wurde. Zu gleicher Zeit gingen einige Boote die schmalen Kanäle zwischen den Mangrovebüschen, beständig feuernd, bis in die innersten östlichen Winkel hinauf, wo sich mehrere Häuser und ein Boothaus befanden. Hier wurden sie begrüßt durch das Feuer einer kleinen Kanone, die unter der Leitung eines Eingeborenen von Luzon Namens Mariano die Boote jeden Augenblick in den Grund zu bohren drohte. Auch hier wurde Feuer an die Häuser gelegt; und obgleich, wie es scheint, die Engländer sich bemühten, die Boote aus dem brennenden Boothause zu retten, so gereichte diese humane Handlung doch den Einwohnern von Aibukit nicht zum Vortheil, denn auch unter jener Schutze wurden fast sämmtliche gerettete Boote durch

Eingeborene aus andern Dörfern gestohlen. Hiernach kehrten die Boote um, abermals in Aracalong einkehrend, wo sich beständig jener Cheyne befand.

„Am dritten Morgen landeten die Boote bei Auru, und nun geschah das, was Kapitän Browne bereits am ersten Tage hätte thun sollen; es wurde Davis als Unterhändler nach dem Dorfe Aibukit abgeschickt, mit der Bitte, dem Kapitän zu erlauben, hinaufzukommen. Die Eingeborenen, deren Mistrauen an der Aufrichtigkeit dieses Mannes wol zu verzeihen war, verbaten sich seinen Besuch, fürchtend, es möge auch ihr Hauptdorf eingeäschert werden. Von allen Aibukit befreundeten Dörfern waren eine Menge gutgerüsteter junger Männer gekommen; sie hatten unter der Leitung des schon genannten Mariano ihre wenigen Geschütze an den wichtigsten Punkten aufgestellt, Steinwälle rasch aufgeworfen, ihre Weiber und Kinder in die Berge geschickt und sich zum kräftigsten Widerstande gerüstet; und es scheint keinen Zweifel zu leiden, daß ein abermaliger Angriff den Engländern ein unglückliches Schicksal bereitet hätte. Er wurde zum Glück nicht unternommen. Davis kehrte ohne jene Erlaubniß zurück, aber mit ihm war ein Rupack gekommen, der dem Kapitän Browne zum Zeichen des Friedebittens nach Landessitte ein großes Stück einheimischen Geldes gab. Hierauf kehrten die Engländer nach Aracalong zurück, wo, wie es scheint, Cheyne verschwunden war.

„Am vierten Tage ging Kapitän Browne von Davis und zwei andern Männern begleitet in das Dorf, wo er von einem der Rupacks begrüßt wurde. Nach Besichtigung des Dorfs und Austausch freundschaftlicher Versicherungen zwischen ihm und dem Könige (Mad), der ihm eine Anzahl Schweine schenkte, kehrten sie um nach Auru. Hier hatten unterdessen die Leute aus Aracalang oder Coröre das Haus des Kapitäns Woodin angezündet, in welchem sich etwa 250 Pikul Trepang und nicht unbeträchtliches anderes Eigenthum befand. Dies war der Dank, den

Woodin dafür erhielt, daß er sich seines Steuermanns für
mehrere Monate beraubte, in der Absicht, sein Möglichstes zu
dem glücklichen Resultate einer humanen Mission beizutragen!
Statt aller Entschuldigung oder Erklärung erhielt er bei seiner
Ankunft hier von jenem Kapitän Browne nur den «Befehl»,
sich des Mariano zu bemächtigen und ihn den Behörden in China
oder Manila zu überliefern, um ihn zur Rechenschaft zu ziehen
wegen Feuerns auf die englische Flagge.

„Bei unserer Ankunft hier im März 1862 fanden wir fast
alles noch wie am Tage nach dem Gefecht. Ueberall Spuren
des Feuers, die Häuser zerstört, die wenigen Boote, theilweise
zerbrochen, lagen auf der Erde, durch die Schüsse zersplitterte
Bäume — überall das Bild der Verwüstung. Es hatte dies
Unglück gänzlich den Muth der Bewohner gebrochen, und erst
jetzt (Juli), fast zehn Monate später, beginnen sie wieder ihr
Haupt zu erheben. Wunderbar bleibt mir nur, daß auf keiner
Seite eine Verwundung stattgefunden zu haben scheint, obgleich
der Rock des Kapitäns von einem Schuß durchlöchert, seinem
Boote durch eine Geschützkugel ein Stück des Bordes abgerissen
worden sein soll. Von seiten der Engländer wurden gefüllte,
wahrscheinlich 18pfündige Granaten und eine Menge $2\frac{1}{2}$= oder
3zölliger Raketen abgefeuert, von denen eine durch das Haus
von Krei dicht an seinem Kopfe vorbeifuhr und auf der andern
Seite seinen verderblichen Inhalt entleerte. Von diesen Raketen
sollen mehr als 50 Stück aufgefunden worden sein, und ebenso
eine Menge nur theilweise crepirter Granaten.

„Manchem Europäer, an die Greuel europäischer Kriege ge=
wöhnt, mag ein zweitägiges Gefecht, in welchem kein Leben ver=
loren wurde, nicht hinreichender Grund zu solcher Anklage schei=
nen, wie ich sie hier erhebe. Diesen gegenüber halte ich es für
unnöthig, mehr zu sagen; aber für jeden humanen, edeldenkenden
Menschen wird das Lesen jener Thatsachen hinreichen, ihn über
die begangene Rohheit als Europäer erröthen zu lassen. Wenig,

ja nichts läßt sich zur Entschuldigung sagen; denn wenn auch,
wie zu vermuthen ist, die üblichen drei Schüsse behufs Aufziehens
der Nationalflagge gefeuert wurden, wenn auch der Kapitän
Browne durch die Versicherungen jenes Cheyne, vielleicht sogar
durch falsche Eide der seit langen Jahren hier residirenden Eng=
länder Davis und Simpson getäuscht und zum Angriff veran=
laßt wurde — so gereicht dies wol zur Erklärung, nicht aber
zur Entschuldigung. Es war nicht seine Aufgabe, für die Sache
eines Mannes, dessen Aussagen nur durch zwei verwilderte Eng=
länder unterstützt wurden, in den Kampf zu gehen, und die
Nichtbeachtung jener drei Schüsse, wenn diese überhaupt gefeuert
wurden, kann den Angriff nicht rechtfertigen, da man bedenken
mußte, daß man es mit Eingeborenen zu thun hatte, welche
europäische Gebräuche nicht kennen. Ja wäre selbst der erste
Schuß von seiten der Eingeborenen gefallen, so ist hierfür über=
reicher Grund zur Entschuldigung vorhanden, denn jener Cheyne
hatte seit langem dem Dorfe Aibukit, dessen Bewohner nicht
für ihn fischen wollten, mit Krieg und dem Herbeirufen eines
Kriegsschiffs gedroht; und als sein Boot mit den drei andern
ankam, als wahrscheinlich nach Aibukit, mit oder ohne Absicht,
die Nachricht gebracht worden war, daß nun Cheyne wirklich
komme, sie zu bekriegen, da, däucht mir, war (nach den Gebräu=
chen des Landes) genug Anlaß zur Eröffnung des Feuers von
seiten der Bewohner von Aibukit gegeben.

„Man nennt den Ocean, der diese Inseln badet, das Stille
Meer. Aber wie seine mächtigen Wogen, oft kräftig genug, die
größten Schiffe über die Riffe seiner Atolle in die Lagune hin=
überzuheben, sich bald zum Spiegel ebnen, jede Spur des ge=
wesenen Aufruhrs tilgend — so hört die Geschichte nicht den
Sturm unter seinen Bewohnern, die Grausamkeiten nicht, die
sie unter sich verübten, die gegen sie von den Europäern von
jeher begangen wurden. Nicht erscheinen wir Weißen dabei
im günstigern Lichte. Wo immer ein Zusammenstoß zwischen

Farbigen und Weißen stattfand, da war ein Irrthum von unserer Seite der geringste Fehler, öfter war es Roheit der Seefahrer, vielleicht am häufigsten gemeine Gewinnsucht, welche ihn hervorrief. Ich kenne dunkle Blätter aus der Lebensgeschichte eines noch lebenden Mannes, welcher in der Hoffnung, eine reiche Ladung als Lohn für solche Gunst zu erhalten, in seinem Schiffe eine Menge bewaffneter Leute nach einer andern Insel brachte, wo sie, verrätherisch eingeführt, ein furchtbares Blutbad unter den Bewohnern anrichteten, Weiber und Kinder nicht schonend. Seine ganze Bezahlung bestand in einem Schweine. Solche Geschichten scheuen die Oeffentlichkeit; aber wo sie zufällig in den Besitz redlicher Menschen gelangen, da ist es ihre Pflicht zu sprechen, so laut zu sprechen, als ihre Stimme es ihnen erlaubt. Möge die meinige nicht ungehört verhallen. Aibukit, den 28. Juli 1862."

Mit dem Sammeln der in obiger Erzählung niedergelegten Notizen — die ich jedoch auch später beständig zu ergänzen versuchte — vertrieb ich mir die erste Zeit, die mir sonst wol herzlich langweilig geworden wäre. Denn wenn ich auch den Verkehr mit Wilden, deren Sprache ich nicht verstand, schon aus der Erfahrung kannte, so lernte ich doch hier zum ersten mal in Johnson einen Dolmetscher kennen, der mir wenig nützte, von dem ich aber doch abhängig blieb. Selten nur ließ er sich sehen, sodaß ich mich meistens von Cordo begleiten ließ. Während er in Manila und an Bord noch einigermaßen als Europäer gelten konnte, hatte er hier in Aibukit gleich wieder das eingeborene Wesen angenommen, er schwatzte unendlich viel, that wenig und zeigte eine wahrhaft erstaunenswerthe Geduld in allen Dingen. Er war von meinen Planen unterrichtet und wußte, daß ich, um arbeiten zu können, nothwendig mein eigenes

Haus, gebaut nach meiner Anordnung und in der Nähe des
Meeres, haben mußte. Dennoch aber zögerte er von Tag zu
Tage, die Leute zu engagiren, die mir dasselbe bauen, und mir
einheimische Diener zu verschaffen, die mich auf meinen Fahrten
auf die Riffe und bei den Excursionen im Lande begleiten
sollten. Erst ein Zufall mußte mir wirklich dazu verhelfen.

Nach Landessitte hatte ich, als ich das Schiff verließ, mein
Quartier in jenem großen Hause (bai) aufgeschlagen, welches
meinem mich unter seinen speciellen Schutz nehmenden Freunde
Krei und seinen fürstlichen Genossen gehörte. Hier wurde ich,
solange ich im Dorfe blieb, von ihm und seinem Clöbbergöll in
liebenswürdigster Weise bewirthet. Freilich war es da nicht
sehr unterhaltend; die Rupacks schliefen fast immer und brachten
den größten Theil des Tags mit Nichtsthun zu, und ihr Haus
durfte nach Landessitte nur von ihnen selbst, aber von keinem
den beiden andern Klassen angehörenden Manne betreten werden. So waren die einzigen Wesen, mit denen ich einige
schüchterne Unterhaltungsversuche machen konnte, einige junge
Mädchen — Phrynen —, welche dort mit den Fürsten ein
fröhliches und freies Leben führten. Ueber ihre sonderbare,
gesellschaftlich in ganz strenge Formen gezwängte Lebensweise
sollte ich erst später genaue Auskunft erhalten. Sie bekamen
häufig von ihren gleichalterigen Freundinnen aus den Bais
anderer Clöbbergölls Besuche, und da sie gesprächiger waren
als die ältern Rupacks und sich offenbar eine Freude daraus
machten, mich in ihrer Sprache zu unterrichten, so hatte ich
schon nach einigen Tagen die wenigen Worte gesammelt, die
bei dem einfachen Bau der dortigen Sprache genügten, um
Fragen an die Leute richten zu können. Dann ging ich oft
auf meinen Spaziergängen in die verschiedenen Häuser, die alle
voneinander durch niederes Gestrüpp, Betelpalmen, Kokospalmen
und Bananen getrennt, am Abhange des Bergzugs zerstreut
lagen, und deren Eigenthümer sehr erfreut waren, wenn ich

ihnen einen Besuch abstattete. Sie setzten mir ausnahmslos ein
süßes Getränk (eilaut) vor, das sie durch rasches Eindampfen aus
dem Safte der Palmenblüte gewannen, welcher gegoren den bei
allen rein malaiischen Völkern so beliebten Palmenwein liefert.
Auf diesen Inseln jedoch wird das Gären absichtlich vermieden;
und ebenso wenig bereiten sie hier die Kawa, die sonst auf den
Inseln des Stillen Oceans eine so große Rolle spielt. Mitunter
besuchte ich auch Mad in seinem Hause. Hier fiel mir eines Tags
ein junger Mann, Namens Arakaluk, gleich seines offenen We-
sens und seines intelligenten Auges wegen auf. Wir mußten beide
gegenseitig aneinander Gefallen gefunden haben, denn am nächsten Tage kam er, mich in der Abwesenheit der Rupacks zu besuchen und mir — wie ich glaubte — seine Dienste anzubieten.
Cordo, der zufällig vorüberging, machte den Dolmetscher, und
so wurden wir, ohne daß Johnson ein Wort davon erfahren
hatte, handelseinig. Arakaluk versprach mir, Leute zu suchen,
um mir das Haus bauen zu helfen und nachher als Diener,
wie ich wähnte, gegen eine angemessene Bezahlung bei mir
bleiben zu wollen. Als ich dann später dies Johnson mittheilte, wurde er böse und meinte, ich hätte ihm mehr Vertrauen zeigen sollen; er sei gerade gekommen, mir anzuzeigen, daß auch er einen Diener, Namens Asmaldra, für mich
engagirt und auch bereits mit einem Clöbbergöll unterhandelt
habe wegen des möglichst billigen Baues meines Hauses. Eine
große Schwierigkeit sei freilich dabei zu überwinden, es gelte
nämlich den Widerwillen der Leute gegen den Bau eines Wohn-
hauses, welches nicht im einheimischen Stil aufgeführt werden solle,
zu besiegen; es dürfte dies leicht zu einigen Streitigkeiten Anlaß
geben und würde jedenfalls den Bau sehr vertheuern. Ich
erklärte mich mit allen seinen Bemerkungen einverstanden und
bat ihn nur, etwas mehr Feuer in die Leute zu bringen, damit
ich doch endlich einmal die Arbeiten beginnen könne, um derent-

Semper. 4

willen ich hergekommen sei; und ich sei gern bereit, neben Arakalulk auch noch Asmaldra in meinen Dienst zu nehmen.

Endlich am siebenten Tage nach unserer Ankunft sollte der
Hausbau beginnen, dessen Leitung Johnson und Arakalulk übernommen hatten.   Ich hatte mir in der Nähe von Auru hart
am Meere und gegen den östlichen Wind durch eine steil ansteigende Trachytklippe geschützt einen Platz ausgesucht, welcher
Krei gehörte und den ich ihm mit etwas Reis abkaufte.   Der
Platz hieß Tabattelbil, und im officiellen Leben, z. B. bei den
fürstlichen Festen, wurde ich nun nicht mehr Doctor — wie sie
mich sonst immer anredeten — sondern „Era Tabattelbil" genannt, „der Herr von und auf Tabattelbil".   Die Leute fingen
wirklich, wie sie versprochen hatten, am 1. April — ich dachte
nicht an das böse Omen — zu bauen an.   Natürlich wurde
das Haus nur in leichtester Weise construirt.   In der Mitte
sollte sich die Empfangshalle befinden, an der einen Seite mein
Schlafzimmer, an der andern mein Arbeitsraum, der mir zugleich zum vorläufigen Aufbewahren meiner Sammlungen dienen
mußte.   Nur in den Ecken der Zimmer standen, fest im Boden
eingegraben, stärkere Pfähle; der schwankende, 3 Fuß über der
Erde befindliche Fußboden aus Bambusgeflecht wurde durch
kleine Stützpfeiler verstärkt, und auch die Wände des Hauses
und der Zimmer, die Tische und mein etwas erhöhtes Bett
wurden aus gespaltenen Bambusleisten geflochten.   Das Dach
selbst, mit Pandanusblättern nach einheimischer Sitte gedeckt,
erhob sich in Giebelform auf den etwa 7 Fuß hohen Wänden,
in welchen mehrere mit einer Klappe verschließbare Fenster angebracht wurden in der richtigen Höhe für den einzigen Tisch,
den ich mir aus Manila zu meinen zootomischen Arbeiten mitgebracht hatte.   Eine kleine vom Hause etwas entfernt stehende
Hütte war die Küche, in welcher Alejandro sein Wesen treiben
sollte.

Das war nun freilich ein ganz anderes Haus, als je zuvor

meine neuen Freunde hatten bauen müſſen. Ihre gewöhnlichen
Familienwohnungen — in denen ſich jedoch nachts immer nur die
Weiber und kleinſten Kinder befanden — waren auf niedrigen
Steinen angebracht, ſodaß der aus Bambus geflochtene Fuß=
boden ſich kaum einen halben Fuß über die Erde erhob; vier=
eckig, etwa 25—40 Fuß lang bei 12—14 Fuß Tiefe, ohne
irgendeine Abtheilung im Innern, worin ſich auch die ganz im
Fußboden angebrachte Feuerſtelle befand; mit höchſtens 4 Fuß
hohen geflochtenen Wänden, in welchen Oeffnungen von gleicher
Höhe als Thüren und Fenſter zugleich dienen mußten; mit ſehr
hohem, ſpitzem und an den beiden ſchmalen Seiten des Hauſes
ſtark nach oben überhängendem Giebeldach, deſſen Firſte der
Längsrichtung des Hauſes parallel lief — ſo boten mir ihre ein=
heimiſchen Wohnungen weder genügende Höhe zum Aufſtellen eines
Tiſches noch hinreichendes Licht zum Mikroſkopiren. Auch der
Rauch, welcher von Manneshöhe an beginnend das ganze Dach
inwendig geſchwärzt hatte, würde mir ein großes Hinderniß für
meine Arbeiten geworden ſein. Da ich ſicher auf 3—4 Monate
Aufenthalt an dieſem Orte rechnen konnte — infolge des aus=
zubeſſernden Lecks am Schiffe —, ſo mußte ich vor allem mir
ein Haus nach meiner Bequemlichkeit zu bauen verſuchen. Im
Anfange waren die Leute — etwa 40 an der Zahl — ſehr
eifrig, da das Ungewohnte der Arbeit ſie ergötzte; aber bald
wurden ſie läſſig. Zwar benahmen ſie ſich während des Baues
inſofern liebenswürdig, als ſie, ohne große Schwierigkeiten zu
machen, meinen Hausplan ausführten; aber ſie thaten dies in
ſo eilfertiger und oberflächlicher Weiſe, daß ich gezwungen war,
die Leute gleich am Tage meines Einzugs — am 10. April —
neu zu verpflichten, um alle die nothwendigen Verbeſſerungen
vornehmen zu laſſen. Nun waren ſie womöglich noch unacht=
ſamer, folgten meinen Anordnungen nicht, behaupteten, ſie
bauten ihre eigenen Häuſer auch ſo und die hielten ganz gut;
wenn auch das Dach zunächſt ein wenig den Regen durchlaſſen

würde, so müsse sich das bald geben — kurz, sie thaten, was
sie wollten. Am dritten Tage nachher verlor ich endlich die Ge=
duld, ich riß eigenhändig, unterstützt von Alejandro, einen Theil
des Daches ein, das sie nicht nach meinen Angaben hatten re=
pariren wollen. Dies und die Aeußerung, daß ich nichts mehr
mit ihnen zu thun haben wollte, jagte sie alle aus dem Hause,
und als ich nun mit den zwei von mir angenommenen Dienern
selbst Hand anlegen wollte, verweigerten diese ihre Hülfe. Sie
gaben vor, es würde ihnen, wenn sie es zu thun wagten, vom
Clöbbergöll all ihr Geld genommen und ihre Häuser in Brand
gesteckt werden, da er ein Veto auf die Vollendung des Hauses
gelegt habe. Nun war guter Rath theuer; denn das Dach so
wenig wie die Wände des Hauses hielten dicht. Johnson, der
wol in Auru schon davon gehört haben mochte, kam dann,
schwatzte ganz entsetzlich viel, brachte aber auch am nächsten
Tage nichts in Ordnung; und als ich nun selbständig auftre=
tend nach 1½tägigem Unterhandeln den Clöbbergöll durch das
Versprechen einer Flinte bewog, die Fortführung des Baues
zu übernehmen — da sagte mir Johnson, fast beleidigt scheinend,
er hätte dies auch wol ohne die Aufopferung meiner Flinte zu
Stande bringen können. Zwei Tage später hatte ich dann das
Haus wenigstens nothdürftig bewohnbar, obgleich die beständig
nothwendigen Ausbesserungsarbeiten meine Diener und oft auch
mich selbst bis zum 25. April in Arbeit erhielten.

Dabei war mein Haus beständig voll von Besuchern, und
da dies meistens Rupacks von fremden Ortschaften waren, die
in Begleitung von Krei oder Mad kamen, um sich den ein so
wunderbares Haus bauenden Era Tabattelbil anzusehen, so
verlor ich fast meine ganze Zeit. Ich hatte, solange ich im
Dorfe lebte, natürlich alle Tage in der Unterhaltung mit ihnen
zugebracht, nach einheimischer Sitte essend, plaudernd und schla=
fend; und die guten Leute glaubten ohne Zweifel, daß ich in
meinem Hause ein gleiches Leben fortführen würde. Zuerst hatte

ich meine Pflichten als Wirth durchaus getreu geübt; aber ich
argwöhnte bald, daß gar manche dieser Rupacks so oft kamen,
weil ihnen mein Reis und Wein und Cigarren gar so gut
schmeckten. Namentlich Mad schien meinen Wein sehr zu lieben,
sodaß ich besorgte, er möge nicht lange genug aushalten. Ich
maß ihm deshalb bald die Rationen etwas kärglicher zu; und
da ich zugleich auch gegen die andern Rupacks, namentlich gegen
die fremden, etwas förmlicher und weniger freigebig mit Geschenken wurde, so nahmen allmählich die vornehmen Besuche
etwas ab, sodaß ich endlich am 27. April hinreichende Ruhe in
meinem Hause hatte, um meine Arbeiten beginnen zu können.

Auch sonst waren die Verhältnisse günstiger geworden für
die zoologischen Untersuchungen, die ich nun in Angriff nahm.
Alejandro besorgte mit Hülfe einiger junger Männer und Mädchen, die allmählich die Zahl der Hausbewohner vermehrt hatten,
den Hausstand, behielt aber Zeit genug übrig, Excursionen auf
die östlichen Riffe zu machen, während ich selbst mit Arakalulk
und Asmaldra die Riffe der Westküste nach Thieren absuchte.
Meine Dysenterie hatte mich ganz verlassen, sodaß ich selbst
größere Excursionen zu Fuß in die befreundeten Nachbardörfer
unternehmen konnte; aber ich ließ mich zu ihnen weniger durch
die Thiere als durch die Menschen bestimmen, die ich in allen
ihren Eigenheiten genau kennen lernen wollte. Unter diesem
leichtlebigen Volke sollte es an Gelegenheiten dazu nicht fehlen;
denn wenn die katholischen Christen der Philippinen in Bezug
auf die Auffindung von allerlei Vorwänden zu öffentlichen Festen
noch hätten lernen können, so wäre sicherlich hier dazu Gelegenheit gewesen. Einige kleinere Festlichkeiten in Aibukit selbst hatte
ich verabsäumt; als ich aber Nachricht erhielt, daß am 24. April
ein großes Weiberfest in Aural an der Ostküste abgehalten werden sollte, entschloß ich mich um so leichter, dasselbe zu besuchen,
als ich sonst den ganzen Tag hätte allein zubringen müssen.
Tage vorher sprachen meine Hausgenossen von nichts anderm

als von dem bevorstehenden Feste; und sie kündigten mir an,
daß sie dasselbe unbedingt besuchen müßten. So ging ich denn,
begleitet von Asmaldra, den ich hauptsächlich dadurch an mich
fesselte, daß ich ihm gestattete, mit meiner Doppelflinte auf die
Entenjagd zu gehen, zuerst über den Steindamm ans nördliche
Ufer der Bucht, dann in nordöstlicher Richtung über die trachy=
tischen Hügel, welche das Becken von Aibukit nördlich begrenzen
und auf deren Südabhange das obenerwähnte halb zerstörte
Dorf Eijül lag. Von ihrer Höhe, die frei von Waldung war,
hatte ich einen reizenden Blick auf den halbkreisförmigen Kessel
von Aibukit, in welchen sich die Hügel ganz allmählich absenkten,
während sie am östlichen Ufer steil in das Meer abfielen. Hier
schien kaum Raum genug für die Ortschaften zu sein. Auch
traten die Riffe mit ihrer weißen Schaumlinie weit näher an
das Ufer heran, sodaß sich zwischen ihnen und dem Lande, von
dem sie höchstens einige tausend Schritt entfernt sind, nur ein
Bootkanal hatte bilden können; während sich zwischen den Riffen
der westlichen Seite ein Haupt= und viele Nebenkanäle durch=
zogen, die mitunter die ansehnliche Tiefe von 40—50 Faden
erreichten. Ein etwa einstündiger Marsch brachte uns am Mor=
gen nach Aural, wo wir uns trennten — Asmaldra, um für
unser Mittagessen Enten zu schießen, ich, um Insekten zu sam=
meln. Die Jahreszeit war offenbar sehr ungünstig; denn ich
fing nur sehr wenige und meist verstümmelte Schmetterlinge.

Am Nachmittag begann dann der Tanz, welcher das nun
schon seit drei Tagen anhaltende Volksfest beschließen sollte.
Auch in diesem Dorfe lagen die Häuser weit voneinander ge=
trennt, wie in Aibukit, mitten im Walde der Kokospalmen und
umgeben von Nutzpflanzen sowol wie Ziersträuchern, welche die
Bewohner mit Vorliebe cultivirten. Der Platz, auf welchem
das Fest gefeiert wurde, befand sich mitten im Dorfe, aber
ebenfalls rings umgeben von Gebüsch, sodaß man nur an we=
nigen Stellen einen Blick auf andere Häuser erhielt, dort näm=

lich, wo die gepflasterten Wege mitunter gerade auf ein solches
zuliefen. Auf der einen Seite des nicht sehr großen, beinahe
quadratischen Raumes war eine aus Baumstämmen roh gezim=
merte, etwa 3 Fuß hohe Plattform aufgerichtet, während auf
den drei andern Seiten eine Menge kleiner, ganz offener Hütten
gebaut worden waren, in welchen die zum Besuch von nah und
fern gekommenen Freunde des Dorfs lebten, solange das Fest
dauerte. Manche von ihnen waren mit allen ihren Kindern
und vollständiger Hauseinrichtung gekommen, und es wurden
hier offenbar die Gäste nicht, wie bei andern Festen, vom Dorfe
selbst eingeladen oder bewirthet. In jeder Hütte hatten sich
meistens zwei bis drei Familien niedergelassen, sodaß das Innere
derselben ganz von den vielen Weibern und Kindern, ihren
Siebensachen und Lebensmitteln angefüllt war. 'Ihre großen
eisernen Kochschalen, welche ihnen sonst zur Zubereitung des
Trepang dienen mußten — Schalen von etwa 3 Fuß Durch=
messer — waren nun angefüllt mit Fischen oder ihrem National=
gerichte, dem „kukau", und standen auf Feuerstellen, welche vor
den Häusern auf dem freien Platze angebracht waren. Es ver=
tritt die außerordentlich mehlreiche Wurzel des Arum esculentum
hier wie auf allen Inseln des Stillen Oceans den Reis bei
den Malaien, und Fische und Muscheln, Kokosnüsse und
Früchte der Bananen bilden nur die luxuriöse Zugabe und
Würze ihres für gewöhnlich äußerst einfachen Mittagsmahles.
Bei solchen Festen jedoch sucht auch hier jede Hausfrau die an=
dere durch die Mannichfaltigkeit ihrer Gerichte zu übertreffen,
die sie ungleich den heidnischen sowol wie christlichen Malaien
der Philippinen in ihren mit rothem Lack*) überzogenen Schüs=
seln auch gefällig für das Auge und mit Blumen verziert an=

---

*) Ein eigentlicher Lack ist es nicht, womit sie ihre Schüsseln färben.
Sie reiben nämlich die rothe, stark eisenhaltige Lehmerde so fein als möglich
an mit Kokosnußöl und tragen die Mischung in möglichst feinen Lagen zu

zurichten lieben. Von morgens früh bis zum Abend stiegen beständig die allerdings nicht immer süß duftenden Rauchwolken nach oben — denn gegen den Geruch faulender Fische schienen jene Leute nicht eben sehr empfindlich zu sein. Hier saßen im Hause ein paar junge Mädchen, beschäftigt, das Fleisch der eben geöffneten Kokosnuß zu schaben oder den Kukau zu stampfen, der zum Anfertigen der verschiedensten Kuchen dienen sollte; andere schürten das Feuer oder vertheilten die fertigen Gerichte in den sauber abgewaschenen Schüsseln. Beständig gingen junge Männer, die wol der niedrigsten Klasse angehören mochten, hin und her, Körbe mit Kukau oder Kokosnüssen auf dem Kopfe, oder Fische und andere eßbare Seethiere bringend; und mit ihren schönen hochgelben, oft schwarz geränderten Schürzen liefen junge Mädchen von Hütte zu Hütte, eine Schüssel mit einem feinen Gericht oder eine Trinkschale voll besonders süßen Getränkes (des sogenannten eilaut) als Freundesgruß ihrer Aeltern anbietend. Die vornehmern Männer freilich — die Rupacks und die ältern Leute — saßen rauchend und schwatzend in Gruppen auf dem Platze zusammen oder sie lagen schlafend in ihren Hütten.

Diesem Treiben, das ich mit wahrer Freude betrachtete, machte endlich das rasch sich fortpflanzende Gerücht ein Ende, daß nun der Glanzpunkt des ganzen Festes gekommen sei. Gleich legte jede der Frauen ihre Arbeit nieder, die schlafenden Männer erwachten, und alle gruppirten sich so, wie es die einheimische Sitte vorschrieb, — die Frauen und Mädchen. zusammen in vorderster Reihe, dahinter die Männer — um mit Ungebuld den Zug zu erwarten, von dessen pompöser Ausstaffirung schon vorher allerlei Gerüchte gegangen waren und der sich

---

wiederholten malen hintereinander auf. Jedesmal wird, nach dem Trocknen, die Lackschicht durch glatte Steine fest in das Holz eingerieben und polirt, dann eine neue aufgetragen, wieder polirt u. s. w. Der rothe Ueberzug verbindet sich dabei so fest mit dem Holze, daß kochendes Wasser ihn nicht abzulösen vermag.

nun aus der Ferne mit einigen Flintenschüssen und einem wüsten Geschrei ankündigte. Von der einen Seite her kam, die nackten Oberkörper und die Beine über und über mit Roth bemalt, ein Haufe Weiber, welche mit wüthenden Geberden, Lanzen in den Händen schwingend, sich einem kleinern Haufen näherten, der in gleichem Schmuck und auch bewaffnet, von der entgegengesetzten Seite heranschritt. Bis auf drei oder vier Schritte Entfernung traten sie sich entgegen, als wollten sie einen Kampf beginnen; dann aber hielten beide Parteien an, gruppirten sich zu mehrern Reihen und begannen nun unisono einen sehr einförmigen, aber doch nicht unmelodischen Gesang. Seit langen Jahren hörte ich hier wieder zum ersten male einen aus voller Brust kommenden Ton. Dabei bewegten sie sich nicht von der Stelle, aber indem sie alle in genau abgemessenem Rhythmus die Hüften in eine eigenthümlich wiegende Bewegung versetzten, brachten sie durch das Aneinanderschlagen ihrer Blätterkleider ein lautes Rauschen hervor, welches ihren Gesang streng abgemessen begleitete. Mit einem lauten Aufschrei endigte die Pantomime, welche, wie man mir sagte, eine Scene aus dem jüngsten Kriege darstellen sollte.

Dann gingen sie alle in ihrem feuerrothen Schmuck auf die Plattform und stellten sich hier in einer langen Reihe auf. Es mochten nahe an 30 Weiber sein. Sie begannen jetzt eine Art pantomimischen Tanzes, wobei sie bald die Arme in den mannichfaltigsten Touren langsam bewegten, bald nur den Oberkörper hin- und herwiegten, indem sie ihre Arme unbeweglich erhielten; oder sie bogen ihre Knie etwas ein, hielten den Oberkörper fest und schwenkten nun den Unterkörper rhythmisch nach rechts und links, sodaß die ganze Reihe gelbrother, steifer und weit abstehender Schürzen in eine gleichmäßige ununterbrochene Wellenbewegung gerieth. Auch hier begleitete Gesang den Tanz. Eine Vorsängerin schien die Worte desselben zu improvisiren, die mir leider gänzlich unverständlich waren; und der Chor

wiederholte dann — wie bei der Messe — unisono die vorge=
sungene Zeile.   Mit einbrechender Dunkelheit beendigte ein lauter
Schrei den Tanz und damit auch das Fest.   Da der Weg nicht
weit war, so ging ich von Gonzalez, Arakaluk und meinen
übrigen Leuten begleitet unter Fackelschein zurück nach Tabattel=
dil, während sich Asmaldra, Unwohlsein vorschützend, nach Rallap
in sein eigenes Haus begab.

    In den letzten Tagen hatte ich, wie schon erwähnt, etwas
mehr Ruhe in meinem Hause gefunden und auch begonnen,
mich mehr an die Eigenheiten meiner Diener zu gewöhnen.
Zwar spielten dabei Asmaldra wie Arakaluk eine nicht ganz
verständliche Rolle.   Sie hatten sich mir — wie ich glaubte —
persönlich zum Dienste angeboten und sollten nach unserer Ver=
abredung in meinem Hause schlafen.   Statt dies zu thun, gaben
sie mir einige Leute als Stellvertreter; sie selbst kamen zwar
meistens des Tages, mich zu besuchen; aber die Befehle, die ich
ihnen gab, übertrugen sie immer jenen, sie selbst legten wenig
Hand mit an.   Nur mich persönlich bedienten sie gern; einer
von ihnen war regelmäßig bei mir auf meinen Excursionen.
Nun genoß ich auf diese Weise zwar nicht den Nutzen, den ich
von ihnen erhofft hatte; aber wenig verwöhnt in Bezug auf die
zu erwartenden Erfolge dieser Reise — die ich schon wie einen
Misserfolg zu betrachten begann — war ich dankbar dafür, daß
ich doch endlich mit ihrer Hülfe wenigstens etwas sammeln und
arbeiten konnte.   Natürlich richtete ich dabei mein Hauptaugen=
merk auf die Thiere des Meeres, während ich den mit guten
Augen begabten Alejandro dazu anhielt, im Dorfe Schmetter=
linge, Insekten und allerlei andere Landthiere zu fangen.

    Leider sollte meine Ruhe bald wieder gestört werden.   Am
27. April mittags sah ich von Süden her eine Anzahl langer
Boote, wie ich sie bisher noch nie im Wasser gesehen hatte,
heraufziehen und bei der Lady Leigh anlegen.   Ich erfuhr bald,

daß es Ebabul (Abba Thule)*) von Coröre sei, der dem Kapitän
Woodin einen Besuch abstattete. Als dann das Wasser am
Nachmittag hoch genug gestiegen war, um die Einfahrt in den
eigentlichen Hafen von Aibukit unternehmen zu können, zogen
sie alle mit entsetzlichem Halloh und Geschrei, die Ruder hoch
über ihren Köpfen schwingend, an unserm Hause vorüber. Na=
türlich erregte das Kommen ihrer Feinde meine Leute sehr.
Zuerst liefen sie alle fort, ins Dorf hinauf, da sie meinten, es
würde Krieg geben; aber Arakalulk kam bald wieder und brachte
mir folgende Erklärung des unlieben Besuchs. Bei jenem oben
ausführlich erzählten Angriff der englischen Boote stahlen die
Leute von Armlimui, Coröre und andern Orten denen von
Aibukit eine Menge Boote und setzten verschiedene Häuser in
Brand. Trotz der Hülfe der Engländer aber schien den Ein=
geborenen der Erfolg der Südländer kein ganz vollständiger
gewesen zu sein; denn das Ansehen Aibukits hatte. trotz dieses
Schlags nicht sehr gelitten, und als nun erst Cabel Mul mit
seinem Schiffe, Piter mit seinem bekannten und gefürchteten
Muth wiedergekommen waren und sich das Gerücht verbreitet
hatte, daß mit ihnen ein vornehmer fremder Rupack — nämlich
ich — gekommen sei, der, ebenso mächtig wie Cheyne, sicherlich
bald ein Kriegsschiff nach Aibukit hinrufen werde — da erfaßte
sie alle die Furcht, es möchte nun der nördliche Staat einen
Kriegszug nach dem Süden unternehmen, um sich für den er=
littenen Schaden zu rächen.

Zum Theil mochte ich wol durch meine eifrigen Nachfor=
schungen nach den Umständen des Angriffs — wovon sicherlich
die Kunde auch nach Coröre gedrungen war — mit dazu beige=

---

*) „Abba Thule“ schreibt Wilson in dem schon angeführten Werke, nach
englischer Aussprache, jedoch nicht ganz richtig. Auch meine Schreibweise ist
nicht völlig correct; das E ist kein reines deutsches e, sondern nähert sich
dem spanischen ei und das d muß gesprochen werden wie das englische th.

tragen haben, bei der einen Partei Furcht, bei der andern Hoff=
nungen zu erregen. Aber auch ohne das Interesse, das ich den
Bewohnern von Aibukit gezeigt, hätte ich doch mit dem besten
Willen dieser mir sehr unlieben und später sogar unbequem
werdenden Standeserhöhung nicht aus dem Wege gehen können;
denn allein das weiße Gesicht wäre schon hinreichend gewesen,
mir Fürstenrang bei ihnen zu verschaffen; und da ich weder um
Handel zu treiben, noch zu andern verständlichen Zwecken dahin
gekommen war, und all mein Thun und Treiben ihnen wie das
eines mächtigen, reichen Rupack erscheinen mußte, so war es wol
erklärlich, daß die Bewohner von Aibukit von mir thätige Unter=
stützung erwarteten. Denn vom Gegentheil ließen sie sich niemals
überzeugen, trotzdem Woodin wie Barber und ich ihnen beständig
das Abgeschmackte einer solchen Hoffnung deutlich zu machen
versuchten; sie wollten es nicht glauben, daß wir in unserm
eigenen Lande nicht besser seien als der gemeinste Mann unter
ihnen, und daß wir also auch nicht die Macht hätten, ihnen in
der gewünschten Weise beizustehen. Ihre beständige Antwort
war, wir seien doch ebenso mächtig wie Cheyne; er aber habe
ein solches Kriegsschiff gerufen, und so müßten wir es auch
können. Gegen solche Logik war natürlich schwer anzukämpfen.
Namentlich Krei plagte mich, als ich erst anfing, ein wenig
Palau zu sprechen, fortwährend mit der Bitte, einen „man-of-
war" zu citiren; denn er wünschte den Lorbern seiner Jugend
noch durch die Besiegung seines Todfeindes Coröre den reichsten
Kranz hinzuzufügen, ehe das herannahende Alter ihn seines
Muths und seiner Thatkraft gänzlich berauben würde. Diese
Plane den Bewohnern von Aibukit zu zerstören, kam nun Eba=
bul in höchsteigener Person und bot den bisherigen Feinden
Frieden und Freundschaft an. Zwar wurden die geraubten
Boote und Sachen nicht wieder zurückgegeben; aber ein großes
Stück einheimischen Goldes der höchsten Sorte ersetzte nach lan=
desüblicher Sitte den Verlust vollständig, entwaffnete aber Aibukit

für den Augenblick gänzlich. Denn die Weigerung, es anzunehmen, wäre nach Landesbrauch eine Kriegserklärung gewesen;
und da die Bewohner von Aibukit nicht gerüstet und noch immer
sehr niedergeschlagen waren, so nahmen sie das Geld und damit
den Frieden an. Auch mochte sie wol das Stück Geld gereizt
haben; war es doch von der Sorte „brack“, die im höchsten
Ansehen stand, da von ihr nur drei oder vier Exemplare im ganzen Lande vorhanden waren, und mit welchem sie jederzeit das
verfallene Leben irgendeines Fürsten würden erkaufen können.

Es sind Steine, Glasscherben, Stücke von Porzellan oder
Email und Perlen, welche hier auf den Inseln die Rolle des
Geldes zu spielen haben. Sie haben davon sieben verschiedene
Klassen, die in ihrer Folge von oben nach unten heißen „brack“,
„pangungau“, „kalbukup“, „kaldoir“, „kluk“, „adelobber“,
„olelongl“, und deren Werth im Verkehr bestimmt wird einmal
durch die Größe und dann durch den Rang, welchen jedes in
der angegebenen Liste einnimmt. Von der ersten Sorte, Brack,
von der, wie gesagt, höchstens drei oder vier Stücke auf der
ganzen Inselgruppe existiren, habe ich nie ein Exemplar gesehen;
der Pangungau ist ein rother Stein — vielleicht Jaspis —
welchen die Weiber der Vornehmen mit großem Stolz am Halse
zur Schau tragen; der Kalbukup scheint immer Achat in be-
stimmter cylindrischer Form zu sein. Dies sind die drei Geldsorten der Fürsten und kommen nie unter das gemeine Volk;
denn während jene unter sich ihre Canoes meistens mit einem
Kalbukup bezahlen, erhalten die Leute des Armeau, wenn sie
an jene ein Boot verkaufen, die Bezahlung in einer der niedri-
gern Geldsorten. Vom Kaldoir an gehören die andern vier
Gelder dem allgemeinen Verkehr an, und der Werth eines kleinen Adelobber oder Olelongl — beides, wie es scheint, immer
weiße oder grüne Glasstücke — ist oft kaum genügend, um
einen Bündel einheimischer Papiercigarren oder eine Hand voll
Bananen zu kaufen. Alle diese Stücke haben ohne Ausnahme

ein feines cylindrisches Loch*), durch welches ein dünner Faden
gezogen wird, um es entweder als Schmuck am Halse tragen
oder in ihren kleinen geflochtenen Säckchen, die ihnen zum Auf=
bewahren von allerlei Gegenständen dienen, durch Anknüpfen
vor Verlust bewahren zu können. Die Bedeutung, die dieses
Geld im Verkehr hat, mußte natürlich die handeltreibenden See=
fahrer zu dem Versuche reizen, Scherben von Flaschen und
Porzellangefäßen oder nachgemachte Perlen einzuschmuggeln;
aber der Versuch soll meistens mislungen sein. Thatsache ist
jedenfalls, daß die Einwohner behaupten, ihr eigenes autochtho=
nes Geld von dem so in der Neuzeit eingeführten leicht unter=
scheiden zu können; und es hat mich oft erheitert, zu beobachten,
wie beim Abschluß ihrer Geschäfte das Geld erst gegen das Licht
gehalten, dann mit einem Tuch abgewischt und endlich an der
Wange oder Nase gerieben wurde, um zu erkennen, ob das
Geldstück echt oder unecht sei. Wenn man dann sagt, ihr
Geld sei ja doch nur Glas, und irgendeine Flasche könne ihnen
genug davon liefern, so antworten sie immer, das letztere sei

---

*) Als Wilson in den achtziger Jahren des vorigen Jahrhunderts auf
den Palaus scheiterte, hatten die Eingeborenen ausschließlich steinerne Waffen
und Instrumente; nur Ebadul besaß eine eiserne Axt. Trotzdem haben sie
verstanden, in die kleinsten Stücke ihres Geldes wie in die größten cylin=
drische Löcher oder Doppelkegellöcher zu bohren; doch kann man fragen, ob
sie selbst dies thaten — wie auch die Europäer der Steinzeit ja ähnliche
Löcher in Stein gebohrt haben — oder ob sie ihr Geld bereits mit den
Löchern versehen von einem andern Volke erhalten haben. Bei zwei mir
vorliegenden Stücken scheinen die Löcher gleichzeitig mit dem Glase gegossen
zu sein; es sind Perlen. Ein anderes scheint aus der Schale der schönen
gelbrothen Cypraea aurora zu sein; in diesem ist das Loch völlig cylindrisch
und nicht quer, sondern der Länge nach durchgebohrt. Es ist die Frage,
woher diese Geldstücke kamen, wer sie etwa oder die darin angebrachten
Löcher angefertigt, natürlich von der größten Bedeutung, da sich im günstigen
Falle daraus eine recht genaue Altersbestimmung dieser „Geldperiode" auf
den Palaus ableiten läßt. Leider scheint die Untersuchung mit solchen Schwie=
rigkeiten verknüpft zu sein, daß ich zweifeln möchte, dies Material jemals in
dem angedeuteten Sinne richtig und mit Erfolg verwerthet zu sehen.

nichts werth, da es von Menschen gemacht sei, das ihrige da-
gegen sei himmlischen Ursprungs. Es soll nach einer ihrer
Sagen nämlich aus dem schönen leuchtenden Auge eines der
Himmelsbewohner entstanden sein, welches zu jener Zeit, als
nach ihren Traditionen noch Halbgötter auf den Inseln lebten —
die sogenannten Kalids — von einem derselben geraubt und auf
die Erde gebracht wurde. Nach einer andern Mythe war die
Insel Ngarutt, die aus solchem von Göttern selbst getragenen
Gelde besteht und frei im Meere herumschwimmt, in jenen frühern
Zeiten mitunter bei den Palaus angetrieben und hatte hier
nun einen Theil ihrer Geldbewohner zurückgelassen. Gleichwie
sie nämlich dem Gelde göttlichen Ursprung zuschreiben, so führen
nach ihrer Meinung auch die Geldsorten auf jener Insel ein
wirkliches Götterleben. Eine reizende kleine Erzählung hierüber,
die übrigens an eine bekannte Kindergeschichte erinnert, zeigt,
daß auch hier die Menschen sich ihre Götter nach ihrem Bilde
machen. Sie wurde mir von Arakalulk erzählt, als ich der
Sprache schon hinreichend mächtig war, um seinen klaren und
zusammenhängenden Erzählungen folgen zu können.

„Eines Tags kam ein Boot angeschwommen, dessen Insassen, jene sieben Geldsorten, von ihrer heimatlichen Insel
Ngarutt ausgezogen waren, neue Länder zu suchen, wo es ihnen
besser als in ihrer Heimat gefiele. Lange waren sie schon im
Ocean herumgeschwommen, ohne das Ziel ihrer Wünsche finden
zu können. Endlich kamen sie auch hier bei Palau an. Vor
dem Hafen befahl Brack, der als der Vornehmste unter ihnen
auf der Plattform des Bootes ausgestreckt lag, dem nächsten im
Rang, Pangungau, an Land zu gehen und sich die Insel anzusehen. Pangungau, ebenso faul wie sein Fürst, befahl dasselbe
dem ihm zunächst Untergebenen, dem Kalbukup; doch auch der
ging nicht, sondern trug es Kalboir auf, dieser wieder Kluk,
bis endlich der vielgeplagte Olelongl gehen mußte, da er niemand mehr zu schicken hatte. Er kam aber nicht wieder. Nach

einiger Zeit wiederholte Brack seinen Befehl, der jetzt bis auf
Abelobber herabkam; auch dieser ging murrend und kam ebenso
wenig wieder. Ihm ward nun Kluk nachgeschickt, die beiden zu
holen; statt dies zu thun, blieb auch er auf der Insel — und so
ging das fort, bis endlich Brack von seinem gemeinen Volke
wie seinen Vornehmen verlassen war. Nun ging er selbst, um
sie wieder zu holen; aber auch ihm gefiel unsere Stadt, und so
blieben sie nun alle sieben da und setzten ihre gewohnte Lebens=
weise fort. Brack thut nichts als essen, trinken und schlafen,
immer schickt der Höhere den niedriger Stehenden; und so
kommt es", setzte mein Berichterstatter mit seinem Lächeln hinzu,
„daß, gerade wie bei uns Menschen, immer das große Geld
ruhig zu Hause sitzt und nichts thut, das kleinere dagegen
tüchtig herumlaufen und für sich und die vornehmern Sorten
zugleich arbeiten muß."

Am Nachmittag des 28. April ging ich ins Dorf hinauf,
theils mit der Absicht, den am Fieber krank liegenden Mad zu
besuchen, dann aber auch mir die Leute von Coröre etwas an=
zusehen. Leider fand ich sie nicht mehr vor, da Ebadul schon
früh am Morgen, während ich noch schlief, nach Aracalong ab=
gereist war, in der Absicht — wie er wenigstens vorgab —
Frieden zwischen diesem Staate und Aibukit zu stiften. Nach=
dem ich dann Mad etwas Chinin gegeben und auch noch den in
Rallap krank liegenden Asmaldra besucht hatte, sprach ich noch
bei Krei vor, wo mich seine Frau wie immer mit größter Zu=
vorkommenheit empfing. Es war eine aufgeweckte, trotz ihrer
35—40 Jahre noch ziemlich stattlich aussehende Matrone, die
ihre Last, Gattin des Krei zu sein, mit musterhafter Würde trug.
Man brauchte nicht gerade sehr scharfsichtig zu sein, um zu be=
merken, daß bei ihr so wenig wie bei den andern Frauen, na=
mentlich der Vornehmen und Fürsten, andere Gefühle als Rück=
sichten der Convenienz die Ehe gestiftet hatten; und sie selbst
sprach sich eines Tags in meinem Beisein sehr rückhaltslos

über ihr Verhältniß zu Krei wie über das der Frauen zu
ihren Männern überhaupt aus. Johnson nämlich hatte kurz
nach seiner Rückkehr wieder eine neue Frau genommen — damals hatte er als reicher und mächtiger Mann drei auf einmal —, ein ganz junges Ding, das, obgleich nur eine Wilde,
doch ein gewisses Anrecht auf die Treue und Liebe des Gatten
zu haben glaubte. Diesen hatte aber bei der Wahl nur die
vornehme und reiche Verwandtschaft geleitet; und er hatte, um
die weitgehenden Ansprüche seines großen Herzens zu befriedigen, sowol unter den Mädchen der Bais wie unter den im
Schose ihrer Familie lebenden gar manche vertraute Freundin
gesucht und gefunden. Dies verdroß seine junge, rechtmäßig an-
getraute — d. h. angekaufte — Gattin, die eines Tags, als ich
gerade in Krei's Hause war, weinend hereintrat und Krei's
Frau ihr Herzeleid klagte. Diese ließ sie erst ausweinen, und
dann erzählte sie ihr die eigene Lebensgeschichte, wie auch sie in
ihrer Jugend dem Krei seine Untreue oft bitter übel genommen
habe; aber das sei nun einmal in ihrem Lande nicht anders
möglich. „Alle Männer wären gleich schlecht in dieser Beziehung — oder eigentlich thäten sie ganz recht, denn die Frauen
selbst wären ja oft genug die erste Ursache von der Untreue der
Männer; und solange sie nicht das Verhältniß der rechtmäßig
angetrauten Frauen zu den im Bai lebenden unverheiratheten
Mädchen — den «Armungul» — gänzlich löſten, würde es immer
so bleiben. Sie solle doch nur bedenken, daß sie selbst einige
Monate in Kallap Armungul gewesen sei, und daß ihr doch das
freie ungebundene Leben, das sie als solche geführt, sehr wohl
gefallen habe, ganz besonders aber auch die Bedienung von
seiten der verheiratheten Frauen. Solange diese noch den Armungul im Bai täglich die Nahrung bringen müßten, würden
sich immer Mädchen bereit finden, einige Monate im Bai zuzu-
bringen, um so leichter, als sie bei ihrer Rückkehr ins Dorf den
Aeltern ein großes Stück Geld mitbrächten und auch nicht lange

auf einen Mann zu warten brauchten. Manchen von den Frauen gefiele ja doch dies Leben im Bai so gut, daß sie ihren Männern davonliefen, um wieder in ein solches einzutreten. An allem diesen zu rühren, verböte aber die alte ehrwürdige Sitte, und wenn sie jetzt den Armungul nicht mehr die Nahrung ins Bai bringen wollten, so würden die Männer auch keine Bedienung mehr haben; denn die rechtmäßige Gattin dürfe vor der Welt niemals zeigen, daß sie mit ihrem Manne in so vertrautem Verhältniß lebe; das sei mugul*), und wenn einmal dieses Wort keine Macht mehr habe unter ihnen, so würde auch sicherlich ganz Palau untergehen.“

Zwar hatte ich schon durch Johnson früher gar manches über solche Verhältnisse erfahren, nie aber recht daran geglaubt, bis mich endlich dieses Gespräch zwischen den beiden Frauen, das ich wenigstens der Hauptsache nach schon ohne Dolmetscher verstehen konnte, von der Richtigkeit seiner Angaben überzeugte. Auch in manche andere Geheimnisse des dortigen Lebens wurde ich durch Krei und seine Frau eingeweiht. Krei hatte, wie es schien, ein= für allemal sich das Protectorat über alle Europäer zuertheilt — oder vielleicht war dies eine Beschäftigung im Staate, die ihm als Krei zukam — und seine Frau hatte vom ersten Tage an in liebenswürdigster Weise für mich gesorgt. Solange ich im Dorfe lebte, war ich bei allen Mahlzeiten ihr

---

*) Das Wort „mugul“ und sein Gegensatz „tokoi“ bilden das dritte Wort in der Unterhaltung. Jenes heißt „schlechter“, dieses „guter Gebrauch“. Bei vollständig mangelndem oder doch nur ganz unklarem Verständniß von der ethischen Bedeutung der Gesetze können natürlich die Individuen in ihrem Verkehr untereinander immer nur die Gewohnheit, die Sitte zur Richtschnur ihres Handelns nehmen; ihr beugen sie sich, denn ihre Aeltern, ja sogar ihre Götter thaten es, als sie noch auf Erden lebten, sie thun es heute noch im Himmel. Doch würde es vorschnell urtheilen heißen, wollte man diesem Völkchen wegen seiner unbedingten Anerkennung der Allmacht der Sitte jede Spur einer etwas tiefern Auffassung ihrer eigenen Lebensverhältnisse absprechen.

erwarteter und gern gesehener Gast; und als ich nachher mein
Haus bezog, verging fast kein Tag ohne eine freundliche
Botschaft nebst Geschenk.   Von jeder für mich interessanten
Neuigkeit setzte sie mich ungesäumt in Kenntniß, und sie kam
selbst häufig nach Tabattelbil, einen großen Korb mit Kukau
auf dem Kopfe oder eine Flasche Eilaut in der Hand, um nachzusehen, wie es ihrem „Sohne" gehe.   So pflegte sie mich
scherzweise, wenn sie bei guter Laune war, zu nennen.   Kurz,
das Verhältniß zu Krei und seiner Frau*), meiner Mutter,
war bald ein so inniges geworden, wie dies überhaupt für mich
möglich war; und ich denke noch jetzt oft mit Freuden an die
Herzensgüte und freundliche Gesinnung zurück, die wenigstens
von seiten der Frau eine reine und von keinem Eigennutz ein-
gegebene war.

Hier im Hause von Krei traf ich auch gewöhnlich mit
Gonzalez zusammen, der sich ebenfalls unter seine Fittiche begeben
hatte.   Wie meistens gingen wir auch diesmal bei einbrechender
Dunkelheit den Landweg über das von den Engländern zerstörte
Dorf Atraro nach Hause.   Das ganze Land rings um die Bucht
von Aibukit ist von trachytischen Hügeln gebildet, die sich an
manchen Stellen schroff in die am Fuße der Berge liegenden
sumpfigen Kukaufelder absenken.   Sie werden von zahlreichen
Erosionsschluchten durchschnitten, in denen allen ein Bach rauscht,
der sich häufig zu einem etwas abseits gelegenen Bassin erwei-
tert.   Es war das erste mal, daß ich gegen Abend gerade diesen
Weg machte; und überall traf ich auf badende Männer, die
hier, nachdem sie den Staub des Tages abgewaschen, sich den
Körper frisch mit Kokosnußöl salbten und mit ihrem breizinkigen
Kamme die sonst hinten in einen Schopf zusammengebundenen

---

*) Die Frauen der Vornehmen wenigstens werden nie mit ihrem Na-
men, sondern immer als „Frau des Krei", „des Mad" angeredet oder bezeichnet; von manchen habe ich nie den Namen erfahren.

Haare, nun aufgelöst, in eine rings das Gesicht einfassende buschige Haarkrone auskämmten, wie sie sich der Struwwelpeter nicht schöner hätte wünschen können. Dicht hinter Atraró ging der Weg an dem größten der Wasserbecken vorbei; aber ehe wir dasselbe erreicht hatten, wurde ich nicht wenig in Erstaunen ge= setzt durch ein fürchterliches, von meinen Begleitern unisono ausgestoßenes und langgedehntes „Eiwa — Owa". Eine Mäd= chenstimme antwortete uns sogleich aus dem Gebüsch, und meine Leute hielten mich zurück, da dort im Bassin badende Frauen seien, welche nicht gestatten wollten, daß wir vorübergingen. Als ich bemerkte, daß das ja nur Weiber wären, vor denen sie sich doch nicht fürchten würden, meinten sie: das nun wol nicht; aber Frauen im Bade hätten ein unbegrenztes Recht, den gegen ihren Willen bei ihnen vorbeigehenden Mann zu prügeln, mit Geldstrafe zu belegen, ja sogar zu tödten, wenn sie es an Ort und Stelle zu thun vermöchten. Es sei deshalb auch der Bade= platz der Frauen der sicherste und beliebteste Ort für heimliche Zusammenkünfte. Zum Glück dauert auf diesen Inseln die Toi= lette der Damen nicht lange; nach wenig Minuten schon rief uns ein zweiter Schrei herbei, und als wir den jungen Mäd= chen, die sich dort gebadet hatten, nun begegneten, hatten einige von ihnen noch nicht einmal den Gürtel wieder festgeknüpft, durch welchen sie die beiden Blätterschürzen festhalten. Ohne weitern Aufenthalt gelangte ich nun auf dem zuletzt sehr schroff absteigenden Wege nach Tabattelbil, wo mich Arakaluk, der aus der Stadt mit einem Canoe weggefahren war, mit der Nachricht empfing, daß eben Ebadul wieder angekommen und daß seine Mission in Aracalong gänzlich gescheitert sei. Er meinte, nun werde es wol bald wieder Krieg geben; denn die ganze Reise wäre sicherlich nichts weiter gewesen als eine kühn ausgeführte Kundschafterei. Sie habe Ebadul zwar ein großes Stück Geld gekostet; aber wenn es den Leuten von Coröre gelänge, Aibukit zu besiegen, so würden sie beim Friedens=

schluße weit mehr zurückerhalten. Arakalulk kam absichtlich
herunter, mir dies sogleich mitzutheilen; denn es sei wahrscheinlich, daß Ebadul früh am nächsten Morgen bei mir zu
einem Besuch vorsprechen würde; und da die Leute von Corore
große Diebe seien, so habe er mich noch am Abend benachrich-
tigen wollen, um mir Zeit zum Einschließen meiner Habselig-
keiten zu geben. Schon am Tage vorher hatte mir Woodin
ebenfalls ein paar eilige Worte zukommen lassen, mich mahnend,
vor Ebadul und seinen Genossen auf der Hut zu sein. Hier in
Aibukit hatte ich bisjetzt über keine bemerkenswerthen Diebereien
zu klagen gehabt; und etwas Küchenraub meinen Dienern zu
verzeihen, hatte ich längst auf den Philippinen gelernt. Woodin
sowol als Barber und Johnson wußten die Ehrlichkeit der Leute
unsers Staats nicht genug zu rühmen; ja letzterer erzählte
mir, daß eigentlich auf Diebstahl Todesstrafe stehe. Allerdings könne man sein Leben unter allen Umständen durch ein
Stück Geld erkaufen; aber der Werth des zu bezahlenden Geldes
wechsele je nach der Person des Verbrechers und nach Art und
Schwere des Verbrechens.

Am Morgen des 29. April kam nun Ebadul wirklich. Er
fand mich gerade in Arbeit; und da ich mich weder durch Krei
noch Mad oder irgendeinen andern Fürsten in meinen Untersuchungen stören ließ, so hatte ich auch diesmal meinen Dienern
Befehl gegeben, Ebadul so wenig wie andere Leute in mein
Arbeitszimmer einzulassen. Dies hatte seinen Fürstenstolz beleidigt. Als ich nach einer halben Stunde zu ihm in die Empfangshalle trat, empfing er mich gleich mit scharfem Tadel über
meine Unhöflichkeit; aber bald glätteten sich seine Züge wieder,
und nun machte er mir den Eindruck eines recht gemüthlichen
alten Mannes. Uebrigens hinderte ihn sein fürstlicher Stolz
doch nicht, mir gleich nach wenigen Worten der Begrüßung, die
sich hauptsächlich um das hübsche von mir gebaute Haus drehten,
ohne alle Umschweife ein Messer und einen Feuerstein abzuver-

langen. Namentlich der letztere, mit gutem Stahl und einem
langen Stück künstlichen Zunders versehen, gefiel ihm und seiner
Begleitung sehr; und ich hätte wahrscheinlich während des Be=
suchs noch mehr Stücke abgeben müssen, wenn nicht die rasch
fallende Ebbe drohte, seine Boote aufs Trockene zu legen. So
nahm denn Ebadul bald seinen Abschied, indem er schließlich
noch die Bitte aussprach, ich solle ihn doch in Coröre besuchen.
Ich gab ihm das Versprechen, dies zu thun, nicht ahnend, unter
welchen eigenthümlichen Umständen ich mein Wort einzulösen
haben würde.

III.

Ich zahle Lehrgeld.

Jetzt war also Friede zwischen Aibukit und Corőre. Die
politischen Wogen waren offenbar in den letzten Monaten ganz
besonders hoch gegangen, sobaß ich hoffen konnte, der Friedens=
schluß würde nun wie eine Windstille die aufgeregten Geister
beruhigen und mir meine Leute auch etwas willfähriger machen,
als sie bisher gewesen waren. Im Grunde konnte ich mich nicht
sehr über sie beklagen. Asmaldra und Arakalulk sowol wie
Casöle, Cabalabal und Arungul, die beständig in Tabattelbil
blieben, während die beiden ersten nur selten bei mir schliefen,
sie alle waren gefällig und höflich gegen mich; aber doch be=
nutzten sie jede Gelegenheit, um sich eine freie Stunde zu machen.
Bald mußte dieser einen kranken Bruder besuchen, oder jener
seine Schwester, die uns zu beschenken gekommen war, nach
Rallap oder Roll begleiten; Casöle wurde von Asmaldra fast
alle Tage mit auf die Entenjagd genommen, von der sie dann,
allerdings reichbeladen, aber doch erst am Abend zurückkehrten,
Cabalabal hatte im Auftrage von Arakalulk manche, wie ich
nachher erfuhr, politische Besorgungen auszuführen, und nur
Arungul schien durch die allgemeine Beweglichkeit nicht angesteckt
zu werden. Diese Unruhe, hoffte ich, würde nun aufhören.

Aber schon am Tage nach dem Besuche des Ebabul von
Coröre sollte ich sehen, daß hier nicht daran zu denken sein
würde, solche Ruhe zu gewinnen, wie ich sie mir für meine
Arbeiten wünschte. Schon seit längerer Zeit hatte Mab gekrän=
kelt an einem leichten intermittirenden Fieber, das ich ihm durch
einige Dosen Chinin so ziemlich vertrieben hatte. Um mir nun
ihre Dankbarkeit für die Wiederherstellung ihres Gatten auszu=
sprechen, kam am 30. April frühmorgens schon Mab's Weib
und mit ihr eine ganze Schar anderer Frauen, welche die gün=
stige Gelegenheit benutzten, sich den „Era Tabattelbil" auch ein=
mal anzusehen. Es war ein ganzer Clöbbergöll, der zu mir
gekommen war. In ganz ähnlicher Weise nämlich, wie die
Männer, bilden auch die Weiber ihre Genossenschaften, die wie
bei jenen ihre Anführer haben, und die denen der Männer
gegenüber die Rechte einer anerkannten Corporation besitzen,
ohne freilich an den öffentlichen Arbeiten *) und am Kriege
theilnehmen zu müssen oder ihre Mitglieder zum Bewohnen ge=
meinschaftlicher Häuser zwingen zu können. So kann es auch
wol kaum das Bedürfniß nach Theilung der Arbeit gewesen sein,
welches diese Weiber=Clöbbergölls entstehen ließ; denn ihre
Arbeiten im Hause und Felde besorgt eine jede Hausfrau für
sich allein, und sie haben höchstens bei den häufigen Festen zu

---

*) Die öffentlichen Arbeiten der Clöbbergölls der Männer sind fol=
gender Art: 1) Dienst im Kriege, zu Lande wie zu Wasser; 2) Fronarbeiten
bei Gelegenheit der Abhaltung aller öffentlichen Feste ohne Unterschied. Diese
sind sehr mannichfaltig; aber zu jedem Besuch von vornehmen Fremden, jeder
Gesandtschaft, Theilnahme an Siegesfesten, Begräbnissen oder Krankenfesten,
jedem zur Abwehr einer Calamität — Krankheit, Krieg 2c. — abgehaltenen
Fest und jeder regelmäßigen oder durch die Fürsten des Staates angeordneten
religiösen (kirchlichen) Feierlichkeit: zu allen sind die Männer gezwungen, einen
Theil der dazu nöthigen Lebensmittel und Geschenke herbeizuschaffen; 3) das
Bauen der Häuser, in welchen die Clöbbergölls leben; 4) das Nähen der
Segel zu ihren Kriegsbooten; 5) das Fangen gewisser Fische, vorzüglich der
mächtigen Rochen (rul). Alle solche Arbeiten im Dienste der Clöbbergölls
oder des Staats werden durch das unübersetzbare Wort „Makesang" bezeichnet:

Ehren fremder Gäste einige kleinere Hülfsleistungen, z. B. das
Aufputzen der den Gästen dargebrachten Kukau=Pyramiden *)
gemeinschaftlich zu verrichten. Vielmehr scheint es, als ob wirklich das Bedürfniß nach einer gewissen Repräsentation im Staate,
von den Frauen gefühlt und von den Männern anerkannt, diese
Weiber=Clöbbergölls hervorgebracht und ihnen die mancherlei
Prärogativen gewonnen hat, welche sie zweifellos besitzen. So
haben sie z. B. das Recht, beim Tode des Königs oder Krei's
von seiner Frau und Kindern gewisse Geschenke zu verlangen,
und die Nichtbezahlung derselben durch einen Angriff auf das
Privathaus des Königs zu rächen. Bei jedem Feste, welches
fremdem Besuch zu Ehren gegeben wird, dürfen sie, um dieses
möglichst glänzend zu machen, von den Bewohnern des Dorfes
eine nach ihrem Reichthum wechselnde Contribution verlangen;
eine Steuer, deren Eintreibung vom Clöbbergöll mit rücksichtsloser
Härte geübt wird. Kurzum, es nehmen im Staate die Weiber=
Clöbbergölls eine Stellung ein, welche derjenigen der Männer=
Clöbbergölls in Bezug auf die ihnen zukommenden Rechte durchaus entspricht, und der mächtigste Fürst würde es nie wagen,
gegen eine solche Weibergenossenschaft aufzutreten, wenn es dieser
gelänge, die andern Vornehmen von der Unterstützung ihres Genossen zurückzuhalten. Ein einzelner Mann, selbst Mab, ist jedem
solchen Clöbbergöll in der Doppelschürze gegenüber machtlos.

　　So durfte ich es denn auch nicht wagen, mich gegen
diese hohen Frauen unhöflich zu beweisen, obgleich ich um
ihretwillen die prächtigsten Thiere in meinem Aquarium sterben lassen mußte. Und das schienen diese über und über
mit gelbrother Farbe bemalten Schönheiten, die sich offenbar

---

*) Der Kukau, d. h. gedämpfte Krumknollen, wird bei solchen Ge-
legenheiten auf niedrigen roth lackirten Gestellen zu mitunter 8 Fuß hohen
Pyramiden aufgebaut; auf dem Platze, auf dem das Fest gefeiert wird, stellt
man diese in Reihen oder Gruppen so auf, daß einem jeden Gast neben andern Gaben auch je eine solche Kukau-Pyramide dargebracht wird.

mir zur Ehre ganz besonders geschmückt hatten, auch gar nicht
anzunehmen, daß ich irgendwie das Recht beanspruchen könnte,
die Thüren meiner Gemächer vor ihnen zu verschließen. Mab's
Frau zwar und einige andere vornehme Damen bewahrten ihre
Würde vortrefflich, trotz der Versuchung, die sie empfinden mochten, alle Winkel meines Hauses zu durchstöbern; sie setzten sich
ruhig auf die Schwelle der Empfangshalle nieder uud ließen sich
von mir unterhalten, so gut ich es vermochte, während Alejandro
von ihnen bald um einen Teller mit Reis, oder etwas Taback
und Wein angegangen, bald wieder geplagt wurde, ihnen etwas
auf der Guitarre, die jeder Bewohner der Philippinen besitzt,
vorzuspielen. Solche vornehme Rücksicht aber übten die andern
nicht. Zuerst versuchte ich sie abzuhalten, in meine beiden Zimmer, deren Thüren ich schloß, einzudringen; aber bald gab ich
den Widerstand gegen sie auf. Hatte ich eben einige Frauen
aus meinem Schlafzimmer zur Thür hinaus gejagt, so kamen
sie rasch wieder zu den Fenstern herein, einige setzten sich auf
mein Bett, dessen roth und weiß gescheckte baumwollene Decke
ihnen sehr zu gefallen schien; andere besahen sich meine Klei-
bungsstücke; hier lag diese schlafend mitten in all dem Lär-
men und dort musterte jene die schönen Sachen, die sie
in einem meiner unvorsichtigerweise offen gelassenen Koffer
entdeckt hatte. Gänzlich rathlos eilte ich von einem Zimmer in
das andere; denn Alejandro hatte mit der Bewirthung zu thun,
da er für sie alle Reis kochen sollte, und Arakalulk sowol wie
die andern Männer hatten gleich beim Erscheinen des hohen
Besuches reißaus genommen. Nur Korakel und Akiwakit, die
beiden jungen Mädchen, welche mit Arakalulk und den andern
hier ihren Wohnort aufgeschlagen hatten, blieben im Hause;
aber auch sie zogen sich in die fernste Ecke des Schlafzimmers
und nachher zum Fenster hinaus in die Küche zurück.

Das war überhaupt die schlimmste Seite des Weiberbesuchs;
es mochte kommen, wer da wollte von verheiratheten Frauen des

Dorfs, jedesmal liefen meine männlichen Diener davon. Es gehört das eben zum guten Ton. Nie lassen sich Männer mit ihren rechtmäßigen Frauen zusammen auf der Straße oder in fremden Häusern sehen, obgleich die Armungul aus Mad's Clöbbergöll den letztern beständig folgten, und selbst wenn Krei mit seinem eigenen Weibe, meiner Mutter, in meinem Hause zusammen= trafen, so zog sich letztere gewöhnlich mit ihrem Gefolge in mein Schlafzimmer zurück, das ich überhaupt vor dem ganz unge= nirten Betreten durch die Frauen nicht schützen konnte.

Wehe dem Eingeborenen, der ungerufen und anders als in demüthigster, niedergebückter Haltung sich öffentlich einer solchen Frau nähern würde, obgleich aus der Ferne ein Augenzwinkern oder eine leichte Kopfbewegung ihm in bestimmtester Weise die Zeit und den Ort einer heimlichen Zusammenkunft für die nächste Nacht bezeichnet hatte! Auch Johnson mußte sich, als Einwohner des Ortes und durch Heirath mit ihren vornehmsten Familien verwandt, dieser Sitte beugen; während wir andern, die wir hier nur zum Besuch waren, in jeder Beziehung über die ein= heimischen Gesetze gestellt waren. Selbst Alejandro, obgleich von brauner Körperfarbe wie sie selbst, genoß eine solche Vergün= stigung, ohne die wir freilich in Tabatteldil gar nicht hätten leben können; wie überhaupt die unbegrenzteste Freiheit von den Gesetzen des Landes, die man mir überall gewährte, noth= wendig war, wenn ich überhaupt etwas mehr als einen ganz oberflächlichen Eindruck von dem Leben der Leute in der kurzen Zeit meines Aufenthaltes gewinnen sollte. Aber man würde sich sehr irren, wollte man dies ausschließlich auf Rechnung der großen Ehrfurcht schieben, die jene Insulaner dem Weißen, dem Mann des Westens — lakad-ar angabard — zollen; vielmehr gewähren sie ihm solche Ungebundenheit hauptsächlich wol, weil sie fühlen, daß jeder gesellschaftliche wie commerzielle Verkehr mit dem Europäer aufhören würde, wenn sie ihn gleich unter ihre einheimischen Gesetze zwingen wollten. So lassen sie dem Weißen

seine eigenen Gebräuche; ja noch mehr, sie verlangen die Beob
tung derselben von ihm, wie mich gar manche Beispiele ge
haben. Es fällt dort nicht auf, wenn ein Eingeborener sich öf
lich ohne seinen Lendengürtel zeigt; aber einem Weißen, der
Schamgefühl so weit vergessen könnte, daß er sich unbekleidet u
sie mengte, würden diese Wilden ihre Achtung sicherlich versa

Das Haus Tabattelbil schien den Frauen sehr zu gefa
Sie hatten mir allerdings reiche Geschenke an süßem Gebäck
Kukau, an Eilaut und Kokosnüssen mitgebracht; aber b
schienen sie nun auch die Unterhaltung, die ihnen bei mir
theil wurde, so recht nach Herzenslust genießen zu wo
Das war ein Plagen mit Fragen, ein Hin= und Herzer
Bald mußte ich der einen eine Musikdose mit ihrem arbeiter
Mechanismus zeigen, oder einer andern zum zehnten male
machen, wie man den Stein und künstlichen Zunder ha
müsse, um letztern anzünden zu können. Alle brachen in
lautesten „o lokoi"*) aus, als ich ihnen aus meinem Revo
mehrere Schüsse hintereinander abfeuerte, worauf sie versicher
daß die Verfertiger solcher Waffen, die gar nicht geladen
werden brauchten, nothwendig „kalid", d. h. Götter sein müß
Meine Uhr sich ans Ohr zu halten, um zu erfahren, was b
dieser wunderbare kleine „kalid" mir alles erzählen könne b
sein Picken, wurden sie nicht müde; und als ich nun gar so
vorsichtig war, einer von ihnen einen Blick durch mein Mi
skop zu gestatten, unter dem ich gerade eine munter her
schwimmende mikroskopisch kleine Schneckenlarve hatte, da
es um jede Arbeit geschehen. Während sie früher mein Sch
zimmer ganz besonders angezogen hatte — weil dort die Kr
mit meinen Siebensachen standen — umstellte mich nun
ganze Haufen und quälte mich unausgesetzt mit Bitten, ih
doch immer und immer wieder Neues im Mikroskop zu zei
Endlich wurden sie auch dieses müde. Statt sich aber

---

*) „O lokoi" ist der gebräuchlichste Ausdruck des Erstaunens.

Dorf zurückzuziehen — die Sonne stand schon im Westen —
nahmen sie alle in freiester Weise von meinem Hause Besitz zum
Abhalten ihrer Mittagsruhe, und ich selbst, ermüdet von der
Unterhaltung mit den fürstlichen Frauen, mußte mich mitten unter
ihnen auf meinem Bette ausstrecken, wollte ich nicht auch letz-
teres von ihnen eingenommen sehen. Gegen Abend endlich
schlug die Erlösungsstunde; aber wer weiß, ob sie nicht alle zur
Nacht noch dort geblieben wären, wenn nicht zufällig meine
Mutter gekommen wäre, deren Ankunft sie nun alle verjagte.
Sie kam zwar allein, nur von einer Tochter begleitet; aber da
sie selbst auch Anführerin eines weiblichen Clöbbergölls war,
welcher mit jenem von Mad's Frau beständig in einem kleinen
Eifersuchtskriege zu leben schien, so hielten es jene, sehr zu
meiner Freude, nicht mit ihrer Würde für vereinbar, länger im
Hause zu bleiben. Sie rauschten davon mit dem Versprechen,
bald einmal wieder zu kommen; denn es sei sehr hübsch, sich
bei mir in Tabatteldil am Meeresstrande zu amusiren.

Krei's Frau hatte, wie sie es öfter zu thun pflegte, auf
einem ihrer Geschäftsgänge einen Umweg gemacht, um bei mir
vorzusprechen; sie wollte nachsehen, wie sie sagte, ob ihr Sohn
auch alles habe, was für sein Wohlergehen nöthig sei. Sehr
häufig erfuhr ich erst später, daß sie dagewesen sei; denn obgleich ich ausdrücklichen Befehl gegeben hatte, mich sogar von
meiner Arbeit am Mikroskop abzurufen, wenn sie käme, so hatte
sie selbst doch den Dienern verboten, mir in solchen Fällen ihre
Ankunft zu melden. Nie erschien sie bei ihren Besuchen ohne
eine kleine Gabe. Aber ganz ungleich den andern Frauen und
Männern hatte sie niemals ein Gegengeschenk dafür verlangt;
ja oft schlug sie ein solches in liebenswürdigster Weise aus und
auch diesmal kostete es mir große Mühe, sie zur Annahme eines
kleinen Sackes mit Reis zu bewegen. Krei hatte mich darum
gebeten, und ich selbst hatte dieses kostbare Geschenk ihm gern
versprochen, da ich mich wirklich ihm und seiner Frau sehr ver-

pflichtet fühlte. Die Gabe hätte aber leicht verhängnißvoll
werden können; denn sie erregte einen Sturm, den zu beschwich=
tigen mir nur mit größter Mühe gelang.

Es hatte die Thatsache, daß ich Krei einen Sack mit Reis
geschenkt — den sie sehr lieben und sogar über ihren Kukau
stellen — großes Aufsehen unter den Bewohnern des Staates
gemacht. Solche Freigebigkeit war noch nie dagewesen. Bei der
Ankunft oder der Abfahrt wurden freilich so kostbare Geschenke
auch von Cabel Mul — oder wie sie ihn scherzweise nannten
„Era Kaluk", d. h. „Herr Oel" — gegeben; aber ohne jede
Veranlassung, nur so ganz beiläufig dergleichen zu thun, war
unerhört. Ganz Aibukit sprach einige Tage lang von nichts
anderm als von meinem Reissack, und natürlich war dieses
Gerede auch bis nach Rallap zu Asmaldra und bis zu Arakaluk
gedrungen. Am 2. Mai kamen sie beide zusammen bei mir spät
abends an, was sie sonst selten zu thun pflegten, und setzten
sich stumm am Eingange der Empfangshalle nieder, wie wenn
sie blos auf Besuch kämen, während sie sonst immer ohne wei=
teres in das Innere eintraten.

Auf mein Befragen, warum sie nicht Korb und Bambus=
rohr aus der Hand legten, antwortete mir Arakaluk ziemlich
unverschämt und gerade heraus, ich hätte nicht recht gethan,
Krei Reis zu geben, ohne sie um Rath gefragt zu haben. Ich
antwortete ihnen etwas scharf. Gleich waren beide „matorud
ar nak" (böse auf mich); sie schmollten gleich dem eigensinnigsten
Weibe, gaben mir keine Antwort mehr und legten sich ohne wei=
teres in meinem Arbeitszimmer zum Schlafen nieder.

Am nächsten Morgen ging nun das Unterhandeln an.
Arakaluk führte, wie gewöhnlich, das Wort, während der geistig
viel trägere Asmaldra nur mitunter seinen Beifall an seines
Freundes Rede zu erkennen gab. Allmählich näherte sich unser
Gespräch, das nach einheimischer Sitte schon mehrere Stunden
gedauert haben mochte, dem Kernpunkt der ganzen Frage.

„Wie willst du, Doctor", sagte mir Arakaluk, „daß wir
dir nicht böse sein sollen. Wir sind hier jetzt deine Brüder;
dein Eigenthum ist auch das unsere und umgekehrt. Willst du
Geld von mir? hier nimm dies. Haben wir dir nicht täglich
Kukau und alles, was du begehrtest, zukommen lassen? Sind
wir nicht immer bei dir, wenn du uns wirklich brauchst? Was
auch in meinem Hause ist, wähle es und ich gebe es dir. Aber
wir sind keine Leute aus dem Armeau, die um Geld für andere
Leute arbeiten; wenn wir Bezahlung annehmen, so haben wir
das Recht, unsere Diener für uns arbeiten zu lassen. Du aber
schiltst uns, als wären wir deine Diener. Glaubst du, daß
der Clöbbergöll, der dir dein Haus gebaut und dessen Anführer
ich bin, nicht den Schimpf rächen würde, den du mir angethan?
Und wenn auch Asmaldra mit seinem Bruder Krei nicht besonders gut steht, so ist er doch ein großer Rupack in Rallap; er ist
auch nicht gewohnt, daß man so mit ihm zankt. Wir sind deine
Brüder; wir müssen mit dir alles besprechen und wenn du uns
nur um Rath gefragt hättest, so würden wir dir wol gesagt
haben, daß der Sack für Krei zu groß war und daß noch viele
Nächte vergehen werden, bis du wieder in deinem eigenen Lande
frischen Reis wirst essen können."

Nun erst klärte sich mir das schon früher bemerkte eigenthümliche Wesen der beiden Leute auf; ihr Selbstgefühl wie ihre
Worte zeigten mir, daß ich es mit vornehmen Leuten zu thun
hatte, die sich mir gleichberechtigt fühlten, und gern that ich
ihnen Abbitte für meine harten Worte, die ich um so mehr be-
reute, als ich wirklich gerührt war von der anspruchslosen Weise,
in welcher mich Arakaluk über seine und seines Freundes hohe
Stellung aufklärte.

Es schien damit zwischen mir und meinen Leuten der voll-
kommenste Friede hergestellt zu sein, und ich benutzte meiner
neugewonnenen „Brüder" Bereitwilligkeit, um allerlei Touren zu
unternehmen, an die ich ohne sie nie hätte denken können.

Kapitän Woodin hatte, obgleich er mir in Manila versprochen, ein Boot und Leute zu Excursionen auf die Riffe zu meiner Verfügung zu stellen, doch so viel mit der Ausbesserung seines überall durchlöcherten Schiffes zu thun, daß er unmöglich sein Versprechen halten konnte. Auch mochte ich ihn um so weniger mit Bitten plagen, als er durch das Entlaufen seines Zimmermanns schon nach einigen Wochen gezwungen wurde, selbst dessen Arbeiten zu übernehmen; und von Tabattelbil aus sah ich den armen alten Mann, unter einem dünnen Dach von Segeltuch nur dürftig gegen die brennende Sonnenhitze geschützt, am Kiel seines Schiffes sägen, bohren und hämmern vom frühen Morgen bis zum Untergang der Sonne. Es blieb mir also nichts anderes übrig, als mich der einheimischen Einbäume, der sogenannten „amlais" zu bedienen, die Arakalull immer zu meinem Dienste bereit hielt.

Schon am 3. Mai unternahm ich eine Excursion in die Berge südlich von Tabattelbil, auf der mich meine beiden Brüder begleiteten. Wir fuhren bei Hochwasser über die nun gänzlich bedeckten innern Riffe ziemlich nahe an der Küste entlang; überall ist sie von einem Saum von Mangroven umgeben. Mitten aus dem plätschernden Wasser steigen zahllose gerade dünne Stämme bis zu Manneshöhe empor und breiten sich dann plötzlich aus in eine Krone unregelmäßiger Aeste mit breiten, saftigen, glänzendgrünen Blättern. Ihre Wurzeln ragen theilweise über das Meer empor: dünne, wirre Gebilde, die von der Ferne gesehen wie ein Kegel von regellos angehäuften Ruinen aussehen; zwischen ihnen abgestorbene Stämme oder spitz und steif emporwachsende junge Bäume und von den Zweigen herabhängend, aus den abgestorbenen Blütenkelchen hervorwachsend, senkrecht dem fruchtbaren Naß zustrebende Luftwurzeln frischer Keime. Dieses Dickicht scheint dem Auge nur schmal zu sein; aber folgt man einem der vielen labyrinthisch sich in ihm vertheilenden Kanäle, so erstaunt man über ihre Ausdehnung. Ueberall ziehen sie sich weit in das

Land zwischen die Hügel hinein, und diese entspringen fast immer mit ihrem steil ansteigenden Fuße aus den Sümpfen, in denen die Mangroven wachsen. So fehlt dort eigentlich alles ebene Land zwischen den Bergen und der Küste. Bei hoher Flut scheinen die meisten Rhizophoren als einfache Stämme aus dem Wasser aufzusteigen, welches das von den Wurzeln gebildete Geflecht gänzlich verdeckt. Dann herrscht in diesem Walde tiefe Stille, die nur selten unterbrochen wird durch das krächzende Geschrei eines glänzend blauen Eisvogels, der erschreckt vom Ruderschlage vor uns auffliegt, oder vielleicht auf einen Fischschwarm niederstößt, welchen die reißende Strömung der steigenden Flut unter seinem Sitze vorbeigeführt hat. Eine mit breitem Ruderschwanze versehene Wasserschlange läßt sich schlafend mitten im Strome einhertreiben. Wenn aber dann allmählich die Ebbe den sumpfigen Boden des Waldes trocken zu legen beginnt, so erhebt sich ein ganz anderes Leben zwischen den Wurzeln der Bäume, wie in ihren Zweigen, in den Strömen, wie auf den kleinen freien Plätzen in den Theilungswinkeln der Kanäle, die dadurch entstehen, daß hier Schlamm rascher angesetzt wird, als die Mangroven denselben mit ihren Luftwurzeln für sich zu erobern vermögen. Mitunter finden sich auch künstlich gelichtete Plätze im Walde. Auf solche jetzt halbtrockenen Stellen lassen sich nun von allen Seiten herbeieilend große Reiher nieder, die, ähnlich unsern Störchen, mit ihren langstelzigen Beinen zwischen den Stumpfen der Rhizophorenwurzeln einherstolziren und nach allerlei Würmern suchen, die zu Tausenden aus ihren Löchern hervorkommen. Laute knackende Töne bringt hier ein kleiner Krebs hervor, indem er die Glieder seiner dicken Scheren kräftig gegeneinanderschlägt. Die in den schönsten Farben prangenden Telegraphenkrebse sitzen mit ihren kolossalen einseitig ausgebildeten Zangen vor dem Eingang ihrer Wohnungen und bewegen diese beständig auf und nieder, als

wollten sie ihre Freunde zum Besuche herbeirufen. Zierliche
Schnepfen und Bachstelzen laufen eilig und emsig suchend von
Ort zu Ort, und eine Unmasse von lungenathmenden Schnecken
verlassen Löcher und Spalten, in denen das bedeckende Wasser
eine kleine Menge Luft eingeschlossen hatte, um sich ebenfalls
eine Zeit lang an hellem Sonnenlicht und reiner Atmo=
sphäre zu erfreuen. Große räuberische auf dem Lande lebende
Krabben begeben sich nun in dieses Labyrinth, um nach den
Schnecken des Brackwassersumpfes zu suchen, oder die großen, im
Schlamm versteckten Muscheln solcher Gegenden mit ihren mäch=
tigen Scheren zu zerbrechen. Auch der Mensch wetteifert dann
mit ihnen im Suchen nach den wohlschmeckenden Muscheln. Die
rückkehrende Flut macht schließlich allem Leben wieder auf kurze
Zeit ein Ende.

Wir selbst blieben diesmal jedoch nicht in der Region der
Mangroven, sondern begannen nach eingenommener Mahlzeit die
Hügel zu erklimmen, welche fast gänzlich aus Trachyt bestehen, der
in den obersten Schichten völlig verwittert ist und einen fetten,
rothbraunen Lehm gebildet hat. Häufig sind diese Berge ganz
entblößt von Baumwuchs, nur mit hohem Gras bedeckt, aus
dem bald in Gruppen beisammenstehend, bald vereinzelt die
sperrigen Pandanusbäume hervorragen, deren Blätter von den
Eingeborenen zum Verfertigen ihrer Weiberschürzen wie zum
Decken der Dächer gebraucht werden. Oft aber finden sich auch
ausgedehnte Waldungen, oder sie sind bedeckt von niedrigem, von
Lianen durchwachsenem Gebüsch, durch welches nur langsam,
Schritt für Schritt, vorzudringen ist. Hier und da treten aus
dem rothen Lehm Lavaströme hervor, die immer basaltischer
Natur zu sein scheinen und namentlich am östlichen Ufer zwischen
Aural und Rallap häufig vorkommen. Sie bilden hier an ihrem
steilen Abfall gänzlich nackte schwarze Klippen, die weit über die
eigentliche Uferlinie der eingeschnittenen Buchten vorspringen,
und dem abfressenden Einfluß der Tageswasser, wie der durch

Springfluten und Stürme erregten Brandung unüberwindlichen
Widerstand entgegenzusetzen scheinen. Aber ein mächtiger Haufen zerrissener und aus der Höhe herabgefallener Blöcke an
ihrem ins Riff sich verlierenden Fuße läßt erkennen, daß auch
sie so wenig wie die weichern trachytischen Gesteine für die
Unendlichkeit dorthin gestellt sind. Denn nirgends in der Natur
gibt es eine Ausnahme von dem ewig wirkenden Gesetze des
Werdens und Vergehens, und an ihrem nie ruhenden Kreislaufe
nehmen nicht blos die lebenden Wesen, sondern auch die scheinbar völlig unwandelbaren Berge mit ihrem versteinerten Leben
den innigsten Antheil.

Nach dieser Excursion, von der ich übrigens mit nur wenig
befriedigender Ausbeute schon früh am Nachmittag nach Tabattelwil
zurückgekehrt war, trat in den Besuchen meiner Freunde eine ziemlich lange Pause ein, die ich zur orientirenden Erforschung der
westlichen Riffe benutzte. Sie nehmen hier eine große Ausdehnung ein und erstrecken sich meilenweit an der Küste von Babelthaub entlang in einer durchschnittlichen Breite von 3—4 Seemeilen. Ein ziemlich weiter bis zu 50 Faden Tiefe ausge-
waschener Kanal läuft, in fast paralleler Richtung mit dem
Außenriff, von Nord nach Süd, und in ihn münden zahllose
schmälere und auch weniger tiefe Furchen, welche in durchaus
regelloser Weise durch die aus den Mangrovesümpfen bei Ebbe
hervorbrechenden Brackwasserströme in die eigentlichen innern
Riffe eingefressen sind. Letztere haben alle eine sehr unbedeutende
Senkung, die dem Auge, wenn der Strand bei Ebbe trocken
gelegt wird, gänzlich unbemerkbar bleibt. Sie sind alle todt;
die ganze von ihnen gebildete viele tausend Schritt breite Fläche
ist von Korallensand und Korallentrümmern bedeckt, die bald
lose zusammengehäuft, bald auch durch Verkalkung zu einem
festen Gestein verbunden sind. Nur hier und da wuchern in
kleinen zufällig entstandenen flachen Bassins oder eigenthümlichen
tiefen Löchern Gruppen üppig wachsender Korallen; und diese

6*

isolirten Klumpen lebender Madreporen und Afträiben vermehren sich gegen den Rand der die Fläche durchschneidenden Kanäle hin auffallend. Hier nimmt dann auch die Neigung des Riffes auf eine dem Auge bemerkliche Weise zu, bis es am Rande plötzlich senkrecht abstürzend im dunkelblauen Wasser der Tiefe verschwindet. Beugt man sich, bei niedrigster Ebbe auf einem der äußersten Korallenblöcke stehend, über den Rand hinaus, so sieht man, daß alle die verschiedenen Arten von Korallen hier durch die Gewalt des sie tangirenden Stromes zu senkrechtem Wachsthum gezwungen werden, während sich dieselben oder nahe verwandte Formen auf jener sandigen Fläche des Riffes zu rundlichen oder unregelmäßig nach allen Seiten hin auswachsenden Knollen umbilden. Aber die letztern sind hier offenbar zufällig hingerathen; denn nur selten sind sie mit der aufliegenden Fläche am todten Kalkfels festgewachsen, während die im tiefern Wasser lebenden Korallen so fest aneinandergefügt sind, daß es nur schwer gelingt, größere Stücke von ihnen loszureißen.

Auf dieser Fläche der innern Riffe entfaltet sich täglich bei niedrigem Wasser ein reges Leben. Das erste Zeichen der eintretenden Ebbe sind kleine, nur von zwei oder drei Männern oder Knaben geführte Canoes, die hinausziehen, um eine reiche Ernte an Holothurien *) auf den entferntesten und deshalb am wenigsten abgesuchten Stellen des innern oder auch des äußern Riffes halten zu können. Eilig und still ziehen sie an Tabatteldil vorbei; tollen Lärm aber erheben die zahlreichern

---

*) Holothurien sind wurmartig aussehende Echinodermen. Sie haben eine sehr dicke Lederhaut und werden wegen ihrer Eigenschaft, in kochendem Wasser zu einer Gallerte zu gerinnen, in welcher Form genossen sie leicht zu verdauen sind, von den Chinesen gern gegessen. Diese sehen darin außerdem ein Aphrodistacum; und die Preise, welche mitunter für solche getrocknete Thiere bezahlt werden, sind manchmal exorbitant. Siehe hierüber und über ihre Zubereitung weiter unten und auch meine „Philippinen und ihre Bewohner" (Würzburg 1869).

Insassen eines andern Bootes, das jenen nacheilt. Halb stehend treiben sie, im Takt wechselsweise die spitzen Ruder über ihre Köpfe erhebend und wieder nach vorn zu in das Meer einsenkend, ihr Schiffchen pfeilschnell an meinem Hause, gleich danach an der Lady Leigh vorbei und rufen uns, wie sie mich und danach Kapitän Woobin sehen, einen halb melodischen, halb kreischenden Gruß zu. Sie ziehen aus zum Fang des „Rul" *), einer großen Rochenart, deren Fleisch sie leidenschaftlich lieben und deren langer Schwanzstachel, mit zahlreichen und furchtbar harten Widerhaken besetzt, von ihnen als Lanzenspitze benutzt wird. Gleich darauf kommt ein anderes Boot und noch eins; denn die Aufgabe, dieses Thier zu jagen und zu fangen, ist keine leichte, mitunter sogar auch gefährliche Arbeit. Wenn das Wasser sinkt, läßt sich häufig ein solcher Roche vom Strome weiter treiben und ist dann leicht, wie die schlafenden Schildkröten, aus der Ferne zu erkennen. Befindet er sich auf tiefem Wasser eines Kanals, so ist die Jagd nutzlos; treibt er aber über die Fläche des breiten Riffes hin, so stellen sich nun die zahlreichen Boote so im Kreise um das Thier auf, daß es von ihnen immer mehr dem sich allmählich aus dem Meere erhebenden Lande zugetrieben wird. Enger und immer enger ziehen sie den Kreis. Schon bleibt dem Fisch kaum noch Wasser genug zum Schwimmen, jetzt stößt er sogar mit seinem Schwanzstachel auf den Boden und mit einem verzweifelten Satze versucht er zwischen den Männern, die schon aus den strandenden Booten herausgesprungen sind, durchzubrechen. Ein wilder, aber rasch endender Kampf erhebt sich. Von allen Seiten fliegen Lanzen und Pfeile

---

*) Mit dem Namen „rul" werden Rochen bedeutender Größe bezeichnet, welche zu den Gattungen Trygon, Pteroplatea, Aetobatis und Rhinoptera gehören und die sich alle durch einen am Rückentheil des bald längern, bald kürzern Schwanzes angebrachten Stachel auszeichnen. Die größten Arten derselben erreichen eine Breite — zwischen den Spitzen der Brustflossen gerechnet — von 5—6 Fuß und ein Gewicht von reichlich 2 Centnern.

auf das Thier zu, das diesmal zum Glück mit seinem Schwanze
keinen der Jäger erreicht, und nun mit lautem Jubelgeschrei
auf eins der Canoes geladen wird. Trifft aber ein Roche mit
seinem Stachel einen Menschen, so bringt er sterbend seinem
Verfolger eine schwere Verletzung bei, was häufig genug vor=
kommen mag, wenn nämlich wirklich alle jene Wunden, deren
gezackte Narben mir die Männer an ihren Körpern wiesen, in
solchem Kampfe davongetragen sind. Noch kurz vor unserer
Ankunft hatte sich in Aibukit solch ein Unglücksfall zugetragen.
Ein Mann war mit zwei Söhnen, deren einer etwa 5—6 Jahre
alt sein mochte, auf den Holothurienfang ausgezogen. Auf der
Heimkehr stößt er zufällig auf einen Rochen, dem er nahe genug
kommt, um ihn mit einer Lanze anstechen zu können. Der
Roche schlägt im Todeskampfe heftig mit seinem Stachelschwanz
umher und trifft mit der Spitze desselben so unglücklich den
kaum ½ Zoll dicken Boden des Bootes, daß er dieses durch=
bohrend zugleich dem im Canoe schlafend liegenden Knaben das
Herz durchbohrt. So kann man wol denken, daß ich mit einiger
Aufregung an dem Fang des einzigen Rochen theilnahm, der
während meiner Anwesenheit in Aibukit erbeutet wurde. So
groß aber auch der Eifer unter den Leuten und so tollen Lärm
sie auch schlagen mögen, wenn sie auf den Rochenfang, mitunter
mit zehn und mehr Booten, ausziehen, so ruhig und ohne allen
Streit läuft doch immer die Jagd ab, von welcher selten mehr
als einer mit Beute beladen zurückkehrt. Denn diese gehört
nicht allen, die an dem Fischfang theilnahmen, sondern immer
nur dem Boote, dessen Führer den Rochen zuerst erblickte und
die Genossen durch bestimmte Zeichen zu der Jagd herbeirief.
Von ihr sich auszuschließen, darf keiner wagen; und wenn ein
vornehmer Mann dies doch thäte, so würde augenblicklich der
Clöbbergöll des glücklichen, aber niedriger gestellten Rochenentdeckers
ihn wegen Nichterfüllung seiner Pflicht bei dem Fürstenrathe
(dem Aruau) verklagen.

Wenn dann endlich die sandige Ebene in meilenweiter Ausdehnung trocken gelegt ist, so eilen aus allen Thälern zahlreiche Gruppen von Weibern und Kindern herbei, um sich, mit kleinen Lanzen und Pfeilen bewaffnet, in der Hand einen großen Korb, ihre tägliche Beute zu holen. Im Grunde genommen wird von diesen Völkern alles gegessen, was im Meere lebt und was an seinem Körper nur hinreichend Fleisch trägt, um die Mühe des Fangens zu belohnen. Dabei folgt aber jeder seinem eigenen Geschmack. Hier übt sich ein Knabe im Pfeilschießen nach den kleinen vor ihm herfliehenden Fischen, deren er Dutzende bedarf, um für die heutige Mahlzeit genug zu haben. Sein Begleiter, dem das viele Nachlaufen und rasche Springen offenbar nicht behagt, geht langsam weiter und kehrt auf seinem Wege alle, selbst die kleinsten Korallenblöcke um, an deren Unterseite er bald einen eßbaren Seeigel, oder eine Muschel, einen Wurm oder gar einen Seeaal findet. Eine große Meerschlange, die er auch so aus ihrem Schlupfwinkel aufjagt, läßt er ruhig davonkriechen; denn sie ist sein „kalid" *), d. h. gerade ihm geheiligt. Ein anderer, der vorbeigeht und dessen Kalid vielleicht eine Taube oder ein Aul ist, würde diese Thiere nicht anzurühren wagen; aber er nimmt ruhig die Schlange, die er mit einem Schlage auf den Kopf tödtet, und geht freudig

---

*) Ueber die Verehrung von Thieren vgl. Lubbock, „On the origin of civilisation and primitive condition of man", S. 171 fg. Es sind die Kalids — in der obigen engern Bedeutung — völlig identisch mit den „Totems" der Amerikaner, den „Kubongs" der Australier u. s. w. Kalid heißt in der Palausprache: heilig, geheiligter Gegenstand, Priester. Ein jeder Bewohner hat seinen besondern Kalid, vielleicht ein Erbstück seiner Vorfahren; vielleicht auch mag es mit ihren Anschauungen über das Seelenleben nach dem Tode zusammenhängen. Auf diesem Gebiete wäre noch überreicher Gewinn im Stillen Ocean zu erwarten; nur schade, daß die, welche Gelegenheit zu solchen Studien haben, unwissende rohe Leute sind, während der wirklich Gebildete nur durch äußern Zwang dazu veranlaßt werden kann. Freiwillig wird niemand gern zum Wilden; ohne das aber geworden zu sein, wird man nie das Seelenleben solcher Völker verstehen lernen.

heim, da sie groß genug ist, um ihm und seiner Familie hinrei=
chend Fleisch für den heutigen Tag zu liefern. Die Weiber haben
wieder ihre eigenen bevorzugten Thiere und gehen ganz besonders
gern auf den Fang der eßbaren Würmer aus, die der Zoolog
unter dem Namen Sipunculus kennt. Diese leben tief im Sand
und Schlamme vergraben, in den sie sich bei Ebbezeit ganz
hineinziehen; aber sie hinterlassen ein Loch von eigenthümlicher
Form oder sonst eine andere Spur, durch welche die Suchenden
auf sie aufmerksam gemacht werden. Vermittels langer spitzer Bam=
busstäbe graben diese im Sande rasch ein, bis sie den Wurm zu
fassen und herauszuziehen vermögen, und reißen dann zugleich
mit dem Vorderende, das sie abschneiden, den ganzen von Sand
erfüllten Darmkanal heraus, sodaß nur die Haut mit ihrer dicken
Muskelschicht übrigbleibt. Alle aber sammeln gleichmäßig die
Kim, eine Muschel, die neben jenen in den Mangrovesümpfen
gefundenen eine der gesuchtesten Speisen abgibt. Es sind dies
nämlich die Tridacna=Arten, jene bekannten Riesenmuscheln, deren
Schalen in Europa öfter als Weihbecken benutzt wurden und
die in früherer Zeit auch für die Bewohner der Palaus eine
viel größere Wichtigkeit gehabt haben, als sie jetzt besitzen.
Mehrere Arten sitzen immer, mögen sie jung oder alt sein, in
lebende oder todte Korallenblöcke tief eingesenkt, sodaß der Rand
ihrer Schale kaum über das Loch im Felsen hervorsteht; solche
Muscheln sind natürlich nur mit großer Mühe zu erlangen.
Dagegen zeichnet sich gerade die breitschuppige und die größten
Dimensionen erreichende Species durch ihre Gewohnheit aus,
sich immer nur an der Oberfläche der Steine anzuheften; und
diese ist es denn auch, deren Thier von den Eingeborenen so gern
gegessen wird und deren größere Schalen noch vor nicht zu langer
Zeit für die Insulaner von höchster Bedeutung waren. Es dehnte
sich nämlich bis in das zweite Jahrzehnt unsers Jahrhunderts
die Steinzeit aus, die auch jetzt noch auf andern Inseln des
Stillen Oceans nicht ganz verschwunden ist. Das Material zu

ihren steinernen Aexten lieferten ihnen, außer dem an der Ost=
küste gefundenen Basalt, die dicken Schalen der Tridacna; und
noch heutigentags befestigen sie die eisernen Instrumente ganz
ebenso an den meist aus Citronenholz verfertigten Stielen, wie
sie es früher mit jenen aus Muscheln gemachten thaten. Jetzt
sieht man gar keine solchen Aexte mehr im Gebrauch; aber sie
bewahren sie im heimlichsten Winkel des Hauses wie Heiligthü=
mer und Erbstücke der jüngsten Zeit, deren Ursprung sie aber
in ihren Gesängen und vielleicht eben durch diese in nebelgraue
Fernen phantastisch zurückversetzen.

Wie beim Auszuge die ersten, so sind nun die Trepang=
fahrer*) die letzten bei der Heimkehr. Auch haben sie ihre Beute
nicht so weit zu tragen wie die Fischer, welche einen Rochen
erjagten; denn gewöhnlich bauen sie sich elende kleine Hütten
hart am Ufer des Meeres, in denen sie so lange leben, bis sie
die gerade gewünschte Quantität Trepang beisammen haben.
Dann ziehen sie wieder in ihr Dorf zurück und lassen jene
leichtgebauten Behausungen zerfallen, die eigentlich nur schräg=
gestellte Blätterdächer sind. Es reizte sie vielleicht zu einer so
ungewöhnlichen Anstrengung — denn fast drei Wochen lang
haben einige Leute, die sich hier dicht bei Tabattelbil eine solche
Hütte aufschlugen, unausgesetzt gefischt — ein schöner eiserner
Kessel, wie ihn Woodin so groß noch nie zum Verkauf ausge=
boten hatte; oder sie brauchten Pulver, eine Flinte oder Perlen
für ihre Weiber. Nun hoffen sie das Ziel erreicht zu haben;
denn die heutige Beute war überreich. Sie befreien die Holo=
thurien, die in großen Haufen im Boote liegen, einzeln von
den theilweise aus ihrem Körper heraushängenden Eingeweiden,
reinigen sie vom Sande und schichten sie dann in dem großen
Kessel auf zu einem hohen, wol mehr als 1½ Fuß über den
Rand desselben sich erhebenden Haufen. Blätter des Kukau

---

*) „Trepang“ ist der in Manila gebräuchlichste Name für die gedörrten
in den Handel gebrachten Holothurien.

werden in mehrfacher dichter Lage darübergedeckt, und nun wird
das Feuer angezündet, nachdem sie vorher eine ziemliche Menge
Seewasser in die Schale gegossen haben. Der kochende Wasser=
dampf läßt die Thiere bald einschrumpfen, und nach einigen
Stunden haben sie den ersten Härtegrad erreicht. Nun wird die
Schale ausgeleert, das Seewasser ausgegossen, und von neuem
beginnt das Kochen und Dämpfen unter beständigem Abgießen
und wiederholtem Zusatz von süßem Wasser. Nach mehrfachem
Aufkochen und stundenlangem Dämpfen werden die häßlich aus=
sehenden Thiere, deren frühere Farbenpracht einem einfarbigen
Braunschwarz oder Grau Platz gemacht hat, über Feuer oder
an der Sonne gedörrt und getrocknet. Endlich sind sie bereit
zum Abliefern. In nicht sehr große Körbe gepackt, die ungefähr
25 Pfund Trepang enthalten mögen, werden sie nun von den
Leuten davongetragen, die jubelnd nach Auru ziehen, wo John=
son und Barber schon ihrer warten.

Auf dem freien Platze, auf welchem hier das frühere von den
Engländern verbrannte Haus der Rupacks von Aibukit stand, hatte
Woodin einen großen Schuppen, den sogenannten Camarin, auf=
geführt, in welchem Barber und der von ihm engagirte Johnson
mit ihren Weibern lebten, um von hier aus den Handel mit Tre=
pang besser betreiben zu können. Er ist gebaut nach dem Plane
der Bais, im Grundriß länglich=viereckig, mit sehr hohem Giebel=
dach, dessen Rand bis fast auf die Erde herabreicht, sodaß man
sich bücken muß, wenn man zu den zwei seitlich angebrachten
Thüren hereintreten will. Eine kleine Erhöhung des Erdreichs
an der einen Giebelseite ist so benutzt, daß Barber und Johnson
direct in ein enges Zimmerchen eintreten können, an dessen bei=
den Seiten ihre Schlafstellen in Kojenart angebracht sind; wäh=
rend aus dem mittlern Raume, in dem höchstens acht oder zehn
Menschen nebeneinander Platz haben, eine kleine Treppe herab=
führt in die Dörrhalle, welche den ganzen übrigen Theil des Ca=
marins einnimmt. Drei oder vier breite und weitmaschige Bam=

busgeflechte sind horizontal übereinander angebracht mit Abstän=
den von 1—2 Fuß, sodaß die Hitze und der Rauch des beständig
auf ebener Erde unterhaltenen Feuers den schon den Eingeborenen
abgekauften Trepang nochmals einem gründlichen Dörren aussetzt.

„Nun, kommt ihr endlich, ihr Schlingel?" ruft Johnson
unsern obenerwähnten Freunden zu, „nur rasch, packt euere
Körbe aus, damit wir sortiren können." „O nein, Piter,
das brauchen wir nicht; sieh nur, hier haben wir zwei Körbe
von der besten Sorte, alle gut getrocknet und groß; und die
andern sind zwar klein, aber von der schönen braunen Art, und
auch ausgesucht. Jetzt haben wir doch gewiß genug Trepang
gebracht — und sieh, da hast du ja auch schon unsere schöne
neue Kochschale bereit gestellt." „Nun, wir wollen sehen", ruft
Johnson, „nur erst wiegen! Doch, was ist das, dieser kleine
Korb da soll 29 Pfd. schwer sein, und der andere gar 30?
Rasch, packt aus; da muß ich doch ein wenig nachsehen." Und
nach wenig Minuten kommen zwischen dem Trepang einige
Steine zum Vorschein von ganz dem braunschwarzen Aussehen
wie jene. Keine Miene verziehen die beiden Männer, die den
Korb gebracht haben, und ohne Zögern und Verlegenheit sagt
einer von ihnen: „O lokoi! ein paar Steine! Darum also
war der Korb mir schon vorhin so schwer vorgekommen. Das
hat gewiß wieder der kleine Spitzbube, der Rabacalo, gethan;
der steckt immer so voller Streiche. Uebrigens, Piter, hat er
diesmal" — und dabei nähert er sich diesem etwas, ihn lächelnd
von der Seite ansehend — „es doch wol gut mit uns gemeint;
er sagte neulich — nicht wahr, Piter, du wirst doch nicht
böse? — er sagte, hier bei Euch auf Euerer Wage würden die
Körbe immer leichter, als sie wirklich wären. Nicht wahr, Piter,
du hast jetzt genug Trepang? Gib uns nur unsere Schale,
dann wollen wir bald wieder ausziehen auf den Fang. Wir
brauchen noch Pulver und Kugeln für den Krieg, der gewiß näch=
stens wieder losgeht." „Nun meinetwegen, da nehmt die Schale

aber nehmt euch in Acht mit euern Steinen ein anderes mal."
So und in ähnlicher Weise, mit vielem Geplauder und gegen-
seitigen Versuchen, sich zu überlisten, spinnt sich jedesmal der
Handel mit den Leuten ab. Meistens zwar scheint Johnson der
Geprellte zu sein; ist es seine Dummheit, die so dem Kapitän
Woodin theuer zu stehen kommt? oder haben jene Stimmen
recht, welche behaupten, daß er nur mitunter die Steine entdeckt, die mit auf die Wagschale gelegt werden? Arakaluk, der
freilich Johnson gram zu sein scheint, behauptet, da oben im
Camarin von Auru hänge die Luft voll allerlei geheimen Planen
und Anschlägen, möglichst viel aus dem alten und fast schon
kindisch werdenden Woodin herauszupressen.

Diesmal hatten mir die Weiber mit ihren Besuchen fast
eine Woche Ruhe gegönnt. Aber am 13. Mai kam wieder ein
ganzer Haufe auf einmal. Es waren Frauen aus dem benachbarten und befreundeten Kaslau, ein ganzer Clöbbergöll und
zwar der vornehmste des Orts. Es war das ein sogenannter
Klökabauel. So nennt man nämlich dort die Staatsvisiten der
weiblichen oder männlichen Clöbbergölls sowie der ersten Rupacks,
die von Zeit zu Zeit aus irgendwelchen mir dunkel gebliebenen
Gründen unternommen werden. Ganz Aibukit war infolge des
erwarteten Besuchs seit drei Tagen in Aufregung. Enorme
Mengen von Kukau und Kokosnüssen wurden ins Dorf gebracht,
und die Männer zogen beständig frühmorgens aus, um Fische
für die Freundinnen zu fangen, die man glänzend und reich
bewirthen wollte, wie es einem so mächtigen Staate gezieme.
Während dieser Tage schienen die Männer wie verwandelt.
Sonst war Tabattelbil immer der Belustigungsort des Dorfes
und der Sammelplatz für alle die Männer, die nichts thun und
doch sich amusiren wollten. Um das zu thun, setzten sie sich
in der Thür meines Hauses hin, rauchten und kauten ihren
Betel und schwatzten stundenlang, legten sich auch oft nieder zu
ihrer Siesta; und wenn ich sie dann fragte, weshalb sie eigentlich

gekommen wären, sie sollten mir doch ihre Anliegen mittheilen, so meinten sie, alles erhalten zu haben, was sie gewünscht, sie wären blos gekommen, „di melil" (sich zu amüsiren), und das hätten sie im vollsten Maße erreicht. Aber nun schien mit dem erwarteten Klökadauel eine ganz ungewohnte Energie in sie gefahren zu sein. Keine Leute mehr, die kamen, um sich in Tabattelbil die Zeit zu vertreiben. Statt dessen ein beständiges Vorbeifahren von großen wohlbemannten Booten, selbst die wenigen noch übrigen Kriegsfahrzeuge werden mit benutzt. Trupps von kleinsten Knaben, Mädchen und Weibern ziehen fortwährend an meinem Hause vorüber, wol auch um Lebensmittel zu holen. Abends erst kommen die Fischerboote, mit reicher Beute beladen, zurück und fahren an meinem Hause mit großem Halloh und dem langgezogenen, durch kurzes gellendes Geschrei mitunter unterbrochenen Gesange vorbei. Alle Clöbbergölls sind auf den Beinen, selbst Krei zieht täglich mit dem seinigen aus ins Meer, und Arakalull läßt sich nur abends nach gethaner Arbeit bei mir blicken. Wer diese Leute ausschließlich während solcher Tage beobachtet hätte, würde sicherlich die Ueberzeugung mit nach Hause nehmen, daß mit einem körperlich so frischen und arbeitsamen Völkchen viel anzufangen sein würde. Aber ihre Energie erlahmt gar rasch; und sie ermannen sich zu solchen Anstrengungen auch nur, weil ihre uralten Sitten es von ihnen verlangen. Jede Arbeit, zu der sie in eigenen Wünschen den Reiz finden müßten, wie diejenigen sind, zu welchen der Europäer sie zu treiben sucht, ermüdet sie bald. Sie können nicht begreifen, daß die weißen Menschen, die doch alles haben, was ihr Herz nur begehren kann, sich so abmühen bis an ihr spätes Lebensende, nur um immer mehr und mehr des Besitzes anzuhäufen. Sie selbst sind glücklich im täglichen Genuß der Gaben, die ihnen die Natur beschieden.

Am Morgen des 14. Mai kam Johnson schon früh zu mir, theils um nachzusehen, ob meine Leute mich noch hinreichend mit Lebensmitteln versorgten, dann aber auch, um mir zu sagen, daß er mich diese Nacht vor einer großen Unannehmlichkeit bewahrt habe. Die Weiber aus Kaslau hätten nämlich erwartet, daß auch ich, da ich nun Era Tabattelbil, also ein einheimischer Fürst und noch dazu so reich sei, ihnen zu ihrem Feste irgendein Geschenk geben würde, wie es alle andern Rupacks gethan. Ich hätte diese Landessitte aber gänzlich mißachtet; und der Clöbbergöll habe noch abends beschlossen, mich dafür zu strafen. Gegen Mitternacht machten sie sich alle — einige zwanzig an der Zahl — auf und gingen auf dem Landwege nach Tabattelbil zu. Dieser führt hart am Camarin von Auru vorbei, wo sie durch ihr lautes Geschrei Johnson erweckten. Er hatte die Freundlichkeit, ihnen von ihrem Vorhaben abzurathen; und es gelang ihm, sie dort zu fesseln durch das Versprechen, einen Sack Reis als Strafe für meine Unhöflichkeit zu verlangen. Ohne ihn hätte ich, bon gré mal gré, aus dem Bett und die ganze Nacht Gesellschaft leisten müssen; denn an einen Widerstand gegen eine solche im Vollgefühl ihrer Clöbbergöllswürde einherziehende aufgeregte Frauenschar zu denken, wäre für mich und Alejandro geradezu unmöglich gewesen. Er fügte seinem Verlangen dann die Mittheilung hinzu, daß, wenn ich nicht bis zum Nachmittag den Sack Reis bezahlte, alle die Frauen, die zum Besuch da wären, zwischen 80 und 100, zur Nacht in mein Haus kommen, dableiben und am nächsten Tage nur fortgehen würden, wenn ich ihnen nun vier Säcke Reis statt eines geben würde. Appellation gegen solche von den Clöbbergölls ausgesprochene Forderungen sei unmöglich; dagegen erwerbe ich mir das Recht, von ihnen Gegendienste zu erbitten, die sie mir unter keinen Umständen weigern dürften. Dies Verlangen wurmte mich sehr, aber ich glaubte nachgeben zu müssen. Ich begann zwar schon ein gewisses Mistrauen in Johnson's Ehrlichkeit zu setzen; aber doch fühlte ich mich, namentlich im Verkehr mit den Rupacks, noch so von ihm abhängig, daß ich einzuwilligen beschloß. Auch

ſchien mir dies eine gute Gelegenheit, eine Menge ihrer Haus=
utenſilien erlangen zu können, die ich mir als Gegengabe für
meinen Reis erbat. Johnſon übernahm, wie bei allen ſolchen
Geſchäften, bereitwilligſt die Vermittelung.

Ich war nun wirklich ein großer Rupack geworden; denn
Krei und vier andere vornehme Herren ſeiner Begleitung kamen,
mich zum eigentlichen Feſte nach Aibukit einzuladen. Als ich
am andern Tage etwas nach Mittag hinauffuhr, geſellten ſich
mehrere Boote aus Roll und andern Dörfern zu uns; die Wei=
ber und Kinder darin zogen mit mir den ſteilen gepflaſterten
Weg den Hügel hinan unter Lachen und lauten Scherzen, die
aber augenblicklich in der Nähe der nächſten Häuſer verſtumm=
ten. Hier verſchwand die eine, dort die andere; und als ich
unbegleitet in der Nähe des Bais ankam, welches Arakalulk's
Clöbbergöll angehörte, lugten zu allen Thüren die fremden
Frauen heraus, denen hier für die ſechs Tage des Feſtes Unter=
kunft bereitet worden war. Sie riefen mich ohne weiteres an;
aber ich ging weiter, direct in Krei's Familienwohnung, die
etwa 100 Schritte davon entfernt lag, und wohin ich ihm ver=
ſprochen hatte, mich gleich zu begeben. Einige der neugierigſten
Frauen waren mir ſogar bis dahin gefolgt, unaufhörlich quä=
lend, daß ich mich ihnen doch zeigen ſolle, manche von ihnen
wären nur mitgekommen, um den Era Tabattelbil einmal zu
ſehen. Frauenklagen hatten ſelbſt dort für mich etwas Unwider=
ſtehliches; ſo bat ich Krei, mich zu begleiten. Dieſer aber ſchlug
es ab, da es im höchſten Grade mugul ſei, ſich zu einer ſolchen
Verſammlung von Frauen öffentlich zu begeben. Statt deſſen
ging meine Mutter, Krei's Frau, mit mir; aber auch ſie hielt
ſich immer in einiger Entfernung von den Gäſten aus Raslau,
die mich nun im Triumph ins Bai geleiteten, indem ſie
mich ohne weiteres zwiſchen ſich nahmen. Bis vor die Thür
ging meine Mutter mit; hier ſetzte ſie ſich auf einem der
großen vor den Bais ſtehenden Steine nieder und war

erst nach mehrmaliger Aufforderung durch die vornehmste
Dame unter den Gästen zum Eintreten zu bewegen. Es schien
mir das ein sonderbares Benehmen von seiten einer Frau
des Dorfes, welche als Krei's Gattin eine der höchsten Stellen
im Staate bekleidete und die nach unsern europäischen Begriffen
sich in Anstrengungen hätte erschöpfen sollen, ihre Gäste zu
unterhalten durch allerlei Kurzweil. Hier war nichts von solchem Bemühen zu bemerken; eher das Gegentheil. Wenn früher
an gewöhnlichen Tagen die kleinen Kinder sich mit allerlei
Spielen ergötzten, Knaben sich im Schießen mit Pfeilen und
Speerwerfen auf den größern Plätzen übten, wobei es mitunter
lärmend und laut genug zuging; so war nun das Dorf rings
n der Nähe des Bais der Gäste wie ausgestorben. Nirgends
hörte man ein lautes Wort; Männer und Weiber suchten
auf Schleichwegen in ihre Häuser zu kommen, und die Mütter
wehrten den Kleinen, wenn diese, sich vergessend, etwas zu laut
zu lachen wagten. Grabesruhe im Dorfe schien die höchste Ehr-
furchtsbezeigung zu sein, die man den fremden Gästen erweisen
konnte. Diese selbst aber rührten sich kaum von der Stelle; Tag
und Nacht saßen sie im Bai, das man ihnen angewiesen und in
das hinein junge Männer und Mädchen des Armeau stillschweigend und demüthig halb zur Erde gebeugt die Lebensmittel bringen mußten. Trotzdem mochte hier manche heimliche
Liebeserklärung im Blick des Auges oder durch eine verstoh-
len zugesteckte Rolle der getrockneten Stückchen von Bananen-
blättern, die sie zum Verfertigen ihrer Cigaretten benutzen,
gemacht worden sein. Mir zwar wurde keine solche zutheil —
oder ich verstand sie auch nicht. Aber angerufen wurde ich im
Bai von allen; jede wollte mich sehen, mich in ihrer Nähe gehabt haben; die eine fragte, ob ich meinen Bart färbe, daß er
eine so hübsche rothe Farbe bekomme; die andere wollte aus
ihrem Korbe schon die Nadel hervorholen, um meinen Arm zu
tätowiren, auf dem sich die schwarzen Figuren so gar hübsch

ausnehmen würden. Sie sollte eine große Meisterin in ihrer
Kunst sein; wer von ihr tätowirt worden, konnte sich überall
stolz zeigen. Alles, was ich bei mir hatte, wurde gemustert;
immer und immer wieder mußte der kleine kalid, meine Taschen-
uhr, zu ihnen sprechen; mein weißes Zeug nahm so hübsch die
gelbe Farbe an, mit der sie wahrhaft verschwenderisch umgingen,
und über meinen Hut wollten sie sich krank lachen. Was ich
doch mit einer zweiten Nase thäte, ob ich denn an meiner einen
großen nicht genug habe — das nach vorn sehende Luftloch in
dem helmartig gebauten leichten Hut, wie ihn die Europäer in
jenen Gegenden zu tragen pflegen, nannten sie so. Als ich aber
zum Scherz diesen Hut abnahm und ihn einer von ihnen — es
schien mir wegen ihrer eisigen wortlosen Würde die vornehmste
zu sein — aufs Haupt setzte, warf sie ihn mit großem Entsetzen
ab und entrüstet aufspringend, hielt sie mir eine Strafpredigt
darüber, daß ich, schon so lange im Lande, noch nicht einmal
wisse, es sei im höchsten Grade mugul für einen Eingeborenen,
den Kopf zu bedecken. Sie gewann jedoch bald ihre stille Würde
wieder; aber einige andere, etwas weiter entfernt sitzende junge
Mädchen kicherten vor sich hin und sagten mir, das sei ein hübscher Scherz von mir gewesen; die alte Dame sei immer so vornehm
stolz und halte so auf die gute alte Sitte — das ungil tokoi —
und die sei mitunter doch so gar langweilig. Sie selbst freilich
dürften sich so etwas nicht erlauben, das würde gleich Geld
kosten; aber das Lachen könne man ihnen doch nicht verbieten.

Nun rief mich meine Mutter zum Bai hinaus, denn die
Stunde des Festes sei gekommen. Sie führte mich auf einen
großen freien Platz vor dem Hause eines der Fürsten, des rechten
Vaters von Cordo, wo sie mir mit unverhohlenem Stolz die groß-
artigen Vorbereitungen zu erklären begann, die Aibukit zu dem Feste
gemacht hatte. „Sieh", sagte sie mir, „hier auf den Gräbern
der Familie von Mad ist der beste Platz, da laß dich nieder.
Siehst du drüben rechts unter der Gruppe von Bongapalmen,

dort, wo der Weg vom Bai heraufbiegt, die kleinen Seſſel mit
den großen Säulen von Kukau? Sie werden nur bei besonders
feſtlicher Gelegenheit herausgeholt, einige davon gehören mir,
andere Mab's Frau; ſie ſind ſehr koſtbar, — mal klo makräus —
denn es ſind Erbſtücke von unſern Ahnen. Jetzt, ſeitdem wir
alle die ſchönen eiſernen Inſtrumente haben, können wir ſolche
Sachen doch nicht mehr verfertigen; unſere Männer ſind nun ſo
faul geworden! Weiterhin ſtehen meine Geſchenke, eine große,
ganz neue Kiſte, — die habe ich neulich erſt von Cabel Mul er=
halten — ein paar eiſerne Töpfe und dann drei von den großen
hölzernen Cylindern dort auf der linken Seite. Da iſt in
dem einen eine Menge Eilaut, im zweiten ſind Fiſche und im
dritten Betelnüſſe, die wir eben erſt geerntet. Ich habe ein
großes Stück Geld dafür geben müſſen. Und weiterhin etwas um
die Ecke — du kannſt es vor jenem großen Strauche nicht ſehen,
den wir hier immer auf unſere Gräber pflanzen, er hat ſo ſchöne
gelbe und grüne oder rothe Blätter — da ſtehen noch eine
ganze Reihe von ſolchen Geſchenken. Diesmal habe ich aber
doch das Schönſte gegeben. Doch jetzt ſtill, hörſt du die Trom=
pete?*) Das iſt das Zeichen, daß unſere Gäſte kommen. Sieh",
fuhr ſie flüſternd fort, „da ziehen ſie ſchon heran, wie würdevoll!
Die vorangeht, das iſt die Königin von Kaslau, die Schweſter
vom king — verſtehſt du, was hier Mab's Schweſter iſt —
iſt ſie nicht ſtattlich? Und wie ſchön roth ſie ausſieht, und der
große Korb, den ſie unter dem Arme trägt! Wenn ich nur
wüßte, wie ſie den gemacht hat, ein einziges Palmenblatt
reicht dazu nicht hin. Die hinter ihr geht und einen ebenſo
großen Korb trägt — wie häßlich ſie geht! Sie verſteht ihre
Schürze nicht recht zu ſchwingen und ſie ſieht ſich auch ſo viel
um, das iſt mugul — ſie iſt die Gattin des Königs von Kaslau.
Dann kommen die Frauen der übrigen Rupacks — ſiehſt du

---

*) Ein großes mit ſeitlichem Loch verſehenes Tritonium.

die vierte dort in der Reihe? Wie gefällt sie dir? Das ist eine
sehr gute Freundin von mir, die mich nächstens besuchen wird.
Die Arme, sie ist recht unglücklich verheirathet. Aber das muß
wahr sein, die meisten Frauen von Kaslau sehen gut aus und
verstehen die Sitte aus dem Grunde; noch habe ich kein Wort
von ihnen gehört, und sie thun wirklich, als ob sie sich über alle
die schönen Sachen nicht freuten! Jetzt endlich sitzen sie; und dort,
zwischen den Bananen hindurch, kommt auch schon der Kalib."

Und vor den großen Gefäßen mit Eilaut, den Betel-
nüssen und Kukausäulen angekommen, beginnt das phantastisch mit allerlei Blättern behangene Weib, das hier das Amt
einer Priesterin zu verwalten schien, einen für mich leider ganz
unverständlichen murmelnden Gesang, indem sie zugleich im
langsamsten Maß einherschreitend bei jeder dargebrachten einheimischen Gabe die Arme wie segnend über sie erhebt. „So,
nun beginnt die Vertheilung", fährt meine Mutter fort, „die
Betelnüsse stecken die Frauen in ihre Körbe, die übrigen Sachen
müssen ihre Männer ihnen nach Kaslau tragen. Ach, Doctor,
daß die Engländer uns doch den Krieg gemacht haben! Wir
wollten heute einen so schönen, ganz neuen Tanz aufführen;
aber Mad ist noch immer so traurig, er hat das blul*) über
alle Tänze hier in Aibukit ausgesprochen; da müssen wir
wol warten, bis wir über Coröre gesiegt haben. Dann aber
wollen wir große Feste feiern, vielleicht machen wir auch dabei
einen Gesang auf dich — denn nicht wahr, Doctor, du und
Cabel Mul, ihr holt doch den man-of-war und bestraft Coröre,

---

*) Das Wort für das „tabu" der Polynesier. Man liest hier und da
die Angabe, nur die polynesischen Völker hätten die Gewohnheit, Menschen,
Thiere oder andere Gegenstände durch das Tabu — ein vom Priesterkönige
ausgesprochenes Interdict — gegen jegliche Gewalt oder Berührung zu
schützen. Dies ist falsch. Auf den Carolinen und den Palaus herrscht sie
ganz ebenso, nur das Wort ist hier ein anderes; und manche malaiische
Stämme wenden, wenn auch nicht in ganz so ausgedehntem Maße wie die
Polynesier, das gleiche Verfahren an.

7*

wir allein sind zu schwach und haben keine Kriegsamlais mehr —
und dann werden alle jungen Mädchen im ganzen Lande von
dir hören und dein Lied singen, und wenn du schon lange wie=
der in angabard bist, so werden hier noch unsere Mädchen
tanzen und dabei singen, wie Doctor kam und bei uns ein
Rupack wurde und wie er ein Kriegsschiff rief und Coröre
züchtigte und den häßlichen Cheyne!" Unter solchem Geplauder
meiner Mutter war das Fest beendigt; die Nacht brach herein,
und so kehrte ich rasch nach Tabattelbil zurück.

Jetzt ließen mir die Menschen einige Tage Ruhe; aber
statt ihrer schienen nun die Götter des Windes und Regens es
darauf abgesehen zu haben, mich in meinen Arbeiten nach
Kräften zu stören. Schon in der Nacht vom 17. auf den 18. Mai
erhoben sich heftige westliche Winde, die, von starken Regen=
güssen begleitet, bis zum 23. in abwechselnder Stärke an=
hielten. Die wenigen trockenen Stunden in den Pausen benützte
ich entweder zum Messen einer Standlinie am Ufer, um mit ihr als
Basis eine trigonometrische Aufnahme des Landes und der Riffe
zu beginnen; oder ich lief im strömenden Regen auf den Riffen
herum, nach Thieren suchend, denn in meinem Hause mußte ich
fast immer die Blätterfenster schließen, um den von allen Seiten
kommenden Regen abzuhalten. Allmählich wuchs der Wind zum
Sturm. Fast immer von Westen her wehend, schüttelte er mein
schwaches Haus, daß es zitterte und mit seinen Palmenblättern
rauschte wie Espenlaub. Ueberall drang der Regen zum Dache
und den Seiten des Hauses herein, in welchem wir selbst am Tage
in halber Dunkelheit lebten. Nun freilich kamen keine Besucher
di melil. Asmaldra ließ sich gar nicht mehr sehen, Arakalulk
dagegen regelmäßig, selbst nachts blieb er bei mir, da er fürchtete,
mein Haus könnte umgeweht werden. Mitten im Toben des
Sturmes aber, der in ungeminderter Stärke bis zum 20. Mai an=
hielt, machte ich die traurige Entdeckung, daß ich schon seit längerer
Zeit bestohlen sein mußte! Eine Menge Sachen fehlten in meinem

Koffer; sie waren nur geringfügig an Werth, aber hier war ich im
Verkehr mit den Leuten auf solche Tauschartikel allein angewiesen,
sodaß jedes Taschenmesser, jede kleine Perle für mich unschätzbar war.
Wußte Woodin doch noch immer nicht zu sagen, wann er im Stande
sein würde, abzureisen — und nun stahlen mir meine eigenen
Leute meine wenigen Sachen! Wie graute mir aber bei dem Gedanken, daß ich jetzt bald durch solchen Verlust gezwungen werden
könnte, als einheimischer Rupack mit den Eingeborenen zu leben!

Mein Verdacht fiel rasch auf Casöle, den Sohn Asmalbra's, dessen verdächtiges und scheues Benehmen seit seiner
Anwesenheit in Tabatteldil mir immer aufgefallen war. Ich
hatte sehr gute Verdachtsgründe, aber keinen Beweis. So ging
ich zu Johnson, den ich bei allen ernsthaftern Fällen doch immer
noch um Rath zu fragen pflegte, und bat ihn, er möge mit
Casöle, besonders aber mit Asmalbra ernsthaft reden. Statt
dessen geht er hin und sagt es Mad. Dieser spricht augenblicklich im Namen des Arau die Todesstrafe über Casöle aus und
läßt ihn nach einheimischer Sitte an einen Baum binden. Aber
Asmalbra kauft ihn rasch mit einem großen Stück Geldes los;
und wüthend, daß meine Anklage ihn und seinen Sohn in solche
Ungelegenheit gebracht, stürzt er zu mir hinunter nach Tabatteldil und kündigt mir, der ich nichts von dem Vorgefallenen ahne,
mit einem Schwall heftig herausgestoßener Worte den Contract
und die Brüderschaft. Arakalulk, mein Freund in der Noth, ist
leider nicht da. So eile ich rasch die paar Schritte nach Auru,
um Johnson zur Rede zu stellen, dem ich noch ganz besonders
ans Herz gelegt, daß ich in keinem Falle die Sache veröffentlicht
haben wollte. Aber nun wird auch der wüthend: was ich denn
von ihm wolle, er brauche mich nicht, sei nicht mein Diener und
könne sagen, was ihm gefalle; er wolle mir nun auch den
Arungul, meinen besten Diener, nehmen, da er halb und halb
sein Sklave sei, überhaupt wolle er jetzt nichts mehr mit mir zu
thun haben. Er spannte den Bogen zu stark. Ich verbot ihm

den fernern Eintritt in mein Haus. Nicht ohne Sorgen, wie
es mir gehen würde, da ich mich jetzt wirklich ohne Dol=
metscher wußte und fortan unter diesem so frembartigen und
theilweise mir unverständlichen Völkchen meinen Weg mir selbst
bahnen sollte, eilte ich nach Hause, wo ich außer Alejandro und
den beiden Mädchen nur noch Arungul fand, der mir treu zu
bleiben versprach. Arakalulk hatte schon in der Stadt davon
erfahren; er kam noch am selben Abend, um mich zu trösten
und mir zu sagen, daß, wenn er auch Asmaldra's Freund sei,
er diesem doch unrecht gebe und nun versuchen wolle, ob er
mir den verlorenen Bruder wieder gewinnen könne.

IV.

Ich werde selbständig.

Mit schwerem Herzen ging ich zur Ruhe. Wenn nun doch der Einfluß dieses Johnson so groß wäre, wie er immer behauptete? und wenn er denselben benutzte, mir, wie er gedroht, meinen besten Diener Arungul wegzunehmen und das bisherige Wohlwollen der Eingeborenen, namentlich auch Krei's, in das Gegentheil zu verkehren? Dann freilich müßte ich Tabatteldil aufgeben und an Bord des Schiffs oder im Dorfe selbst wie ein Eingeborener leben. Vor beidem graute mir; noch war ich nicht herabgestimmt genug, um die Aussicht auf tiefere ethnologische Studien mit Freuden begrüßen oder das langweilige Schiffsleben mit Woodin gleichgültig hinnehmen zu können; noch schien mir mein bisheriges Leben ein vergleichsweise civilisirtes zu sein, wenn ich daran dachte, daß ich vielleicht bald als Eingeborener in den Bais zu ebener Erde ausgestreckt schlafen, mit meinen neuen Landsleuten auf den Rochenfang ziehen oder gar einen heiligen Tanz einüben sollte. Wie sollte ich mich nun mit ihnen in der ersten Zeit verständigen? Wer würde mir Lebensmittel besorgen, die ich bisher hauptsächlich durch Johnson erhalten? Zwar schien mir dieser oft den Mund etwas voll genommen zu haben, wenn er von seinem Reichthum sprach, und wie Krei nichts ohne ihn thäte;

auch hatte er in jüngfter Zeit fich entfchieden weniger um meine
Verpflegung gefümmert als Arafaluf, und oft fogar wollte es
mir fcheinen, als ob er bei der Ueberfetzung meiner Worte nicht
ganz treu gewefen wäre, fondern nur mittheilte, was ihm gut
dünkte. Dann fprach er ein fo fchlechtes Englifch und feine Gedanken waren häufig fo unklar, daß mir die Unterhaltung mit ihm
lange nicht den Nutzen gewährte, den ich mir davon verfprochen
hatte. Aber dennoch, was wiegen alle diefe kleinen Nachtheile
gegen den einen großen, den er mir zufügen kann — wenn er
wirklich im Lande der mächtige Mann ift, für den er fich aus-
gibt? Mit diefem quälenden „Wenn" vor meiner Seele fchlief
ich ein; doch allerlei nebelhafte Phantafiegebilde ftörten meinen
Schlaf. Im Traume kämmte ich mir fchon mein langgewordenes
bufchiges Haar mit einem Dreizack*); auf meinem Arme waren
einige hübfche bläulich-fchwarze Narben fichtbar. Dann zog ich
aus, um Trepang zu fuchen, und legte dabei forgfältig mein
einzigftes Kleidungsftück im Boote nieder, um das koftbare
Stück Tuch nicht im falzigen Waffer zu verderben — er war fo
theuer, der rothe Calico! Nun mußte ein neues Boot gebaut
werden, da das meinige nicht mehr recht diente; ich als ge-
fchickter Tifchler fetzte großen Stolz darein, mir mein eigenes zu bauen. Dann kamen Cheyne und Woodin, ich fehe
fie beide fich unter wüthend Kämpfende mengen; fliehende
Weiber ziehen an mir vorüber, „der Engländer kommt, der
man-of-war", Rauchwolken fteigen auf und Schüffe fallen; ich
nehme auch mit am Kampfe theil, gefangen, werde ich forttrans-
portirt weit über die See, vor ein Kriegsgericht geftellt — und
Arafaluk weckt mich aus meinen fchweren Träumen mit einem
freundlichen „good morning, Doctor", den er mir immer
bot, wenn er bei mir in Tabattelbil fchlief.

---

*) Die Kämme dort haben meift nur drei Zinken, gerade wie bei den
Papuas von Neuguinea.

Die Sonne stand hoch, und längst waren in meinem Hause zahl= reiche Gäste versammelt, welche die Neuigkeit von meinem Streite mit Johnson schon ganz früh zu mir heruntergelockt hatte. Sie wollten gern alle die neuesten authentischen Nachrichten hinauf nach Aibukit nehmen, wo im Bai wie in den Wohnhäusern nur von Doctor und Piter gesprochen wurde. Alle meinten, das sei recht dumm von diesem gewesen, mich so zu beleidigen; denn ich schiene doch viel reicher als er zu sein, und wenn ich gezwungen würde — die alte Lady Leigh könne wol kaum die Rückreise nach Manila antreten — hier im Lande zu bleiben, so würde sicher= lich Piter im Streite mit mir unterliegen. So sprach das ge= meine Volk, das hier wie überall zuerst auf den Beinen war. Nun kam Mad, begleitet von seinem weiblichen Stabe. Mit ihm nahm das Gespräch schon ernstere Wendungen an; denn er forderte mich direct auf, nachdem er mich seiner Theilnahme und seiner Unterstützung versichert hatte, ich solle mich jetzt endlich erklären, ob ich hier in Aibukit bleiben und einer der Ihrigen werden wolle. Wenn er früher ähnliche Fragen gethan, so hatte ich die= selben immer humoristisch behandelt, und meine jetzt ernst gegebene Erklärung, daß mir solches nie einfallen würde, betrübte ihn sichtlich, ohne ihn zu erzürnen. Er schied von mir als Freund, mit dem Versprechen, von nun an sich meiner mehr an= nehmen zu wollen als bisher. Etwas lebhafter schon war der Strauß, den ich mit dem kleinen trotz seiner Jahre äußerst frischen und geistig regen Krei auszufechten hatte. Mit wahrer Beredsamkeit setzte er mir die Vortheile auseinander, die für sie aus meiner Erklärung, hier zu bleiben, erwachsen würden. Ganz Palau würde dann vor ihnen zittern. War doch der Ruf meiner doppelläufigen Flinte, die weiter schießen könne wie ihre besten Kanonen, über das ganze Land verbreitet! und der Revolver, den man nicht einmal zu laden brauche, sei schon im Süden irgendwo besungen worden: mit solchen Waffen könnten sie ganz Palau besiegen. Mit Piter sei es nichts mehr, der sei vor der

Zeit alt und feig geworden; man müsse sich nach neuen Leuten
umsehen.   Immer mehr redete sich der gute Mann in Eifer hinein,
und ich sah mich schon dazu verurtheilt, stundenlang mit ihm
plaudern und immer dasselbe wiederholen zu müssen; da erschien
mir wie eine Retterin in der Noth meine Mutter.   Sehr feierlichen Schrittes — gerade einen solchen großen Korb unter dem
Arm, wie sie ihn neulich bei dem Feste in Aibukit so bewundert
hatte — erschien sie zwischen den Mangroven vor meinem Hause.
Nun waren alle meine Besucher, selbst Krei, wie mit einem Besen
davongefegt, und die unbequem werdende Unterhaltung nahm
ein plötzliches Ende.

Aber ich merkte bald, daß ich vom Regen in die Traufe gekommen war.   In ihrer Begleitung kam eine andere Frau. Sie war,
was man dort eine stattliche Dame zu nennen pflegt. Dicke rothe
Striche quer über die Stirn und das Gesicht gezogen sollten, sie
schmückend, andeuten, daß sie erregter Stimmung sei; ihre Schürze
war von der feinsten geflochtenen Sorte, hochgelb mit breitem
schwarzen Bande; ihre Tätowirung am Beine war untadelhaft und
unter dem Arme trug auch sie einen mächtigen Korb. Sonst war sie
wenigstens für meinen Geschmack nicht übermäßig anziehend, denn
sie schien sich etwa im gleichen Alter mit Krei's Frau zu befinden; aber ihre großen schwarzen Augen leuchteten wie Kohlen.
„Du armer Doctor", begann meine Mutter, „nicht wahr, du bist
recht traurig, daß Piter nicht mehr dein Bruder ist und nicht mehr
für dich sorgen will? Nun, sei nur ruhig; Piter hat dir doch den
Kukau nicht geliefert, sondern ich oder Arakalulk und das soll
auch fernerhin so bleiben. Es ist zwar häßlich von dir, daß du
so wenig in die Stadt kommst; aber ihr Männer von angabard
seid seltsame Leute. Man muß euch schon euern Willen lassen. Also
beruhige dich und amusire dich hier im langweiligen Tabatteldil
so gut du kannst, es soll dir an nichts fehlen. Aber ich habe
noch anderes mit dir zu sprechen." Und nun begann auch sie
in mich zu bringen, wie es zuvor Krei und Mad gethan, ich

solle dableiben, es wäre so schön; ich bekäme Kukau und Eilaut, Kokosnüsse und Bananen in Hülle und Fülle — was brauche ich mehr zum Leben? Seien nicht alle Augenblicke schöne Feste und Tänze hier oder in Rallap oder Roll zu sehen? Und hätte ich nicht neulich schon eine vornehme Frau bekommen können, wenn ich nicht gar so dumm gewesen wäre und die Blicke verstanden hätte, die mir eine der Fremden von Kaslau im Bai zugeworfen hatte?

„Nun muß ich dir wol ein wenig helfen“, fuhr sie fort. „Hier bringe ich dir die Frau — erkennst du sie nicht? ich zeigte sie dir, als wir zusammen den Aufzug der Gäste bei unserm Fest bewunderten. Ihr Mann ist ein großer Rupack in Kaslau, aber er behandelt sie schlecht und sie will sich von ihm scheiden. Nun kann sie das, ohne sich unangenehme Streitigkeiten auf den Hals zu laden, aber nur, wenn sie einen noch mächtigern Mann heirathet; und da du ihr gefällst, so fragt sie dich, ob du sie willst?“ „Ach, liebe Mutter“, meinte ich lachend, „wir Europäer verheirathen uns nicht so rasch.“ Und da ich immer die gleiche, mehrfach variirte Antwort auf die wiederholte Frage gab, so machte mir meine Mutter schließlich den naiven Vorschlag, dann doch wenigstens ihrer Freundin zu gestatten, eine Nacht in Tabattelbil zu schlafen! Sie würde dann öffentlich als meine Frau gelten, und sie könne sich dann ruhig von ihrem Manne scheiden, da er aus Furcht vor mir nicht wagen würde, mit ihr Streit anzufangen. Natürlich gab ich auch dazu meine Einwilligung nicht, denn ich kannte schon genug von den einheimischen Sitten, um einzusehen, daß ich dann beständig den Betteleien ihrer Familie ausgesetzt sein würde. Mochte ich nun wirklich ihr Mann geworden sein oder nicht, das war gleichgültig; sie hätte als meine Frau gegolten, und so wäre ich verbunden gewesen, erst allerlei Hochzeitsgeschenke den Verwandten zu geben, dann als Haupt der Familie aufzutreten, hier einem armen Schlucker eine Schuld zu bezahlen oder eines andern Antheil an einer Contribution zum Feste zu übernehmen, Clöbbergölls-Arbeiten mit Geld abzukaufen oder das

verwirkte Leben irgendeines Taugenichts, der sich nun meinen
Vetter oder Bruder nannte, einzulösen. Hier wie überall kostet
das Verheirathen viel Geld. So verheirathete ich mich also nicht;
und obgleich meine Mutter sichtlich durch meine Weigerung betrübt wurde — sie schien mir wirklich den Vorschlag in aller
Naivetät eines Eingeborenen gemacht zu haben —, so schied sie
doch wie Mad von mir mit dem wiederholten Versprechen, von
jetzt an gut für mich sorgen zu wollen. Die hochrothe Schönheit, deren Herz ich erobert, hatte der Unterhaltung schweigend
zugehört; sie schien auch nicht übermäßig betrübt über den zweiten
Korb, den ich ihr auf den Weg nach Hause zu tragen gab.

Ich sollte bald sehen, daß meine Befürchtungen in der That
völlig grundlos gewesen waren. Mochte auch Eigennutz — wie es
bei Krei der Fall zu sein schien — die Leute bestimmen, sich jetzt
mehr um mich zu bekümmern, als sie es früher gethan, so war
ich ihnen doch dankbar dafür, daß ihr Egoismus so liebenswürdige
Formen annahm. Was konnten sie dafür, daß auch bei ihnen,
wie überall, die erste Regung die Selbstliebe war, die erst nachher ihr Kind, das Mitgefühl, erzeugen mußte? Täglich fast kamen
nun Krei, Mad oder ihre Frauen herunter nach Tabattelbil,
sich freundlich nach mir zu erkundigen; und nie zuvor war mein
Tisch so reich besetzt gewesen. Krei ging selbst so weit, einige
mal zu Nacht bei mir zu bleiben, ja er versprach mir bereitwilligst, ganz in mein Haus ziehen und es hüten zu wollen, wenn ich
eine längstbeabsichtigte Reise nach Kreiangel unternehmen würde.

Theilnehmender jedoch und liebenswürdiger als alle war
mein Bruder Arakalulk. Er hatte sich mir von jenem Wortwechsel an, welcher mich über seine vornehme Stellung aufklärte, mehr und mehr genähert und für mich eine Zuneigung
gewonnen, die gänzlich alles Eigennutzes bar zu sein schien.
Auch bei diesem Streite mit Johnson legte er wieder einen
Beweis davon ab. Sein Versprechen, mir Asmaldra wieder zu
gewinnen, hielt er wirklich, denn am Abend nach der Katastrophe

brachte er ihn verſöhnt nach Tabattelbil zurück; und wäh=
rend alle andern, ſelbſt meine Mutter, immer und immer
wieder mit ihren Bitten hervortraten, ich möchte dort in Palau
bleiben, ſo entfiel meinem wilden Freunde doch nie die leiſeſte
Andeutung, wie ſehr auch er es wünſche. Ja, es ſchien mir ſchon
damals, als ob er fühlte, daß es nicht ſein könne; als ob er
verſtände, warum dies unmöglich ſei. Wol mochte auch ihn
urſprünglich der Wunſch beſeelt und zu mir geführt haben, von
mir wie von jedem Europäer möglichſt großen Nutzen zu ziehen;
ſicherlich war auch er anfänglich nur der gewöhnlichſten Neu=
gierde gefolgt, wenn er mich bei meinen Arbeiten befragte,
wozu ich das alles thäte. Aber das Intereſſe hatte bald einem
innigen freundſchaftlichen Gefühle für mich Platz gemacht, und
ſeine Neugierde wurde raſch zur lebhafteſten Wißbegierde. Nichts
entging ſeiner Aufmerkſamkeit. Stundenlang konnte er ruhig
zu meinen Füßen ſitzen, um ſich von mir bis in die feinſten
Einzelheiten hinein erzählen zu laſſen, warum ich die Unmaſſen
von Muſchelſchalen und Inſekten, Würmern und allerlei andern
Meerthieren ſorgfältig zubereitete und einpackte; ihm war raſch
klar geworden, daß dies alles einen andern Sinn haben müßte,
als ſeine Landsleute ihm unterlegten: ich ſammele dieſe Thiere
nur, um ſie für theueres Geld, wie Woodin ſeinen Trepang,
in Europa als Nahrungsmittel zu verkaufen. Und wenn ich
ihm im Mikroſkop allerlei kleine Thierchen zeigte oder ihm mit
dem Fernrohr meines Theodolithen, den ich zum Vermeſſen der
Riffe benutzte, ferne Landſchaften in die größte Nähe rückte, ſo
folgte ſeiner erſten kindlich naiven Freude über die wunderbare
Kraft der beiden Inſtrumente doch raſch die Frage, wozu das
alles nütze. Zwar wiſſe er wohl, daß ein Fernglas für jeden
Seefahrer unentbehrlich ſei, und auch auf dem Lande möge es
gute Dienſte leiſten, da man von weit her ſchon ſeine Feinde
erkennen könne; wozu aber das Meſſen mit der Meßkette und
das Viſiren nach allerlei Bäumen — die ich als Landmarken

benußte — dienen sollte, sei ihm unklar. Und nun gar das Mikroskop, das er das kleine Fernrohr nannte! Ihm schiene das nur ein Spielzeug zu sein wie die kleinen Pfeile, mit denen ihre Kinder schössen und die doch niemand verwunden könnten.

Oft schloß er solche Reden mit dem Worte: was ich doch für ein ganz anderer Mensch sei als die andern Männer von angabard. Cabel Mul und Piter und Barber, Cheyne und alle Europäer, die sie hier gesehen hätten, wären Tag und Nacht nur darauf ausgegangen, recht viel Geld zu gewinnen, um zu Hause mächtig und angesehen werden zu können; ich aber käme her und sähe mir Steine, Bäume und Riffe an und sammelte alle Thiere, nur nicht den theuern Trepang; ich säße stundenlang, die kleinen Bestien unter dem Mikroskop zu zeichnen, oder ich notirte mir ihre Worte, obgleich ich sicherlich keiner der Ihrigen werden wolle. Für alles dieses aber gäbe ich viel, sehr viel Geld aus und ich scheute vor keiner Anstrengung zurück, um hier ein Thier zu erhaschen oder dort den Gipfel eines Berges zu besteigen. In Arakaluk war sicherlich schon lange der Gedanke gereift, daß wir Weißen neben dem Jagen nach Geld und Gütern der Erde auch noch andere Ziele zu erreichen strebten, über deren Bedeutung er sich wol keine klare Vorstellung zu machen wußte; aber sicherlich nahmen sie in seinem Geiste eine so hohe Stelle ein, daß er nun uns Europäer noch mehr verehren lernte, als er es schon vorher gethan, solange er uns nur als tüchtige Seeleute und Speculanten, als mächtige Eroberer und Verfertiger der schönsten Waffen und eisernen Geräthschaften gekannt hatte. Rührend war es anzusehen, wie er lange Zeit stumm neben meinem Arbeitstische auf der Erde saß, ohne mich ein einziges mal zu fragen, da er mich beschäftigt sah; und doch zeugten seine lebhaften, unverwandt auf mich gerichteten Augen von dem Kampfe, den er innerlich mit seiner Neigung kämpfte, mir eine wichtige Frage zu thun.

Einen bessern Schüler, als ich in Arakaluk hatte, wünschte ich nie zu unterrichten; denn für ihn ging kein Wort ver=

loren. Faſt immer kamen wir in unſern Geſprächen auf
die Frage, was ich denn, nach meiner Heimat zurückgekehrt,
mit den angeſammelten Kenntniſſen anfangen würde. Als ich
ihm dann von unſern Muſeen und Univerſitäten, unſern gelehrten Geſellſchaften und den öffentlichen Vorträgen erzählte,
kam er leicht und ungezwungen auf den Zuſammenhang aller
ſcheinbar ſo getrennten, unverbunden daſtehenden Arbeiten, die
er von mir hatte ausführen ſehen, zu ſprechen. Hier, wie
meiſtens, half mir ein ſeinem uncultivirten Verſtande geläufiges
Bild in ihm die Ahnung einer ſolchen Verbindung hervorrufen.
„Du ſiehſt dort“, ſagte ich ihm, „das Schiff von Cabel Mul.
Es liegt hart am Riffe, kaum 10 Fuß davon entfernt und mit
einem Ankertau daran · befeſtigt, während vorn am Bug die
Kette das Schiff am Anker feſthält. Bricht hier ein einziger
Ring von den vielen, welche die Ankerkette zuſammenſetzen, ſo
treibt das Schiff aufs Riff und zerſchellt; denn jenes Tau kann
es nicht vom Ufer abhalten. So auch ſind unſere Arbeiten.
Wir werfen bald hier, bald da ein Tau aus, um uns irgendwo
am Ufer feſtzuhalten, aber erſt wenn wir alle die Glieder unſerer vereinzelten Arbeiten zu einer Kette zuſammengebunden
haben, gelingt es uns, nun auch im Meere unſerer Gedanken
einen feſten Ankergrund zu finden. So ſammle ich die Steine
hier bei Tabatteldil und auf jener Inſel Eruloa, weil uns dieſe
vielleicht lehren können, daß früher Land war, wo du jetzt hier
Kanäle und Riffe ſiehſt; und die Steine von Rallap wieder
ſagen mir, warum gerade dort öſtlich das Außenriff näher
an das Land herantritt als hier im Weſten. Und wenn du
dich nun hier im Zimmer umſiehſt, ſo haben alle Muſcheln,
Schnecken, Korallen und Steine, die dort herumliegen, unter
ſich und mit dem Leben auf euern Inſeln und mit ihrem Ent-
ſtehen den innigſten Zuſammenhang. Wir Europäer aber lieben
es, zu fragen, wie und warum das Land ſo geworden iſt;
warum die Pflanzen und Thiere hier bei euch ſo und auf andern

Inseln anders aussehen; und es ist eine lange Kette von ein=
zelnen Beobachtungen, die wir anstellen müssen, ehe wir sagen
können, warum bei euch die Bananen wachsen und in unserm
Lande nicht, warum bei uns im Norden die Korallen fehlen,
die überall euere Inseln umsäumen." Ich sollte bald einen rüh=
renden Beweis erhalten, wie wohl er sich meine Rede gemerkt
hatte und wie trefflich er es verstand, in einem speciellen Falle
die Nutzanwendung zu machen.

Die Ruhe, die nach dem überstandenen Sturme wieder in
mein Haus einzog, förderte mich rasch in meinen Arbeiten und
gab mir oft die Gelegenheit zu solchen friedlichen Gesprächen
mit Arakalulk, die uns beiden Gewinn und Freude brachten.
Während ich mich bemühte, die in ihm vorhandenen guten An=
lagen möglichst zu fördern und zu kräftigen, freute er sich seiner=
seits, mir durch Erzählung ihrer alten Sagen und Erinnerungen
und durch Aufklärung über ihre Sitten, Gebräuche und Sprache
nützen zu können. Leider wurden diese Unterhaltungen aber=
mals nach wenig Tagen unterbrochen. Schon seit längerer Zeit
hatte meines Bruders Mutter gekränkelt. Jetzt kam er am
5. Juni mit der Anzeige, sie läge im Sterben; er könne nun
nicht mehr so häufig herunterkommen und müsse mich auch
bitten, zu gestatten, daß Cabalabal ebenfalls ins Dorf gehen
dürfe, da viele Vorbereitungen für das Trauerfest zu treffen
seien. Auch Asmaldra und sein Diener behaupteten, wegen
derselben Ursache im Dorfe bleiben zu müssen, sodaß ich aber=
mals auf meinen Alejandro und den treuen Arungul angewiesen
war. Beide lieferten mir zum Glück reiches interessantes Ma=
terial an kleinen Quallen und Nachtschnecken, mit deren Unter=
suchung ich mir die Zeit bis zum 14. Juni vertrieb. An die=
sem Tage hatte ich nämlich Arakalulk versprochen, meinen Con=
dolenzbesuch zu machen und durch Theilnahme an einem Trauer=
fest meinen Schmerz über den Tod seiner Mutter zu zeigen, die
ja eigentlich auch die meinige gewesen sei. Sie war am Morgen

des 9. Juni gestorben. Alejandro hatte mir die Nachricht ge=
bracht, zugleich mit der auffallenden Meldung, daß Krei so=
wol wie Mad die Nacht nach ihrem Tode in dem Leichen=
hause wachend zugebracht hätten. Es mußte offenbar eine
wichtige Person im Reiche gewesen sein. Unwillkürlich brachte
ich auch die ungewöhnliche Regsamkeit, welche die Leute wieder
auf ihren täglichen Excursionen und Fischzügen zeigten, mit
diesem Todesfall in Beziehung, obgleich ich unterlassen hatte,
nach dem Grunde derselben zu fragen. Als ich dann im Dorfe
ankam, sah ich bald, daß meine Vermuthung richtig gewesen sei.
Hier zogen einige Bursche mit einem Netz voller Fische vorbei;
vor den Häusern dort saßen Mädchen und bauten auf den hölzernen
Sesseln die wohlbekannten Kukau=Pyramiden auf, überall lagen
Bananen und frische Betelnüsse herum — kurz, wo ich hin=
blickte, die deutlichsten Zeichen, daß ein wichtiges Ereigniß ein=
getreten sei. Tiefe Stille herrschte rings um das Trauerhaus.
Arakalulk winkte mir schweigend, bei ihm einzutreten: „Das ist
schön von dir, Doctor, daß du kommst und Wort hältst; ich
bin schon oft nach dir gefragt worden; sie meinen, du seiest doch
kein rechter Bruder von mir, du würdest gewiß nicht kommen.
Gleich wird man dein Essen bringen, ich habe meine Schwester
gebeten, ein Huhn nach deinem Geschmack zuzubereiten; aber ge=
dulde dich noch ein wenig, gerade jetzt essen die fremden Gäste,
die gekommen sind, meine Mutter im Tode zu ehren. Siehst
du“ — und dabei lüftete er einen Vorhang etwas, welcher das
kleine Gemach, in dem wir uns befanden, zeitweilig von dem
großen übrigen Raume des Hauses abgetrennt hatte — „siehst
du dort die vielen Frauen? Es sind über zwanzig, die von
Kaslau und Rallap, sogar von Meligeok her kamen, alles
Verwandte von meiner Mutter und Mad. Sie bleiben hier
zwanzig Tage lang, immer im Hause; und während dieser Zeit
muß ich beständig zu ihrer Bedienung bereit sein und dafür
sorgen, daß meine eigenen Leute und die übrigen Männer des

Dorfes genug zu essen kriegen. Ja, das macht viel Arbeit im Staate, wenn eine solche Frau stirbt; sie war die erste hier im Lande, die Schwester von Mad und hier bei uns das, was ihr in angabard Königin *) nennt!" „Und du warst doch ihr rechter Sohn, also Mad dein Onkel und du selbst später einmal der König?" „Still, still, man könnte das hören, sei ruhig; ja, ich sollte wol einmal Mad werden, aber — siehst du, Doctor, hier an meinem Arme fehlt schon mein klilt **), den mir mein Onkel genommen, er ist mir böse!"

So war mir endlich das Räthsel von Arakalulk's vornehmer Verwandtschaft gelöst!

Dennoch sollte ich nie den Schleier ganz lüften, der auch hier am Hofe des Staates von Aibukit, wie an denen unserer

---

*) Hier wie bei so manchen andern Völkern vererbt sich die Thronfolge in der weiblichen Linie, aber es sind immer nur die männlichen Kinder der Schwester des Königs, welche den Thron besteigen. Ob auch das Erbrecht im allgemeinen in der gleichen Weise gehandhabt wird wie z. B. bei den Malaien Menangkabaus oder den Kubals auf Sumatra (s. „Tijdschr. v. Nederl. Indien", 3. Serie, 3. Jahrg. 1869, S. 172 fg.) — bei denen nämlich erst die Brüder des Mannes, dann die Söhne der Schwester erben, nicht die eigenen Söhne, welche zugleich mit ihrem Vater der Familie ihrer Mutter angehören —: das habe ich nicht enträthseln können. Unbestimmte Aeußerungen ziehe ich vor, gar nicht weiter zu deuten; wirklich Zuverlässiges hierüber zu ermitteln dürfte wol nur bei jahrelangem Umgange mit den Leuten gelingen.

**) „Klilt" wird der erste Halswirbel des Dujong, der indischen Seekuh (Halicore dujong), genannt, den die Eingeborenen von jeher als wirklichen Männerorden benutzt haben. Der König allein hat das Recht, ihn zu verleihen; er auch allein kann ihn dem in Ungnade Gefallenen wieder abnehmen. Das Anlegen des Ordens ist wie das Abnehmen eine grausame Procedur; mit Gewalt wird die Hand durch das enge Loch gezwängt; dabei geht oft ein Finger verloren, die Haut wird jedesmal mit fortgerissen. Arakalulk hatte so seinen Daumen verloren. Zu kaufen ist der Orden nicht; er wird vom Staate für viel Trepang von den Seefahrern angekauft, die ihn mitunter von den Philippinen dorthin bringen. Diese Auszeichnung können die Fürsten und die Freien (die kikeri rupack) erhalten; die Männer des Armeau bekommen ihn nie; die Frauen ebenso wenig.

europäischen Potentaten, die Geheimnisse halb verdeckend ahnen läßt, welche Leidenschaften das menschliche Herz bewegen, welche Intriguen in den Palästen der Vornehmen gesponnen werden! Nur sehr schwer gelang es mir, allmählich Folgendes festzustellen. Trotzdem als Regel die Erbfolge in der weiblichen Linie gilt, so beansprucht doch, wie es scheint, der Fürstencongreß — der Aruau — das Recht, sich unter Umständen eine Abweichung von diesem Gesetz gestatten zu dürfen. Solches war nun mit Arakalulk geschehen. Sein älterer Bruder, der Erstgeborene, war als Arakalulk — ein Titel niedern Grades — der Thronerbe des Staats gewesen. Er starb, als mein Bruder, der damals Rabacaló hieß, noch ziemlich jung war; und da man ihn aus irgendwelchem Grunde nicht zum Nachfolger des kränkelnden Mad haben wollte, schob man Arba als Thronerben ein, gab aber Rabacaló den Titel Arakalulk, den sein verstorbener Bruder besessen hatte. Noch mehr Willkür scheint bei der Ertheilung des Titels Krei geübt zu werden, und die kleinern Fürsten zweiten und dritten Ranges werden entschieden immer nur gewählt.

Alle solche Nachforschungen werden dem, der die Sprache nicht vollständig meistert, in mannichfachster Weise erschwert. So war mir bald klar geworden, daß Mad, Krei, Arba nur angenommene Namen seien; aber da ich das Wort ardü (b. h. Titel) erst ganz am Ende meines Aufenthalts kennen lernte, so war es mir unmöglich, meine Fragen nach Personen und deren Namen und Amt so zu stellen, daß ich eine kurze befriedigende Antwort darauf hätte bekommen können. Ueberhaupt ist die Methode des Fragens unter solchen halbwilden Völkerschaften eine wichtige, aber äußerst schwierige Kunst. Wenn ich fragte: „Wie heißt er (aranklel)?", so gab man mir bald den Familiennamen, bald den Titel an, und nur durch Combination verschiedener Antworten gelang es mir schließlich, bei vielen derselben die wahre Bedeutung zu entziffern. Noch schwieriger ist jede Nachforschung nach dem Sinne eines

8*

Wortes; denn obgleich ich längst wußte, daß z. B. alle Eigen=
namen ohne Ausnahme eine Bedeutung haben, so gelang es
mir doch nur solche zu enträthseln, welche häufig im Gespräch
gebraucht werden, oder die, wenn zusammengesetzt, eine ge=
bräuchliche Wurzel leicht erkennen ließen. *) Denn die Frage
„was bedeutet dies?" läßt sich nicht übersetzen, nur umschreiben.
Das war mir vor allem störend, als ich später im Süden in
ihren Liedern die Spuren einer ältern Sprache entdeckte, von
welcher ich leider trotz der angestrengtesten Nachforschungen nur
einige wenige Worte und Satzbildungen verstehen lernte.

Hier aber beim Untersuchen der Verwandtschaftsverhältnisse
Arakaluk's kam zu allen eben angedeuteten Schwierigkeiten
noch die große hinzu: die äußerst verwickelten Fäden der man=
nichfachsten Verwandtschaftsgrade klar zu legen und auseinander=
zuhalten.   Man denke sich, daß der Sohn die angeheirathete
Tochter seiner Schwester zur Frau nimmt, ein Bruder von ihm
eine Schwester seiner Schwägerin, man denke sich dies fortgesetzt
durch zwei Generationen und dann noch complicirt durch die
größte Leichtigkeit der Ehescheidung und das häufige Vorkommen
des Adoptirens: so kann man sich einen Begriff machen von der
Confusion, welche in den Verwandtschaftsbeziehungen dieser In=
sulaner herrschen muß.   Fast in jeder Familie war eine Frau
zu finden, die bereits ihren dritten oder gar vierten Mann ge=
habt, die alle noch lebten und denen allen sie Kinder gelassen
hatte.   Wie leicht die Scheidung genommen und ausgeführt
wird, davon lieferte jene Schöne, die sich mir als Gattin an=
bot, ein eclatantes Beispiel.   Nun sie mich nicht zu ihrem Be=
schützer erhalten konnte, machte sie Asmaldra ihre Anträge; und
da sie einer einflußreichen Familie angehörte, so willigte er ein,
sie zu seinem vierten Weibe zu nehmen.   Ihre Kinder ließ sie

---

*) So hieß ein junges Mädchen Korakel, d. h. Mast, weil sie schlank
gewachsen war; ein anderes Akiwakid bedeutet „über den Berg" — hier ist
kid Berg, kiwa über — Mad heißt Tod u. a. m.

dem betrogenen Manne. Dann ist die Sitte des Adoptirens
der Kinder, namentlich der Knaben, eine so allgemeine, und die
angenommenen Kinder werden so gänzlich mit den eigenen ver-
schmolzen, daß diese häufig im spätern Alter das Bewußtsein,
eigentlich einer andern Familie anzugehören, gänzlich verlieren.
So ist Cordo ein solches angenommenes Kind, dessen wirkliche
Aeltern, obgleich sie leben, ihn kaum noch kennen; und auch die
drei Kinder Krei's sind alle adoptirt, während ihre eigenen von
andern Leuten angenommen worden sind. Und doch üben diese
wunderbaren Künsteleien, die gewiß häufig genug Heirathen
zwischen Geschwistern zur Folge haben mögen, nicht den mindesten schlechten Einfluß auf das Familienleben der Leute aus;
vielmehr könnten sich manche Aeltern in unserm Lande ein Beispiel nehmen an der Liebe, mit welcher meine nackten Freunde
von den Palaus ihre adoptirten Kinder hegen und pflegen, und
manche europäische Kinder eine Lehre an dem kindlichen, aber
nicht knechtischen Gehorsam, den die Knaben und Mädchen dort
ihren Aeltern zollen. Was aber mag der Grund dieser Sitte
sein, die, wenn auch einer Adoption gleich, so doch eigentlich
nur auf einen Tausch der Kinder hinausläuft? Sollte vielleicht
das Bewußtsein, daß kein Mann für die Treue seines Weibes
einzustehen vermag, und das Bedürfniß, alle Zweifel über die
Rechtmäßigkeit irgendeines Kindes mit einem Schlage gründlich
zu beseitigen, den Gebrauch hervorgerufen haben? Denn bei
einem solchen System können sicherlich Erbfolgestreitigkeiten oder
Erbschaftsfehden nicht ausbrechen, da der adoptirte Sohn voll in
die Rechte der echten Kinder eintritt.

Auch bei diesem Trauerfeste in Arakalulk's Hause hatte ich
wieder Gelegenheit, die Würde zu bewundern, mit welcher die
versammelten Frauen ihrem offenbar sehr langweiligen Geschäft
nachgingen. Vorn saß meine Mutter der Frau von Mad gegenüber; und jeder von beiden schlossen sich etwa 10—12 andere
Frauen so an, daß sie einen gegen die Thürfenster offenen Halb-

kreis bildeten. Alle prangten in ihren besten Kleidern, deren
Saum sie, als äußeres Zeichen der Trauer, schwarz gefärbt
hatten; und von ihrem dunkelbraunen Halse stachen die rothen
und weißen Steine blendend ab, die sie zum Beweise ihres Fa=
milienreichthums stolz zur Schau trugen.

Wenn alle diese Geldstücke uns ihre Geschichte hätten erzäh=
len können! Da ist hier der große rothe Pangungau, den meine
Mutter trägt; der soll durch die sechs Generationen hindurch, wäh=
rend welcher Mab's Familie über den Staat Aibukit geherrscht hat,
nie in andern Händen gewesen sein; und mit Verachtung sieht er
auf den kleinen Brack herab, welcher Mab's Frau schmückt. Das
ist ein Parvenu; noch vor wenig Jahren zählte Mab's Familie,
obgleich von königlichem Geblüt, zu den ärmern des Landes, und
durch eine dunkle Geschichte erst soll dieser Brack den vornehmen
Posten erhalten haben, den er jetzt am Halse der Königin ein=
nimmt. Wie stolz er sich hier wiegt, als ob etwas von der
Würde seiner Trägerin auf ihn selbst übergegangen wäre! Aber
er denkt nicht mehr daran, der Elende, daß er einst einer Frau
aus niedrigem Geschlechte angehörte, welche ihn hingeben mußte,
um ihren der Blutrache verfallenen Sohn loszukaufen. Er war
deren einziges Vermögen, das ihrer Familie hinreichenden Credit
verschaffte, um bequem leben zu können; nun sie arm waren,
mußten sie sich mit schlechter Nahrung und Wohnung begnügen.
Niemand wollte ihnen mehr einen Zweig Bananen oder Betel=
nüsse borgen; mit einem elenden Canoe konnten die Männer
nicht weit genug auf die Riffe fahren, um den großen Trepang
zu fischen; nie wieder kommen sie in ihre frühere sorgenfreie
Lage zurück. Und weshalb wol mochte des jungen Mannes
Leben dem königlichen Hause verfallen sein? Hier wisperten
mir ein paar andere Steine — ich glaube, es waren einige
ganz gewöhnliche Kluks — etwas ins Ohr von einer Liebes=
geschichte: Mab's Vater habe der Frau des jungen Mannes
etwas ungebührlich den Hof gemacht und sei von diesem erschlagen

worden, als er sie einst an jenem Badeorte der Frauen überraschte; des Mörders verwirktes Leben habe nur durch das
ganze Vermögen der Familie gerettet werden können.

„Aber dort", fuhren sie fort, „jener kleine Kalbukup kann noch
eine ganz andere Geschichte erzählen. Noch vor vier bis fünf Jahren war Aibukit lange nicht so reich, als es jetzt ist — oder sein
könnte, wenn der englische man-of-war nicht gekommen wäre —;
denn damals war Cabel Mul noch in Coröre, und wenn wir handeln wollten mit ihm, so mußten wir nach dem Süden fahren und
dann immer dem König von Coröre schwere Abgaben bezahlen.
Pulver und Flinten durften wir gar nicht kaufen. Nun hatte
Piter schon mehrere Jahre verheirathet bei uns gelebt; und muthig,
wie er war, versprach er, uns solche zu verschaffen. Das that er
denn auch; mitten am Tage legte er mit seinem Amlai hinten an
Cabel Mul's Schiff an und holte hier aus den Kajütenfenstern
Pulver und Flinten heraus, die uns Era Kaluk versprochen
hatte. Geschickt verbarg er sie unter Kukau und andern Sachen;
und als er genug hatte, spannte er sein Segel auf und fuhr
davon. Aber die Leute von Coröre sind schlau; sie hatten sich
gleich gedacht, daß Piter etwas Besonderes erbeutet haben müsse,
als er so eilig davonfuhr, ohne seine Frau in Coröre besucht zu
haben; sie machten Jagd auf ihn, aber da sein Amlai ein sehr
schönes war, so konnten sie ihn nicht einholen. Das war ein
großer Triumph für Aibukit! Die jungen Mädchen verliebten
sich alle in Piter und sangen ihm Liebeslieder; und sein Lied
wurde rasch auch im Süden bekannt. Nun versuchte Ebadul
auf andere Weise, so wie man es hierzulande zu thun pflegt,
Piter unschädlich zu machen. Er schickte Krei, zu dessen Familie
Johnson gehört, ein großes, großes Stück Geld, einen Kalbukup,
von dem nur fünf oder sechs Stück im Lande existiren, um das
Leben von Piter damit zu kaufen. Das war ein schwerer
Kampf für Krei. Dieser aber rief die Rupacks und erzählte
ihnen, was ihm Ebadul habe sagen lassen; und als sie Miene

machten, das Geld annehmen zu wollen, da nahm Krei einen
großen Stein und zerschlug vor ihren Augen den Kalbukup und
rief ihnen zu: «Nehmt da das Geld; aber das sage ich euch,
Piter ist mein Sohn, und wer je wagt, ihm zu nahe zu treten,
der hat es mit mir zu thun!» Ein Stück davon ist jener Kal=
bukup, den die häßliche Alte dort trägt.“

Nun verstummten die Steine; denn die große Trompete,
die nur bei ganz feierlichen Gelegenheiten geblasen wird, ertönte
nicht weit vom Hause und kündigte uns an, daß für heute das
makesang der Männer zu Ende sei und sie bald mit ihren
heutigen Gaben ankommen würden.　Halb kriechend mit ge=
senktem Blick traten gleich darauf die jungen Männer ins Haus
und setzten schweigend ihre Bürden ab; den Fisch und Kukau
brachten sie in jenen Winkel des Hauses, in welchem der Feuer=
herd zu ebener Erde angebracht war; die Arecanüsse aber und
Blätter des Betelpfeffers wurden in Körben mitten im Raume
niedergesetzt, um nun von den jungen die fremden Gäste bedienen=
den Mädchen der Familie unter jene vertheilt zu werden.　Mit
dem Abgeben dieser Nahrungsmittel hörte für heute das Makesang
der Männer auf, die sich jetzt halb gebückt und lautlos, wie sie
gekommen waren, wieder entfernten.　Mit dem Worte makesang
werden nämlich, wie schon früher kurz erwähnt wurde *), alle solche
Arbeiten eines oder aller Clöbbergölls bezeichnet, an denen die
zugehörigen Mitglieder ohne Widerrede theilnehmen müssen, wenn
sie nicht um ein schweres Stück Geld gestraft werden wollen. Zu=
nächst gehören natürlich zu dem Makesang alle Arbeiten, welche
im directen Interesse des Clöbbergölls selbst unternommen wer=
den, z. B. Bauen der großen Häuser, deren Aufrichten während
der ausschließlichen Steinperiode oft viele Monate die Leute in
Anspruch nahm; dann das Verfertigen der großen Kriegsboote,
Nähen der Segel zu diesen und Drehen der aus den Fasern
der Kokosnuß und des Hibiscus tiliaceus gemachten Taue.　Der

---

*) Vgl. S. 72.

Häuptling eines Clöbbergöll kann ferner seine Leute zwingen,
für Bezahlung zu arbeiten, aber er darf sie dabei nur zu
Arbeiten verwenden, wie sie überhaupt in die Kategorie des
Makefang gehören. Zum Fischen nach Trepang würde er sie
also nicht anhalten können. Von dem Gelde aber, welches sich
so der Clöbbergöll verdient, geht eine erhebliche Steuer an den
Aruau ab, der sich mitunter sogar das Beste davon nimmt. Es
ist mir nicht ganz klar geworden, welche Regeln hierbei gelten,
oder ob es einzig auf den Willen von Mad dabei ankommt.
So mußte z. B. Arakaluk's Clöbbergöll die Flinte, die er sich
bei meinem Hausbau verdient hatte, an Mad als ihm recht=
mäßig zukommenden Tribut herausgeben. Das Geld, was dann
noch übrigbleibt, wird aber nicht unter die einzelnen Mitglieder
des Clöbbergölls vertheilt, sondern gehört der Corporation
an und dient ausschließlich zum Ankauf solcher Sachen, die sie
zum Bau ihrer Häuser und Kriegsamlais nöthig haben, sowie
zur Bezahlung für die jungen Mädchen, welche das Treiben in
den Bais dem Leben im mütterlichen Hause vorziehen. Dann
gehören drittens zum Makefang alle jene Arbeiten, welche durch
den sogenannten Klökabauel verursacht werden. Dieses Wort
würde am besten wol durch „Staatsbesuche" wiederzugeben sein:
der Besuch trauernder Frauen, wenn sie die Königin oder eine
andere vornehme Dame zu beweinen haben; die Ankunft frem=
der Gäste bei einem von den Vornehmen gegebenen Feste oder
bei den verschiedenen religiösen Festlichkeiten, deren größte, das
Ruck, nur im Verlauf von sechs bis zehn Jahren einmal ge=
geben werden soll; politische Besuche, wie sie Ebadul in Aibukit
abstattete — alle diese fallen in die Kategorie des Klökabauel,
und zu allen müssen bald mehr, bald weniger Clöbbergölls, je
nach Bedürfniß und der Bedeutung der Besuchenden, für die
Herbeischaffung der Gaben Sorge tragen, welche sie bei ihren
Festen darzubringen pflegen. Endlich gehört die Theilnahme
der Clöbbergölls am Ruck auch mit zu den Arbeiten des Make=

fang, denen sich keins der Mitglieder, ohne einer schweren Strafe
zu verfallen, entziehen kann.

Während solcher Zeit entwickeln die Leute eine Energie, die
man ihnen nie zutrauen würde, solange man sie nur als Individuen beobachtete. Schon mehrfach hatte ich Gelegenheit gehabt, mich an ihrer fröhlichen Stimmung, die sie auch bei den
schwersten gemeinschaftlichen Arbeiten nie verließ, zu erfreuen;
und ich benutzte auch diesmal wieder die Gelegenheit dazu, die
mir Arakaluk durch die Aufforderung bot, am nächsten Tage
mit ihm und seinen Leuten auf das äußere westliche Riff zu
fahren, wo sie fischen wollten. Mir kam diese Einladung sehr
zur rechten Zeit. Das Amlai, mit dem ich gewöhnlich herum-
fuhr, war zu klein, um die Fahrt über den breiten innern Kanal
und über das westliche Außenriff hinaus ins offene Meer unternehmen zu können; und doch mußte ich dieses genau kennen lernen, wenn ich aus dem Studium der östlichen Riffe erheblichen
Nutzen ziehen wollte. Ich schlug also freudig ein und verließ
bald nach Sonnenuntergang das Trauerhaus, um meine Vorbereitungen für die Expedition des nächsten Tags zu treffen.

Früh am Morgen schon, gerade als die Sonne anfing, die
Schatten um Tabatteldil zu zerstreuen, kam Arakaluk angefahren
und legte mit seinem großen Amlai hart an der Treppe an, die
in meine Behausung führte. „Rasch, Doctor", rief er mir zu,
„bring deine Gläser und deinen Plumpudding herein, — er ist
doch schon gekocht? — wir müssen eilen, denn das Wasser fängt
schon an zu sinken." „Da bin ich schon. Du hast doch Kukau
und Kokosnüsse? Mein Plumpudding wird lange warm bleiben,
da ich ihn gut eingewickelt habe; wir wollen ihn hernach redlich
theilen." „Was doch die Leute von Angabard nicht alles zu
machen verstehen! Dein Plumpudding ist gut, aber ich wollte
doch, du hättest ihn nicht mitgebracht. Wenn du erst fort bist
und ich wieder ohne dich auf die Riffe gehe, so werde ich immer
bei meinem kalten Kukau daran denken, daß du allein mir

mitten im Meere warmes Essen geben konntest. So, nun sind
wir weit genug, herein die Ruder und den Mast gerichtet!
Doctor, willst du lernen, unser Segel zu führen?" Und mit
diesen Worten hebt er den wol 20 Fuß langen Bambusmast
mit seinen drei Tauen scheinbar spielend in die Höhe und setzt
dessen abgerundeten Fuß in das flache Loch, welches in der Mitte
der breiten Plattform angebracht ist und in dem gänzlich frei
beweglich der Mast sich drehen und wenden soll. „Hier, Doctor,
knüpfe dies eine Tau dort außen am Ausleger an, ihr andern
jene Taue vorn und hinten; so, nun steht der Mast, geh auf
deinen Platz, Cabalabal." Dieser nimmt ein großes Ruder
und setzt sich an das eine Ende des Boots; ein anderer am
entgegengesetzten Ende befestigt hier die Spitze des dreieckigen
Segels, welches Arakalulk nun mit wenigen kräftigen Zügen am
Mast hinaufzieht. Das Tau, welches das Segel am Mast hält,
befestigt er an einer Bank; dann gibt er mir ein anderes in die
Hand, mit welchem das Segel gehalten wird. Nun geht es
rasch bei günstigem Winde über die innern Riffe hinweg gegen
den großen Kanal zu. „Ein schöner Wind, wir werden bald
drüben sein. Aber gib Acht, Doctor, daß du uns nicht um=
wirfst. Der Wind ist ungleich, und du mußt das Tau nicht so
fest halten; jetzt laß etwas nach, der Wind ist stärker geworden
— so, nun hole wieder ein, da er schwächer wird. Nicht wahr,
schwere Arbeit für deine zarten Hände?" spottet Arakalulk gut=
müthig — „aber Doctor, paß auf", ruft er und wirft sich mit
aller Gewalt auf das äußerste Ende des Auslegers. „Aber,
mein Gott, was ist denn geschehen?" frage ich ängstlich. „So,
nun ist's vorüber; hast du denn nicht gemerkt, daß der Wind
heftig wurde und daß du uns beinahe umgeworfen hättest?
Das wäre aber doch schade um den schönen Plumpudding ge=
wesen, wenn den die Thiere da unten hätten fressen sollen.
Unsere Amlais werden gar leicht umgeworfen; sie sind nicht so
fest wie euere Boote, dafür aber segeln sie auch besser. Wenn

du das Tau, womit du das Segel leitest, ganz stramm hältst
und nicht auf den Wind Acht gibst, so genügt eine etwas stärkere Brise, das Amlai nach jener, der Segelseite, umzuwerfen;
und wenn der Wind vorher stark war und wir uns hier als
Gegengewicht auf den Ausleger setzen, so mußt du sehr auf-
passen, denn wenn du beim Nachlassen des Windes nicht das
Segel anziehst, so schlägt das Boot nach dieser Seite um, weil
wir hier alle außerhalb desselben sitzen. Gib mir einmal das
Tau. Siehst du, so mußt du es führen, daß immer der Schwim-
mer hier unter dem Ausleger nur eben das Wasser berührt;
noch besser ist es, wenn er ganz in der Luft ist. Dann geht
es lustig, dann fliegt unser Amlai gerade so schnell wie der
karamlal."*) Rasch waren wir weiter gekommen; aber eine vorspringende Spitze eines Riffes zwingt uns zu wenden. „Hole
das Segel an den Wind — so, jetzt steht das Amlai, rasch das
Segel gewendet!" Und wie Arakalulk das sagt, faßt Aibesó
die im Vordertheil des Bootes ruhende Spitze des Segels und
läuft mit ihr, indem er dieses geradezu umdreht, an das andere Ende, während Arakalulk das eine Tau, welches den Mast
hält, etwas anzieht, ein dritter das entgegenstehende etwas
verlängert. Cabalabal aber mit seinem Steuerruder setzt sich an
das Ende, welches vorhin das Vordertheil war, und nun geht
es rasch nach der andern Richtung hart am Winde entlang,
ohne daß wir bei diesem Manöver viel von unserm Wege durch
Abtreiben verloren hatten. So ist also an den Amlais dieser
Insulaner die Lee- und Luvseite immer dieselbe am Boote, jene
die Segelseite, diese die des Auslegers, während Hinter- und
Vordertheil wechseln.

Nun waren wir auf dunkelblauem Wasser, aber vergebens
blickte ich in die Tiefe, um die Beschaffenheit des Meeresbodens

---

*) Der Tropikvogel; den Einwohnern wegen seiner schönen weißen
Federn das Sinnbild der Schönheit.

zu ergründen. Hier im Norden ist der breite, dem Außenrande
des Riffes fast parallel laufende Hauptkanal zwischen 40 und 50
Faden tief. Bald jedoch wurde das Wasser wieder heller; nicht
plötzlich, sondern ganz allmählich ging das dunkle Indigblau
der Mitte des Kanals über in Berlinerblau von wundervoller
Durchsichtigkeit, dann in Himmelblau und Smaragdgrün, zum
Beweise, daß da nicht, wie in den kleinen Seitenkanälen, die
Wände des Riffes senkrecht aus der purpurnen Finsterniß emporsteigen. Nun traten auch schon einzelne Korallenknollen
deutlicher hervor, bald zierliche Baumgestalten nachahmend, bald
kolossale Blöcke, enormen Kugeln oder großen Tischen vergleichbar.
Zwischen den Tausenden von Zweigen, denen wie schimmernde
Blüten und Früchte die einzelnen nun schon erkennbaren Polypen
ansaßen, tummelten sich in lustigem Spiel zahllose kleine Fische in
den buntesten Farben. Hier zog ein ganzer Schwarm der blau-
gebänderten Dascyllus-Arten einher, ein Papagaifisch weidete
mit seinen harten, einem Papagaischnabel ähnlichen Kiefern die
Korallenblöcke ab, ein Aal wand sich in Schlangenwindungen
am Boden einher. Aber die Polypen waren offenbar dies Spiel
gewohnt; denn keiner von ihnen zog seine Tentakel ein, die im
Kreise um seinen stets beutegierigen Mund herumtasten — da
plötzlich schießt ein ganzer Schwarm von kleinen und großen
Fischen daher, wild durcheinander und offenbar in großer Angst.
Gleich hinter ihnen kommt lüsternen Blicks ein Haifisch einher-
geschwommen, er scheint kaum die Flossen zu bewegen, und doch
schießt er so rasch vorbei! Und mit der plötzlichen Aufregung,
die er am Grunde des Meeres hervorruft, ist nun auch das
heitere Spiel der kleinen Fische, der ganze Wald blühender
Bäume urplötzlich verschwunden — eine öde graue Fläche ruht
der Meeresboden wie im Todesschlafe, und aus ihr strecken
schmucklose Korallen ihre zackigen Arme empor, uns warnend
vor der Gefahr, die sie eben noch unter dem bunten Kleide
aller der prächtig gefärbten Thiere verbargen.

stürzte und in einen breiten Streifen schneeweißen sprudelnden
Wassers verwandelte. Mitunter, wenn sich eine Woge recht hoch
erhob, sah ich in die senkrechte Wasserwand wie in einen kolossalen klaren Smaragd hinein; und dann packte es mich mit unwider=
stehlicher geheimnißvoller Sehnsucht, ihr entgegenzueilen, gleich als
sollte ich erst, von ihr überflutet, die Wunder schauen, die hinter
jener blendend blauen Mauer zu liegen schienen. Dann dachte
ich jenes Moments, als ich, südlich vom Cap der guten Hoffnung,
dem gleichen räthselhaften Drange fast zum Opfer gefallen wäre.

Auf der Reise nach Singapore hatten die westlichen Stürme,
die immer dort auf den höhern Breiten vorherrschen, un=
sere „Conradine Lackmann" *) so gepackt, daß wir ihnen auf
Gnade und Ungnade übergeben zu sein schienen. Tagelang
wüthete der Sturm so heftig, daß wir beilegen mußten, und
nachher trieben wir vor ihm her bei dichtgereeften drei Segeln
mit der Geschwindigkeit eines Dampfers. Mehr als eine Woche
blieben wir Passagiere in der Kajüte eingeschlossen, denn von
allen Seiten überfluteten die Wellen unser Schiff. Es war
ein nasses Schiff! Wenn es von einer Welle herabsinkend
niedertauchte, nahm es jedesmal mit seinem Bug eine solche
Menge Wassers über, daß das ganze Deck überschwemmt wurde;
und von hinten kamen die Wogen uns nach und brachen
über uns zusammen. Lange genug hatte ich in der dumpfen
Luft des Raumes zugebracht; ich benutzte einen kurzen ruhigen
Moment, um aus der rasch geöffneten Kajütenthür aufs Deck
zu springen. Frische Luft mußte ich wieder einmal athmen.
Rings herum das Bild des wildesten Aufruhrs. Ein paar ganz
kleine Fetzen Segel, prall vom Sturmwinde gefüllt, treiben das

---

*) Dasselbe Schiff, ein trefflicher Segler, aber ein sogenanntes „rankes"
Schiff, verschwand wenige Jahre später auf der gleichen Reise spurlos; nie
hat man von dem Kapitän — derselbe, mit dem auch ich die Fahrt machte —
oder der Mannschaft wieder gehört.

Schiff, sie scheinen jeden Augenblick bersten zu wollen, so zittern sie unter der ungeheuren Anstrengung. Der Hauptmast ist schon gesprungen; rings um ihn herum sind mit dicken Tauen kleinere Masten, Stengen und Spieren aller Art festgebunden. Nirgends ein trockenes Tau, überall hängen die Wassertropfen, die der Wind im nächsten Moment in feinen Staub zerreißt. Glänzend glatt ist das Deck, auf dem vorn am Bug ein einziger Matrose steht. Ich klimme mit Mühe auf das etwas erhobene Hinterdeck. Hier steht der Kapitän; nicht weit dahinter der Steuermann, festgebunden am Steuerruder. „Was wollt Ihr hier! Rasch in die Kajüte, hier ist Eueres Bleibens nicht. Da kommt sie schon, haltet Euch fest!" So ruft der Kapitän. Ich aber bleibe stehen, frei und hoch aufgerichtet; die Brust schwellt sich mir vor ungeahntem Entzücken, wie ich die Welle von hinten her in bläulich geisterhafter Starre, nur oben von einer Unzahl kleiner weißer Flocken gekrönt, majestätisch nahen sehe. Meine Augen bohren sich in die blaue Pracht hinein, mit offenem Munde tief Athem holend — mir will schier die Brust vor gewaltiger Sehnsucht zerspringen! — beuge ich mich der Welle entgegen, da packt sie mich, und im nächsten Moment fühle ich, wie ich gegen einige Taue und eiserne Stangen angeschleudert werde. Die Wanten des Großmastes, an deren untersten Theil ich geworfen worden war, hatten mich gerettet. — Noch heute aber steht jene blaue Welle in ganz so lockender Majestät wie damals vor meinem Auge, und immer sage ich mir, erhöbe sie sich mir in dieser Stunde wieder wie vor zwölf Jahren, ich würde mich abermals ihrer nassen Umarmung entgegenwerfen! In solchen Momenten des höchsten Entzückens verliert der Tod seine Schrecken.

Heute jedoch ward dieser sinnlose Drang, bis an das äußerste Riff und mitten in die schäumenden Wellen hineinzugelangen, nicht befriedigt. Zwar des mühsamen Springens und der blutenden

Füße hätte ich nicht geachtet, aber ich bemerkte bald, daß das Wasser bereits im Steigen war. Unaufhaltsam eilte ich weiter, es schien mir, als habe ich nichts gesehen, wenn ich nicht den äußersten Rand des Riffes betreten hätte; aber immer höher stieg das Wasser, und als ich kaum noch hundert Schritte vom ersehnten Ziele war, da rief mir Arakalulk warnend zu, sofort umzukehren. Trüben Herzens gehorchte ich. — Und es war hohe Zeit. Denn die Flutwelle, welche vom innern Kanal gegen das Außenriff heranlief, schwoll rasch höher und höher, sodaß wir schon bis an die Hüften im Wasser wateten, als wir unser Amlai erreichten.

Es scheint diese Richtung der Flut zu beweisen, daß hier im Westen durch den erhöhten Rand des Riffes ein fast voll= ständiger Abschluß gegen das Meer gegeben wird, sodaß die durch Ebbe und Flut erregten Ströme nothwendig immer durch die kleinen das Außenriff durchbrechenden Kanäle sowie den Hauptkanal aus= und eintreten müssen. Und da die Fläche des zu überflutenden Riffes viele tausend Schritte breit ist, so erklärt sich auch die ganz allmähliche Neigung gegen den Hauptkanal durch den mächtigen und regelmäßig täglich sich wiederholenden Abfluß des Wassers, welches, in keine engen Grenzen gebannt, die ganze Fläche allmählich nach innen zu abschleifen muß. Ganz anders zeigen sich die Wände der= jenigen Kanäle gebildet, welche als Abzugsgräben für die aus den Bergen niederströmenden Bäche anzusehen sind. In ihnen erhebt sich die Wand senkrecht bis nahe zur höchsten Fluthöhe; und das Wasser, welches die innern Riffe überflutet, steigt nicht in diesen Nebenkanälen herauf, sondern ganz oder größtentheils doch aus dem Hauptkanal auf die Fläche des Riffes. So bleibt bei Ebbe und Flut in ihnen die Stromes= richtung immer dieselbe und wechselt nur in der Intensität; und da die Stärke des Stromes eine bedeutende ist, so zwingt er die Korallen hier zu senkrechtem Wachsthum.

Trotzdem ich das Ziel, das mich vorhin am Außenriff so mächtig lockte, nicht erreicht, war ich doch mit den Ergebnissen meiner Excursion gar wohl zufrieden. Körbe voll Muschelschalen, Gläser mit den herrlichsten Nacktschnecken und Planarien, Würmern und Seesternen gefüllt, brachte ich mit nach Tabattelbil zurück; auch über den Bau des Riffes hatte ich mich so weit orientirt, daß ich nun ernstlich an die Ausführung eines Planes denken konnte, der mir schon lange im Sinne gelegen hatte.

V.

Wanderleben.

Schon seit geraumer Zeit hatte ich sehnsüchtige Blicke nach dem Norden geworfen, wenn mir von den Gipfeln der Berge aus, welche ich bei Aibukit erstieg, die hoch oben im Meere, außerhalb des Gürtels der Riffe liegende Insel Kreiangel gezeigt wurde. Eine kleine, ganz unbeweglich liegende Wolke deutete gewöhnlich die Stelle an, wo sich dieser Atoll nur wenige Fuß über dem Meere erhob. Es war die erste jener wunderbaren Koralleninseln, die ich erblickte, wie sie, umgürtet von Ringen schneeweißer Wellen, in ihrem eingeschlossenen See und ihrem von Palmenhainen beschatteten Lande den tiefsten Frieden einer beruhigten Natur zu schlafen scheinen. Ich hatte mir vorgenommen, diese eine wenigstens genauer zu sehen, sie zu betreten und ihrem von keinem Europäer bisher entweihten Boden die Geheimnisse abzuzwingen, die er mir für das Verständniß des Lebens solcher Inseln zu bergen schien. Jener fehlgeschlagene Versuch, das westliche Außenriff von Babelthaub zu untersuchen, steigerte nur mein Verlangen; und von jetzt an ließ ich alle andern Arbeiten ruhen und betrieb mit verdoppeltem Eifer die Vorbereitungen zu einer Expedition, von der ich mir die reichsten Ergebnisse versprach.

Meine zu solchen Vorbereitungsarbeiten gehörende Ver=
messung der westlichen Riffe führte mich häufiger als bisher
nach den nördlicher gelegenen Ortschaften, von denen die höher=
liegenden in einem aufrichtig freundschaftlichen Vasallenverhält=
nisse zu Aibukit standen. Der bedeutendste unter diesen war
Roll. Wir brachen am 15. dahin auf. Bei hoher Flut
brachte uns die etwa zweistündige Fahrt an der Westseite in eine
dicht mit Mangrovengebüsch bewachsene Bucht, und dem ge=
pflasterten Fußweg folgend, der aus dem Sumpf entspringend
gleich den Abhang hinauf den Wanderer leitet, gelangten wir
nach kurzem Marsch auf die Höhe der hier von zahlreichen Pal=
men beschatteten Hügel. Hin und wieder lichteten sich die
Palmenhaine oder machten Wiesen, die von üppigem Grase be=
wachsen waren, oder struppigem Gebüsche Platz, aus welchem
mit ihren steifen, sperrigen Aesten, die nur an den Spitzen
Blätterbüschel trugen, Pandanusbäume hervorragten. Arakalulk
führte mich auf eine kleine Anhöhe, von der aus ich einen treff=
lichen Ueberblick über den ganzen nördlichen Theil der Insel
gewann. Die Stelle, wo wir standen, war in westöstlicher Rich=
tung die schmalste derselben, kaum eine halbe Stunde breit.
Gleich dahinter aber, gegen Norden zu, weitete sich das Land
wieder bedeutend aus, sodaß das nördlichste Reich Aracalong mit
seinen befreundeten Staaten auf einer mit dem Hauptlande nur
durch eine schmale Landenge verbundenen Insel zu liegen scheint.
„Siehst du, Doctor", sagte mir mein Freund, „hier dicht
vor unsern Füßen geht die Grenze zwischen dem Feindesland
und unserm Reiche. Aracalong ist jetzt mit Coröre befreundet.
Das war früher anders. Als noch dort unten (im Süden), an
jener Spitze Landes, die du dort so weit gegen West ins Meer
hinaustreten siehst, der Staat Arzmau blühte, waren wir alle
hier im Norden miteinander verbündet. Das ist freilich schon
lange her, und ich selbst lebte noch nicht, auch mein Vater nicht.
Nur ganz alte Leute habe ich als Kind gekannt, die behaup=

teten, dabeigewesen zu sein, als jener Cabel Wils*) hier nach
Palau kam und den Leuten von Coröre half in ihrem Kriege
gegen Meligeok. . Dieser Staat hieß damals Athernal. Das
waren furchtbare Schlachten, die geliefert wurden. Die Eng=
länder brachten ihre langen Flinten und Kugeln und Pulver
mit, die wir noch nicht kannten, und besiegten mit den Leuten
von Coröre unsere Freunde von Meligeok und uns auch. Wir
mußten Frieden schließen; die Leute von Angabard waren schon
damals zu stark für uns. Ohne sie freilich hätten die Männer
von Coröre nichts gegen uns machen können, denn sie sind feig,
und ihr Staat ist nur klein. Aber sie sind sehr schlau. Die
Engländer zogen bald weg. Einer von ihnen aber blieb in
Coröre und brachte seinen neuen Freunden die schönen Waffen
mit, die wir so fürchten gelernt hatten. Das benutzte Ebadul.
Er schloß mit Meligeok Frieden; bald nachher aber suchte er
Streit mit Arzmau, das wir nicht zu unterstützen wagten, weil
nun Aracalong nicht gegen die Leute von Coröre focht. Arzmau
wurde gänzlich zerstört; die Bewohner wanderten aus nach Me=
ligeok. Und Ebadul hat verboten, daß es je wieder aufgebaut
werde. Jetzt ist es wol schon zu spät, die alten Leute von
Arzmau leben nicht mehr, und Cabel Mul ist auch schon zu
alt, um uns zu helfen, und du, Doctor, sagst ja immer, daß
du nicht mit uns in den Krieg gegen Coröre ziehen kannst. Ist
denn das bei euch in Angabard so, daß ihr dort euern Freun=
den nicht helft?" "Ach, Arakalulk", erwiderte ich ihm, "das
ist bei uns ganz anders. Wohl helfen sich Freunde gegenseitig,
aber doch nicht, um sich todt zu schießen; dies thun sie nur,
wenn der allergrößte Rupack, der King, gesagt hat, daß der
Krieg erklärt werden soll. Dann aber schießen sie ganz anders
aufeinander, als ihr es hier thut. Wir nehmen zwar nicht die
Köpfe der Feinde mit nach Hause wie ihr; wie könnten wir
auch? Da hätten wir viel zu tragen. So viele Menschen, wie

---

*) Wils=Wilson.

ihr alle hier auf Palau seid, ganz Aibukit und Aracalong und
Meligeok, Coröre und Peleliu zusammengenommen, werden bei
uns mitunter an Einem Tage getödtet, und dann ist der Krieg
noch immer nicht zu Ende. Da werden Städte zerstört, in denen
mehr Menschen leben als auf allen euern Inseln zusammen; so
weit, wie von hier nach Manila über das Meer, marschiren die
Soldaten in das Feindesland hinein, und ihre Feste feiern sie
dann, statt in der Heimat, oft in der fremden Stadt. — Doch
sieh, was ist das für ein Dorf, das hier so dicht vor uns unter
diesem Hügel liegt?" — „Das ist ein kleiner feindlicher Staat,
der zu Aracalong gehört." — „Was meinst du, Arakalukl", sagte
ich, die Flinte erhebend, „soll ich deinen Feinden einmal eine
Kugel hinschicken und ihnen zeigen, daß sie vor deines Freundes
langer Flinte dort nicht mehr sicher sind?" „Nein, ja nicht,
Doctor", schalt mich mein Begleiter, „das ist gegen die Sitte.
Wir machen unsern Krieg auf unsere Art. Willst du dich mit
mir dort unten im Busche verstecken, so bin ich bereit, wir sind
vielleicht glücklich und bringen einen Kopf mit nach Hause. Aber
ins Dorf schießen, das geht nicht." — „Nun, beruhige dich nur,
ich hätte es auch gewiß nicht gethan. Aber dich beschützen soll
meine Flinte doch, wenn uns hier auf dem Wege vielleicht ein
Feind auflauert."

Nun ging es wieder vorwärts in nordöstlicher Richtung.
Weithin gegen Norden bis dicht vor Artebiang und südlich
bis hart an Aural erstreckten sich die Palmenwälder, auf der
Höhe wie an dem westlichen Abhange; und unter den Palmen
und durch das dichte verwahrloste Gebüsch hindurch, das hier
und da mit jenen abwechselte, deuteten gepflasterte Wege, halb
unter abgefallenem Laube versteckt, mit ihren nun längst ver=
witterten und rauh gewordenen mittlern Reihen großer Steine
das Leben an, welches früher hier geherrscht haben mochte. In
Gras und Gebüsch verborgen erkannte ich deutlich die freien
Plätze, welche einstmals die Häuser umgaben und auf denen

Knaben spielten, die jetzt längst Männer geworden sind oder gar
schon in dem hart daranstoßenden Grabe ruhen, während nun
einige grüngolden schillernde Eidechsen hier ihrer muntern Jagd
nach den sich sonnenden Insekten obliegen.   Bald näherten wir
uns dem nicht weit vom östlichen Ufer liegenden jetzigen Dorfe
Roll.   Auch hier waren die Wege schlecht gehalten und von
Gräsern und Gebüsch bewachsen.   Die großen Bais mit ihren
steinernen, theilweise schon umgefallenen Sitzen auf dem Platze
davor und ihren schönen Baumgruppen machten den Eindruck,
als seien sie nicht für die wenigen heutigen Bewohner bestimmt.
Hätten diese doch in einem viel kleinern Hause Platz ge=
habt!   An den Kokospalmen hingen zahlreiche Nüsse, deren
Menge offenbar den Bedarf der Bevölkerung bedeutend über=
stieg; und die mastbaumgleichen Bongapalmen senkten ihre
langen Aehren goldgelber Früchte der Erde zu, während ihre
Wipfel hoch das Dach und selbst die höchsten nebenstehenden
Kokospalmen überragten.   Ihr dünner, nur 4 bis höchstens
6 Zoll dicker Stamm bog sich wie ein schwankes Rohr, und die
rauschenden Blätter ihrer Kronen schlugen, vom leisesten Windes=
hauch in Bewegung gesetzt, nieder auf das Dach des nächsten
Bais, als wollten sie die schlafenden Insassen mahnen, dasselbe
vor dem drohenden Verfall zu schützen.

Umgossen von dem Glanze der tropischen Sonne, umrauscht
vom Getöse der brandenden Wogen des Meeres, nur halb
beschattet von dem schwanken Palmenhain, lag so das verfallene
Roll ein ergreifendes Bild vor meinen Augen.   Welch ein Gegen=
satz!   Ueberall hin bringt hier der wärmende Strahl der Sonne,
der Erzeugerin und Ernährerin alles Lebens auf Erden, Bäume
und Sträucher hängen voller Blumen und strotzen von Früchten,
und das Weltmeer zu unsern Füßen mahnt uns an die nie
rastende Thätigkeit anderer Völker; hier aber liegen die wenigen
verkommenen Nachkommen eines vor zeiten mächtigen thätigen
Völkchens in unthätigem Genuß.   Ihnen wirft ja die Sonne den

Preis des Lebens ohne Mühe in den Schos. — Einst war
das freilich anders. Noch ist es vielleicht kaum ein Jahr=
hundert, da war Roll mit allen seinen weit die Höhen anstei=
genden gepflasterten Wegen und freien Plätzen ein belebter,
volkreicher Ort. Seine Fürsten, nicht unthätig wie jetzt, beriethen
über das Wohl und Wehe des Staats in langen ernsten
Sitzungen; ihre Macht gab ihnen auch nach außen hin die nö=
thige Würde und Unabhängigkeit, während sie jetzt in kriechen=
der Demuth an den Berathungen der Vornehmen zu Aibukit als
Fürsten zweiten Ranges theilnehmen. Feste auf Feste folgten
sich, denn alle andern Stämme bewarben sich um die Freund=
schaft des mächtigen Reiches, und Weiber und Kinder benutzten
gern jede Gelegenheit zu einem Staatsbesuch (Klökabauel) in
Roll, da nirgends sonst eine solche Fülle reicher Gaben und
herrlicher Lebensmittel geboten wurde. Zu dem freien Dienst
in den Bais drängten sich die jungen Mädchen aller Städte
heran, ja, sie ließen sich gern in ganzen Clöbbergölls von den
befreundeten Männer=Clöbbergölls aus Roll entführen! Heute
aber müssen die eigenen Weiber den wenigen Männern das
Essen in die Bais bringen. Weit nach Nord und Süd zogen
damals die großen Kriegsamlais aus, einen Schimpf zu rächen
oder einem befreundeten Staate beizustehen — jetzt haben die
Bewohner kaum Amlais genug, um auf das hohe Meer zum
Fischfang hinauszufahren.

Auch Arakalulk hatte sich offenbar Betrachtungen über den
hier so sichtbaren, tief ergreifenden Verfall des Nachbarstaats
hingegeben. Er erzählte mir manches von der frühern Bedeu=
tung des Staates Roll. „Aber wie mag es nur kommen",
schloß er, „daß jetzt so viele Menschen sterben? Früher waren
die Kriege viel blutiger — jetzt genügt ein einziger Kopf zu
einem großen Siege. Sollten unsere Frauen recht haben? Sie
sagen, früher wären sie gesünder gewesen als jetzt. Wir
haben hier keine solchen Krankheiten wie ihr dort in Angabard;

Cabel Mul hat mir erzählt, wie bei euch oft Tausende in wenig Tagen sterben. Aber die Frauen hier sagen, sie wollten keine Kinder mehr bekommen. Seitdem nämlich die Ingleses mit Cabel Wils hier waren, sterben sie immer mit dem Kinde bei der Geburt, und deshalb fürchten sie sich davor und suchen es zu vermeiden, solche zu bekommen. Der böse Cabel Wils, der ist an allem unserm Unglück schuld. Da soll von ihm ein großes „book" *) sein in Coröre — ich habe es nicht gesehen — da soll drin stehen, wie es hier und in Coröre aussah, wie in Angabard und auf den großen Schiffen von da. Wenn nur jemand von uns das book verstehen könnte. Ebadul bewahrt es in einem Schranke, ganz in der Ecke des Hauses, er hat es so lieb wie seinen Sohn." — „Nun, da kann ich dir helfen, Arakalulk; ich glaube, ich kenne das book. Wenn es das ist, welches ich meine, so ist es freilich schon lange her, als es ge= schrieben wurde. Es kann wol auch kein anderes sein. Soll ich dir erzählen, was ich drin gelesen habe?" — „O ja, Doctor, aber warte noch ein wenig, ich will erst Asmaldra und Ra= bacaló und die andern Freunde rufen, die wollen es auch gewiß hören."

Und als sie sich nun alle im Kreise um mich gesetzt hatten, begann ich ihnen aus dem Buche Folgendes zu erzählen, das auch meinen Lesern zum Verständniß des Spätern dienen mag.

„Es ist lange her, nun gerade 80 Jahre — zweimal so alt, wie du, Asmaldra, bist — da war Cabel Wils ein kleiner

---

*) Wie so manches englische und spanische Wort haben sie auch dieses in ihre Sprache aufgenommen; dagegen haben sie unser „schreiben" mit malukkus übersetzt, d. h. „zeichnen". Merkwürdig ist nur, daß sie unser „Brief" mit rusl wiedergeben; dies ist das Wort für jene bekannten Taue, durch welche in Knoten und Verschlingung der Enden Nachrichten von einer zur andern Person versandt werden. So verschieden auch das Instrument — ein beschriebenes Blatt Papier und ein Knotentau — so liegt doch beiden die Idee eines Mittels zur geheimen Mittheilung irgendwelcher Nachrichten zu Grunde.

Rupack in einem großen Lande, genannt India. Dies Reich
wurde regiert nicht von einem King, sondern von vielen Rupacks,
die aber eigentlich nur Kaufleute waren, wie Cabel Mul und
Cabel Schils.*) Sie schickten, um immer mehr Geld zu verdienen,
viele Kapitäne mit großen Schiffen aus, und darunter war auch
Cabel Wils, damit sie hier bei euch und anderswo Trepang und
Perlmutter und Oel und andere schöne Sachen kaufen sollten.
Cabel Wils aber mit seinem Schiffe war unglücklich; er strandete
nicht weit von Coröre und mußte sich auf Urulong — nicht
wahr, du kennst die Insel, Arakalulk? — viele Monate auf=
halten, bis er ein neues Schiff gezimmert hatte. Da nun Uru=
long sehr dicht bei Coröre ist, so kamen die Leute von da bald
zu den Ingleses, und da sie sehr schlau sind, so machten sie
Freundschaft mit den Männern von Angabard und versuchten
nicht, ihnen die schönen Sachen zu stehlen, die sie mitgebracht
hatten. Das freute die Engländer wieder sehr, die eigent=
lich gefürchtet hatten, hier unter Menschenfresser gerathen zu
sein. — Ist das eigentlich wahr, Arakalulk, daß ihr hier euere
Feinde verzehrt?" — „Du bist ein böser Mensch, daß du mich
so fragst; oder steht das im book? Dann hat auch Cabel Wils
arg gelogen. Ich sehe, ihr weißen Männer seid gerade so
schlimm wie wir auch." — „O nein, Freund, das steht nicht drin;
aber anderswo hier im großen Meere, dort weit hinaus gegen
Osten, da gibt es viele Menschen, die auch so aussehen wie ihr
Bewohner von Palau, die aber doch Menschen verzehren. Also
die Engländer fürchteten sich erst, aber bald wurden sie sehr gute
Freunde mit den Leuten von Coröre, und sie unterstützten einander,
wo es ging. Nun fingen sie ihren Klökabauel an. Zuerst kam
Arra Kuker, und während dieser bei den Ingleses blieb, ging
der Bruder von Cabel Wils nach Coröre, um den King von da

---

*) Schils=Cheyne.

zu besuchen. Der nannte sich aber nicht Ebadul*), sondern King von ganz Palau. Nicht wahr, das war schlau?" — „O ja", meinte Arakalulk, „die Leute von Coröre sind « stark in der Politik» (maduch-a-korulau)." **) — „Nun kam auch bald der King nach Urulong und bewunderte sehr die Sachen der Ingleses. Aber kurz nach seiner Rückkehr wurden die Ingleses wieder furchtsam, denn die Leute von Coröre benahmen sich nicht mehr so freundlich gegen sie. Doch kam es nicht zum Streite, und als der Friede wieder geschlossen war, bat Ebadul die wieder= gewonnenen Freunde um Unterstützung gegen seine Feinde. Fünf Engländer, jeder mit einer Flinte bewaffnet, gingen mit in den ersten Krieg gegen Athernal. Als die große Muschel das Kriegs= zeichen gab, hatte Ebadul von Coröre mehr als 150 Kriegs= amlais bei sich. Die fünf Engländer hatten sich vertheilt und waren ganz voran; und als nun Arra Kuker das Zeichen zum Angriff gab, schossen sie mit ihren Flinten einen der Feinde todt, und die andern liefen davon. Das war ein großer Sieg. Auf der Rückfahrt sang man Lieder, und die jungen Mädchen brachten ihnen überall süßen Eilqut und Kokosnüsse, und in Coröre wurden die Freunde aus Angabard zwei Tage lang ge= feiert mit Tänzen und Gesängen. Aber der Staat Athernal war nicht gerüstet gewesen, und sein stolzer King wollte keinen Frieden mit Coröre machen. So kam es zum zweiten mal zum Krieg. Diesmal gingen zehn Engländer mit, und als sie nach Athernal kamen, hatten sie mehr als 200 große Amlais." — „Ach, Doctor, das waren doch schöne Zeiten, als noch so viele Menschen in den Krieg ziehen konnten. Jetzt können wir in ganz Palau kaum 200 Kriegsamlais aufbringen." — „Ja, und dieser zweite Krieg war auch viel größer als der erste. Ebadul

---

*) „Ebadul" ist eben nicht, wie Wilson meinte, der Name, sondern der Titel der Fürsten von Coröre.

**) Wörtlich übersetzt, wie überhaupt die meisten von mir in der Rede gebrauchten Wendungen ganz „Palau" sind.

war selbst mit dabei, und er gab das Zeichen zum Angriff.
Aber die Leute von Athernal kamen nicht heraus ins Meer,
sondern blieben am Ufer. Nun sandte Ebadul seine Befehle
durch die Amlais mit den weißen Federn.*) Eine Menge Am=
lais legten sich hinter einer Landspitze in Hinterhalt. Dann
griffen die andern an; aber die Muschel wurde geblasen, nun
gingen sie alle zurück und thaten, als wollten sie fliehen. Und
als das die Leute von Athernal sahen, kamen sie heraus und
eilten den Feinden nach; und dann kamen hinter ihnen die ver=
steckten Amlais hervor. Nun kehrten die erstern wieder um, und
die Schlacht begann. Da fielen manche euerer Freunde aus
Athernal, ohne zu wissen, warum; denn die Leute von Coröre
machten einen furchtbaren Lärm, und jene hörten die Schüsse
nicht, aber die Kugeln machten ihnen tiefe Löcher. Neun von
ihren Leuten wurden verwundet gefangen genommen, darunter
ein Rupack; sie wurden alle getödtet. Ebadul aber zog bei allen
Staaten in der Nachbarschaft vorbei und zeigte hier die todten
Feinde; das war ein großer Sieg für ihn. Und die Ingleses
wurden wieder bei dem Siegesfeste in Coröre besungen wie das
erste mal.

Athernal war besiegt, aber sein König wollte noch immer
nicht Frieden machen. So erklärte Coröre ihm zum dritten male
den Krieg. Diesmal aber nahmen die zehn Engländer neben
ihren kleinen Flinten auch noch eine von den großen mit, die
wir Kanonen nennen. Das war ein großer Zug von Amlais,
die sich nun gegen Athernal bewegten; von allen Seiten waren
Bundesgenossen herbeigeeilt. Aber auch Athernal hatte seine

---

*) Bei ihren Seeschlachten dienen ganz kleine, nur von zwei oder vier
Mann geruderte Amlais zum Ueberbringen der Befehle an die eigentlichen
Kriegsamlais, welche 60—80 Männer fassen und bei ihrer Größe und
Menge eine langgestreckte Schlachtlinie bilden. Diese „Galopins" sind aus=
gezeichnet durch einen Stock, an welchem ein Busch der weißen langen
Schwanzfedern des männlichen Tropikvogels angebracht ist.

Freunde um Hülfe gebeten; da waren denn auch wol euere
Leute von Aibukit und Arzmau mit dabei. Und die Schlacht
selbst war noch viel größer; wie viele von den Euern fielen,
erzählt Cabel Wils nicht, aber von den Leuten von Coröre
blieben 3 todt und 40 wurden verwundet, obgleich sie auch
diesmal wieder die Sieger waren. Damit war endlich der
Stolz des Königs von Athernal gebrochen. Nun ward Friede
geschlossen. Der Ruhm von Corörs Macht und der Tapferkeit
der Ingleses ging weit nach Süden, und als einen Monat
später Ebadul einen Kriegszug gegen Peleliu unternahm, wagten
die Leute von dort keinen Widerstand zu leisten, sondern
machten gleich Frieden.

Unterdessen hatten die andern Ingleses das Schiff fertig
gebaut und kurze Zeit nach dem Zuge gegen Peleliu reisten sie
ab. Die Freundschaft zwischen Cabel Wils und Ebadul aber
war so groß, daß dieser ihm seinen Sohn Libu mit auf die
Reise gab, damit er in Angabard sich recht umsehen und lernen
solle, so schöne Sachen zu machen wie die Ingleses. Libu war
froh, daß er einmal das fremde Land sehen sollte. Sein
eigenes aber hat der Arme nicht wieder gesehen. In London,
einer großen, großen Stadt, wo die Ingleses wohnen, starb er
an einer Krankheit. Zurückgekommen nach Palau ist er aber
doch, wenn das Buch, das Ebadul haben soll, das ist, wovon
ich dir erzähle. Denn darin ist der junge Rupack gerade so ab-
gezeichnet, wie er dort in Angabard aussah; seine Knochen freilich ruhen im kalten fremden Lande. — Auch nicht alle Ingleses
gingen damals von hier fort, einer von ihnen hatte großen Gefallen an euerm Leben hier gefunden, der blieb in Coröre und
erhielt beim Abschied eine Menge schöner Sachen von seinen
Freunden. Hast du von ihm nie etwas gehört?"

„O ja, der ist aber schon lange todt", erwiderte mir Arakalulk; „doch sage mir, steht nichts davon im Buche, wie nachher Coröre immer größer wurde und Arzmau besiegte, und wie

dann später die «Manila men» kamen und viel Unglück an=
richteten?" — „Wie sollte dies doch drin stehen, das book ist ja
viel früher geschrieben." — „Wie schade das ist, ich hätte so gern
noch von dir gehört, was dann später alles bei uns passirt ist.
Weißt du, Doctor, unsere Leute lügen gar sehr und erzählen
viele Geschichten, die machen dann ihren Weg durch das ganze
Reich, und die meisten Menschen glauben sie. Nun sagen die
Leute von Coröre immer, ihr Ebadul sei King von ganz Palau.
Das ist aber nicht wahr; und doch haben die Ingleses es ihnen
geglaubt. Und ebenso sagen sie, ihr Staat sei immer der mäch=
tigste gewesen, das ist aber auch nicht wahr. Selbst jetzt, da
Arzmau zerstört und Roll so verfallen ist und immer viel mehr
Menschen sterben, als geboren werden in userm Staate, hat
Coröre doch noch viel weniger Männer als wir hier bei uns in
Aibukit. Wo sollten sie auch früher auf ihrer kleinen Insel so
viel Menschen gehabt haben? Wir haben uns nur lange vor
den Flinten und Kugeln gefürchtet, die Coröre hatte. Jetzt aber
sollen sie nur kommen. Nun haben wir auch solche Flinten und
gute Kanonen, und wenn nur der man-of-war nicht gekommen
wäre, so hätten wir längst schon Coröre besiegt. — Nun aber,
Doctor, müssen wir gehen; ich habe den Rupacks von Rallap
schon Bescheid gesagt, daß wir in zwei Tagen dahin kommen,
und du willst ja vorher noch einmal nach Tabattelbil zurück."

So brachen wir auf. Auf dem Rückwege aber dachte ich
noch lange an das schöne, stille Roll, an den in der Fremde
gestorbenen Libu und das Schicksal, dem dies kleine Völkchen
seit seinem intensivern Verkehr mit den Europäern unrettbar
verfallen zu sein scheint. — Ist das unsere vielgerühmte Cultur=
mission auf dem Erdenrund, daß wir zur Ausbreitung unserer
Civilisation erst die Völker vernichten müssen, die sie nicht er=
tragen können? Pfui über die Elenden, die ihren Eigennutz
in die Farben der Humanität kleiden und Hekatomben von Men=
schen opfern, ohne zu schaudern, aber dem Wilden nicht ver=

zeihen, daß er den Kopf seines erschlagenen Feindes als Trophäe nach Hause nimmt; pfui über die jämmerlichen Wichte, die zur Erreichung ihres Zieles sich keiner Mittel scheuen — denkt an den Opium in China! — und doch nicht den Muth haben, zu gestehen, daß sie im Kampfe ums Dasein jede Waffe und jede Kampfesweise für berechtigt halten. Wohl wünschte ich allen, welche die Segnungen unserer europäischen Cultur so hochstellen, daß sie glauben, alle andern Völker tief verachten zu dürfen, die solche Stufe nicht erreichten — wohl wünschte ich ihnen, daß sie einmal ihr eigenes Gemüth in dem Spiegel des Herzens eines solchen „Wilden" sähen: sie würden sicherlich, wie ich, den Untergang*) so manches Stammes als eine unerbittliche Natur=nothwendigkeit anerkennen, aber trotzdem und gerade deshalb es mit mir beklagen, daß Menschen zu Grunde gehen müssen durch unsere Cultur, deren sie nicht bedurften, um glücklich zu sein wie wir, oder selbst glücklicher!

Die geplante Reise nach Rallap wurde wider Erwarten durch kein unvorhergesehenes Ereigniß verzögert. Am 21. zog die gesammte Bevölkerung von Tabattelbil, mit Ausnahme von Alejandro, der als Hüter zurückblieb, über Aibukit und die Höhen dahinter an die Ostküste, wo ich in dem Bai der Rupacks von Rallap mein Lager aufschlug. Asmaldra, wie gewöhnlich mit meiner Flinte, jagte mir Tauben und Enten; Arakalulk blieb immer bei mir und unterstützte mich treu in der nun be=ginnenden langweiligen und mühseligen Arbeit, um derentwillen allein ich die Excursion unternommen hatte. Auf der Westseite der Insel war die Aufnahme der Riffe und der sie trennenden Kanäle so weit vollendet, als es bis dahin möglich gewesen war

---

*) Siehe die Nachträge am Ende dieses Buchs.

und als mir nöthig geſchienen hatte, um die Unterſuchung der
ganz anders gebauten öſtlichen Riffe beginnen zu können. Dort
lag das Außenriff mit ſeinen hochgehenden Brechern mehr als
eine deutſche Meile in nordöſtlicher Richtung von Tabatteldil
entfernt; hier bei Rallap konnte man vom Strande aus deutlich
die Reiher erkennen, die ſich bei Ebbezeit, um zu fiſchen, auf
den Spitzen der trockengelegten Korallenblöcke aufgeſtellt hatten.
Dort vor Tabatteldil durchzog die durch das ſinkende Meer täg=
lich zweimal trockengelegte weite Fläche ein Labyrinth von kleinern
Kanälen, die ſich alle in den nur in weiteſter Ferne wie ein
ſchmaler blauer Streifen daliegenden Hauptkanal ergoſſen. Die
tiefgehenden Wogen des hohen Meeres brachen ſich an der Ko=
rallenmauer und verloren ſich an der Oberfläche des Außenriffes
ſchäumend und ſich köpfend, und die Wellen, welche mitunter
bei heftigem Winde gegen die Pfoſten meines Hauſes ſchlugen,
erinnerten mich durch ihre kurzen, raſch, aber heftig ſich folgen=
den Stöße an diejenigen unſerer Süßwaſſerſeen oder der
Binnenmeere, die, ohne Flut und Ebbe, nie jene langgezogenen
Wogen zu erregen vermögen wie die Weltmeere, welche uns mit
ihrem mächtigen, auch in der völligſten Meeresſtille nie ganz
einſchlafenden Seegange Botſchaft aus andern Welten zu bringen
ſcheinen. Dagegen brachen ſich am öſtlichen Ufer die Fluten des
hohen Oceans in faſt unverminderter Kraft, und von ihrer ab=
freſſenden Gewalt zeugten Ströme von ſchwärzlichem Baſalt, die
hier und da bis an das Meer herantraten, dann aber ſtets
weit in daſſelbe hinein eine Unmaſſe kleiner Blöcke getragen
hatten, als endlich die über dem ausgefreſſenen Fuße überhän=
genden Felsmaſſen durch ihr Gewicht zuſammengeſtürzt waren.
Zwiſchen dem weniger hoch als im Weſten erhobenen Außenriff
und dem eigentlichen Ufer ward die Rifffläche mit Ausnahme
einiger Löcher immer bei Ebbe ganz trocken, ſodaß dort, wo wenige
Stunden vorher die hohe Flut einen lebhaften Verkehr zwiſchen
Süd und Nord geſtattete, nun die öde Sandfläche von Scharen

von Knaben und Weibern belebt wurde, die bis an das nahe
Außenriff heran ihre Jagdzüge nach eßbaren Thieren ausdehnten.

Hier nun hatte ich mir vorgenommen, auch meine Thätig=
keit zu entfalten. Zunächst maß ich am Ufer eine Standlinie
von etwa 15000 Fuß Länge, und dann versuchte ich durch
Triangulation, indem ich die Winkel mit meinem Theodolithen
maß, in möglichst weiter Ausdehnung von Nord nach Süd das
Riff in allen seinen Einzelheiten aufzunehmen. Das war nun
freilich keine leichte Arbeit, und mein Freund Arakaluk meinte
mehr als einmal, daß in der That die Geduld eines Mannes
von Angabard dazu gehöre, ein solches Unternehmen auch wirk=
lich durchzuführen. Das erste Ausmessen der Standlinie am
Ufer, die ich jedoch wegen der vorspringenden Basaltströme
theilweise auf dem Riffe selbst bei Ebbe abzustecken hatte, kostete
uns volle drei Tage Arbeit. Dann galt es, auf den vorspring=
genden Ecken der Riffe und auf den höchsten Korallenblöcken die
Signalflaggen aufzustellen, die mir zur Bezeichnung der Punkte
dienen sollten, von denen aus ich die Winkelabstände und Höhen=
winkel der verschiedenen Bergkuppen oder sonstigen Landmarken
gemessen hatte. Auch dies nahm uns mehrere Tage vollauf in
Anspruch. Endlich glaubte ich mein Ziel erreicht zu haben.
Am sechsten Tage hatte ich begonnen, von verschiedenen Punkten
der Uferstandlinie die Winkel nach jenen Flaggen, von denen
nur eine einzige durch die Brandung umgeworfen war, zu messen;
und dabei hatte ich, um keine allzu spitzen Winkel der Berech=
nung zu Grunde zu legen, von einem Punkte aus immer nur
nach den nächsten Flaggen visirt. Leider aber hatte ich dazu
Stücke des weißen Calico nehmen müssen, wie ihn dort die Män=
ner so sehr schätzen. Und als ich nun am Morgen des dritten
Tages, voller Freude über die bald vollendete Arbeit, wieder
die Winkelmessung begann, wurden mir so nahe dem Ziele und
vor meinen Augen gerade die wichtigsten Flaggen gestohlen.
Als ich dann im Fürstenrathe von Rallap meinem bittern Un=

muth über die zerstörte Arbeit laute Worte gönnte, mußte ich
mir die halb lächelnd, halb würdevoll gemachte Aeußerung gefallen lassen: daß es doch auch von mir nicht schön gewesen sei,
ihre Leute so, wie ich es gethan, in Versuchung zu führen.
Hätte ich ihnen den Calico verkaufen wollen, statt ihn da draußen
so schnöde vom Winde zerreißen zu lassen, so hätte ich gewiß
viele schöne Sachen dafür erhalten können. Mit dem leidigen
Troste, daß auch hier die Menschen nicht anders sind als in
Angabard und auch sie das alte Wort vom Schaden und Spott
recht gut kennen und danach handeln, packte ich meine Instrumente zusammen und wanderte wieder nach Tabattelbil, um
dort endlich die Vorbereitungen für meine Fahrt nach Kreiangel
zu beginnen.

Eigentlich hatte ich dort in meiner fürstlichen Wohnung,
die übrigens schon etwas schlecht zu werden begann, nicht viel
anderes zu thun, als meine Sammlungen, Tagebücher und Instrumente einzupacken und einer sichern Person zu übergeben,
sodaß ich von ihrer Absendung nach Manila überzeugt sein
konnte, im Fall meine Tour nach dem Norden unglücklich enden
sollte. Daß eine Fahrt über das hohe Meer in den schwanken
Amlais für mich, der ich doch nicht so mit dem nassen Element
umzugehen gewohnt war, wie die Bewohner dieser Inseln, nicht
ohne einige Gefahr sein würde, hatte ich längst eingesehen. Das
hielt mich zwar nicht ab von dem Unternehmen, aber ich ließ
absichtlich meinen Theodolithen, Sextanten, meine gute Uhr,
Mikroskop — kurz, alle Instrumente zurück, da ich sie der sichern
Taufe durch das überspritzende Seewasser nicht aussetzen wollte;
und nur mit Meßleine, Signalflaggen und dem Kompaß versehen, ging ich auf die Reise. Zum Hüter meiner Sachen ließ
ich meinen Manila-Diener Alejandro in Tabattelbil, und mein
Vater Krei und seine Frau, meine Mutter, zogen am Tage
meiner Abreise hinunter in das Haus, um es gegen jeden Angriff von seiten irgendwelcher Feinde zu beschützen.

10*

Am 2. Juli war alles bereit; mein Bündel war geschnürt, und nachdem ich Krei und seiner Frau, Marisseba und andern Vornehmen, die das Abschiedsfest zu feiern hinuntergekommen waren, die Hände geschüttelt hatte — was sie übrigens nur mit Leuten aus Angabard thun — wanderte ich am 2. Juli mit meinem treuen Arakaluk zum zweiten male nach Rallap. Hier sollten wir ein Amlai finden; natürlich war es nicht da, der eine sagte, es käme gleich, der andere, sein Eigenthümer sei eben damit nach Roll gefahren. Das gab eine lange Unterhaltung; ich ließ sie schwatzen, wanderte am Strande herum und suchte Thiere und glaubte in jedem rein weißen Lendengürtel der mir Begegnenden meine neulich gestohlenen Signalflaggen zu erkennen.

Den ganzen Tag mußte ich meine Ungeduld meistern; das Amlai kam nicht. Die untergehende Sonne sah mich träumerisch unter Palmen am Strande liegen; und aus dem Halbschlummer, in den ich hier verfiel, träumte ich mich hinein in den süßesten Schlaf, der mich bald auf dem harten Boden des fürstlichen Bais umfing.

Früh am Morgen weckte mich Arakaluk mit froher Nachricht. „Das Amlai ist da, Doctor, steh schnell auf. Cabalabal ist auch noch gekommen, um mitzufahren, und unsere Leute essen schon. Hier hast du deine Chocolade, auch frische Bananen. Nun iß rasch, dann wollen wir fort.“ Ich war bald reisefertig und auf dem Strande. Die Sonne stand etwas über dem Horizont, und in ihrem Lichte sah man die Wellen sich nur noch an den höchsten Korallenblöcken des Außenriffes brechen. „Rasch, Leute, das Amlai gehoben, daß ihr es nicht an jenen Stein stoßt. So, nun schwimmt es, Doctor; mach, daß du hineinkommst.“ Und nun geht es fort, erst etwas gegen Norden, dem Kanale folgend, dann quer gegen das Riff unter die Wogen, die sich hoch genug erheben, ohne sich freilich zu brechen. Doch kommt bald diese, bald jene Welle in unser Amlai hinein —

da auf einmal ein Ruck, wir stoßen gegen einen Felsen an, und
im Nu sind alle Insassen, selbst Arakalulk, im Wasser drin
halb watend, halb schwimmend. Ihre Lendengürtel hatten sie
vorher abgelegt und sorgfältig verpackt, um sie gegen das Wasser
zu schützen. — Wir mußten zurück, das Meer war schon im
Sinken und das Außenriff für diesmal nicht mehr zu passiren.
Also wieder nach Rallap, wo ich mein dolce far niente vom
Tage vorher fortsetzte, trotz dem besten Lazzaroni von Neapel.
Nun machte ich es gerade so wie meine Besucher von Tabatteldil, wenn sie stundenlang in der Thür meines Hauses schliefen,
di melil. Es war wirklich ein Hochgenuß, unter dem Rauschen
der Palmenbäume halb zu träumen, halb zu schlafen. In
Europa ist das Schlafen eine Zeitverschwendung; in den Tropen
gehört es mit zu dem vollen Ausleben und der intensivsten Be-
haglichkeit des physischen Daseins.

Nun ging es am nächsten Tage noch früher hinaus. Diesmal sorgte ich selbst dafür, daß meine Leute rechtzeitig geweckt
wurden; ich hatte doch endlich genug bekommen von dem ewigen
Schlafen in Rallap. Wir suchten heute eine weiter nach Norden gelegene günstigere Stelle aus, als die war, wo wir gestern
die Ueberfahrt versucht hatten. Aber auch hier war die Brandung noch hoch genug. Bis etwa 20 Schritt an den Außen-
rand des Riffes waren wir gekommen, nicht ohne Mühe und
manchen Schrecken, den uns eine besonders hohe Welle oder ein
nichtgesehener Fels eingejagt hatte. Wer jemals eine Reise auf
der See — ich meine auf dem Weltmeere — gemacht oder einmal, statt träumend am Ufer zu wandeln, das Spiel der an
der festen Erde unaufhörlich rüttelnden Wellen beobachtet hat,
der weiß, daß ziemlich regelmäßig auf hohem Meere, weniger
gleichmäßig am Ufer, aber doch immer erkennbar, drei große
Wellen einer sehr niedrigen folgen. Das wußten die Insulaner
ebenso gut wie wir. So weit als möglich, so gut es eben noch
ging, um das Boot nicht gerade unter die Brecher zu stellen,

waren wir an das Außenriff herangefahren. Die dritte große
Welle war eben vorüber. „Vorwärts, rasch", ruft Arakalulk.
Und alle Hände schieben mittels langer Bambusrohre das Amlai
pfeilschnell über die tanzenden Wogen dahin. Nur noch einige
Stöße — halt, wir müssen zurück. Da ist die Welle schon.
Und so scheinbar friedfertig kräuselt die anrückende Woge nur
eben die äußersten höchsten Spitzen, lächelnd in ihrer anschei-
nenden Harmlosigkeit; aber mit jedem Blicke des Auges wächst
sie heran, näher und näher — unsere Leute schieben aus allen
Kräften das Boot wieder zurück — immer drohender schwillt
ihr Kamm, und gleich darauf köpft sie sich und stürzt uns nach
mit Donnergetöse, zischend und sprudelnd und zürnend, daß
die Beute ihr entgangen. Nur noch eine einzige kleine weiß-
liche Locke ihres zerzausten Kammes wirft sie uns ins Boot
hinein. Drei davon hätten freilich genügt, dasselbe zu füllen.
Nun kam die zweite Welle, die wir schon nicht mehr zu fürchten
hatten, dann die dritte. „Nun, warum geht es nicht vorwärts?" —
„Nur Geduld, Doctor, diesmal bleibt uns keine Zeit. Siehst
du, der Fels da kam eben etwas weiter aus dem Meere heraus
als gewöhnlich, wenn die großen Wellen vorüber sind. Das ist
ein Zeichen, daß die nächste nicht klein sein wird." Und trium-
phirend zeigt mir Arakalulk den gekräuselten Kamm der Woge,
die gegen die Regel sogar höher stieg als ihre Vorgänger.
Endlich — die Secunden kamen mir vor wie Stunden, wenn
ich so eifrig wie meine Freunde das Spiel der Wellen beobachtete, um den günstigen Moment der Ruhe zu erspähen —
endlich, nun ist es Zeit. Selbst Arakalulk hilft mit, ich ergreife
auch eine Stange und versuche mit zu schieben. Wie das fliegt!
Da macht das Boot eine kleine Wendung, ich verliere das
Gleichgewicht und falle. Zum Glück hält mich Cabalabal, der
Steuermann, nur mein Arm taucht ins Wasser ein. Aber wieder war der günstige Moment verpaßt, denn der kleine Unfall
hatte der anrückenden Welle einige Secunden Vorsprung gegönnt.

Abermals zurück, wieder vorwärts — nun stießen wir gegen einen Stein, wir waren fast dem Sinken nahe, da der Welle nicht früh genug ausgewichen worden. Jetzt mußte das Wasser erst ausgeschöpft werden. „Seid ihr fertig? Dann vorwärts, alle Kraft darangesetzt. Diesmal muß es gelingen. — Hurrah, Doctor, wir sind auf dem Riff! Siehst du die Klippen hier nebenan? Vorwärts, Burschen, vorwärts!" Schon hebt sich das Meer, ganz langsam schwillt die Welle an, keiner beachtet sie, sondern vorwärts treiben sie alle das Amlai, gönnen sich keinen Moment Ruhe — endlich sieht sich Arakalull, der ganz vorn gestanden, um mit ängstlicher Miene. „So, Doctor, nun sind wir drüben", sagt er jedoch, zugleich befriedigt seinen Stab niederlegend und nach dem Ruder greifend, „es war hohe Zeit. Siehst du, wie dicht hinter uns die Welle sich schon köpft! Jede große Woge bricht sich so mehrere male, und solange man zwischen diesen Linien von Brechern ist, darf man sich nicht umsehen. Das nehmen die Götter des Meeres übel. Jetzt können wir gleich den Mast aufrichten und das Segel setzen."

Wir hatten bald die weiße Schaumlinie der Brecher hinter uns. Aber immer noch konnten wir deutlich die Korallen am Grunde des Meeres erkennen, obgleich wir schon reichlich eine Seemeile östlich vom Außenriffe entfernt waren. Absichtlich steuerten wir weit ins hohe Meer hinein, da die Wellen auf der ganz allmählich aus der unmeßbaren Tiefe emporsteigenden Riffläche mächtig anschwollen und wir auf hohem Meere ruhigeres Fahrwasser gewinnen wollten. Der günstige Wind trieb uns rasch nach Norden, und bald hatten wir die Höhe des Berges von Aracalong erreicht und sahen westlich die äußerste Insel neben uns, die noch mit von dem Riffe von Babelbaub umschlossen wird. Dann ließen wir auch diese im Süden liegen, und nun steuerten wir wieder westlich und kamen endlich in das ruhige Fahrwasser des Kanals von Coffol. Die Bank dieses Namens ist von hufeisenförmiger Gestalt; sie ist gegen Nord und

Oft gänzlich geschlossen durch das hier sehr hohe und bei Ebbe trocknende Außenriff, während nach Süden und Südwesten hin auch bei tiefstem Wasserstande eine Einfahrt in den einer Lagune ähnlichen mittlern Raum möglich ist. Das Wasser in dem Kanal von Cossol ist hellblau, obgleich man den Meeresgrund noch nicht erkennen kann; nur mitunter. erheben sich aus der Tiefe senkrecht emporsteigende isolirte Felsen bis zu 3—6 Faden von der Oberfläche des Meeres herauf; zum Beweise, daß Cossol nichts anderes ist als eine unterseeische Fortsetzung der Inselgruppe der Palaus. Wenn man in das Innere des hufeisenförmigen Riffes eindringt, mehren sich diese isolirten Korallenfelsen und verwachsen schließlich, indem sich der Meeresboden ganz langsam erhebt, mit der innern Seite des eigentlichen Riffes. Auf diesem verzehrten wir unser Mittagsmahl, dem wir als Leckerbissen einige ganz besonders große Riesenmuscheln hinzugefügt hatten. Dann ging es an der Nordwestseite, nicht ohne einige Mühe uns durch die mäandrisch verschlungenen Kanäle hindurchwindend, wieder hinaus ins offene Meer. Ein starker westlicher Seegang empfing uns. Hier aber war der äußere Abfall des Riffes ein außerordentlich steiler, denn schon 150—200 Schritt vom Rande desselben war die Farbe des Meeres dunkler als in 1—2 Seemeilen Entfernung vom östlichen Riffe und in dem Kanal von Cossol, in welchem die Tiefe aber nach den Angaben der Karten nur zwischen 40 und 60 Faden schwanken soll.

Nun konnten wir auch schon deutlich die hohen Palmenbäume der Insel Kreiangel erkennen; denn es trennte uns nur noch der 4 Seemeilen breite Kanal von dem ersehnten Atoll. Fortwährend blieb der Wind günstig und trieb unser Amlai rasch über die dunkelblaue, fast schwärzliche Wassermasse des Kanals hin, in welchem hier und da kleine Wirbel von der Gewalt des von Westen nach Osten eilenden Stromes zeugten. Schon traten die einzelnen Inseln hervor, wir sahen deutlich den schneeweißen Saum des Sandes am Fuße der Palmenhaine und der

niebrigen, schon in ihren einzelnen Baumformen deutlicher wer=
benden Gebüsche. Aus einem derselben steigen Rauchwolken
kräuselnd empor. Nun kommt Leben in die Sandklippen und
Felsen, sie scheinen sich rhythmisch zu heben und zu senken —
das sind die sich brechenden Wellen, welche bis hart an den Fuß
der Inseln heranschlagen. Mehr und mehr tritt die Schaumlinie
hervor, indem sie sich von der südlichsten Insel entfernt, die wir
als deutlich von den übrigen gesondert erkennen können. Nun
auch gegen Westen bemerken wir den Schaum der gebrochenen
Wellen, aber weitab vom Lande, ohne die Spur einer Insel.
An der südwestlichsten Ecke ragen mächtige schwarze Blöcke zwischen
den weißen Wellenköpfen hervor — ob das wol Lavablöcke sein
mögen? Nun ist der Kreis ganz geschlossen, wohin wir sehen
gegen Nord und Süd, Ost und West, ein Ring von so reiner
Weiße, wie sie nur noch der Tropikvogel, der Caramlal, in
seinem Gefieder zeigt, und von dem blendenden Weiß eingeschlossen
ein See vom durchsichtigsten Blau und Grün, dessen glatte Ober=
fläche nur noch hin und wieder von dem allmählich ersterbenden
Winde gekräuselt wird. Uns aber warfen draußen die Wogen
des Stillen Meeres tüchtig auf und ab, als wir uns nun an=
schickten, abermals den gefährlichen Riffübergang zu versuchen.
Noch aber war das Wasser zu niedrig. So mußten wir, draußen
vor dem Außenriff ankernd, einige Stunden warten, bis endlich
— die Sonne war schon im Sinken — das Wasser so hoch stand,
daß wir den Uebergang wagen konnten. Wir waren glücklicher
als am Morgen. Ohne Unfall, gleich beim ersten Anlauf, ge=
langten wir über das Riff in die Lagune und ruderten nun,
da gänzliche Windstille herrschte, mit lautem Halloh und be=
gleitet von einigen andern Amlais, die uns zu begrüßen ge=
kommen waren, an den kleinern Inseln des Südens vorbei
der einzigen bewohnten nördlichsten zu.

Die Sonne warf uns, schon zur Nachtruhe in ihr „Haus"
niedergetaucht — um mich eines der einheimischen Phantasie er=

wachſenen Bildes zu bedienen — noch einen glühenden Scheide=
gruß zu, als wir ſchon ganz nahe dem Ufer waren. Wenige
Minuten ſpäter umhüllt uns dunkelſte Nacht. Aber dort unter den
Palmen, die in der Dunkelheit wie mächtige Rieſen in den Him=
mel zu wachſen ſcheinen, bewegen ſich kleine glühende Punkte,
Leuchtkäferchen gleich, dem Ufer zu. Weithin hallt der lang=
gezogene Geſang, mit welchem unſere Leute im Takt den Ruder=
ſchlag begleiten. In einer Lücke zwiſchen den düſtern Palmen,
die jetzt ſcheinbar über unſer Boot herüberhängen, glänzt das
ſüdliche Kreuz uns entgegen. Nun ſind wir am Ufer. Alle
Leute ſpringen ins Waſſer, um das zarte Amlai gegen jeden Un=
fall zu bewahren, im nächſten Augenblicke ſteht es feſt im Sande,
und Arakalulk gibt mir die Hand, mich zu ſtützen bei dem
Sprunge ans trockene Land. „Olokoi! Freund Arakalulk, du?“
ſo ruft einer der geſpenſtigen Schatten, die uns mit ihren luſtig
geſchwungenen Fackeln grell ins Geſicht leuchten. „Ja wohl,
Freund Aruangl, ich bin es — und das hier iſt Doctor, mein
weißer Bruder. Er will euer Land ſehen, denn er iſt ſehr neu=
gierig. Doch iſt der King nicht da?“ — „Der ſchläft ſchon lange
in ſeinem Bai.“ — „Nun gut, das macht nichts. Vorwärts, ihr
Leute, hier nehmt die Sachen, Doctor iſt müde und auch Gon=
zalez — ein kleiner Rupack aus Manila, Freund Aruangl —
will gern ſchlafen.“ Es dauerte nicht lange, ſo umfing uns alle
im Bai des Freundes von Arakalulk der ſanfteſte Schlaf.

VI.

Kreiangel.

Am nächsten Morgen war mein erster Gang in das Bai des Königs. Höchst würdevoll, mit seinem blendend weißen Hussaker*) in der Hand, saß der alte Mann da, neben dem Eingange an der einen Giebelseite des Gebäudes. Er forderte mich nach einheimischer Sitte mit leichter Handbewegung auf, ihm gegenüber an der andern Seite der Thür Platz zu nehmen. Arakaluk hielt sich in einiger Entfernung.

„Ich habe schon viel von dir gehört, Doctor", begann der Fürst. „Da sind gestern Leute aus Corüre gekommen, die haben mir erzählt, daß du mich besuchen wolltest und daß du, obgleich ein so großer Rupack jetzt in unserm Lande, immer noch die dummen Thiere da im Wasser sammelst, aber nicht bei uns bleiben willst. Könntest du nicht in Aibukit sehr mächtig werden?" — „O ja, das ginge wol schon, aber die in Aibukit haben ja genug an Piter, die wollen mich ja doch nicht, nicht wahr, Arakaluk?" — „Wol möglich", meinte mein Freund, mich verstehend und halb gegen einen eben hereintretenden Rupack gewendet, „wol möglich, daß Mariffeba und Krei dich nicht halten

---

*) „Hussaker" heißt Lendengürtel.

wollen; sie meinen, gegen die Macht von Coröre könntest auch
du nichts ausrichten." — „Nun", unterbrach ihn unser königlicher
Gönner, „wenn das ist, so wird Doctor gewiß gern hier bleiben.
Hier soll es ihm an nichts fehlen. Unser Land ist zwar arm,
auf unserm Boden wachsen die Bäume nicht so gut wie in
Palau. Nur die lius (Kokospalmen), die calebingl (Papaya)
und die maduch (Brotfruchtbaum) gedeihen hier gut; aber tu
(Bananen) und bua (Bonga) und Kukau müssen wir von Aracalong her holen. Vor wenig Tagen erst sind fünf Amlais dahin abgegangen, um Lebensmittel zu kaufen." Ich that, nichts
Arges ahnend, die so nahe liegende Frage, warum sie denn
dort blieben in Kreiangel, da doch noch überreichlich Platz für
seine paar Menschen in Palau wäre. Aber da brauste der alte
Mann auf: „Olokoi, Doctor, du bist schon so lange hier im
Lande und kennst unsere Sprache und weißt noch nicht einmal,
daß ich ein King bin? Und nun meinst du, solle ich in Aracalong ein kleiner Rupack werden? Nein, nein, das geht nicht.
Ich will dir auch erzählen, wie meine Familie hierher gekommen
ist; dann wirst du einsehen, was für eine thörichte Frage du
gethan hast."

„Ehe die Menschen nach Palau kamen, waren hier eine
Menge Kalids; das ganze Land war voll davon. Ihre Bais
waren viel schöner als unsere jetzt; und in ihnen waren viele
Mädchen, und ihre Clöbbergölls waren zahlreich an Männern.
Die lebten viel zufriedener wie wir; denn die men-of-war von
Angabard waren noch nicht gekommen. Unter ihnen war einer
ganz besonders klug; aber seinen Namen habe ich vergessen.
Der lebte in Eirei, sehr weit von hier, dicht bei Coröre. Eines
Tags schlug er den andern Kalids vor, sie wollten Amlais
bauen, um Kreiangel zu besuchen; wer von ihnen zuerst mit
einem Baumzweige von dort zurückkäme, dem solle die Insel
gehören. Nun bekamen sie alle Lust, King von Kreiangel zu
werden, und sie arbeiteten fleißig an den Amlais, die sie aus

großen schweren Bäumen machten. Nur jener schlaue Kalid
suchte sich fast ganz zerfressenes Holz, höhlte dies aus und um-
wand es mit leichten Binsen. Nun konnte kein Wasser mehr
durch die Löcher eindringen. Als sie aber die Wettfahrt begannen, da ward sein leichtes Amlai vom Winde gehoben und
rasch über die Berge nach Kreiangel geführt; und als die andern schwer im Wasser einherfahrenden erst bei der Bank von
Cossol waren, kam jener ihnen schon von der Insel her mit
einem Baumzweige entgegen.*) Nun wurde er King von diesem
Lande. Dann kamen die Menschen von Ngaur her, und die
Kalids gingen alle in den Himmel; nur einige kamen mitunter
wieder herab und verheiratheten sich hier mit den Frauen
und bekamen Kinder. Und jener King von Kreiangel kam nach
Kaslau und hinterließ einen Sohn, den er beim Fischfang einstmals nach Kreiangel führte, um ihm zu seinem Erbe zu verhelfen. Der grub eine große Kim bei einem Mabuch ein.
Später kam dann ein Mann von Reiffal dahin, der hieb den
Brotbaum um und behauptete nun, als er zurückkam nach Palau,
er habe ein Zeichen in Kreiangel gelassen, daß die Insel sein
Eigenthum sei. Darüber entstand ein großer Streit; und die
beiden Männer fuhren zusammen hierher, und der Mann von
Kaslau hatte recht; aber er hatte ein gutes Herz und versöhnte
sich mit dem andern. So blieben sie beide hier und theilten
sich in das Reich. Und der Mann von Kaslau bekam Kinder,

---

*) Diese Sage findet man in allen Bais ohne Ausnahme mehrfach,
allerdings mit zahlreichen Varianten, abgebildet. In diesen rohen Bildern
liegt ein solcher Schatz von Erinnerungen abgebildet, daß ein wirklich ge-
naues Studium derselben — keine bloße Deutung, sondern wirkliche Erklärung durch die Mittheilung der Eingeborenen — uns eine Fülle des interessantesten psychologischen und mythologischen Materials liefern würde. Leider
ist zu seiner Hebung nicht die mindeste Aussicht vorhanden; welcher Gebildete
würde sich jahrelang dorthin verbannen lassen? Missionäre aber und Seeleute werden nie dazu im Stande sein.

und diese wieder, und dazu gehörte mein Großvater. Nun siehst du wol, daß ich von Kalids abstamme, die hier gewohnt haben, und du warst sehr thöricht, zu verlangen, ich solle wegziehen aus dem Lande, wo ich geboren bin."

„Nun, werde nur nicht böse, ich meinte es ja nicht schlimm. Aber sage mir, King, wer hat dir denn diese hübsche Geschichte erzählt?" — „Erzählt? — da sieh hier, da kannst du sie ja lesen." Und mit seinem Finger deutete er auf den höchsten quer in Manneshöhe durch das Haus ziehenden Tragbalken des Dach-stuhls, auf dessen breiter uns zugewendeter Seite die eben ver-nommene Geschichte in deutlichster Weise dargestellt war. „Auf diesen Balken und da draußen auf den Giebelfeldern schreiben wir unsere alten und neuen Geschichten auf. Manche davon sind sehr alt, die können wir jetzt nicht mehr verstehen; aber wir zeichnen sie doch immer wieder ab, weil wir glauben, daß gerade diese von den Kalids herstammen. Hätten wir Menschen sie gemacht, dann würden wir sie doch wol deuten können. Hast du Lust, sie lesen zu lernen, Doctor, so will ich dir einige da-von erklären." — „O ja, recht gern, King, aber später; jetzt muß ich fort und dein Reich ansehen. Ich habe hier viel zu arbei-ten." Und mit meinen Begleitern von Aibukit begann ich als-bald meine Wanderungen auf der Insel.

Wie überall, so stand auch hier das Bai auf einem großen viereckigen gepflasterten Freiplatze, auf dem einzelne Kokospalmen sich malerisch erhoben, während ihn ringsum das dichteste Ge-büsch, über welches die Papayas und die Brotfruchtbäume her-vorragten, umgab. Wir folgten einem der gepflasterten Wege, die durch das Dickicht führten, und kamen bald auf einen sehr großen freien Raum, dessen Mitte von einem mit sorgfältig ge-mauerter Einfassung versehenen Bassin eingenommen war. Eine Menge Knaben und einige ältere Männer badeten sich gerade darin. Das Wasser war vollständig süß; an den Pflanzen und Gräsern, die ringsum bis dicht an dasselbe heran üppig gedeihen,

krochen in großer Zahl kleine Sumpfſchnecken, und in der Tiefe
lebten zwei Arten jener für den tropiſchen Theil der öſtlichen
Hemiſphäre ſo äußerſt charakteriſtiſchen und weitverbreiteten
Waſferdeckelſchnecken (Melania). Ich fragte einen der badenden
Männer, ob denn dies Waſfer beſtändig ſo trinkbar ſei. „O
nein", gab er mir zur Antwort, „jetzt iſt das Baſſin ſo voll
davon, weil es viel geregnet hat. Auch unſere Brunnen ſind
jetzt ſehr voll. Du haſt ſie wol ſchon geſehen? Faſt bei jedem
Bai iſt ein ſolcher; die ſind ſehr tief, und das Waſfer daraus
trinken wir; hier aber baden wir uns nur. Wenn dann aber
lange kein Regen kommt, ſo wird das Waſfer immer niedriger
und zugleich auch ſalzig, aber es läßt ſich doch trinken. Mangel
daran haben wir eigentlich nie. Nur mitunter iſt es ſehr ſchlecht.
Wenn nämlich der Wind lange aus Südweſt weht, dann ſteigt
das Meer oft ſehr hoch; bei heftigem Sturme geht es mitunter
über die ganze Inſel weg. Nachher haben wir immer einige
Tage lange ſehr ſalziges Trinkwaſfer, aber der nächſte Regen,
der auch mit demſelben Winde kommt, macht es bald wieder
ſüß. Jetzt haben wir lange keine hohe Flut, aber ſehr viel
Regen gehabt; darum ſchmeckt das Waſfer ſo gut. Was willſt
du aber hier?" — „Freund, das verſtehſt du doch nicht", ſagte
raſch Arakalulk, „Doctor iſt ein großer Rupack, er hat viele
ſchöne Sachen mitgebracht, um hier Muſcheln zu kaufen, und
wenn du ihm einige von den ſchönen rothen Schalen*) bringſt,
die drüben auf Aruangl gefunden werden, ſo wird er dir gleich
einen neuen Huſfaker geben." — „Wirklich", fragte jener, mich
zweifelnd anſehend, „iſt das wirklich wahr? Da will ich meinen Huſfaker bald haben." — „Ja wohl, Freund, und wenn du
mich ſelbſt auf jene Inſel bringſt, dann gebe ich dir noch ſechs
Stück dazu und etwas Reis. Alſo ſprich darüber mit deinen

---

*) Die Cypraea aurora kommt in dieſer Inſelgruppe nur auf
Aruangl vor.

Freunden und sage mir Bescheid; wenn ich mit meiner Arbeit hier fertig bin, so wollen wir hinüber nach Aruangl."

Wir setzten unsere Wanderung fort. Dicht hinter dem Bassin verlor sich der gepflasterte Weg in Trümmern von Korallen und Muschelschalen, welche überall den Boden bildeten und auf denen sich nur in flachen Einsenkungen oder unter dem Schutze großer Bäume ein wenig Humus gebildet hatte. Gänzlich eben schien die Fläche zu sein. Nur als wir uns dem östlichen Rande näherten — wir hörten deutlich das stärker werdende Rauschen der Brandung — erhob sich das Land zu einem um einige Fuß erhöhten Walle, der ringsum die äußerste Grenze der Vegetation bezeichnete. Auf seiner 15—20 Fuß breiten Kammhöhe lagen Reihen größerer Korallenblöcke angehäuft, und überall war an deutlichen Spuren erkennbar, daß das jetzt niedrige Meer vor wenigen Stunden noch bis hart an diesen Wall heranschlug. Nun lag aber das Riff trocken da, und in einigen hunderten Schritt Entfernung sahen wir die Wellen sich gegen die Blöcke seines Außenrandes brechen. — Ein beschwerlicher Marsch auf der todten, überall aus gänzlich verändertem Korallenkalk bestehenden Rifffläche brachte uns um die Nordspitze der Insel herum an das Ufer der Lagune, da hier das äußere Riff sich direct in diese senkt. Ein Amlai lag zu unserm Empfange bereit. Der östliche, ziemlich frische Wind vermochte nicht den Spiegel des Sees zu trüben, und die hohen Palmen spiegelten sich in ihm mit eitler selbstgefälliger Bewegung. Durchsichtig wie Krystall war das Wasser, bald himmelblau und smaragdgrün, wo auf seichtern Stellen weißer Korallensand den Grund bedeckte, bald dunkelgrün über den mit Tangen bewachsenen tiefern Orten. Es mochte das Wasser in der Mitte bis zu 10 Faden tief sein; jeden am Boden liegenden noch so kleinen Gegenstand konnte man erkennen. Hier zog eine hübsche Koralle, dort ein großer Wurm oder eine Muschel meine Aufmerksamkeit auf sich; aber vergebens bat ich meine Begleiter, sie mir zu holen. Immer hieß es, das Wasser sei zu tief! Aber plötzlich, ehe ich noch ahnte warum, stürzen sich gleich drei auf einmal von ihnen ins Meer — und nach einigen Secunden kommt Cabalabal mit einer großen wol 3 Fuß langen Holothurie zum Vorschein. „Das ist schön von dir, Freund", rufe ich ihm zu, „daß du mir das Thier geholt hast." — „Das ist nicht für dich, Doctor, die will ich kochen, dann gibt mir Cabel Mul, wenn ich noch einige solche finde, gewiß ein neues Stück Calico dafür." — „Nun, es ist schon gut — aber das nächste mal, wenn ich ein Thier haben will, mußt du es mir holen; nun weiß ich ja, daß du es kannst."

Bald waren wir wieder am Strande der Insel Kreiangel. Diesmal legten wir an der südwestlichsten Ecke derselben an, da, wo sie von der Nachbarinsel Nariungus durch einen bei Ebbezeit trockenen, aus der Lagune allmählich ins Riff sich verlierenden Kanal getrennt wird. Hier fanden sich ausgedehnte Sandflächen durchfurcht von zahllosen grabenden Schnecken, die sich jetzt immer tiefer in den Sand bohrten, um der trocknenden Sonne zu entgehen. Arakalulk und seine Genossen schickte ich auf die Jagd nach solchen Schnecken. Ich selbst aber lege mich am Strande nieder im Schatten einer majestätischen alten Barringtonia, deren Wurzeln, hier und da aus dem Korallensande hervorragend, sich tief in den See hineingesenkt haben. Die friedlichste Stille liegt auf des letztern blaugrüner Fläche. Von ihr auf steigen in wallendem Spiel Luftströme, der Sonne entgegen, die im Zenith steht. Die höchsten Wipfel des Baumes zittern leise rauschend im ersterbenden Winde, und auch die Brandung verhallt mehr und mehr. Völlige Windstille liegt auf der Landschaft. Meine Muschelsucher sind vom Strande verschwunden — sie benutzen mein Träumen, um sich der Mittagsruhe zu ergeben. Verstummt ist längst schon das Krähen der Hähne und das Gackern der Hennen; nirgends in den Lüften spielen Möven wie sonst. Auf dem See treibt eine schlafende

Schildkröte, sicher vor ihren Feinden, die in ihren Häusern schlummernd liegen. Nur unter den Blättern des Baumes, welche dort noch eben von der Sonne beschienen werden, spielen Fliegen in pfeilschnellem, hüpfendem Fluge; und auf dem Sande kriecht vorsichtig, hart an meinen Füßen vorbei, eine Landkrabbe der Lagune zu, wol in der Absicht, sich ihr Mittagsmahl von Muscheln zu holen.

Merkwürdig: am Morgen des 6. Juli, meines Geburtstags, war ich aufgestanden, gequält von Sehnsucht nach der Heimat und der peinigenden Erinnerung an meine Braut, die mich längst zurückerwartete, keine Nachricht von mir erhalten hatte; die mich vielleicht schon verloren gab, da ich nun bereits drei Monate länger, als verabredet, ausgeblieben war; der Gedanke an sie und alle meine Lieben hatte mich den ganzen Tag nicht verlassen, trotz der angestrengtesten Arbeit, durch die ich mich zu zerstreuen versuchte. Aber mit der Müdigkeit, welche nun unter der brennenden Sonne die ganze Natur überfiel, kam ein stiller Friede über mich, und in geduldiger Ergebenheit des fröhlichen Wiedersehens gedenkend schlummerte auch ich endlich ein.

Als ich erwachte, war auf dem Strande um mich her alles lebendig. Die Menschen freilich schliefen noch; aber die lebhaftern Thiere tummelten sich schon wieder im erneuten Kampf um ihre Existenz. Da kriecht offenbar dieselbe riesig große Landkrabbe abermals an mir vorüber, die vorhin gegen das Riff zu geeilt war; ihre Jagdgründe hat das steigende Wasser schon zurückerobert, aber sie scheint zufrieden zu sein mit der Beute des Tages. Mitunter steht sie still und greift mit ihren Scheren in den Sand hinein; das ist wol ein kleiner Wurm, den sie zum Nachtisch zwischen ihre beständig auf- und zuklappenden Kaufüße schiebt. Nun kommt sie an mir vorüber; in einem Loche des alten Baumes zwischen Steinen und trockenem Laube verschwindet sie. Flohkrebse hüpfen und tanzen in Scharen um mich herum; auch sie treibt das steigende Wasser, wie

jene Landkrabbe, vor sich her. Sie scheinen zu spielen; doch
bei genauerm Zusehen erkenne ich, daß auch sie in dem Mulm
ihre Beute suchen. Hier liegt ein todter Wurm, auf dem sie
in großer Schar tastend und fressend herumspringen. Muntere
Taschenkrebse laufen nach allen Richtungen umher, und müh-
selig genug schleppen einige Einsiedlerkrebse ihre gestohlenen
Häuser mit sich fort. Diese sind offenbar unglücklich daran;
ihren Feinden entrinnen, wie jene hurtigen Krabben, können
sie nicht, noch viel weniger sich vertheidigen, wie die große
Landkrabbe mit ihren mächtigen Scheren. Aber Noth macht
auch unter Thieren erfinderisch. Bei dem geringsten Geräusch
ziehen sie sich in ihre Schale zurück und verschließen nun die
Oeffnung des Gehäuses mit einer ihrer Scheren so vollständig,
daß nicht leicht ein Schnabel eines Vogels an ihren weichen Leib
zu kommen vermag; packt er aber doch ihre Schere, die vielleicht etwas zu klein war, um sich ganz der Schalenöffnung an-
zupassen, dann läßt der Krebs den Arm rasch entschlossen fahren.
Haben sie doch die beneidenswerthe Eigenschaft, sich einen neuen,
schöner als zuvor, wieder ansetzen zu können. Wie mögt
ihr Eremiten über den hülflosen Menschen lachen! — Immer
näher heran kommt das Wasser und zwingt auch mich zum
Rückzuge. Nun kriechen die Einsiedlerkrebse, die offenbar auch
auf dem Lande leben, an dem Baume empor und in die
Spalten hinein, und mit ihnen zugleich ein Heer von kleinen
und größern Strandschnecken. Das ist langweiliges Volk; apa-
thisch und furchtsam, tasten sie mit ihren Fühlern sorgfältig vor
sich her. Auch sie verlieren sich in den Löchern zwischen den
Wurzeln des Baumes. Reiche Beute an verschiedenen Arten
machte ich, als ich ihnen nachgrub; und in der größten Tiefe
des Baues fand ich eine ganze Familie einer solchen Strand-
schnecke (Melampus), die in friedlichster Eintracht der zahlreichen
Mitglieder einen großen Haufen ihrer kleinen, regellos zusammen-
gehäuften Eier zu hüten schienen. — Das steigende Meer kam

11*

nun schon bis hierher, und da jetzt endlich auch Arakalulk, noch
halb schlafend, herantrat, so gab ich Befehl zum Aufbruch und
zur Beendigung dieser unserer ersten Orientirungsfahrt auf dem
Boden Kreiangels.

Recht ermüdet kamen wir gegen Sonnenuntergang wieder
im Bai an. Hier war eine merkwürdige Unruhe über die Leute
gekommen. Ein alter Rupack saß am Eingang und gesticulirte
heftig zu einer Rede, die er so hastig hervorstieß, daß ich nur
einzelne Brocken derselben verstehen konnte. Da hörte ich
„Coröre" und „armungul" und „clöbbergöll", und hieraus
und aus einigen andern Worten schloß ich, daß während meines
Spaziergangs das eingetreten war, wovor sich die Bewohner
offenbar schon seit einiger Zeit gefürchtet hatten. Ein Clöbber=
göll aus Coröre nämlich war drei Tage vor mir dort ange=
kommen, anscheinend zum Besuch ihrer Freunde auf der Insel;
aber der wirkliche Zweck war das Entführen einiger Mädchen.
Es mangelte ihnen an Armungul im Bai, und wie von jeher
Kreiangel seit Wilson's Zeiten sich den Uebermuth des mäch=
tigen Verbündeten aus dem Süden hatte gefallen lassen müssen,
so wagten auch diesmal die Bewohner der Insel nicht, deren
Vorhaben zu vereiteln. Mädchen, welchen das lustige freie Leben
lockend schien, hatten sich bald gefunden; mit ihrer stummen
Augensprache hatten sie sich rasch mit den Männern aus Coröre
über den Ort des Stellbicheins verständigt; und nun klagten
die Aeltern und thaten ganz unbändig, da es doch längst schon
zu spät war, die zur Mittagszeit entführten Mädchen den Räu=
bern abzujagen. Auch jener Rupack hatte eine Tochter verloren.
Mir that der alte Mann leid, er schien von wirklichem Schmerz
ergriffen. Ich trat auf ihn zu, und da ich seinen Rang nicht
kannte, so fragte ich ihn ohne Arg um seinen Namen. Nun
kehrte sich seine Wuth gegen mich. „Du bist ein recht thörichter
Mann (dangeringl lakad)", fuhr er mich an, „bist du vielleicht
ein Kalid, daß du so dummes Zeug schwatzest? Weißt du noch

nicht, daß es mugul ist, jemand zu fragen: «Wie heißt du?»*)
Soll ich dir, dem großen Rupack aus Angabard und von
Aibukit, erst lehren, was hier gute Sitte ist? Du läufst hier
aufrecht im Bai herum, das ist mugul, denn nur die Kalids
gehen so, wir Menschen aber bücken uns vor ihnen gerade so
wie vor den großen Rupacks. Und den Hut auf dem Kopfe
behalten, ist auch mugul; thue ihn herunter und setze dich nieder, wie es sich geziemt."

Sehr erstaunt war ich ob solcher Worte; es war das erste
mal, daß mir ein Eingeborener so entschieden entgegentrat mit
dem Verlangen, mich seiner einheimischen Sitte zu fügen. Das
durfte ich mir schon um Arakalulk's willen nicht gefallen lassen.
Ich schnitt ihm drum das Wort im Munde ab und erklärte ihm,
so gut es eben ging, in derben Worten, daß ich als Rupack
aus Angabard über ihren Gesetzen stünde und daß ich mich vor
ihren Kalids nicht im mindesten fürchte. „Wir sind gewohnt,
immer aufrecht zu gehen und zu stehen, und lassen jedem sein
Vergnügen. Wenn du einmal in mein Land kommst, so kannst
du dich meinetwegen, wie hierzulande, auf die Erde setzen, obgleich wir das nicht thun. Wenn du nun bei uns dich nieder-
hocken darfst, warum soll ich dann nicht vor dir stehen dürfen?
Also gib dich zufrieden, ich thue, was mir gefällt, und jetzt will
ich schlafen gehen, denn ich bin müde." Noch lange aber hörte
ich den alten Mann schelten, auf mich und auf die Leute aus
Coröre, die wir ihm heute ein so schweres Herzeleid bereitet
hatten.

Am nächsten Tage begann zum großen Kummer meiner
Genossen die Vermessung. Ich fing mit der Insel Kreiangel an,
zu deren Abmessen mit Meßleine und Kompaß wir volle zwei
Tage angestrengtesten Arbeitens brauchten. Am 9. Juli setzten

---

*) Die gleiche Sitte herrscht auch bei den Malaien von Sumatra
(Marsden, „History of Sumatra", S. 286).

wir frühmorgens über nach Nariungus, um auch diese Insel aufzunehmen. Sie zeigte denselben Charakter des Landes und der Vegetation wie Kreiangel, nur die Brotbäume und Palmen waren viel weniger zahlreich, zum Beweise, daß sich hier nie eine Bevölkerung dauernd niedergelassen hatte. Auch jetzt fand sich keine einzige Hütte auf der Insel. Doch aber hatte mir Freund Aruangl, der als Busenfreund Arakalulk's auch der meinige geworden war und mich beständig auf allen meinen Zügen begleitete, wie dieser, eine Menge Geschichten über Na= riungus zu erzählen. Hier an dieser vorspringenden Ecke hatte ein Kalid gehaust, den er selbst noch gekannt; dort war ein großer Cassibucó *) gefangen worden, der war so schwer und lang, daß mehr als 50 Männer genug zu thun hatten, um ihn an das Land zu ziehen. Hier war ein heiliger Baum, den er und seine Familie verehrten; und in jener Felsspalte nistete sich alljährlich eine große Seeschlange ein, die der Kalid ihres Kö= nigs sei und deswegen in großen Ehren stünde. Am meisten aber interessirte mich, was er mir an der Ostküste der Insel erzählte. Ungefähr in der Mitte derselben trat das Land sehr weit nach innen zurück und bildete eine auf dem Riffe selbst liegende halbmondförmige Lagune, die an den tiefsten Stellen etwa 1½ Faden Wasser bei Ebbezeit haben mochte. Aus ihr führte, senkrecht das Riff bis in das Meer hinein durchsetzend, ein ganz gerader und gleich breiter Kanal, der offenbar künstlich hier in das Riff eingeschnitten war. Das mochte wol geschehen sein, als vor langer Zeit — so ungefähr in den dreißiger Jah= ren — ein Manila=Schiff gerade gegenüber vor dem Außenriff wochenlang ankerte. Sein Kapitän trieb Handel mit Balate, den er hier billiger und in besserer Sorte als im Süden kaufen konnte. Die Stelle, wo sein Camarin am Ufer der erwähnten

---

*) Eine Art Meeraal, der auch in ihren Sagen eine nicht unbedeutende Rolle spielt.

Lagune, dem Bootkanal gegenüber, gestanden hatte, wurde mir
von Aruangel gezeigt; und dieser Kapitän wird auch wol den
jetzt freilich schon wieder fast ganz verschütteten Kanal in das
Riff eingeschnitten haben. Es war eine schöne Zeit für die
Bewohner; denn sie erhielten viele Stücke Calico und große
eiserne Kochschalen, Messer und Beile und sogar einige Flinten
und etwas Pulver. Das behagte aber dem Ebadul von Coröre
gar nicht, dessen Politik seit Wilson's Zeit nur das eine Ziel
gekannt hatte, sich zum Oberherrn der ganzen Inselgruppe zu
machen. Durch Geld mußte er sich die guten Dienste eines Be=
wohners von Kreiangel zu erkaufen. Dieser brachte dem Ka=
pitän des Schiffes, scheinbar um dessen Leben und das seiner
Leute besorgt, die Nachricht, daß die Bewohner von Kreiangel
einen Plan verabredet hätten, in einer der nächsten Nächte sein
Schiff abzuschneiden. *) In der That ließ sich der betrogene
Seemann vertreiben; aber statt nach dem Süden zu gehen, wie
Ebadul es gehofft hatte, verließ er die Inselgruppe ganz und
ging nach dem kleinen nordöstlich von da liegenden Yap (Eap),
das den Einwohnern von Palau unter dem Namen Bölulakap,
d. h. Ascheninsel **), wohlbekannt ist. Nun mußte Ebadul frei=
lich die Hoffnung aufgeben, ihn zu sich nach Coröre herunterzu=
locken; aber die ultima ratio der dortigen Vornehmen gab ihm
die Mittel zur Rache an die Hand. Der Bestechung durch ein
Stück einheimischen Geldes kann der Insulaner, der selbst einer
Versuchung durch eine Flinte oder Pulver entgeht, nicht wider=
stehen. Auch die Bewohner von Yap hatten seit langer Zeit
ihr eigenes Geld, das in großen, auf den südlichen Palau=Inseln

*) „To cut off", englischer Kunstausdruck für das Ueberfallen, Plündern
und Zerstören der Handelsschiffe durch Piraten.
**) Dieser Name deutet auf vulkanischen Ursprung und Ausbrüche in
der historischen Periode von Yap. In der That sollen die Erdbeben auf
dieser Insel ziemlich häufig sein; auf den Palaus habe ich selbst keins erlebt,
die Eingeborenen sagten mir auch, daß sie ungemein selten wären.

gefundenen Arragonitkugeln besteht und zu dessen Erlangung sie
nie die gefahrvolle Reise dahin gescheut haben. Je größer die
Kugeln sind, um so höher werden sie dort geschätzt; und da sie
selbst die Gefahr der Reise wohl kennen, so suchen sie so viele
Steine als möglich mitzunehmen. Natürlich senkt sich das offene
Boot durch die schwere Ladung tiefer ein, als oft gut ist; aber
ihre Liebe zu dem Gelde ist so groß, daß sie bei Stürmen eher
alle Lebensmittel als jene Steine über Bord werfen, und es
vorziehen, mit ihnen zu Grunde zu gehen, als den so schwer
erworbenen Besitz des Geldes aufzugeben. Eine solche Arragonit=
kugel von höchstem Werthe sandte Ebadul an den Herrscher von
Yap als Bezahlung für den Liebesdienst, den er sich von ihm
ausbat. Wirklich ward nun das Schiff von den zahlreichen
und muthigen Bewohnern des Eilands „abgeschnitten‟; die ge=
sammte Mannschaft ward ermordet und das Schiff gänzlich zer=
stört! Eine Bestätigung der Geschichte erhielt ich später von
Kapitän Woodin, der schon in den dreißiger Jahren, mit Tre=
pang und Sandelholz handelnd, diese Inseln kennen gelernt
hatte. Auch er wußte mir viel zu erzählen von der Schlauheit,
mit welcher von jeher die Bewohner von Coröre die fremden
Kauffahrer nach ihrem Hafen Malakka zu locken wußten; und
er selbst konnte sich erst infolge der allzu selbstsüchtig betriebenen
Concurrenz von seiten des Kapitäns Cheyne der Fesseln ent=
ledigen, die er bis zum Jahre 1860 sich bei seinen zahlreichen
Besuchen von Ebadul hatte anlegen lassen.

Bei unserer Heimkehr empfing uns frohe Botschaft. Die
fünf Amlais waren gefüllt mit Lebensmitteln aller Art aus
Aracalong zurückgekehrt. Auch Nachrichten aus der Heimat
Aibukit hatten sie mitgebracht, und Arakalulk ließ mir keine
Ruhe, bis ich mit ihm zum König ging, um sie durch ihn aus
erster Quelle zu erhalten. Dieser war heute Abend offenbar sehr
guter Laune. Er zählte mir erst alle die schönen Sachen auf,
die er mit einem großen Stück Geldes in Aracalong erhandelt.

Auch von Cabel Mul hatten seine Leute einige Waaren für schönen Schildpatt erhalten, den sie mitgenommen; sie hatten den alten Mann zufällig in Aracalong getroffen. Das war mir und Arakaluk eine wichtige Neuigkeit. Wie kam unser Kapitän, den wir emsig hämmernd und zimmernd bei seinem zerfressenen Schiffe gelassen hatten, nach Aracalong? Uns beiden schien dies kaum glaublich. Vielleicht traf doch der König das Rechte, als er meinte, Cabel Mul wäre wol mit seinem Boote auf eine Handelsreise gegangen. „Nun kommt er auch gewiß hierher, und dann wollen wir recht viel schöne Sachen von ihm kaufen, ich habe noch Schildpatt und auch etwas Trepang, und morgen schicke ich alle meine Leute auf den Schildkrötenfang aus. Auch Oel habe ich für den Era Kaluk bereit; der wird sich sehr freuen. Ihr Männer von Angabard seid doch wirklich kluge Leute, fast so gescheit wie unsere Kalids. Wir kannten das Oel aus den Kokosnüssen schon lange; aber wir wußten nicht, daß die Leute in euerm Lande es zu allerlei Sachen brauchen können, und das hat uns erst Cabel Mul gelehrt. Er zuerst hat hier in Palau Oel gekauft; darum heißt er jetzt auch «Herr Oel» (Era Kaluk).“ — „Ja, dann war aber doch Cabel Mul klüger als euere Kalids; wenn das nämlich welche sind, die bei euch leben und die ihr immer so nennt.“ — „O ja“, meinte der gar nicht aus der Fassung gebrachte König, „o ja, das sind auch Kalids, aber es sind zugleich Menschen, die haben nun ihren gewöhnlichen Verstand verloren und ein wenig von dem der wirklichen Kalids bekommen. Darum verehren wir sie, weil sie uns doch das sagen, was die Kalids wirklich denken; aber die Götter, die jetzt im Himmel oder mit der Sonne in ihrem Hause wohnen, sind noch viel klüger als jene. Wenn so ein echter Kalid unter uns gelebt hätte, dann würde er uns längst gesagt haben, daß man viel Oel für theures Geld an die weißen Männer verkaufen kann. Ihr habt doch auch alle euere schönen Sachen, die großen

Schiffe und die Flinten und das Eisen von euern Kalids; und glaubst du denn, daß Cabel Mul klug genug wäre, ein solches großes Schiff zu bauen, wenn er vorher nur ein kleines Amlai ohne Segel und Mast gehabt hätte? Das hat aber hier ein Kalid bei uns gethan; also siehst du wohl, daß er klüger war als Cabel Mul." — "Nun, und wer war dieser kluge Kalid?" fragte ich neugierig den alten Mann. — "Das will ich dir erzählen; es ist eine hübsche Geschichte; und morgen, wenn es hell ist, kannst du sie auch dort auf jenem Balken lesen."

"Es ist schon lange her, da hatten die Bewohner hier nur ein kleines und schweres Amlai, mit dem sie ganz langsam im Meer einherfuhren. Sie hatten nur Ruder, um es fortzutreiben. Du kannst dir denken, Doctor, daß es schwer war, die Schildkröte zu fangen und den schnellen Rul zu jagen. Die Menschen waren damals schon gerade so dumm, wie sie jetzt sind; denn die Kalids waren längst in den Himmel gezogen. Nun kam eines Tags ein Mann Coreom (d. h. der Wald) über die Berge nach Rollkell gegangen, der war schwer mit Tauen und Bambus und andern sonderbaren Sachen beladen. Der arme Mann war offenbar sehr müde; und er freute sich sehr, als er sah, daß die Einwohner von Rollkell gerade im Begriffe standen, ihre Amlais ins Wasser zu schieben. Sie wollten hinaus, um einen Rul zu jagen und andere Fische zu fangen. Coreom bat die ersten, die in die See stachen, ihm zu erlauben, mitzufahren, aber ihn mürrisch abweisend, fuhren sie davon. Ebenso machten es die nächsten; nur das letzte, ein winziges Amlai mit zwei Menschen darin, nahm ihn auf. Als er nun einstieg mit seiner schweren Ladung, wurden sie etwas unwillig und meinten, er solle das viele Tauwerk am Lande lassen. Aber Coreom beruhigte sie und sagte, er wolle ihnen zeigen, wie man rasch vorwärts komme. Dann nahm er seinen Bambu, pflanzte diesen als Mast auf, stellte die Segel mit den Tauen und lehrte ihnen die Kunst zu segeln. Obgleich sie zuletzt ausgefahren, waren sie doch schon längst von dem Fischfange reichbeladen zurück, als erst die andern, schwer mit Rudern arbeitend, langsam und müde ankamen. Bald verbreitete sich nun die Kenntniß der Segel über alle Inseln. Dieser Coreom aber war ein Mensch, und er war gerade nur so klug wie ihr andern Männer von Angabard auch; denn den Mast und das Segel hat er selbst nicht er= funden. Er hatte nur eines Tags ein Amlai mit einem Segel, geführt von einem wirklichen Kalid, gesehen und ihm hatte er seine Weise zu segeln abgelernt. Und nun siehst du wol, daß dieser Kalid klüger war als Cabel Mul und daß er uns gewiß auch gelehrt haben würde, Oel an euch zu verkaufen, lange vordem Cabel Mul nach Palau kam, wenn es jetzt noch rechte Kalids hier auf den Inseln gäbe." — „Wahrlich, du hast recht, King, das ist eine hübsche Geschichte; morgen zeigst du mir das Bild davon, ich muß doch zu Hause bleiben, da ich meinen Fuß etwas verletzt habe. Nun gute Nacht."

Am nächsten Tage war wirklich mein Fuß nicht besser, sodaß ich sehr zu meinem Leidwesen das Haus hüten mußte, während Arakalulk mit seinen Leuten auf den Muschelfang aus= zog. So thätig und bereit, mir zu helfen, mein Bruder auch war, so ermüdete ihn doch sichtlich dieses fortgesetzte Suchen nach Thieren und das Abmessen der Insel, und seine Diener machten schon verdrießliche Gesichter; war doch die Arbeit eine so ungewohnte und die Abwesenheit von der Heimat gar zu lange schon. Da ich zu Hause bleiben mußte, schienen sie mit einem male recht eifrig zu werden; aber ich wußte wohl, was das zu bedeuten hatte. Arakalulk versprach mir zwar, sie recht streng an ihre Arbeit zu fesseln; aber seine Autorität ging doch nicht weit genug, um ganz zu verhindern, daß aus dem Arbeits= tage ein halber Feiertag wurde. Glaubten sie doch selbst ein Recht darauf zu haben, da ja auch ich ausruhen konnte; und als ich einen der Leute fragte, ob er mir denn meine Wunde abnehmen wolle, um zu Hause zu bleiben, meinten seine Gefährten, sie thäten das alle recht gern, wenn sie es nur könnten. Dann wäre uns ja allen geholfen: ich klagte über die Wunde, deren Schmerz sie recht gern ertragen würden, und sie könnten dann recht gemüthlich zu Hause bleiben und schlafen, während ich mir das sonderbare Vergnügen machte, mich recht müde zu laufen. Gegen eine solche Argumentation war nichts zu machen; so befahl ich ihnen, gleich an die Arbeit zu gehen, um nicht noch mehr in die Enge getrieben zu werden. Ich selbst versuchte ihren guten Rath zu befolgen; freilich mit schlechtem Erfolg. Zu begierig, die begonnene Arbeit zu vollenden, die auch mir schon etwas lästig zu werden anfing, und unruhig gemacht durch die Nachricht von Woodin's abenteuerlicher Reise nach dem mit Aibukit in Feindschaft lebenden Aracalong, ließ mich diesmal meine Geschicklichkeit, zu jeder Tageszeit zu schlafen, im Stich.

Zum Glück dauerte meine Einsamkeit nicht lange. Vornehmer Damenbesuch kam bald herangerauscht, und rasch sah ich mich umgeben von einem Kreise brauner Schönheiten, darunter die Frauen der beiden Könige, der Minister und übrigen Vornehmen. Ich mußte sehr liebenswürdig gegen sie gewesen sein, denn stundenlang blieben sie bei mir, mit den Sachen spielend, die ich ihnen geschenkt, oder mich ausfragend nach den wunderbaren Ländern im Westen, von wo alle weißen Männer kämen. Auch mein Mittagsmahl mußte ich in ihrer Gegenwart einnehmen. — Nachmittags kam dann der eigentliche Staatsbesuch der Männer selbst. Voran die beiden Könige; aber sie setzten sich nicht nebeneinander am Eingange derselben Thür nieder, sondern einander gegenüber. So verlangt es die nie von ihnen im mindesten verletzte Sitte. Dann kamen einer nach dem andern, im Gänsemarsch, die übrigen Fürsten der Insel und hinter ihnen reich beladen mit Geschenken die jüngern Männer des gemeinen Volks. Schweigend wurden Bananen und Töpfe mit Eilaut, Kokosnüsse und Kukau, roh oder zubereitet, und süße, aber sehr harte Mandelkuchen vor mich hingesetzt; und ebenso schweigsam

trugen sie bald nachher die Geschenke auf meinen Wunsch in die
Ecke des Bais, wo ich mein Lager aufgeschlagen hatte. Ich
war müde geworden durch das Gespräch mit den Frauen, auch
sonst nicht gut aufgelegt; so überließ ich die guten Leute ihrer
schweigsamen Würde und antwortete nur kurz, wenn einer mir
eine Frage that. Sie merkten bald, daß ich allein zu sein
wünschte; und eben erst hatten sie wieder in langer Reihe hinter=
einander das Bai verlassen, so kam Arakalulk mit seiner Beute,
die meiner Neugierde bis zur Nachtruhe hinreichende Nah=
rung gab.

Bis zum 13. Juli war ich gezwungen, das Haus zu hüten,
da ich den Fuß ganz heilen lassen wollte, ehe ich wieder an
meine beschwerliche Arbeit ging. Am 14. begann ich frühmor=
gens mit der genauen Vermessung der nördlichen Hälfte der
Insel Kreiangel; und am 15. ging ich über zu derjenigen des
äußern nördlichen und östlichen Riffes. Meine Leute fingen
schon an, recht mürrisch zu werden. Solange wir nur die
Insel mit der Meßleine abmaßen, hatten sie doch höchstens den
Regen zu fürchten, der jetzt mit den Südwestwinden täglich zu
fallen pflegte. Aber auf den Riffen schnitten ihnen Steckmuscheln
und scharfe Korallenblöcke die Füße wund; alle Augenblicke fiel
einer von ihnen in ein Loch, wenn er rückwärtsschreitend die
Signalflagge nach einem von mir mit der Hand gegebenen Zei=
chen aufzustellen hatte. Dabei verdroß sie fast noch mehr als
der Unfall selbst, daß sie nun ihre schönen neuen Lendengürtel
— die sie zu größerm Staat mitgenommen hatten — durch das
Seewasser halb verdorben sahen. Kurz, meine Diener ermüdeten
täglich mehr; aber ungeduldig, die Arbeit zu beenden, achtete
ich nicht auf ihre mismuthigen Mienen und trieb sie mit Schelt=
worten und beständig erneuerten Versprechungen wieder an.
Nun kam am 16. Juli ein heftiger Sturm dazu, begleitet von
anhaltendem tropischen Regen, und die gezwungene Unthätigkeit
im Bai machte jetzt meine Freunde noch unwirscher, als sie schon

vorher gewesen waren. Selbst das Schlafen, das sie doch sonst
aus dem Grunde verstanden und das sie offenbar mit in die
Reihe ihrer Lustbarkeiten zählten, schien ihnen nicht mehr zu
behagen. Kaum hingelegt, sprangen sie wieder auf, setzten sich
bald flüsternd zueinander, bald gingen sie hinaus, wie es schien,
ins Dorf, kamen aber immer nach kurzem wieder zurück. Eine
merkwürdige Unruhe hatte sich ihrer bemächtigt. Gegen Sonnenuntergang endlich — Arakalulk war gerade abwesend auf Besuch
bei seiner dortigen Frau — kam Cabalabal zu mir und setzte
sich in meiner Nähe nieder.

„Doctor", begann er, „wir sind sehr müde." — „Das
glaube ich dir, Freund; um so besser wirst du heute Nacht
schlafen." — „Ich weiß nicht, Doctor; ich habe versucht zu
schlafen, es will aber nicht gehen. Ich bin zu müde. Auch die
andern sagen das. Sind wir denn bald fertig mit der Arbeit?"
— „Das weiß ich nicht. Wenn ihr fleißig seid, so wird es
rasch gehen; aber wenn ihr so fort arbeitet wie bisher, so wird
es wol noch 4—5 Tage dauern." — „Olokoi, Doctor, dann
sind wir ja wol schon einen ganzen Monat fort von Aibukit?
Was ist das für eine lange Reise! Und nun kommt bald das
schlechte Wetter, und dann willst du noch nach Aruangl. Nein,
Doctor, dazu sind wir wirklich zu müde. Es ist gar so langweilig hier in Kreiangel, und wir haben alle wenig Glück gehabt, nur Aibesó hat eine hübsche junge Frau gefunden." —
„Das thut mir leid, aber ich kann euch nicht helfen. Sieh, ich
bin auch müde wie du, und meine Füße thun mir sehr weh,
und das Essen schmeckt mir auch nicht recht, da ich keine Chocolade und Plumpudding und Thee mehr habe. Aber meine
Arbeit möchte ich doch noch zu Ende bringen. Seid ihr denn
wirklich ebenso müde wie Cabalabal?" fragte ich unvorsichtig
genug die übrigen, welche im Verlauf des Gesprächs näher getreten waren. „O gewiß, Doctor", hieß es da einstimmig,
„wir noch viel mehr als Cabalabal. Der hat ja immer nur

dein und unser Essen gekocht." Nun hatten sie alle Muth ge=
faßt, und ein Bitten und Drohen und Klagen begann, dem ich
bald keinen Widerstand mehr entgegenzusetzen wußte. Immer
hieß es: „Wir sind zu müde!" und da ich selbst auch recht er=
mattet und abgespannt war, so ließ ich mich endlich nicht allzu
ungern zu dem Versprechen drängen, am nächsten Tage Befehl
zur Rückkehr in die Heimat zu geben. Nun war mit Einem
Schlage der Mismuth verschwunden; mit freudigem Jauchzen
sprangen sie alle auf, hinausstürmend — es waren gerade keine
Kupacks da —, um ihren Freunden die frohe Nachricht zu
bringen.

In dem Augenblicke trat Arakalulk herein, sehr erstaunt
ob des ungewohnten Lärmens. „Wir gehen morgen nach Haus,
Arakalulk", ruft ihm Cabalabal zu. Ohne sich weiter um ihn
zu kümmern, tritt er auf mich zu: „Ist das wahr, Doctor?"
— „Ja wohl, ich habe es eben deinen Leuten versprochen." —
„Wirklich? Ich hatte es dem Cabalabal nicht geglaubt. Aber
ich muß dir etwas sagen. Die Leute haben wol gesagt, daß sie
sehr müde sind; das ist auch wahr. Ich bin es auch. Das ist
eine langweilige Arbeit, die wir hier für dich thun müssen.
Auch beim Makesang werden wir müde und wenn wir den
schnellen Rochen fangen oder mit unserm Amlai im Sturm ein=
herfahren; aber das sind unsere gewohnten Arbeiten, wir wissen,
warum wir dies thun. Was nützt uns aber deine Arbeit? Wir
werden nur müde davon, haben aber keine Freude daran.
Manche Leute sagen, du wärst ein närrischer Mann, daß du
dich so abmühtest für nichts, du würdest gewiß noch einmal ein
Kalid. Das glaube ich nicht, Doctor — aber ich bin doch auch
sehr müde von dieser Arbeit, und ich möchte auch gern nach
Hause." — „Nun, das soll ja morgen geschehen", unterbrach
ich halb unwillig meinen Freund; „sei also auch so froh wie
die andern. Warum siehst du mich denn so böse an?" — „Ich
bin dir nicht böse, aber ich bin auch nicht froh. Ich glaube

nicht, daß du gern nach Hause gehst. Ich weiß, daß du viele
Freude an deinen Arbeiten hast — ich bin zu dumm dazu, sie
zu verstehen — aber ich sehe es in deinem Gesicht, wenn du
abends in dein Buch schreibst, was du am Tage gethan, so
freust du dich sehr. Und ich habe eben gesehen, daß du traurig
warst, als die andern sich freuten; und ich glaube nun, daß du
mit deiner Arbeit nicht fertig bist. Sage mir, Doctor, bist du
fertig oder nicht?" — „Nein, Arakaluk, das bin ich nicht.
Aber das thut nichts. Die Leute sind müde, sie wollen nicht
mehr arbeiten, drum laß uns fortgehen." — „Und jetzt wollen
wir gerade hier bleiben. Cabalabal und die andern müssen ge=
horchen und arbeiten, wenn ich es sage. Und du, Doctor, bist
ein schlechter Mann, daß du deine Arbeit so verlieren willst.
Du hast mir früher einmal erzählt, wie ihr dort in Angabard
arbeitet — ich habe freilich nicht alles verstanden. Aber du
hast mir erzählt von der Kette, die das Schiff hält, und sagtest,
euere Arbeiten seien auch so; und das habe ich verstanden. Und
nun, sagst du, fehlen dir noch einige Ringe zu der Kette, und
du willst sie nicht hinzufügen? Das ist nicht recht von dir, und
ich leide das nicht; ich will dich wieder froh sehen, und ich
weiß, daß du das erst sein wirst, wenn du deine Arbeit ganz
zu Ende gebracht hast." Und nun fing mein Freund, dem ich
tief gerührt die Hand reichte, seine Leute erst zu schelten an;
dann ward er milder gegen sie und suchte ihre Klagen zu be=
schwichtigen und brachte es endlich dahin, daß sie zu mir kamen
und mir versprachen, so lange, als es nöthig sei zur Beendigung
meiner Arbeit, treu bei mir zu bleiben. „Siehst du, Doctor,
daß ich recht hatte", rief mir Arakaluk freudig zu, „nun hast
du schon wieder ein frohes Gesicht, vorhin aber sahst du recht
betrübt aus. Jetzt wollen wir uns schlafen legen, damit wir
morgen recht früh anfangen können, und wenn alle recht fleißig
sind, so können wir vielleicht schon morgen fertig ·werden; was

meinst du, Doctor?" — „Wol möglich; ich glaube es sicher, wenn ihr recht tüchtig arbeiten wollt."

Am andern Morgen aber ging es schon vor Tagesgrauen hinaus. Zum frohen Erstaunen unserer Leute hieß es gleich das Amlai besteigen; nun fühlten sie sich auf ihrem Element, und mit raschen Ruderschlägen ging es hinüber an die westliche Seite der Lagune. Morgenstille lag über dem Meere. Die hohe Springflut hatte das westliche tiefliegende Außenriff ganz über= flutet, und nur an einer leisen Hebung der Wellen erkannte man die Stellen, wo sonst schäumend die Wogen sich überstürzten. Ueber dem mit den buntesten Blüten und Früchten beladenen Walde des untermeerischen Riffes schaukelten wir uns, als die Sonne feurig roth aus dem Nebel des Morgens aufstieg. Hinaus in die offene See und wieder zurück, in Zickzackzügen das Riff messend, ging es hin und her, und als ich den letzten Wurf mit dem Senkblei am äußern steilen Abfall des Riffes gethan, mahnten uns schon einige weiße Löckchen der majestätisch an= steigenden Woge, daß das Meer im Sinken und daß es hohe Zeit sei, ins Innere der Lagune zurückzukehren, wollten wir nicht die Arbeit dieses Tages verlieren. Mit verdoppeltem Eifer gingen meine Leute ans Werk, als ich ihnen sagte, daß wir jetzt nur noch die Lagune selbst zu sondiren hätten; und völlige Windstille und glänzendster Sonnenschein begünstigten uns da= bei. Wie flog nun das Amlai von einer Station zur andern! Zeigte sich irgendwo fern am Horizont eine kleine Wolke, so war immer einer bereit, mit hochkomischem Eifer sie zu be= sprechen, daß sie ihren Regen anderswohin trage, während die übrigen dann mit verdoppelter Kraft ihre Ruder ins Wasser senkten. Kaum gönnten sie sich am Mittag ein halbes Stünd= chen Ruhe, das mitgenommene kalte Mahl zu verzehren; wieder ging es weiter, mit Geschrei und Zurufen sich gegenseitig er= munternd.

„Nun noch dreimal hinüber und wieder zurück, ihr Freunde,
dann denke ich, sind wir fertig." Immer wilder werden sie in
ihrem Geschrei und in ihrer Arbeit, den Takt der Ruderschläge
verlieren sie nie dabei. „Wie viel Faden, Arakalulk?" —
„Vier", lautet die Antwort. — „Vorwärts!" Und hinüber geht
es mit Sturmesschnelle bis dicht vor Nariungus. „Halt, werft
das Blei! Fertig? Dann vorwärts." Und wieder sind wir
am westlichen Riff; dann abermals in der Nähe der südlichsten
Insel — und endlich, ganz in der Nähe jener schwarzen Blöcke,
die am Südende auf dem trockenen Riffe hervorragen, wird zum
letzten male das Senkblei geworfen. „Hurrah, Arakalulk, die
Kette ist fertig! Nun noch aufs Riff hinauf, jene Felsen uns
anzusehen, dann geht's nach Hause." — Eine Stunde später
zogen wir mit langem, triumphirendem Ruderschlage jubelnd
nach Kreiangel. Ging es nun doch in die Heimat! — Und
auch mich überkam ein gewisses Sehnen nach jenem Aibukit:
schien es doch einen Schritt näher dem Ziele zu sein, das mir
in manchem stillen Augenblick den süßesten Lohn für meine
langen und mühseligen Wanderungen zu verheißen schien. Aber
ich ahnte nicht, wie weit ich noch von ihm entfernt war!

Am nächsten Tage ließ ich jene Leute rufen, die mir versprochen hatten, mich nach Aruangel zu bringen. Zuerst kamen
sie gar nicht; als sie endlich nach vielem Schicken erschienen
waren, machten sie allerlei Einwendungen, das Wetter sei zu
schlecht, sie wären nicht gerüstet auf eine lange Reise; der eine
hatte einen kranken Vater, dem andern lag ein Sohn im Sterben — mein Quälen und Schelten war vergebens, und selbst
der übermäßig hohe Lohn, den ich ihnen bot, vermochte ihre
Unlust nicht zu besiegen. Ich vermuthe fast, daß einer meiner
Leute ihnen vielleicht Geld gegeben hatte, um sie in ihrer Weigerung zu bestärken. Sie erreichten denn auch ihren Zweck
vollkommen, ich gab Aruangel auf und ordnete die Rückkehr
nach Aibukit auf den nächsten Tag (19. Juli) an. Vollauf gab

es nun noch zu thun mit dem Einpacken meiner Sammlungen und dem Empfang der Abſchiedsbeſuche, die mir von den Eingeborenen wurden. Ich ſelbſt erwiderte zwar am Nachmittag nur die der beiden Könige, da jedoch ihre Dörfer ziemlich weit auseinanderlagen, ſo nahm mir dies trotzdem viel Zeit. Meine Leute liefen unterdeß wie toll und wild einher, und bis in die ſpäte Nacht hinein dauerte das Kommen und Gehen. Dennoch wurden wir fertig mit allen unſern Vorbereitungen; und auf die früheſte Morgenſtunde ward unſere Abfahrt feſtgeſetzt.

Es war ein trüber Morgen; dicke Nebeltropfen fielen nieder, als ich das Bai verließ, um an den Strand zu gehen, wohin ich bereits alle meine Leute vorausgeſchickt hatte. Langſam ſchlenderte ich durch den Wald dahin; ich wußte, daß ich doch immer noch zu früh kommen würde. Nun that es mir faſt leid, den Boden der Inſel zu verlaſſen, nach der ich mich ſo lange geſehnt hatte, und die prächtigen Palmen ſchienen mir trotz der trüben Beleuchtung ſchöner zu ſein als je zuvor. Endlich kam ich am Strande an, wo ich gleich mit der Nachricht begrüßt wurde, daß wir noch nicht abreiſen könnten. Diesmal war es nicht das Wetter, das uns hinderte, ſondern eine Liebesgeſchichte im Stile des Landes. Aideſó, ein friſcher hübſcher junger Menſch, war der Don Juan, welcher einer Schönen der Inſel den Kopf verrückt hatte. Bis dahin hatten ihn die andern alle beneidet; aber nun es an die Abreiſe ging, mußte er ſein Glück theuer bezahlen. Er hatte ſich ſchon früh am Ufer eingefunden; aber ehe noch Arakalulk dahin gekommen war, hatte der Vater des Mädchens von jenem als Mitgift für die Verheirathung mit ſeiner Tochter — die ſich nun als Frau Aideſó's in Kreiangel anſah — ein Stück Geld verlangt. Der Schlingel hatte aber nichts, und ſo mußte er ſich's gefallen laſſen, daß ſein erzürnter Schwiegerpapa ihn ohne viel Umſtände beim Kragen nahm und ins Dorf ſchleppte. Dort, ſagten

Schiffe und die Flinten und das Eisen von euern Kalids; und
glaubst du denn, daß Cabel Mul klug genug wäre, ein solches
großes Schiff zu bauen, wenn er vorher nur ein kleines Amlai
ohne Segel und Mast gehabt hätte? Das hat aber hier ein
Kalid bei uns gethan; also siehst du wohl, daß er klüger war
als Cabel Mul." — „Nun, und wer war dieser kluge Kalid?"
fragte ich neugierig den alten Mann. — „Das will ich dir er=
zählen; es ist eine hübsche Geschichte; und morgen, wenn es
hell ist, kannst du sie auch dort auf jenem Balken lesen."

„Es ist schon lange her, da hatten die Bewohner hier nur
ein kleines und schweres Amlai, mit dem sie ganz langsam im
Meer einherfuhren. Sie hatten nur Ruder, um es fortzutreiben.
Du kannst dir denken, Doctor, daß es schwer war, die Schild=
kröte zu fangen und den schnellen Kul zu jagen. Die Men=
schen waren damals schon gerade so dumm, wie sie jetzt sind;
denn die Kalids waren längst in den Himmel gezogen. Nun
kam eines Tags ein Mann Coreom (d. h. der Wald) über die
Berge nach Rolllekl gegangen, der war schwer mit Tauen und
Bambus und andern sonderbaren Sachen beladen. Der arme
Mann war offenbar sehr müde; und er freute sich sehr, als er
sah, daß die Einwohner von Rolllekl gerade im Begriffe standen,
ihre Amlais ins Wasser zu schieben. Sie wollten hinaus, um
einen Kul zu jagen und andere Fische zu fangen. Coreom bat
die ersten, die in die See stachen, ihm zu erlauben, mitzufahren,
aber ihn mürrisch abweisend, fuhren sie davon. Ebenso machten
es die nächsten; nur das letzte, ein winziges Amlai mit zwei
Menschen darin, nahm ihn auf. Als er nun einstieg mit seiner
schweren Ladung, wurden sie etwas unwillig und meinten, er
solle das viele Tauwerk am Lande lassen. Aber Coreom be=
ruhigte sie und sagte, er wolle ihnen zeigen, wie man rasch
vorwärts komme. Dann nahm er seinen Bambu, pflanzte diesen
als Mast auf, stellte die Segel mit den Tauen und lehrte ihnen
die Kunst zu segeln. Obgleich sie zuletzt ausgefahren, waren sie

doch schon längst von dem Fischfange reichbelaben zurück, als
erst die andern, schwer mit Rudern arbeitend, langsam und müde
ankamen.   Bald verbreitete sich nun die Kenntniß der Segel
über alle Inseln. Dieser Coreom aber war ein Mensch, und er
war gerade nur so klug wie ihr andern Männer von Angabard
auch; denn den Mast und das Segel hat er selbst nicht er=
funden. Er hatte nur eines Tags ein Amlai mit einem Segel,
geführt von einem wirklichen Kalid, gesehen und ihm hatte er
seine Weise zu segeln abgelernt. Und nun siehst du wol,
daß dieser Kalid klüger war als Cabel Mul und daß er uns
gewiß auch gelehrt haben würde, Oel an euch zu verkaufen,
lange vordem Cabel Mul nach Palau kam, wenn es jetzt noch
rechte Kalids hier auf den Inseln gäbe." — „Wahrlich, du
hast recht, King, das ist eine hübsche Geschichte; morgen zeigst
du mir das Bild davon, ich muß doch zu Hause bleiben, da ich
meinen Fuß etwas verletzt habe. Nun gute Nacht."

Am nächsten Tage war wirklich mein Fuß nicht besser,
sodaß ich sehr zu meinem Leidwesen das Haus hüten mußte,
während Arakalulk mit seinen Leuten auf den Muschelfang aus=
zog. So thätig und bereit, mir zu helfen, mein Bruder auch
war, so ermüdete ihn doch sichtlich dieses fortgesetzte Suchen
nach Thieren und das Abmessen der Insel, und seine Diener
machten schon verdrießliche Gesichter; war doch die Arbeit eine
so ungewohnte und die Abwesenheit von der Heimat gar zu
lange schon. Da ich zu Hause bleiben mußte, schienen sie mit
einem male recht eifrig zu werden; aber ich wußte wohl, was
das zu bedeuten hatte. Arakalulk versprach mir zwar, sie recht
streng an ihre Arbeit zu fesseln; aber seine Autorität ging doch
nicht weit genug, um ganz zu verhindern, daß aus dem Arbeits=
tage ein halber Feiertag wurde. Glaubten sie doch selbst ein Recht
darauf zu haben, da ja auch ich ausruhen konnte; und als ich
einen der Leute fragte, ob er mir denn meine Wunde abnehmen
wolle, um zu Hause zu bleiben, meinten seine Gefährten, sie

thäten das alle recht gern, wenn sie es nur könnten. Dann
wäre uns ja allen geholfen: ich klagte über die Wunde, deren
Schmerz sie recht gern ertragen würden, und sie könnten dann
recht gemüthlich zu Hause bleiben und schlafen, während ich mir
das sonderbare Vergnügen machte, mich recht müde zu laufen.
Gegen eine solche Argumentation war nichts zu machen; so
befahl ich ihnen, gleich an die Arbeit zu gehen, um nicht noch
mehr in die Enge getrieben zu werden. Ich selbst versuchte
ihren guten Rath zu befolgen; freilich mit schlechtem Erfolg.
Zu begierig, die begonnene Arbeit zu vollenden, die auch mir
schon etwas lästig zu werden anfing, und unruhig gemacht durch
die Nachricht von Woodin's abenteuerlicher Reise nach dem mit
Aibukit in Feindschaft lebenden Aracalong, ließ mich diesmal
meine Geschicklichkeit, zu jeder Tageszeit zu schlafen, im Stich.

  Zum Glück dauerte meine Einsamkeit nicht lange. Vor=
nehmer Damenbesuch kam bald herangerauscht, und rasch sah
ich mich umgeben von einem Kreise brauner Schönheiten, dar=
unter die Frauen der beiden Könige, der Minister und übrigen
Vornehmen. Ich mußte sehr liebenswürdig gegen sie gewesen
sein, denn stundenlang blieben sie bei mir, mit den Sachen spie=
lend, die ich ihnen geschenkt, oder mich ausfragend nach den
wunderbaren Ländern im Westen, von wo alle weißen Männer
kämen. Auch mein Mittagsmahl mußte ich in ihrer Gegenwart
einnehmen. — Nachmittags kam dann der eigentliche Staatsbesuch
der Männer selbst. Voran die beiden Könige; aber sie setzten
sich nicht nebeneinander am Eingange derselben Thür nieder,
sondern einander gegenüber. So verlangt es die nie von ihnen
im mindesten verletzte Sitte. Dann kamen einer nach dem andern,
im Gänsemarsch, die übrigen Fürsten der Insel und hinter ihnen
reich beladen mit Geschenken die jüngern Männer des gemeinen
Volks. Schweigend wurden Bananen und Töpfe mit Eilaut,
Kokosnüsse und Kukau, roh oder zubereitet, und süße, aber sehr
harte Mandelkuchen vor mich hingesetzt; und ebenso schweigsam

trugen sie bald nachher die Geschenke auf meinen Wunsch in die
Ecke des Bais, wo ich mein Lager aufgeschlagen hatte. Ich
war müde geworden durch das Gespräch mit den Frauen, auch
sonst nicht gut aufgelegt; so überließ ich die guten Leute ihrer
schweigsamen Würde und antwortete nur kurz, wenn einer mir
eine Frage that. Sie merkten bald, daß ich allein zu sein
wünschte; und eben erst hatten sie wieder in langer Reihe hintereinander das Bai verlassen, so kam Arakaluck mit seiner Beute,
die meiner Neugierde bis zur Nachtruhe hinreichende Nahrung gab.

Bis zum 13. Juli war ich gezwungen, das Haus zu hüten,
da ich den Fuß ganz heilen lassen wollte, ehe ich wieder an
meine beschwerliche Arbeit ging. Am 14. begann ich frühmorgens mit der genauen Vermessung der nördlichen Hälfte der
Insel Kreiangel; und am 15. ging ich über zu derjenigen des
äußern nördlichen und östlichen Riffes. Meine Leute fingen
schon an, recht mürrisch zu werden. Solange wir nur die
Insel mit der Meßleine abmaßen, hatten sie doch höchstens den
Regen zu fürchten, der jetzt mit den Südwestwinden täglich zu
fallen pflegte. Aber auf den Riffen schnitten ihnen Steckmuscheln
und scharfe Korallenblöcke die Füße wund; alle Augenblicke fiel
einer von ihnen in ein Loch, wenn er rückwärtsschreitend die
Signalflagge nach einem von mir mit der Hand gegebenen Zeichen aufzustellen hatte. Dabei verdroß sie fast noch mehr als
der Unfall selbst, daß sie nun ihre schönen neuen Lendengürtel
— die sie zu größerm Staat mitgenommen hatten — durch das
Seewasser halb verdorben sahen. Kurz, meine Diener ermüdeten
täglich mehr; aber ungeduldig, die Arbeit zu beenden, achtete
ich nicht auf ihre mismuthigen Mienen und trieb sie mit Schelt-
worten und beständig erneuerten Versprechungen wieder an.
Nun kam am 16. Juli ein heftiger Sturm dazu, begleitet von
anhaltendem tropischen Regen, und die gezwungene Unthätigkeit
im Bai machte jetzt meine Freunde noch unwirscher, als sie schon

vorher gewesen waren. Selbst das Schlafen, das sie doch sonst aus dem Grunde verstanden und das sie offenbar mit in die Reihe ihrer Lustbarkeiten zählten, schien ihnen nicht mehr zu behagen. Kaum hingelegt, sprangen sie wieder auf, setzten sich bald flüsternd zueinander, bald gingen sie hinaus, wie es schien, ins Dorf, kamen aber immer nach kurzem wieder zurück. Eine merkwürdige Unruhe hatte sich ihrer bemächtigt. Gegen Sonnenuntergang endlich — Arakalulk war gerade abwesend auf Besuch bei seiner dortigen Frau — kam Cabalabal zu mir und setzte sich in meiner Nähe nieder.

„Doctor", begann er, „wir sind sehr müde." — „Das glaube ich dir, Freund; um so besser wirst du heute Nacht schlafen." — „Ich weiß nicht, Doctor; ich habe versucht zu schlafen, es will aber nicht gehen. Ich bin zu müde. Auch die andern sagen das. Sind wir denn bald fertig mit der Arbeit?" — „Das weiß ich nicht. Wenn ihr fleißig seid, so wird es rasch gehen; aber wenn ihr so fort arbeitet wie bisher, so wird es wol noch 4—5 Tage dauern." — „Olokoi, Doctor, dann sind wir ja wol schon einen ganzen Monat fort von Aibukit? Was ist das für eine lange Reise! Und nun kommt bald das schlechte Wetter, und dann willst du noch nach Aruangl. Nein, Doctor, dazu sind wir wirklich zu müde. Es ist gar so langweilig hier in Kreiangel, und wir haben alle wenig Glück gehabt, nur Aidesó hat eine hübsche junge Frau gefunden." — „Das thut mir leid, aber ich kann euch nicht helfen. Sieh, ich bin auch müde wie du, und meine Füße thun mir sehr weh, und das Essen schmeckt mir auch nicht recht, da ich keine Chocolade und Plumpudding und Thee mehr habe. Aber meine Arbeit möchte ich doch noch zu Ende bringen. Seid ihr denn wirklich ebenso müde wie Cabalabal?" fragte ich unvorsichtig genug die übrigen, welche im Verlauf des Gesprächs näher getreten waren. „O gewiß, Doctor", hieß es da einstimmig, „wir noch viel mehr als Cabalabal. Der hat ja immer nur

dein und unser Essen gekocht." Nun hatten sie alle Muth ge=
faßt, und ein Bitten und Drohen und Klagen begann, dem ich
bald keinen Widerstand mehr entgegenzusetzen wußte. Immer
hieß es: „Wir sind zu müde!" und da ich selbst auch recht er=
mattet und abgespannt war, so ließ ich mich endlich nicht allzu
ungern zu dem Versprechen drängen, am nächsten Tage Befehl
zur Rückkehr in die Heimat zu geben. Nun war mit Einem
Schlage der Mismuth verschwunden; mit freudigem Jauchzen
sprangen sie alle auf, hinausstürmend — es waren gerade keine
Rupacks da —, um ihren Freunden die frohe Nachricht zu
bringen.

In dem Augenblicke trat Arakalulk herein, sehr erstaunt
ob des ungewohnten Lärmens. „Wir gehen morgen nach Haus,
Arakalulk", ruft ihm Cabalabal zu. Ohne sich weiter um ihn
zu kümmern, tritt er auf mich zu: „Ist das wahr, Doctor?"
— „Ja wohl, ich habe es eben deinen Leuten versprochen." —
„Wirklich? Ich hatte es dem Cabalabal nicht geglaubt. Aber
ich muß dir etwas sagen. Die Leute haben wol gesagt, daß sie
sehr müde sind; das ist auch wahr. Ich bin es auch. Das ist
eine langweilige Arbeit, die wir hier für dich thun müssen.
Auch beim Makesang werden wir müde und wenn wir den
schnellen Rochen fangen oder mit unserm Amlai im Sturm ein=
herfahren; aber das sind unsere gewohnten Arbeiten, wir wissen,
warum wir dies thun. Was nützt uns aber deine Arbeit? Wir
werden nur müde davon, haben aber keine Freude daran.
Manche Leute sagen, du wärst ein närrischer Mann, daß du
dich so abmühtest für nichts, du würdest gewiß noch einmal ein
Kalid. Das glaube ich nicht, Doctor — aber ich bin doch auch
sehr müde von dieser Arbeit, und ich möchte auch gern nach
Hause." — „Nun, das soll ja morgen geschehen", unterbrach
ich halb unwillig meinen Freund; „sei also auch so froh wie
die andern. Warum siehst du mich denn so böse an?" — „Ich
bin dir nicht böse, aber ich bin auch nicht froh. Ich glaube

nicht, daß du gern nach Hause gehst. Ich weiß, daß du viele
Freude an deinen Arbeiten hast — ich bin zu dumm dazu, sie
zu verstehen — aber ich sehe es in deinem Gesicht, wenn du
abends in dein Buch schreibst, was du am Tage gethan, so
freust du dich sehr. Und ich habe eben gesehen, daß du traurig
warst, als die andern sich freuten; und ich glaube nun, daß du
mit deiner Arbeit nicht fertig bist. Sage mir, Doctor, bist du
fertig oder nicht?" — „Nein, Arakalulk, das bin ich nicht.
Aber das thut nichts. Die Leute sind müde, sie wollen nicht
mehr arbeiten, drum laß uns fortgehen." — „Und jetzt wollen
wir gerade hier bleiben. Cabalabal und die andern müssen ge=
horchen und arbeiten, wenn ich es sage. Und du, Doctor, bist
ein schlechter Mann, daß du deine Arbeit so verlieren willst.
Du hast mir früher einmal erzählt, wie ihr dort in Angabard
arbeitet — ich habe freilich nicht alles verstanden. Aber du
hast mir erzählt von der Kette, die das Schiff hält, und sagtest,
euere Arbeiten seien auch so; und das habe ich verstanden. Und
nun, sagst du, fehlen dir noch einige Ringe zu der Kette, und
du willst sie nicht hinzufügen? Das ist nicht recht von dir, und
ich leide das nicht; ich will dich wieder froh sehen, und ich
weiß, daß du das erst sein wirst, wenn du deine Arbeit ganz
zu Ende gebracht hast." Und nun fing mein Freund, dem ich
tief gerührt die Hand reichte, seine Leute erst zu schelten an;
dann ward er milder gegen sie und suchte ihre Klagen zu be=
schwichtigen und brachte es endlich dahin, daß sie zu mir kamen
und mir versprachen, so lange, als es nöthig sei zur Beendigung
meiner Arbeit, treu bei mir zu bleiben. „Siehst du, Doctor,
daß ich recht hatte", rief mir Arakalulk freudig zu, „nun hast
du schon wieder ein frohes Gesicht, vorhin aber sahst du recht
betrübt aus. Jetzt wollen wir uns schlafen legen, damit wir
morgen recht früh anfangen können, und wenn alle recht fleißig
sind, so können wir vielleicht schon morgen fertig werden; was

meinst du, Doctor?" -- „Wol möglich; ich glaube es sicher, wenn ihr recht tüchtig arbeiten wollt."

Am andern Morgen aber ging es schon vor Tagesgrauen hinaus. Zum frohen Erstaunen unserer Leute hieß es gleich das Amlai besteigen; nun fühlten sie sich auf ihrem Element, und mit raschen Ruderschlägen ging es hinüber an die westliche Seite der Lagune. Morgenstille lag über dem Meere. Die hohe Springflut hatte das westliche tiefliegende Außenriff ganz über=flutet, und nur an einer leisen Hebung der Wellen erkannte man die Stellen, wo sonst schäumend die Wogen sich überstürzten. Ueber dem mit den buntesten Blüten und Früchten beladenen Walde des untermeerischen Riffes schaukelten wir uns, als die Sonne feurig roth aus dem Nebel des Morgens aufstieg. Hinaus in die offene See und wieder zurück, in Zickzacklügen das Riff messend, ging es hin und her, und als ich den letzten Wurf mit dem Senkblei am äußern steilen Abfall des Riffes gethan, mahnten uns schon einige weiße Löckchen der majestätisch an=steigenden Woge, daß das Meer im Sinken und daß es hohe Zeit sei, ins Innere der Lagune zurückzukehren, wollten wir nicht die Arbeit dieses Tages verlieren. Mit verdoppeltem Eifer gingen meine Leute ans Werk, als ich ihnen sagte, daß wir jetzt nur noch die Lagune selbst zu sondiren hätten; und völlige Windstille und glänzendster Sonnenschein begünstigten uns da=bei. Wie flog nun das Amlai von einer Station zur andern! Zeigte sich irgendwo fern am Horizont eine kleine Wolke, so war immer einer bereit, mit hochkomischem Eifer sie zu be=sprechen, daß sie ihren Regen anderswohin trage, während die übrigen dann mit verdoppelter Kraft ihre Ruder ins Wasser senkten. Kaum gönnten sie sich am Mittag ein halbes Stünd=chen Ruhe, das mitgenommene kalte Mahl zu verzehren; wieder ging es weiter, mit Geschrei und Zurufen sich gegenseitig er=munternd.

Semper. 12

„Nun noch dreimal hinüber und wieder zurück, ihr Freunde, dann denke ich, sind wir fertig." Immer wilder werden sie in ihrem Geschrei und in ihrer Arbeit, den Takt der Ruderschläge verlieren sie nie dabei. „Wie viel Faden, Arakalulk?" — „Vier", lautet die Antwort. — „Vorwärts!" Und hinüber geht es mit Sturmesschnelle bis dicht vor Mariungus. „Halt, werft das Blei! Fertig? Dann vorwärts." Und wieder sind wir am westlichen Riff; dann abermals in der Nähe der südlichsten Insel — und endlich, ganz in der Nähe jener schwarzen Blöcke, die am Südende auf dem trockenen Riffe hervorragen, wird zum letzten male das Senkblei geworfen. „Hurrah, Arakalulk, die Kette ist fertig! Nun noch aufs Riff hinauf, jene Felsen uns anzusehen, dann geht's nach Hause." — Eine Stunde später zogen wir mit langem, triumphirendem Ruderschlage jubelnd nach Kreiangel. Ging es nun doch in die Heimat! — Und auch mich überkam ein gewisses Sehnen nach jenem Aibukit: schien es doch einen Schritt näher dem Ziele zu sein, das mir in manchem stillen Augenblick den süßesten Lohn für meine langen und mühseligen Wanderungen zu verheißen schien. Aber ich ahnte nicht, wie weit ich noch von ihm entfernt war!

Am nächsten Tage ließ ich jene Leute rufen, die mir ver= sprochen hatten, mich nach Aruangel zu bringen. Zuerst kamen sie gar nicht; als sie endlich nach vielem Schicken erschienen waren, machten sie allerlei Einwendungen, das Wetter sei zu schlecht, sie wären nicht gerüstet auf eine lange Reise; der eine hatte einen kranken Vater, dem andern lag ein Sohn im Ster= ben — mein Quälen und Schelten war vergebens, und selbst der übermäßig hohe Lohn, den ich ihnen bot, vermochte ihre Unlust nicht zu besiegen. Ich vermuthe fast, daß einer meiner Leute ihnen vielleicht Geld gegeben hatte, um sie in ihrer Wei= gerung zu bestärken. Sie erreichten denn auch ihren Zweck vollkommen, ich gab Aruangel auf und ordnete die Rückkehr nach Aibukit auf den nächsten Tag (19. Juli) an. Vollauf gab es nun noch zu thun mit dem Einpacken meiner Sammlungen und dem Empfang der Abschiedsbesuche, die mir von den Eingeborenen wurden. Ich selbst erwiderte zwar am Nachmittag nur die der beiden Könige, da jedoch ihre Dörfer ziemlich weit auseinanderlagen, so nahm mir dies trotzdem viel Zeit. Meine Leute liefen unterdeß wie toll und wild einher, und bis in die späte Nacht hinein dauerte das Kommen und Gehen. Dennoch wurden wir fertig mit allen unsern Vorbereitungen; und auf die früheste Morgenstunde ward unsere Abfahrt festgesetzt.

Es war ein trüber Morgen; dicke Nebeltropfen fielen nieder, als ich das Bai verließ, um an den Strand zu gehen, wohin ich bereits alle meine Leute vorausgeschickt hatte. Langsam schlenderte ich durch den Wald dahin; ich wußte, daß ich doch immer noch zu früh kommen würde. Nun that es mir fast leid, den Boden der Insel zu verlassen, nach der ich mich so lange gesehnt hatte, und die prächtigen Palmen schienen mir trotz der trüben Beleuchtung schöner zu sein als je zuvor. Endlich kam ich am Strande an, wo ich gleich mit der Nachricht begrüßt wurde, daß wir noch nicht abreisen könnten. Diesmal war es nicht das Wetter, das uns hinderte, sondern eine Liebesgeschichte im Stile des Landes. Aidesó, ein frischer hübscher junger Mensch, war der Don Juan, welcher einer Schönen der Insel den Kopf verrückt hatte. Bis dahin hatten ihn die andern alle beneidet; aber nun es an die Abreise ging, mußte er sein Glück theuer bezahlen. Er hatte sich schon früh am Ufer eingefunden; aber ehe noch Arakalulk dahin gekommen war, hatte der Vater des Mädchens von jenem als Mitgift für die Verheirathung mit seiner Tochter — die sich nun als Frau Aidesó's in Kreiangel ansah — ein Stück Geld verlangt. Der Schlingel hatte aber nichts, und so mußte er sich's gefallen lassen, daß sein erzürnter Schwiegerpapa ihn ohne viel Umstände beim Kragen nahm und ins Dorf schleppte. Dort, sagten

mir meine Leute, würde er wol an einen Baum gebunden wer=
den; das geschähe immer mit den Verbrechern, und wenn dann
nicht bis Sonnenuntergang der Vater der Familie käme, ihn
mit einem Stück Gelde loszukaufen, so sei sein Leben verwirkt.
Und da ich sein Vater sei, so müsse ich mich der Sitte fügen
und Aidesó erlösen, wenn mir dies möglich wäre; übrigens sei
Arakalulk schon ins Dorf gegangen, um zu sehen, was er thun
könne in der Sache. Natürlich eilte ich rasch wieder zurück.
Wenn ich auch ärgerlich darüber war, daß dieser verliebte
Bursche mir die kostbaren Stunden der hohen Flut so stahl, so
konnte ich doch nicht umhin, den armen gebundenen Liebhaber
zu bemitleiden. Dicht vor dem Dorfe kam er mir schon mit
Arakalulk und einigen andern Leuten entgegen; scheu schlich er
an meiner Seite vorüber und eilte dem Strande zu, während
ich meinen Bruder nach der Ursache dieses so unerwartet raschen
und günstigen Ausganges befragte. „Nun", meinte dieser, „das
ist sehr einfach; eigentlich hättest du dem Vater Geld bezahlen
sollen, aber die Rupacks fürchteten sich vor dir, und als ich sagte,
du würdest gewiß sehr böse werden, wenn sie Aideso nicht laufen
ließen, da meinte der König, Doctor wäre doch auch kein Mann
von hier und kennte die Sitte nicht, sonst hätte er es gewiß
Aideso verboten, das Mädchen zu heirathen. Und da er eigent=
lich keine Schuld hat — denn hier in Palau muß der Vater
immer Acht geben auf seine Kinder, daß sie keine Dummheiten
machen —, so haben sie ihn diesmal laufen lassen." — „Und
du hast wirklich kein Geld für ihn bezahlt?" fragte ich mis=
trauisch meinen Freund. „Nein, gewiß nicht, sie haben ihn
freigelassen aus Furcht vor dir." Aber später erfuhr ich, daß
Arakalulk dennoch den Burschen mit Geld losgekauft hatte;
doch mir selbst gestand er es nur nach langem Drängen ein,
und als ich ihm anbot, es ihm in Aibukit in Pulver zurückzu=
zahlen, schalt er mich aus darüber, daß ich ihn für einen Dienst,
den er als mein Bruder mir gethan, bezahlen wolle.

So spielt denn hier die bunte Glasscherbe oder der Henkel eines alten (chinesischen?) Topfes dieselbe Rolle, die anderswo das Gold und Silber übernommen haben. Auch hier mag eine junge Schöne seufzen: „Nach Golde drängt, am Golde hängt doch alles, ach wir Armen!" und Gut gibt auch hier wie überall Muth. Nur tritt bei diesem Völkchen die Macht des Geldes noch viel ungeschminkter auf als bei uns zu Lande; denn die größere Einfachheit aller socialen Verhältnisse und die Nothwendigkeit, die Gesetze des Landes durch Tradition möglichst unwandelbar zu bewahren, läßt hier die treibenden Momente viel schärfer hervortreten. So hat sich hier nicht, wie bei andern Völkern, im Laufe der Jahrhunderte der uralte Gebrauch, auch die Todesstrafe durch Geld oder Geldeswerth sühnen zu können, verändert; und jedes Vergehen hat — wie in frühern Zeiten auch bei den alten Germanen — seinen ganz bestimmt abgeschätzten Werth in dem Scherbengelde. Jedes Verbrechen, so klein oder groß es auch sei, wird, wenn nicht gesühnt durch seinen Werth im Gelde, mit dem Tode bestraft. Den höchsten Preis haben, wie es scheint, die Vergehen gegen die verheiratheten Frauen; und ein Ehemann hat, im Falle er seinen Nebenbuhler in flagranti ertappt, das Recht, augenblickliche Sühne durch Tödtung desselben zu nehmen und das angebotene Geld zurückzuweisen, wenn er will. Auch die Kriegsgefangenen werden immer getödtet; und die Sorte Geldes, welche zum Loskauf eines solchen hinreicht, ist so selten, daß nur selten ein Gefangener sein Leben einem dieser Glasstückchen wird zu danken haben. Noch tiefer greift aber das Geld hier ein in das Leben der Familie. Da, wie oben angegeben, der älteste der Familie — den sie immer Vater nennen — für alle Handlungen seiner Kinder und Kindeskinder einzutreten hat, so bestrebt sich jeder Mann, möglichst Frauen aus reicher Familie zu nehmen; denn jedes Vergehen, das sein Weib sich zu Schulden kommen läßt, trägt ihm Geld ein. Umgekehrt auch sucht der Vater seine Mädchen reich zu verheirathen, da er dann jede Differenz zwischen seiner Tochter und seinem Schwiegersohne so zu drehen versucht, daß des letztern Vater, als Bürge für seines Sohnes Handlungen, ihn mit Geld abfindet. So sagte mir einst Johnson ganz unbefangen, als ich ihn fragte, warum er so viele Weiber, nämlich vier, habe und so häufig mit ihnen wechsele: er thue dies, um Geld zu machen und immer Leute zum Arbeiten zu haben.

Dieses Intermezzo hatte mir nun zwar kein Geld, aber doch wieder einen Tag gekostet; denn das Wasser war schon zu niedrig zur Ueberfahrt über das Riff, als wir gegen Mittag an der südlichsten Insel ankamen. Am nächsten Tage trat eine ganz unregelmäßige Flut ein — wol in Verbindung mit dem heftiger werdenden Monsun —, sodaß wir wieder die richtige Stunde versäumten, und auch am dritten Tage machten wir einen vergeblichen Versuch. Wir waren herzlich froh, als es uns endlich beim vierten male am 22. Juli gelang, das Riff mit hoher Flut und leichtem Südwestwinde zu überschreiten; und die Palmen Kreiangels schienen mir jetzt gar nicht mehr so schön zu sein. Mein Blick wandte sich nun wirklich sehnsüchtig nach Aibukit, das in weiter Ferne vor uns lag. Gerade im Süden konnten wir, eben aus dem Meere hervorragend, vom Amlai aus den Mamadú erkennen. Viel zu langsam ging die Fahrt von statten für unsere Ungeduld; je näher wir der Hei= mat rückten, um so höher stieg unsere Besorgniß, daß des alten Woodin Reise nach Aracalong doch keine reine Geschäftsreise gewesen sei, sondern irgendein abenteuernder Zug, der gar leicht in einer Katastrophe geendet haben könnte. Was sollte ich an= fangen, wenn mein Kapitän todt, sein Schiff ein Raub der Feinde von Aibukit geworden war? Immer trieb uns die starke östliche Strömung gegen den Ostrand der viele Meilen langen Bank von Coffol an, sodaß wir genöthigt waren, im starken Seegange gegen die schwachen conträren Winde anzukreuzen.

Die Sonne stand schon hoch, und noch immer befanden wir uns östlich vom Außenriffe dieses Atolls. Endlich senkte es sich tiefer ins Meer, und etwas nach 4 Uhr mochten wir mitten im Kanal von Coffol, nördlich von Urocur, sein — noch reich= lich drei Seemeilen entfernt von dem kleinen Kanal, der an der nördlichsten Spitze das Riff von Babelbaub durchbricht. Allmählich frischte der Wind etwas auf und zog sich mehr und mehr gegen Westen; aber zugleich auch thürmten sich am westlichen Horizonte dunkle schwere Gewitterwolken auf. Mit rasender Schnelle verhüllte grauer Regen den blauen Himmel und die Sonne, und lange vor 5 Uhr schon schien sich die Nacht auf das Meer zu senken. Auf den heftigen Wellen, Vor= boten des nahenden Sturmes, schwebte unser Amlai dahin, wie die Möven, wenn sie, ermattet vom Fluge, auf jenen ruhen. Immer düsterer wurde der Himmel. Schwere Regen= tropfen fielen nieder, plötzliche Windstille trat ein, und es fehlte wenig, so wäre unser Mast mit Segel und Tauen über Bord gegangen.

„Rasch, ihr Leute", ruft Arakalulk, „der Wind kommt schon; rasch das Segel gerefft, schlagt den letzten Knoten, denn es gibt argen Sturm. Jetzt aufgepaßt, dort liegt der Kanal — wie da die Brandung schäumt!"

Und nun braust auch die Windsbraut einher, dichten Tropenregen uns ins Gesicht peitschend, und jagt unser schwan= kendes Amlai mit rasender Eile dem Riffe zu. Vergebens strenge ich mich an, die Oeffnung in demselben zu erkennen, es scheint mir alles eine einzige ununterbrochene weiße Schaum= linie zu sein. Aber so ruhig steht Arakalulk da vorn im Bug des Bootes, nur mit der Hand winkend oder in kurz, aber gellend herausgestoßenem Befehl das Sturmgeheul überschreiend; so sicher folgt das Boot jedem Winke meines treuen Freun= des, unbekümmert um die Gefahr, die uns näher und näher rückt! „Das ist Tollkühnheit, wir sind verloren!" rufe ich leise und doch voll Vertrauen.

Vorwärts, immer weiter mit rasender Eile, die Wellen hinan oder mitten durch sie hindurch — von allen Seiten spritzt der Schaum über uns weg und in das Amlai hinein. Zwei Leute sind beständig beschäftigt, das Wasser auszuschöpfen. Nun sind die Brecher östlich von uns — die Sonne steht schon tief, und ich höre das Tosen der Brandung durch den Sturm hindurch, ehe ich die Wellen noch sehe; nun sind sie auch rechts von uns, und dicht vor uns, und hinter uns — überall! Mit den Händen kann ich den Schaum greifen, der sich dort an starrer Klippe bricht. Der Wind heult, und der Mast ächzt unter seinem Drucke; das sind keine Tropfen mehr, die vom Himmel fallen, es sind Ströme, die niederstürzen; ringsum thürmen sich die Wellen im wildesten Aufruhr, und die Sonne ist längst in ihr Haus zur Nachtruhe eingekehrt — aber Arakalulk steht ruhig und sicher vorn im Boote, und ebenso ruhig und sicher leitet Cabalabal auf seinen Befehl die Fahrt. Doch, werden die Wellen nicht kleiner, tritt die Schaumlinie der Brecher nicht weiter zurück? Ja wohl, wir sind durch den Kanal!

Aber der Sturm hält immer noch an, merkwürdig lange; wie erbost, daß mein Freund ihn zu meistern verstanden. Und weiter geht es in Wind und Regen und düsterer Nacht — eine rasende Fahrt in dem engen gewundenen Kanale; freilich auf ruhigem Wasser, doch überall droht uns Verderben in den Riffen, die bald hier, bald da aus der Tiefe emporsteigen. — Aber immer noch steht Arakalulk ruhig im Vordertheile und rettet mit seinem sichern Blicke das Boot und uns oft vor momentanem Zerschellen; denn mit Stöcken kann ich vom Bord aus häufig den Rand des Riffes erreichen, an dem wir vorbeisausen, ohne es auch nur ein einziges mal zu streifen.

Endlich läßt der Regen etwas nach. Nicht wahr, da blinken Lichter? Ja wohl, das ist das Schiff — den Göttern sei Dank, Cabel Mul ist wohlauf — und wenige Minuten darauf treten wir alle in unserm Palaste zu Tabattelbil ein! „Nicht wahr, Doctor, das war eine hübsche Fahrt?" ruft mir beim Scheiden Arakaluk noch gutmüthig neckend zu.

———

VII.

Getäuschte Hoffnungen.

Nun ward es wieder lebendig in meinem Rupacksitze Ta=
battelbil; denn aus allen Dörfern von nah und fern strömten
unsere Freunde herbei, sich die großen Reisenden anzusehen und
sich erzählen zu lassen von den Gefahren der Ueberfahrt und
unsern Erlebnissen, deren fabelhafte Kunde sogar schon bis gen
Süden vorgedrungen war. Ganz unerhört war es ja, daß ich
überhaupt wieder zurückgekommen sei; hatte man doch mich nur
ungern ziehen lassen, da in dem nicht mit Aibukit verbündeten
Staate Kreiangel leicht ein Angriff auf mein Leben oder meine
Freiheit gemacht werden konnte! Das war wol nur der vor=
geschobene Grund für die Einwendungen, die mir vor meiner
Abreise Krei immer gemacht hatte; in Wahrheit fürchteten sie
nur, daß ich durch die Annehmlichkeiten des Lebens in einem
andern Dorfe bewogen werden könne, dorthin überzusiedeln.
Denn mit der größten Freimüthigkeit erzählten sie mir, daß sie
schon der Meinung geworden wären, ich würde gewiß in Krei=
angel bleiben, da ich doch schon einige Tage länger ausgeblieben
sei, als ich ihnen versprochen hatte.

Dies hatte auch meinen guten Krei und seine Frau, meine
Mutter, in nicht geringe Verlegenheit versetzt. Beide hatten ihr

eigenes Haus im Dorfe verlaffen, um in Tabattelbil zufammen
mit Alejandro meine Wohnung zu hüten. Es mußte ihnen fehr
in dem luftigen Gebäude am Ufer des Meeres gefallen haben;
wenigftens hatten fie, wie mir Alejandro verficherte, mit mufter=
hafter Treue ihr Verfprechen ausgeführt. Tagelang war Krei
nicht ins Dorf gegangen; und meine Mutter hatte alle ihre
Kinder und Siebenfachen — ihren Cafancapan, wie man in
Manila fagt — in ihre neue Behaufung transportirt. Das
gefiel nun den übrigen Rupacks, namentlich Mab, gar nicht.
Der eine fürchtete einen ungebührlichen Zuwachs der Hausmacht
des ohnehin fchon übermäßig reichen Krei, wenn ich ihm als
Lohn für feinen Liebesdienft vielleicht Flinten und Pulver gäbe;
der andere fchalt über die Vernachläffigung der ftaatlichen In=
tereffen. Die Mitglieder feiner Familie beklagten fich, daß fie
nun zur Befprechung ihrer Familienangelegenheiten fo weit zu
gehen hätten; und die ehrwürdigen Wächter einheimifcher Sitte
fagten, es fei unerhört, daß ein Krei fich zum Hüter eines Hau=
fes hergäbe, das einem Manne von Angabard gehöre. Aber
Krei hielt fich dabei tapfer, er fagte, er wolle es fo, und das
fei genug; außerdem komme ich ja bald wieder. Solange er
auf den nahen Tag meiner Rückkehr verweifen und fich auf
mein gegebenes Wort berufen konnte, mochte er noch leicht genug
Herr geworden fein über feine misvergnügte Familie. Als aber
diefer Termin verftrichen war, und ein Tag nach dem andern
verging, ohne daß ich erfchien, da follten ihm feine Leute, wie
mir Asmaldra verficherte, immer härter und härter zugefetzt
haben, und einem heftigen Streite mit den Rupacks in diefer
Angelegenheit konnte er nur durch Entfaltung aller feiner Ener=
gie vorbeugen. Krei zwar leugnete beharrlich mit großem Zart=
gefühl, daß er meinetwegen in folchen Streit gerathen fei; aber
feine Frau und alle andern beftätigten mir die Wahrheit des
Erzählten. Leider waren meine Reifevorräthe bereits gewaltig
zufammengefchmolzen, und auch von Taufchartikeln hatte ich nur

noch sehr wenig, was ich ihm als Zeichen meiner Dankbarkeit hätte geben können. Pulver zwar besaß ich noch in Menge; aber ich hatte bei meiner Abreise dem alten Woodin versprechen müssen, dies nur zu eigenem Gebrauche anzuwenden, um ihn nicht bei seinem Handel zu schädigen. So mußte ich leider meines treuen Freundes Hoffnungen täuschen. —

Unter den zahlreichen Besuchern des ersten Tages war auch mein alter Kapitän. Er schien mir merkwürdig aufgeregt zu sein. Nach den ersten begrüßenden Worten und der flüchtig hingeworfenen Frage „how are You?" kam er denn auch gleich auf seine Leiden und Sorgen zu sprechen und auf meine Bitte gab er mir rückhaltslos folgende Erzählung seiner Erlebnisse während meiner Abwesenheit:

„Wie Ihr wißt, Dr. Semper, hatten die Leute von Aibukit in den letzten Wochen vor Eurer Abreise nur wenig Balate zum Verkauf gebracht, und meistens nur geringe Sorten. Sie behaupteten, hier in der Nähe seien die Riffe schon zu sehr abgefischt, was auch wol wahr sein mochte; auch im Westen auf dem Außenriff sei nur noch wenig zu finden, und um gute Beute zu machen, müßten sie schon weit nach Norden oder Süden gehen. Das aber sei zu gefährlich, denn die Leute von Aracalong und Coröre lägen immer mit ihren Kriegsamlais auf der Lauer, um nach ihrer Methode der Kriegführung den Schädel eines harmlosen Fischers zu erjagen. Einmal hieß es ja auch, es sei ein Mann mit seinen zwei Knaben dicht bei Roll überfallen und getödtet worden: das war freilich eine Erfindung, Gott weiß von wem; die Leute lügen hier ebenso wie bei uns zu Lande. Aber die Geschichte hatte dennoch Eindruck gemacht, nun wagte sich kein Amlai mehr einzeln hinaus. Bei meiner Seele, Dr. Semper, es sind elende Feiglinge, diese Männer von Aibukit. Nur Arakalulk hat Muth; das war mein bester Freund, bis Ihr kamt, nun ist er mir untreu geworden. Auch hat er jetzt ganz zu fischen aufgehört; da habt Ihr mir einen großen Schaden zuge-

fügt. Meine armen, armen Kinder, auch diesmal wieder geht
es mir recht unglücklich." — „Nun, das kann sich ja noch
machen, Kapitän Woodin, verliert nur den Muth nicht. Daß
Arakalulk nicht mehr für Euch fischt, dafür kann ich doch wahr=
lich nicht, warum habt Ihr mir nicht, wie versprochen, ein
Boot und Eure Mannschaft gegeben? Da mußte ich mir, weil
Ihr mir nicht halft, doch wol meine Leute suchen, und daß ich
gerade Arakalulk fand, ist reiner Zufall. Nun, und wie ging
es denn weiter, Kapitän Woodin?" — „Ja, diese abscheulichen
Faulenzer von hier meinten also, es sei zu gefährlich für sie,
allein nach dem Norden zu gehen, wo es namentlich bei Urocur
noch viele große Balate gäbe. Das war noch vor Eurer Abreise,
Doctor. Mit Krei und Marisseba sprachen wir oft genug dar=
über, und wir verabredeten endlich, daß ich mit meinem Boote
und einer Schiffskanone darin einige Clöbbergölls von Aibukit
in ihren Kriegsamlais nach Urocur begleiten sollte. Dort
sollte gefischt werden nach Balate, und auf der Heimreise
dachten wir den verdammten Schurken von Aracalong einen
kleinen kriegerischen Besuch zu machen. Diese Kerls haben
den armen Leuten von Aibukit, als das englische Kriegsschiff
hier war, fast alle Kriegsamlais gestohlen; dafür wollten sich
unsere Freunde rächen. Bei meiner Seele, Doctor, wäre es zur
Ausführung gekommen, ich hätte diese Lumpen von Aracalong
schon tüchtig zusammenpfeffern wollen. Aber, guter Gott, was
sind das für Männer, die von Aibukit! Zuerst machten sie
allerlei Einwendungen, hier war ein Fest zu feiern, dort ein
vornehmer Rupack zu betrauern; dabei mußten natürlich alle
Clöbbergölls immer zu diesem abscheulichen Makesang. Habt
Ihr jemals etwas Tolleres gesehen? Da rennen sie sich müde
und fahren vom frühen Morgen bis spät in die Nacht hinaus
ins Meer, blos um einen Rochen zu fangen; und sie könnten
doch von mir Pulver und Flinten, Kochschalen und Calico, und
Messer und Beile in schönster Auswahl erhalten, wenn sie nur

Trepang fiſchen wollten. Seht Ihr, da fahren ſchon wieder ein
paar Amlais hinaus znm Makeſang. By Jove*), ſo geht das
nun immer fort und ich ſitze hier und verliere meine koſtbare
Zeit, und mein Schiff iſt auch noch lange nicht fertig. Jeder
Monat koſtet mir mehrere hundert Dollars, und nun ſind wir
ſchon ſieben Monate unterwegs und ich habe kaum erſt für die
Hälfte meiner Waaren Trepang eingetauſcht. Wie wird das
noch enden? O meine arme Frau, die muß jetzt darben und
vielleicht in Armuth ſterben. By Jove, Doctor, das iſt hart!"
— „Ihr thut mir leid, Kapitän Woodin, recht von Herzen leid.
Aber was nützt das Klagen? und Ihr ſeid doch ſonſt wahrlich
Manns genug, dem Unglück ins Auge zu ſchauen. Denkt an
Eure Jugend zurück! Ihr ſeid ja noch ſo friſch und kräftig;
ich habe Euch oft bewundert, wie Ihr die ſchwere Arbeit da am
Schiffe ſo trefflich aushieltet. Es wird ſich noch alles günſtig
wenden. Nun, und machtet Ihr denn die verabredete Reiſe
nach Urocur und Aracalong?" — „Großer Gott, ob wir ſie
machten? Da fragt nur dieſe Schlingel, dieſe feigen Kerle, ob
ſie wol Muth hatten zu einer ſolchen Fahrt. Solange Ihr da
wart, hatten ſie immer Makeſang; und als Ihr nach Kreiangel
gegangen wart mit Arakalulk, da meinten Krei und Mad, jetzt
ginge es erſt recht nicht an; denn wenn wir auch ſiegreich in Aracalong wären, ſo würden ſich die Leute von Kreiangel an Euch
rächen und ſicherlich Euer und Arakalulk's Leben nehmen. By
Jove, Doctor, Ihr wart ja auch ein großer Rupack in Aibukit
geworden, da mußte ich armer alter Mann wol zurückſtehen.
Wenn Ihr nur Arakalulk hier gelaſſen hättet, dann wären ſie
doch wol mit mir gegangen. Aber mein Schelten half nichts.
Und nun konnte ich nicht einmal mehr an meinem Schiffe arbeiten; denn die Bäume, welche mir Krei zu liefern verſprochen,
kamen immer noch nicht. Wahrhaftig, Doctor, die erſten 14 Tage

---

*) Sehr gebräuchlicher engliſcher Seemannsfluch.

Eurer Abwesenheit kosten mir viel Geld!" — „Das bedauere ich sehr, Kapitän Woodin; aber ich hörte doch in Kreiangel, daß Ihr in Aracalong gewesen wart. Ist denn das auch eine der Enten des Landes gewesen?" — „O nein, Doctor, ich war wirklich dort, aber allein; denn diese Wichte von Aibukit fürchteten sich vor den Gefahren der Reise." Und nun erzählte mir mein seefahrender Freund, immer und immer wieder vom Thema abspringend und in seine Klagen zurückfallend, wie er erst mit seinem bewaffneten Boote nach Aracalong gegangen sei. Dort habe er die Rupacks rufen lassen und ihnen am Strande eine fulminante Rede gehalten — wovon sie natürlich so gut wie gar nichts verstanden, da er gar nicht Palau sprechen konnte — und sei endlich, nachdem er die Fürsten der feindlichen Ortschaften, selbst den Ebadul von Coröre tüchtig gescholten, und bei den befreundeten Rupacks immer übernachtet habe, ganz ohne allen Unfall nach einem fünftägigen Zuge durch die ganze Inselgruppe wieder nach Aibukit zurückgekehrt. Aber noch immer dauere das dumme Makesang fort, und auch das Holz, dessen er so sehr bedürfe, sei noch immer nicht gekommen, sodaß er große Lust habe, noch einmal eine solche Excursion zu unternehmen; dann könne ich ja auch mitgehen. Die Aussicht auf die ewig sich um denselben Punkt, den Trepanghandel, drehenden Unterhaltungen des alten Mannes lockte mich nicht, und unter dem Vorwande, daß ich noch zuviel in Tabattelbil mit meinen Thieren zu thun habe, schlug ich das Anerbieten aus.

Die wichtigste Neuigkeit aber, die mich bei meiner Ankunft in Tabattelbil überraschte, war die auch von Woodin bestätigte Meldung, daß ein Schiff aus Manila gekommen sei! Es war mir, als könne das keine Lüge sein, als mir ein Eingeborener, der den spanischen Schoner in Malacca, dem Hafen von Coröre, hatte ankern sehen, versicherte, es seien Briefe und Kisten für mich an Bord. Zwar konnte ich kaum hoffen, schon Antwort auf meine Briefe zu erhalten, die ich mit dem oben mitgetheilten

Bericht über den Angriff des Kriegsſchiffes auf Aibukit nach
Manila kurz vor meiner Abreiſe nach Kreiangel geſandt hatte,
aber meine Braut und mein Schwager würden doch ſicherlich
jede Gelegenheit, die ſich bot, benutzt haben, mir Nachrichten
zukommen zu laſſen. Wie ſehnte ich mich danach! Und was
man hofft, glaubt man ſo leicht. Am liebſten wäre ich ſelbſt
gleich nach Coröre hingefahren, da das Schiff in dem dortigen
Hafen Malacca lag; aber ich war matt von den überſtandenen
Anſtrengungen, und heftige rheumatiſche Schmerzen hielten mich
in Tabattelbil feſt. Um einen ſchweren, kaum zu erſchwingen=
den Preis — meine Vorräthe waren ſchon faſt ganz verbraucht —
bewog ich nun einen Eingeborenen, die Reiſe nach dem Süden
zu unternehmen, um mir meine Sachen zu holen. Aber ach!
welche Enttäuſchung, als er nach fünf langen erwartungsvollen
Tagen wieder bei mir ankam und die Meldung brachte, daß
nichts, auch gar nichts da ſei, keine Kiſte, kein Brief, kein Gruß
aus der Heimat! Mit meiner melancholiſchen Stimmung har=
monirte das düſtere regnigte Wetter, das mit fernem Donner
uns der heftige Südweſt=Monſun nun ſchon ſeit Wochen brachte.
Tagelang eingeſchloſſen in Tabattelbil wüthete ich förmlich un=
ter den Seethieren des Meeres, die mir meine Leute jetzt täglich
ins Haus brachten, und meine getäuſchten Hoffnungen ſuchte ich
abends zu vergeſſen im Geſpräch mit Arakalulk und den andern
Bewohnern des Hauſes. Auch Kapitän Woodin hatte ſeine
Arbeit am Schiffe wieder aufgenommen, und wie hieb er trotz
des ſtrömenden Regens mit wuchtigen Schlägen auf die Nägel,
als gälte es, mit jedem Hiebe einem ſeiner Feinde von Coröre
oder Aracalong, die ihm ſo ſchweren Schäden gethan, den Kopf
zu zerſchmettern. Mir tönte jetzt, wenn ich ſo einſam dort am
Mikroſkop ſaß, das Hämmern und Sägen wie die ſüßeſte Muſik;
kürzte doch jeder Schlag des alten Mannes die Zeit der Tren=
nung von meinen Lieben ab!

„So, Arakalulk und Asmaldra, Korakel und Cabalabal, setzt euch her zu mir. Jetzt, da es Abend wird, ist es Zeit di melil. Heute bin ich sehr fleißig gewesen, seht her, alle diese Bilder habe ich gemalt. Kennst du denn dieses Thier?" — „O ja", meinte einer, „das ist ja ein Klal! (Birgus latro.) Der steigt des Nachts auf die Cocospalmen und wirft von da die Nüsse herunter, und nachher zerbricht er die Schale und frißt das Fleisch daraus." — „So lebt er wol immer auf dem Lande? und könnt ihr mir sagen, wo er seine Eier hinlegt? Ich habe schon oft vergeblich danach gesucht." — „Ja, die wirst du auch schwerlich jemals finden, wir wissen auch nicht, wo er sie hinlegt. Es ist ja ein heiliges Thier (Kalid), gerade so wie die Land= und die Meerschlange, und wie der Balate. Diesen freilich fangen wir, weil ihr Männer von Angabard ihn so theuer bezahlt, aber den Klal wollt ihr uns nicht abkaufen; sonst würden wir uns nicht fürchten, auch ihn zu fangen. Jetzt aber lassen wir diesen Kalid ruhig laufen. Aber das andere Thier da — sel tara karam — hast du hübsch gezeichnet, der heißt Sissibangiau." — „Aber warum nennst du ihn Karam und den Balate immer Kalid." — „Ja, der heißt ja so." — „Nein, du sagtest ja eben, der hieße Sissibangiau." — „Ja wohl, Doctor, aber er heißt auch Karam" (auka, Doctor, ma aranklel karam). — „Das verstehe ich nicht, hilf du mir, Arakalulk. Hat eure Korakel recht?" — „Ja wohl!" — „Dann sage mir, heißt das Schwein auch Karam? und das Huhn? und der Fisch?" — „O nein, Doctor, der Fisch ist Kalid, aber die andern sind Karam. Ich verstehe jetzt, was du wissen willst. Wir nennen Kalid alles, was im Meere und im süßen Wasser lebt; aber auch alle Thiere, vor denen wir uns fürchten; wir glauben, daß unsere Vorfahren in ihnen leben. Deshalb hat jeder von uns einen andern Kalid. Aber die Vögel und Eidechsen, und Schweine und Hühner, alles, was auf dem Lande lebt, heißt Karam; ganz besonders nennen wir die Thiere so, die immer bei uns in den

Semper. 13

Dörfern neben den Häusern leben. Diese werden niemals unsere Kalids." — „Nun habe ich es verstanden, Arakalulk. Aber sind denn diese Kalids dieselben, von denen ihr mir soviel erzählt habt, die nun im Himmel wohnen sollen und früher hier auf der Erde lebten?" — „O nein, Doctor, die kommen jetzt nur ganz selten herunter zu uns; die haben auch unsere Inseln gemacht." — „Erzähle mir das doch, Arakalulk." Und nun berichtete mir der Freund die folgende Sage von der Entstehung des Landes.

„Bevor noch die Palauinseln existirten, ragte schon Ngaur (das Angaur der Seekarten) aus dem Meere empor, gerade so hoch wie jetzt noch, und das Meer schlug gerade so wie heute hart an den Fuß der weißen Klippen. Es war von jeher sehr gefährlich, an dieser Insel zu landen. Auf ihr aber lebten komische Menschen — es werden wol Kalids gewesen sein — mit sehr großen dicken Beinen; sonst aber waren sie wohlgebildet. Die hatten allerlei übernatürliche Kraft, und man erzählt sich viele Geschichten von ihrer Klugheit. Eines Tags wurde ein Weib, Namens Akuáb, schwanger; aber sie gebar kein Kind, sondern immer größer und größer wurde sie und schwoll an, bis sie das Haus ganz anfüllte: dann sprengte sie das Dach und immer noch wuchs sie weiter, über die Bäume weg und bis hoch in den Himmel hinein. Endlich aber barst sie, weil sie zu sehr angeschwollen war; und alle ihre Gliedmaßen flogen nun weit, weithin und fielen nieder ins Meer. Daraus aber wurden die Palaus. Der Kopf fiel nach Norden und wurde zur Insel Urocur; der Hals ist Aracalong; Brust und Unterleib bildeten den breiten südlichen Theil von Babelthaub und die Brüste fielen nach Meligeok, wo sie jetzt noch als zwei große Berge stehen. Aber die in tausend Stücke zerrissenen Schenkel und Beine fielen dicht bei Ngaur nieder und wurden zu den zahlreichen Inseln im Süden von Coröre an bis hinunter nach Peleliu.*)

*) Eine andere Version derselben Sage ist die der Göttin Milat. Diese stieg vom Himmel herab und schuf die einzelnen Staaten als gesonderte

„Nun kamen die Menschen nach Palau und bauten große Städte (Bölu sowol Stadt, wie Staat und Insel), und bald war ganz Palau bis nach Kreiangel hinauf voller Einwohner. Sie wählten sich ihre Könige und Fürsten, denen sie die Namen der Kalids gaben, die sonst auf den Inseln wohnten; und daher kommt es, daß jeder Vornehme seinen besondern Titel hat, den niemand außer ihm führen darf und den er natürlich erst dann anlegt*), wenn er die Rupacksstelle erhält. Eines Tages — so erzählt die Sage — ging nun einer von diesen Rupack's hinauf zum Himmel, von wo die Kalids allnächtlich mit ihren funkeln= den Augen, den Sternen, herunterschauten. Eins dieser schö= nen Augen stahl er einem der Himmelsbewohner, und wieder in Palau angelangt, machten sie ihr Geld daraus. Und dieses Geld ist es, was noch jetzt hier unter uns Menschen auf Palau gebräuchlich ist, und weil es von den Kalids stammt, so halten wir es so heilig. Deshalb könnt ihr Männer von Angabard es auch nicht nachmachen, obgleich ihr es oft genug versucht habt; wir wissen es doch leicht von dem echten Gelde der Kalids zu unterscheiden. Der Diebstahl aber erzürnte die Götter sehr; sie beschlossen sich zu rächen und kamen herunter auf die Erde. Hier gingen sie gleich in das Dorf, wo das gestohlene Auge verborgen war, nahmen gewöhnliche Menschengestalt an und baten in den Hütten um Gastfreundschaft. Aber die Menschen dort waren sehr unfreundlich; sie verweigerten ihnen Trank und Speise. Nur eine einsam in ihrem Häuschen lebende Frau nahm

---

Inseln, nämlich Coröre, Armlimui, Aracalong, Meligeok und Eirei. Nur Aibukit erhob sich selbständig aus der Flut. Bedeutsam ist dabei die Wahl der Orte, die alle durch eigenthümliche Hügel oder Berge bezeichnet sind, namentlich die von Meligeok sind auffallend, von jener runden Form, welche die Spanier immer auf ihren Karten als „tetas" bezeichnet haben: und von diesem heißt es, Milat habe sich eine ihrer Brüste ausgerissen und ins Meer geworfen, daraus sei dann der Berg bei Meligeok geworden.

*) Titel heißt in der Palausprache „ardü", Name „nakl". Jenes Wort wird nicht weiter abgewandelt und hat nur diese eine Form; „nakl" aber ist die Wurzel, aus der das Verbum „heißen" (aranklel) gebildet wird.

sie gut auf und setzte ihnen Kukau und Fisch vor, von dem
Besten, was sie hatte. Als nun die Kalids weggingen, sagten
sie diesem Weibe, sie solle bis zum nächsten Vollmond ein Floß
aus Bambusrohr machen und sich in der Vollmondsnacht auf
demselben schlafen legen. Sie war dem Befehl gehorsam. Und
nun kam mit dem Vollmond ein furchtbarer Sturm und Regen,
und das Meer stieg immer höher und höher und überschwemmte
die Inseln, riß die Berge ein und zerstörte die Häuser der Men=
schen; sie wußten sich nicht zu retten und kamen alle in der immer
höher steigenden Flut um. Die gutmüthige Alte aber wurde
mit dem Floß, auf dem sie schlafend lag, emporgehoben und
weithin weggeschwemmt, bis ihr Haar sich in den Aesten eines
Baumes fing, der auf dem Gipfel des Berges von Armlimui
stand. Hier lag sie, während das Wasser wieder fiel. Nun
kamen jene Himmelsbewohner und suchten nach ihrem Schützling,
aber sie fanden die Frau todt. Da riefen sie eins ihrer Weiber
aus dem Himmel, dieses ging in den todten Körper und belebte
ihn wieder. Mit ihr aber zeugten nun jene Männer fünf Kin=
der; dann gingen sie in den Himmel zurück und der wirkliche
Kalid verließ auch den Körper jener Frau, um in seine Heimat
wieder einzuziehen. Die fünf Kinder aber bevölkerten nun von
neuem diese Inseln, und von ihnen stammen wir ab, die wir
jetzt hier wohnen."

„Die Geschichte kannte ich schon, Arakalulk, mir hat Piter
schon davon erzählt, als wir noch gute Freunde waren. Aber
er erzählte sie mir etwas anders als du. Er erwähnte die
Kalids gar nicht. Als die große Flut das Weib auf dem Berge
abgesetzt hatte, sollte ein weißer Mann gekommen sein — die
Frau und alle frühern Bewohner, die in der Flut umkamen,
waren schwarz, wie die meisten von euch jetzt noch sind —; dieser
Weiße heirathete die schwarze Frau und das waren die Stamm=
väter der Menschen, die jetzt hier leben. Sie bauten eine Stadt
Raisblu, in der ja jetzt noch Einwohner leben sollen." — „O

nein, Doctor, das glaube ich nicht; Piter iſt ein großer Lügner, und was er bir erzählt hat, iſt gewiß nicht wahr. Die Stadt Raisblu liegt dicht bei Meligeok, ich bin ſelbſt dort geweſen; aber ich habe nie etwas von dieſer Geſchichte gehört." — „Wirk= lich, Arakalulk? Wie iſt das möglich, er iſt boch ſo lange hier geweſen und kennt die Gebräuche von Palau ſo gut." — „Ja wohl, Doctor, aber glaubſt du denn, wir könnten hier nicht ebenſo wohl lügen wie ihr Weißen? Das hat denn Piter wol auch hier gelernt, wenn er noch nicht ſo geübt im Lügen war, wie er jetzt iſt." — „Aber dann kann ich ja auch bir nicht glauben, Arakalulk!" — „O doch, Doctor, denn ich habe keinen Vortheil davon und ich bin dein Freund, und Piter war das nicht." — „Dann iſt auch wol die andere Geſchichte von der großen aus Steinen gebauten Stadt in den Bergen bei Meli= geok nicht wahr?" — „Was iſt das für eine Geſchichte?" — „Nun, Piter erzählte mir von einer alten Stadt, dicht bei einem großen Süßwaſſerſee, von der wußte man nicht, wer ſie gebaut habe. Noch jetzt ſoll man die ſteinerne Einfaſſung der Wege ſehen können, und mitten in der Stadt ſoll ein großer freier Platz ſein, umgeben von mächtigen auf ihrem ſchmalen Ende ſtehenden Steinen; und noch heute ſollten die Einwohner von Meligeok bei ihren Feſten die kleinen Häuſer der Kalids dorthin als Opfer tragen." — „Was iſt doch Piter für ein böſer Menſch, Doctor, das iſt alles erlogen, die Stadt exiſtirt gar nicht, nur der See, der hoch oben auf dem Gipfel eines Berges liegt. Das iſt ganz dicht bei dem Dorfe Rabliſſa, das zu Meligeok gehört." — „Wie ſchade iſt das doch, Freund, ich wollte dich ſchon lange bitten, einmal mit mir nach Meligeok zu gehen, um dieſe alte Stadt zu ſuchen. Aber Piter hat mir noch allerlei geſagt, wonach ich dich fragen muß, Arakalulk. Da hat er mir von dem Charley erzählt, der — du kennſt ihn ja — hier euere Stadt mit gegen die Engländer vertheidigt hat, der ſoll ein Mann von Salibago ſein; er ſei im offenen Boote mit mehrern andern hier angetrieben, nachdem sie viele Tage unterwegs waren. Ist das wahr?" — „O ja, Doctor, das ist richtig; ich selbst war dabei, wie das Boot nicht weit von Armlimui landete." — „Und dann sagte er, ihr kenntet hier ganz gut die Geschichte von einigen Kalids von Angabard, die vor langer Zeit — dein Großvater war noch nicht geboren, Arakalulk — hier oder in Sonsorol gelebt haben sollen; ist das auch wahr?" — „Nein, Doctor, ich habe wol davon gehört, aber niemand kennt die Geschichte sehr gut. Weißt du etwas davon? dann erzähle sie uns doch." — „Recht gern, Arakalulk, aber heute ist es zu spät; ich will das morgen Abend thun."

Am nächsten Abend fanden sich zu den gewöhnlichen Hausgenossen noch einige Freunde vom Dorfe ein, die auch gern meine Geschichte hören wollten. Als sie alle versammelt waren, begann ich ihnen also zu erzählen:

„Seit langer Zeit lebt in einer großen, schönen Stadt in Angabard, die Roma heißt, ein großer «Kalid», den wir «Papa» nennen und der unter sich viele Tausende von kleinern Kalids hat, die alle gehorsam seinen Befehlen folgen. Er ist zwar nur ein Mensch, wie auch eure Kalids; aber gerade so, wie ihr glaubt, daß diese wissen, was die Kalids im Himmel denken, so glauben auch jene, daß ihr «Papa»*) weiß, was seine Kalids im Himmel wünschen. Das sagt er ihnen dann, und dann gehen sie hinaus über die ganze Erde, und wo sie Völker antreffen, die noch nicht an ihre Kalids glauben, da lassen sie sich nieder und sprechen so lange mit ihnen und wiederholen ihnen so oft, was sie selbst vom großen Kalid in Roma gehört haben, daß jene es endlich auch glauben. Die Menschen von Angabard nun, welche alles

---

*) v. Schmid, Aanteekeningen nopens de zeden etc. Tijdschr. v. Nederl. Indie, 5 Jaarg., II, 1843, p. 495: „De opperpriester, die door zijnen bijzonderen omgang met den negorij-deivel, alles kunde weten en daarom ook het onbepaaldste vertrouwen bezat bij het volk....." Also ein unfehlbarer Stellvertreter des Teufels!

glauben, was der «Papa» ihnen fagen läßt, nennt man «Cristianos»; aber viel mehr Menfchen gibt es noch auf der Erde,
die keine «Cristianos» find und es auch nicht gern werden wollen.
Da könnt ihr euch denken, daß der «Papa» und feine kleinen
Kalibs gar viel zu thun haben; und manche von ihnen haben
auf ihren Reifen ihr Leben verloren, wenn fie nämlich die Men=
fchen, die noch nicht «Cristianos» waren, zwingen wollten zu
glauben, was der Kalib in Roma fagte. Wo Manila liegt,
wißt ihr; man muß mit gutem Winde 8—10 Tage über das
Meer nach Weften fahren, ehe man von hier aus dahin kommt.
Nun kamen die erften Kalibs von Often her und brauchten, um
über das große Meer zu fahren, mehrere Monate, bis fie dahin
kamen, und viele Menfchen ftarben dabei auf der Reife vor Hun=
ger und Durft. Als fie aber erft in Manila waren, da gingen
fie nicht wieder fort, weil das Land ihnen gefiel, und fie mach=
ten fehr viele Criftianos; denn die Leute von dort waren furcht=
fam und hatten keine Feuerwaffen, und wenn fie auch zuerft ihre
alten Kalibs nicht fahren laffen wollten, fo gewöhnten fie fich
doch bald an die neuen, die der «Papa» aus Roma gefchickt
hatte. Denn diefe brachten viele bunte Kleider mit, und bauten
große Häufer für ihre Kalibs im Himmel, darin machten fie
täglich fehr fchöne Mufik, und bei ihren vielen Feften herrfchte
immer großer Jubel. Das gefiel den Leuten von Manila; auch
meinten fie, daß es wol beffer wäre, Criftianos zu werden, denn
die Kalibs der fremden Menfchen wären viel mächtiger als die
ihrigen. Als nun die meiften Leute von Manila Criftianos ge=
worden waren, hatten die Kalibs, die muthige und eifrige Män=
ner waren, nicht mehr genug zu arbeiten; darum gingen fie wie=
der auf Reifen und fuchten nach andern Völkern, um auch denen
zu fagen, was ihnen der «Papa» aus Roma aufgetragen hatte.

„Nun hatten ein paar diefer Kalibs aus Angabard auf einer
Infel, die zu Manila gehört, und die Samal heißt, viele Män=
ner und Frauen kennen gelernt, die noch keine Criftianos waren,

und die ein Sturm von Osten her dorthin verschlagen hatte.
Die Männer trugen Lendengürtel wie ihr und ein Stück Tuch,
sie waren alle am ganzen Körper tätowirt, und die Frauen ließen
das Haar lang auf die Schulter herunterhängen. Ihre Boote
nannten sie «Palaus», und diesen Namen gaben sie nun auch den
Menschen. Das waren aber keine Leute von hier, denn sie wollten
nach Pais, ihrer Insel, zurück; die liegt ja aber weit von hier."

"Ja wohl, Doctor", rief mir Arakalulk bestätigend zu,
"das waren gewiß keine Menschen von Palau*), denn unsere
Frauen lassen ihr Haar nie herunterhängen, und wir Män=
ner dürfen unsern Kopf und Schultern nicht bedecken, das ver=
bieten uns unsere Kalids; auch machen wir niemals so große
Reisen wie die Leute von Yap oder Pais, und nie nehmen
wir unsere Frauen mit auf unsere Fahrten. Wozu sollten wir
auch, wir haben ja genug Weiber überall!"

"Gut, aber die Spanier nannten sie doch immer Palaus. Als
nun jene weißen Kalids diese Leute sahen, die noch keinen Kalib
hatten und auch an keinen solchen im Himmel glaubten — da
beschlossen sie, auch deren Inseln aufzusuchen, um die Bewohner
zu Cristianos zu machen. Das wurde ihnen aber sehr schwer.
Das erste Schiff ging bei Samal in einem schweren Sturme unter.
Elf Jahre später versuchten es wieder ein paar Kalids von
Manila; aber sie konnten nicht gegen den Wind an und mußten
umkehren; und das dritte mal konnten sie die Inseln hier im
Meere nicht finden. Endlich vor 150 Jahren entdeckten sie die
Insel Sonsorol, zwischen hier und Salibabo. Die Einwohner
derselben nahmen die «Kalids», die man bei uns «Pabre» nennt,
sehr freundlich auf, sodaß zwei von ihnen mit Soldaten und
andern Leuten an Land gingen, um dort einige Tage zu bleiben.
Nun kam ein starker Wind und trieb ihr Schiff weg; und die
Menschen, die auf diesem geblieben waren, fanden bald danach

---

*) Siehe die Nachträge Nr. II.

eine große Insel, die Panloc heißen sollte. Aber sie konnten hier nicht bleiben, ebenso wenig aber fanden sie Sonsorol wieder. So mußten sie wieder umkehren nach Manila.

„Hier entstand nun großer Kummer darüber, daß die zwei Pabres verloren, aber keine Cristianos gemacht worden waren. Erst 20 Jahre später reisten wieder zwei Kalids von Manila ab, diese kamen endlich nach Falalep, ließen sich dort nieder, bauten Häuser und machten viele kleine Kinder zu Cristianos. Dann ging ein Pabre — er hieß Victor — nach Manila, um neue Kalids und Soldaten zu holen; die Reise aber dauerte sehr lange, und als er wieder in Falalep ankam, da fand er, daß das Haus niedergebrannt war, und das Kreuz davor stand auch nicht mehr, und keiner seiner Freunde von Angabard war auf der Insel zu finden. Nun machten sie den Einwohnern Krieg; dabei fingen sie einen der Feinde, der denn auch gestand, daß kurze Zeit nach der Abreise von Pabre Victor die andern, sogar der Kalid, getödtet worden seien.‟ — „Aber warum thaten das die Leute von Falalep?‟ — „Das steht auch in dem Buche, in dem ich diese Geschichte gelesen habe, Arakalulk; da heißt es darin, sie wären sehr erzürnt gegen den «Pabre» gewesen, denn «beständig eiferte er gegen ihre alten Gebräuche, und ihr Gesetz, und er lehrte ihnen ein anderes Gesetz und andere Sitten, die aber wollten sie nicht befolgen, sondern sie wollten den Ueberlieferungen ihrer Vorfahren treu bleiben».*) Und dann tödteten sie den Pabre mit drei Lanzenstichen.‟ — „Da haben die Leute von Falalep auch eigentlich recht gehabt. Auch wir möchten gern, daß Männer von Angabard herkämen, bei uns zu wohnen; aber unsere Kalids müßten sie uns doch lassen und unsere Sitten auch. Aber so erzähle doch weiter, Doctor.‟ — „Ja, nun ist es aus, denn die Kalids von Angabard haben nie wieder einen Versuch gemacht, auf euern Inseln die Menschen zu Cri-

*) Wörtlich citirt.

ſtianos zu machen. Auch die beiden Pabres auf Sonſorol ſollen
dort erſchlagen worden ſein; es wird aber auch erzählt, ſie ſeien
hierher nach Palau gekommen, hätten hier bei euch lange gelebt
und euch allerlei gelehrt. So ſollen ſie euch gezeigt haben, wie
man die Steine behaut und die gepflaſterten Wege macht." —
„Das glaube ich nicht, Doctor, ich habe nie etwas davon gehört,
und in unſern alten Geſchichten, die auf den Balken geſchrieben
ſtehen, kommt nichts davon vor. Das iſt gewiß nicht wahr.
Mad's Familie iſt hier in Aibukit nun ſchon ſehr lange, ſieben
Väter von ihm ſind ſchon Könige von unſerm Staat geweſen,
und von allen kennen wir die Namen und was ſie gethan haben.
Von dieſen Kalids aus Angabard habe ich nie etwas gehört. —
Aber, Doctor, du ſprichſt noch ſchlecht Palau, du biſt nun
ſchon ſo lange hier und weißt doch immer noch nicht, was ſchöne
und was häßliche Sprache iſt." — „Ja, die ſchöne Sprache iſt
ſo ſchwer zu lernen — willſt du ſie mich lehren? Nun gut,
dann wollen wir morgen Abend damit den Anfang machen.
Nun «good night», Arakalulk."

Am nächſten Abend war es ziemlich einſam in Tabatteldil, nur Arakalulk fand ſich außer den beſtändig bei mir lebenden Hausgenoſſen Cabalabal, Aibeſo und Korakel zu dem Unter-
richt in ihrer Sprache ein. „Nun", fragte ich ihn, „wo bleiben
denn Asmaldra und die andern?" — „Ach, Doctor, das ſind
unverſtändige Leute, ſie ſind gar nicht wißbegierig und ſie ſprechen Palau, wie die Männer von Angabard."*) — „Nun gut,
ich aber habe Luſt es zu lernen."**) — „Das iſt ſchon ſchlecht

---

*) Ay, Doctor, trike dangeringl arungri lakad, diak-a-
Ach, Doctor, ſie närriſche Leute, nicht
meſſubet arungri ma tid-a-melekoi-Palau, jüſſeſiu ma lakad-ar-angabard.
wißbegierig und ſie ſprechen Palau, gerade ſo wie Männer Angabard.
**) Di ungil, ma nak-a-ſoak-a-madangei eika.
Nun gut, aber ich habe Luſt zu lernen (wiſſen) dies.

Palau, Doctor, du mußt sagen: ich bin wißbegierig nach schö=
nem Palau." *) — „Aber vorhin sagtest du doch «messubet
arungri» und jetzt «arunguk»; das verstehe ich nicht. Heißt es
denn auch: kamam-a-messubet-arungri? (wir sind wißbegierig?)"
— „Nein, Doctor, dann mußt du sagen «kid-a-messubet-arung-
mam»". — „Schön, das habe ich aufgeschrieben, und wie heißt
es nun: ihr seid wißbegierig?" — „kamü-messubet-arungmü."
— Aehnliche Endungen verschiedener Wurzeln waren mir schon
lange aufgefallen; und ich hatte oft Männer wie Weiber nach

---

*) Eika maknit-el-tokoi-er-Palau, Doctor, kau-a-melekoi, multmo:
      Das schlechtes sprechen Palau,   du sprechen und sagen:
nak-a-messubet - arunguk†) ar ungil-tokoi.
ich   wißbegierig   nach schön sprechen.

†) Dieses fast nur mit andern beigefügten unwandelbaren Wurzeln ge-
bräuchliche Wort arungul heißt in der undeclinirbaren Form „arungud",
Kehlkopf, und dann figürlich auch Muth und Lust. Ich gebe hier eine Anzahl
solcher Verbindungen, die freilich noch lange nicht die vorhandene Menge
erschöpfen.

Wörtlich übersetzt.

malamalt arungul	— ein gerader Kehlkopf	— d. h. ein guter Redner oder gut redend.
klo	„	— großer „	— hochmüthig.
partik	„	— Lust zu finden	— lieber, guter (in der Anrede als Zärtlichkeitswort „ich bin dir gut", nak-a-partik arunguk-ar-kau).
mellomes	„	— hellen Kehlkopfes	— klug, verständlich.
kiremerrem	„	— dunklen „	— dumm.
messubet	„	— lernenden „	— wißbegierig
dangeringl	„	— närrischen „	— unverständig, unverständlich.
dobossok	„	— mageren „	— niedergeschlagen.
malaug	„	— fetten „	— übermüthig (nur mit Bezug auf Weiber gebraucht).
selsselt	„	— ?	— satt.
aluabeck	„	— ?	— übermüthig (mit Bezug auf Männer gebraucht).
swebbek	„	— fliegenden Kehlkopfes	— Gedanke, der plötzlich eintritt, Ahnung.

der einen oder andern gefragt, ohne daß es mir gelungen wäre, der Sache auf den Grund zu kommen. Mit Arakalulk hatte ich endlich vollständigsten Erfolg. Ich ließ mir nun noch die drei Personen des Singular von «arungul» nennen und wiederholte ihm dann sämmtliche sechs in der bei uns gewöhnlichen Reihen= folge. Den Endzweck dieses Verfahrens hatte mein Freund sehr rasch eingesehen, und nun ward es mir ein Leichtes, die Partikeln*),

---

*) Diese Partikeln, welche durch Abkürzung der persönlichen Fürwörter entstanden sind, werden immer an das Ende der Wurzeln angehängt. Unter den Verben wird in der Regel nur das Passivum in gleicher Weise conju= girt, die active Form dagegen bleibt gewöhnlich unwandelbar, und dann wird ihr das Pronomen vorgesetzt; doch gibt es einige Ausnahmen der letztern Regel.

Partikel.

ich	nak	— ak oder k	— biskak	— geben mir
du	kau oder kom	— au, am oder m	— biskam	— geben dir
er	nike, ni	— al oder l	— biskal	» ihm
wir	kamam	— am	— biskamam	» uns
ihr	kamü	— amü oder ü	— biskamü	» euch
sie	trike, tid	— ari, ri oder i	— biskari.	» ihnen

Als Beispiel der Conjugation eines Verbums gebe ich hier gleich eine Ausnahme der obigen Regel.

wegwerfen, kamoit (unwandelbar),

koit (abzuwandelnde Wurzel).

ich werfe weg — koit ak

du wirfst weg — koit-au

er wirft weg — koit-al

wir werfen weg — koit-am

ihr werft weg — koit-ü

sie werfen weg — koit-i

Die Ableitung der Partikel der dritten Person des Singular und Plural ist mir unklar geblieben.

Hier noch einige der auffallendsten Beispiele der Verschiedenheit der wandelbaren und unwandelbaren Wurzeln:

	unwandelbare Wurzel.	wandelbare Wurzel.
Messer	roläss	rollssane
Frau	ardil	abri
Haus	blai	bli
ein Korb	tet	ti
Matte	parr	bru
Zuthat zu einer Speise	kaldoim	kodüme.

die für die Abwandlung der Verben und Hauptwörter nahezu identisch sind, festzustellen. Aber vieler Stunden Arbeit war es, die Wurzeln kennen zu lernen, die in ihrer abgewandelten Form häufig der unwandelbaren so unähnlich sehen, daß es mir in manchen Fällen ganz unmöglich blieb, sie aufeinander zu beziehen. Solange ich Arakaluk bei mir hatte, ging es noch leiblich rasch von statten; aber ohne ihn war es ganz vergebliche Mühe, nach einer unbekannten Wurzel zu forschen, und ich mußte es ganz dem Zufall überlassen, wie viele derselben durch die Combination zahlreicher ähnlicher Redewendungen zu enträthseln sein würden. Und dabei handelte es sich gar nicht immer um selten gebrauchte Worte. So ist eins der im Verkehr mit den Europäern am häufigsten gebrauchten das Wort klallo, d. h. Gegenstand, Tausch= artikel; und durch die Verbindung mit Präposition und Pro= nomen — klallo-ar-nak (Gegenstand für ich, d. h. mein Gegen= stand) wird damit (mein, dein) Eigenthum bezeichnet. Nun wissen die Eingeborenen sehr gut, daß die Europäer diese Wen= dung kennen, nicht aber die feinere klülleklek (mein Eigenthum), und daher kommt es vielleicht, daß sie in der Unterhaltung mit uns jene bekanntere, aber weniger vornehme anwenden, diese letztere aber nie. Es ist also nicht zu verwundern, daß ich trotz des fast in jeder Rede vorkommenden Wortes klülleklek, klülle= klem dasselbe nicht verstand, und erst nach drei Monaten bei einem kleinen Wortwechsel durch ungeduldiges Wiederholen dieses mir unverständlichen Wortes eine Erklärung hervorrief.

Aber es gelang nie, meinen Bruder lange bei der Arbeit zu erhalten, und jeder kleine Anlaß gab ihm und mehr noch den andern, namentlich den Mädchen, Gelegenheit, bald diese, bald jene Geschichte zu erzählen oder sich durch mich über unser euro= päisches Leben unterrichten zu lassen. Auch zog ich es vor, die eigene Belehrung nicht zu erzwingen; es schienen mir meine Resultate sicherer zu sein, wenn ich sie unbeachtet aus dem Strom ihrer Gedanken gewann, da ich längst die Bemerkung gemacht

hatte, daß die Einwohner mit feinstem Gefühl für unsern Ideen=
gang die Antwort so einzurichten wußten, daß sie uns befriedigte.
Mein Vater Krei namentlich war hierin unübertrefflich. Durch
Piter und Cabel Mul und nachher durch Arakalulk hatte ich
mancherlei über eigenthümliche Sitten der Bewohner gehört,
über den Mädchenraub und den Tribut, den Vasallenstaaten an
die mächtigen Reiche sowol an Lebensmitteln wie an Mädchen
für die Bais zu zahlen hatten, über Tätowiren und die heiligen
Feste und Tänze. Woodin hatte mir von einem obscönen Tanz
erzählt, der einer weiblichen Gottheit zu Ehren zu bestimmten
Jahreszeiten in Mondscheinnächten getanzt wird und bei welchem
die jubelnden Weiber die ausgelassensten und frivolsten Sprünge
vor dem versammelten Volke machen. Ueber diesen Cancan der
Schönheiten von Palau hatte ich eines Tages Krei befragt; aber
mit köstlich gespieltem Erstaunen that er erst, als ob er ganz
etwas Neues erführe; und dann erinnerte er sich dunkel einer
Sage, daß dort im Süden — in Coröre und Peleliu, wo über=
haupt die Menschen viel weniger gesittet wären, als hier in Aibukit
— wirklich in frühern Zeiten jener heilige Tanz getanzt worden
sei. Und immer schlossen seine Reden mit dem würdevoll ausge=
sprochenen Refrain: „Wir sind bessere Leute als jene vom Süden,
überhaupt ist hier in Aibukit alles viel besser als anderswo." —
    So vergingen ein Tag, eine Woche nach der andern in
gleichförmiger Wiederholung zoologischer Arbeiten und der Unter=
haltungen am häuslichen Herd. Manchmal nahmen diese schon
den Ton einer echten Robinsonade an. Meine gewohnten Lebens=
mittel waren zu Anfang September fast völlig aufgebraucht,
und mein Tisch war abends wie mittags mit landesüblichen
Speisen besetzt. Spiritus und die Gläser waren verbraucht,
Kisten zum Einpacken der Sammlungen nicht mehr aufzutreiben,
ja selbst mein Papier zum Zeichnen und Schreiben nahte sich
seinem Ende. Und vor mir lag die alte „Lady Leigh" noch immer
traurig auf die Seite geneigt und an ihrem Kiel, der hoch über

Waffer emporragte, hämmerte ihr bejahrter Kapitän Tag für Tag, Woche für Woche, von morgens früh bis in die Nacht hinein, ohne daß ich einen Fortschritt in seinen Arbeiten bemerken konnte. Wenn ich ihn dann des Sonntags, von ihm zu Tisch geladen, nach unserer Abreise befragte, so erhielt ich immer dieselbe Antwort — ganz im Stile des Landes — „ich weiß nicht"; und klagend und kopfschüttelnd erzählte mir der arme Mann, wie seine Tauschartikel immer mehr abnähmen, sein Vorrath an Trepang aber nicht dem entsprechend zuzunehmen scheine. Auch Arakaluk äußerte sich darüber, freilich vorsichtig genug, daß der Handel mit Trepang in Auru nicht günstig genug von statten gehe und daß gar viele Sachen von Cabel Mul ihren Weg ins Dorf fänden, aber man wiffe nicht recht für welche Leistungen; und die „Lady Leigh" sei ja so alt und gebrechlich, er könne mit seinem Fuße den Boden derselben an einigen Stellen einstoßen, so durchfreffen sei er von den Schiffswürmern. Mein Palast in Tabatteldil begann bereits an manchen Stellen den Regen durchzulaffen, und mit Bangen sah ich mich schon dazu verurtheilt, mit Woodin und Barber ins Dorf hinaufzuziehen, dort meine Wohnung im Bai aufzuschlagen und der Erlösung durch ein anderes Schiff zu harren. Aber wie lange konnte das noch dauern! Cheyne hätte uns gewiß nicht mitgenommen, und über des Spaniers Plane, deffen Schiff jetzt gerade in Malakka lag, konnten wir nichts erfahren.

Meiner trüben Stimmung suchte ich dann immer dadurch Meister zu werden, daß ich mich in meine Rolle des angehenden Palaubewohners mit Anstand einzuleben versuchte. Ich ging in das Dorf und nahm meinen mir zuständigen Platz bei den Berathungen der Rupacks ein; und in meinen Gesprächen mit Mad und Krei verhandelte ich nun eingehender als je zuvor ihre eigenen Angelegenheiten. Hielt ich es doch für Pflicht, meinen Einfluß auf diese scheinbar mit so guten Anlagen ausgerüsteten Menschen nicht ungenützt vor-

übergehen zu laffen. Den Borfchlag, die Reiscultur bei ihnen
einzuführen, ergriffen fie mit großen Freuden, und in zwei
Tagen hatten Arakaluk und feine Leute unter Anleitung Ale=
jandro's ein Stück Land urbar gemacht, auf dem wir nun unfern
letzten halben Sack von ungeftampftem Reis aussäeten. Trefflich
ging er auf; aber nach wenig Tagen fchon hatten die Ratten,
welche in Unzahl auf der Infel lebten, den grünenden Acker
völlig kahl gefreffen und unfere Hoffnung auf reiche Ernte zer=
ftört. Dann fuhr ich mit dem Clöbbergöll meines Bruders
Arakaluk zum Makefang aus, um mich im Fifchfang zu üben,
und an den jetzt fich unaufhörlich folgenden Feften des Klöka=
bauel nahm ich mit theil, als wäre ich wirklich fchon mit dem
Knochenorden geziert. Dabei litt freilich meine Zuneigung zu
diefem Völkchen, die ich bisher gehegt, gewaltige Einbuße; denn
ihren Charakter lernte ich nun von einer Seite kennen, die mir
bisher verhüllt geblieben war. Ehrlich und treu waren fie
mir faft durchweg erfchienen; aber ein Diebftahl, der nun
gefchah und den ich in allen feinen Einzelheiten kennen lernte,
zeigte mir, wie viel mehr die Furcht vor Lächerlichkeit oder Ver=
letzung der guten alten Sitte Urfache fei an ihrer bisher bewie=
fenen Enthaltung von Dieberei, als wirkliche Scheu vor Aneig=
nung fremden Eigenthums. Das Geld fpielt hierbei, wie überall,
die größte Rolle. Die Reichen, fürchtend, daß nach den beftehen=
den Gefetzen ihnen ihr Geld — und damit ihre Macht — ge=
nommen werde als Sühne für den durch eins ihrer Familien=
mitglieder begangenen Diebftahl, halten ihre Kinder aus Eigen=
nutz zur ftrengften Ehrlichkeit an; und die Armen fchämen fich
noch mehr vor der Lächerlichkeit und der Schande, die auf fie
fällt, wenn fie nicht die Sühne für die Vergehen ihrer Kinder
zu leiften vermögen. Ihre bürgerliche Ehre haben fie damit
eingebüßt. Aber die Begehrlichkeit nach fremdem Eigenthum,
das fie reizt, lebt dennoch in ihnen, fo lebhaft wie in irgend=
einem andern wilden Völkchen; und wo fie glauben, ungeftraft

ihrer Neigung folgen zu dürfen, da ist nichts vor ihren diebischen Griffen sicher. Ein Beispiel ist Corōre; seine Bewohner werden von Woodin als die abgefeimtesten Spitzbuben und Diebe geschildert, die er je gesehen. Schon Wilson und seine Begleiter hatten stark von ihren Griffen zu leiden. — So vergingen Wochen und Wochen, der September war vorüber, der October schon nahte sich seinem Ende. Längst war die Möglichkeit jeder nutzbringenden Arbeit ausgeschlossen. Ich aß und trank und schlief trotz dem besten Eingeborenen, und nun ging ich di melil in die Dörfer und setzte mich in die Thüren ihrer Häuser, wo ich oft träumend einschlief, wie sie selbst es früher bei mir in Tabattelbil gethan. Allnächtlich sah ich von meinem Stammschloß aus die Sonne in ihr Haus gegen Angabard zur Nachtruhe einkehren; doch das Schiff, das mich ihr nachziehend in meine Heimat bringen sollte, lag noch immer entmastet und seitwärts gesenkt am Riffe, und längst schon vermochten die Hammerschläge des alten Woodin nicht mehr, mir Hoffnungen zu erwecken. — Manchmal träumte ich dann noch von schönen kommenden Tagen; aber das Morgengrauen weckte mich regelmäßig wieder auf als „Era Tabattelbil", zu dem ich nun wirklich geworden war!

VIII.

Era Tabatteldil.

Eben hatte Era Tabatteldil seinen Morgenimbiß, aus ge=
bratenem Kukau (dem sogenannten Döllul) und süßem Eilaut
bestehend, eingenommen und stand gerade im Begriffe, mit
Aideso und Korakel zusammen auf das Riff zu fahren, um
Muscheln und Schnecken zu suchen: da ertönte von fern her
der dumpfe langgezogene Ton der Kriegsmuschel. Bald nachher
erschienen zwischen der Lady Leigh und der vorspringenden
Landzunge, welche die Bucht von Tabatteldil im Südwesten ab=
schloß, drei große Kriegsamlais, jedes wol mit 30—40 Männern
darin; und um sie herum spielten eine Menge kleinerer, in denen
höchstens 4—6 Mann waren. Wie schwangen diese die Ruder,
als sie an dem alten Cabel Mul, der an seinem Schiffe emsig
arbeitend saß, vorüberfuhren. „Olokoi, Era Tabatteldil, das
ist der Krieg. Nun kommen sie doch, diese Schurken! Siehst
du das größte Amlai da, der da brin in der Mitte auf der
Plattform sitzt, das muß Aituro von Armlimui sein. Nun,
Mad und Krei werden sie schon gut empfangen. Wir aber
müssen jetzt in Tabatteldil bleiben, deine Sachen mit zu be=
hüten; das sind große Diebe, die Leute von Armlimui." So
eiferte Aideso, während sein Herr ruhig die wenigen Sachen,

die ihm noch geblieben waren, seine Instrumente und Zeich=
nungen in den Koffer that und diesen verschloß; dann holte
er seine Flinte, die weiter schoß als die besten Kanonen im
Lande, und seine Patrontasche mit der Munition umhängend,
sagte er zu Alejandro und Aideso: „Ihr bleibt hier und ver=
laßt das Haus nicht und paßt auf meine Sachen auf. Sollten
sie Miene machen, das Haus zu plündern oder anzuzünden, so
erhebt nur ein großes Geschrei, daß es Cabel Mul hört, der
wird dann schon kommen und euch vertheidigen. Seht ihr, sie
wollen hier gar nicht bei uns landen. He, Freund, wohin so
eilig?" rief er einem rasch vorübergehenden Manne von Aibukit
zu. „Bescheid an Krei bringen; das ist Krieg, den uns die
Leute aus dem Süden machen wollen!" lautete die Antwort.
Und ihm nach, den Landweg einschlagend, eilte nun auch Era
Tabatteldil, als eben das letzte feindliche Amlai in den Man=
groven des Hafens verschwunden war, so rasch er konnte, auf
Aibukit zu. Wie schnell fuhren doch die Amlais, deren Muscheln
von Zeit zu Zeit geblasen wurden, kaum konnte er mit ihnen
gleichen Schritt halten. Nun war er am Fuße der Anhöhe,
worauf das Dorf in seinem Palmenhaine lag. Aus einem
Seitenwege einbiegend, begegnete ihm hier Arakalulk, auch be=
waffnet. „Du weißt es schon?" — „Ja wohl, haben wir es
doch immer dieser Tage erwartet. Aber vorwärts, wir haben
keine Zeit zu verlieren." Bald waren sie im Dorfe; Arakalulk
eilte in sein Bai, wo der Clöbbergöll schon versammelt war,
während Era Tabatteldil, ganz seiner Würde vergessend, mehr
laufend als gehend dem Bai der Fürsten zueilte. Schon war
der ganze Aruau versammelt, in schweigendem Gleichmuth der
Dinge harrend, die da kommen sollten.

„Das ist schön von dir, Era Tabatteldil, daß du auch
kommst; nimm deinen Platz an Arda's Seite und lege deine
Flinte hinter dich, sodaß die Feinde sie nicht sehen. Wir werden
bald hören, was sie wollen." Tiefes Schweigen folgte der Rede

14*

Mab's; nur Arba, der neben ihm saß, nickte dem Ankömmling
freundlich lächelnd zu.   Ihm schloſſen ſich Eilo und Jnarabai
an — die beiden Schenke des Königs, welche bei Feſten die
Gaben zu vertheilen haben — auf der einen Seite, gegenüber
ſaß Jnateklo, der Großalmoſenier deſſelben.   Am andern Ende
des Bai, Mab gegenüber, hatte Krei Platz genommen, und ſein
Gefolge bildeten einige kleinere Rupacks.   So waren beide Ge-
walten im Staate dort in Fülle und Glanz durch gewichtige
Männer vertreten.   Hier Mab, der allein das Recht hat, das
Blul *) über Fiſche und Früchte, über Berge und Thäler,
Gräber und Menſchen auszuſprechen, mit ſeinen Vornehmen,
denen vor allem die Sorge um das geiſtige und leibliche Wohl
des Volks obliegt; dort Krei, der kühne Held und Anführer im
Kriege mit ſeinen Gefolgsherren, ſämmtlich ſchon erregt durch die
Ausſicht, nun bald einen Feindeskopf im Triumph mit nach
Hauſe zu bringen.   Alle aber blickten auf Era Tabatteldil; lag
doch hinter ihm die ſchöne Flinte, mit der er ſo raſch und weit
ſchießen konnte; wie fühlten ſich die Fürſten ſicher in ihrem Be-
ſitze!   Da, wieder der Ton der Muſchel, nun ganz aus der
Nähe.   Jetzt kommen ſie!

Tiefes Schweigen im Bai, wie ringsum im Dorfe.   Man
kann das Schnalzen der kleinen Geckos im Hauſe weithin hören.
Gemeſſenen Schrittes kommt eine lange Reihe von rothbemalten
Männern im Gänſemarſch auf das Bai zu.   Der da vorangeht,
mit dem ganz kleinen Korb und dem übermäßig langen buntbemalten Bambusrohr in der Hand, das iſt Aituro, der erſte
Rupack von Armlimui.   Er ſchreitet gerade auf die Thür zu,
innerhalb welcher Mab und die andern ſitzen; ohne Zögern tritt
er herein ins Haus und ſetzt ſich, immer ſchweigend, jenem
gegenüber an die andere Seite des Eingangs.   Die übrigen
Rupacks aber biegen ſeitlich ab und treten theils zu den Seiten-

---

*) Das tabu der Bewohner Palaus.

thüren in das Bai herein, wo sie sich rasch niederkauern, theils bleiben sie draußen neben dem Hause stehen. Alles aber ge= schieht in tiefstem Schweigen. Endlich unterbricht Aituro die Stille. „Ich will sprechen", sagt er. „Wir haben einen großen Sieg erfochten über Meligeok. Dicht bei Rabliffa hat einer der Unserigen einen Rupack unserer Feinde erschlagen. Seinen Kopf hat er im Triumph nach Hause gebracht, wie es hier alter, guter Gebrauch ist. Unsere Mädchen haben gleich ein neues Siegeslied gedichtet, und nun ziehen wir im Lande herum, überall unsern Siegesklökadauel zu feiern. Erst waren wir in Coröre, da erhielten wir gleich die Kokosnuß, Bonganuß und Betelpfeffer als Zeichen der Freundschaft; drei Tage lang, wie es unsere Sitte vorschreibt, blieben wir dort; wir feierten mit Tänzen und Gesängen den Sieg über den todten Feind. Sein Kopf war auf dem Hauptplatze der Stadt aufgestellt. Auch Eirei und Eimelig bewillkommneten uns freundlich und nahmen unsern Klökadauel an. Nun wollen wir hinauf nach Aracalong. Da haben sie unsere Botschaft nicht so beantwortet wie ihr Leute von Aibukit. Wir haben euch dreimal Boten geschickt, zu fragen, ob ihr unser Siegeslied hören und uns die Friedensgaben bringen wollt. Aber ihr habt unsere Abgesandten immer ohne Antwort und mit Hohn zurückgeschickt, und ihr wißt doch, daß es von jeher Sitte war, nach einem Siege auch wieder Frieden zu schließen. Jetzt scheint ihr den Krieg fortführen zu wollen. Euere Meinung hierüber zu hören, bin ich begierig. Ich habe gesprochen."

Eine Pause entstand. Dann hub Mad an zu sprechen und sagte *): „Wir Männer von Aibukit sind auch heute noch die Freunde von Meligeok. Das war von jeher so unser Gebrauch.

---

*) „Ni-a-melekoi multmo" (er — sprechen, sagen), eine sehr gebräuch= liche Wendung in allen Erzählungen. Ursprünglich heißt melekoi „athmen", dann erst „sprechen".

Als Ebabul die vielen Kriege mit Kokerangl *) führte, da fiel
in einer Schlacht auch mein Großvater, der ihnen zu Hülfe ge=
eilt war.   Dann schlossen Coröre und Meligeok Frieden; da=
mals nahmen auch wir die Friedensboten an, und drei Tage
lang tanzten die Männer von Coröre hier in Aibukit und wur=
den festlich bewirthet.   Hat aber nun Armlimui mit Meligeok
Frieden gemacht?   Ihr habt ihn gar nicht angeboten, ihr wißt
recht gut, daß Kokerangl ebenso mächtig ist wie ihr und blos
um einen Todten euch den Friedenspreis nicht zahlt.   Wenn
aber unsere Freunde noch mit euch im Kriege sind, wie könnt
ihr verlangen, daß wir euch hier tanzen lassen und mit Sieges=
geschenken empfangen sollen?   Das hättet ihr wissen können,
daß Mad von Aibukit seine Freunde nicht verläßt.   Also laßt
den todten Kopf nur in den Amlais und hütet euch, das neue
Siegeslied zu singen; wir werden das hier nicht dulben.   Geht
damit zu euern Freunden nach Aracalong.   Ich habe gesprochen,
Aituro.“

Wieder entstand eine würdevolle Pause; hatten doch die
Könige so viel zu denken!   Eifrig, als wollte er seine Gedanken
damit fördern, stampfte Aituro seinen Betel in dem schön ver=
zierten Gefäß mit dem großen weißen, aus einer Muschel kunst=
voll geschnitzten Stoßer; dann schüttete er Kalk aus seinem
langen Bambusrohr darauf, und mit einem kleinen Löffel aus
Schildkrötenschale schob er nun den weißlichen Brei in seinen
Mund; denn Aituro war schon alt und konnte die Bonganuß
nicht mehr gut zerbeißen.   Endlich brach er das Schweigen und
sprach:

„Freund, du vergißt, daß noch früher Aibukit und Arm=
limui gute Freundschaft hielten, und ist nicht meine Großmutter
aus deinem Geschlechte gewesen, Mad?   Und wer hat damals
die Treue gebrochen?   Wir gewiß nicht.   Warum wollt ihr nun

---

*) So heißt der König von Meligeok.

den neuen Freund über den alten stellen? Auch ist es nicht
klug von euch. Ob wir uns vor Meligeok fürchten oder nicht,
ist ganz gleichgültig, seit die Männer von Angabard hier im
Lande sind. Wenn ihr zu uns kommt und nach Coröre, so
könnt ihr überall in den Bais die Geschichte lesen von Cabel
Wils und Cabel Schils. Ihr wißt recht gut, was die Ingleses
schon für Ebadul von Coröre gethan haben. Immer ist durch
ihre Hülfe noch Kokerangl von Meligeok besiegt worden; nicht
einen einzigen Kopf hat er erbeutet seit jener Zeit. Nach Meligeok aber kommen die Männer von Angabard doch nie. Wollt
ihr nun nicht Freundschaft mit uns schließen, so rufen wir die
Leute von Coröre und Cabel Schils, und der ruft wieder einen
man-of-war, wie er schon einmal gethan, von Angabard. Dann
muß Cabel Mul von hier fort und wieder nach Malakka, wie
früher; er hat kein Recht, hier bei euch zu bleiben, und wenn
er es doch thut, so werden wir ihn abschneiden. Als Preis für
den Frieden müßt ihr dann aber den einzigen Brack bezahlen,
den ihr besitzt, und freien Handel treiben, wie früher, dürft ihr
dann auch nicht mehr.‟

Hier aber brauste der alte Krei auf, der sich, einem Zeichen
Mad's folgend, beim Beginn der zweiten Rede Aituro's in die
Nähe gesetzt hatte; er als ungestümer Krieger und vielbesungener
Städteeroberer und reichster Mann des Landes durfte ungestraft
die Klugheit des Fürsten vergessen:

„Schämst du dich nicht, Aituro, das zu sagen, und du
siehst doch, daß dir gegenüber der große Rupack von Angabard,
Era Tabatteldil, sitzt und alle deine Worte hört? Du glaubst
wol, er versteht dich nicht? Da irrst du dich sehr, er kennt die
Sitten von Palau und unsere Sprache sehr gut, und seit langem
ist er hier bei uns auch Rupack und nimmt mit theil an unsern
Berathungen. Er und Era Kaluk, sie lachen dich aus mit deiner Drohung, ihr Schiff abzuschneiden; sie haben viel bessere
Kanonen und Flinten als ihr. Versucht es nur einmal, ihnen

Krieg zu machen. Sie brauchen gar nicht, obgleich sie das
gewiß ebenso gut können wie Cabel Schils, einen man-of-war
zu rufen, um euch zu besiegen. — Und ich, Krei, muß dir noch
etwas sagen, Aituro. Ich bin der Vater von allen Männern
von Angabard, die hierher kommen, und ich dulde es nicht, daß
ihr ihnen Krieg macht und sie zwingen wollt, nach Malakka zu
gehen. Ich weiß, sie wollen lieber hier bleiben; drum muß ich
sie beschützen. Und das soll auch geschehen. Wer gibt denn
dem Ebadul von Coröre das Recht, den Männern von Anga=
bard vorzuschreiben, was sie hier thun sollen? Und steht es
vielleicht auch in euern Bildern zu lesen, daß der King von
Coröre auch King von ganz Palau ist? Dann lügen euere
Bilder; und Era Tabattelbil weiß dann besser wie ihr Männer
vom Süden, was hier in Aibukit alter Gebrauch und gute Sitte
ist. Er weiß, daß wir hier nie Schiffe abgeschnitten haben, wie
euere Freunde von Coröre das in Kreiangel und Bölulakap
(Yap) gethan haben; er weiß, daß Ebadul King war von einer
ganz kleinen Insel und wenig Leuten und daß er erst mächtig
wurde, als Cabel Wils ihm viele Feuerwaffen und Pulver und
Kugeln brachte. Jetzt aber haben wir auch Flinten; und wenn
wir auch nur die eine hätten, die Era Tabattelbil gehört und
die weiter schießt als euere Kanonen, oder nur seine kleine
Flinte, die immer schießt, ohne daß er sie zu laden braucht, so
würden wir euch doch nicht fürchten. Nun könnt ihr den Krieg
erklären, wenn ihr wollt, wir thun es nicht; aber wir dulden
euern Klökadauel hier auch nicht. Den müßt ihr schon nach
Aracalong tragen."

Und nun fing der kleine Krei auch an, seinen Betel im
Becher mit raschen Stößen zu zermalmen, und ihm gegenüber
saß Aituro und stampfte ebenso eifrig in dem seinen herum.
Mit grimmigen Blicken maßen sich beide; aber ihre Würde als
Fürsten vergaß keiner von ihnen so weit, daß sie auch nur
Miene gemacht hätten, aufzuspringen. Alle ihre Wuth stampften

sie stillschweigend in ihre Becher hinein; weithin in das Dorf aber schallte das von ihnen erregte Getöse.

Nun nahm Mab wieder das Wort. „Ich will sprechen", sagte er, „hört ihr beide mich an. Du, Krei, hast gut gesagt, daß du Vater der Leute von Angabard bist und sie deshalb be= schützen mußt; aber du hast vergessen zu sagen, daß auch ich und die andern Rupacks alle bereit sind, Era Kaluk und Era Tabattelbil in Schutz zu nehmen. Sie sollen hier in Aibukit ihren Handel treiben, ganz wie sie mögen, und Ebadul von Coröre soll nicht wagen, uns zwingen zu wollen, daß wir un= sere weißen Freunde von hier wegjagen. Wenn wir auch in dem letzten Kriege gegen den Ingles viele Kriegsamlais ver= loren haben, so können wir diese doch wieder bauen, und Flinten und Pulver haben wir jetzt mehr als genug. — Du aber, Alturo, höre noch dieses. Ihr sandtet vor vier Tagen den ersten Boten mit der Bitte, hier tanzen zu dürfen. Das hätte ich nie erlaubt; aber ich wollte wissen, ob ihr blos dies wolltet, oder ob ihr die Absicht hattet, uns wirklich mit Krieg zu über= ziehen. Da habe ich denn meinen Kalid befragt durch die Blätter der Kokospalme, und der sagte mir, daß ihr nicht Krieg machen, wohl aber uns einschüchtern und zwingen wolltet, Cabel Mul wieder nach Coröre hinunterzujagen. Nun könnt ihr, wenn ihr wollt, meinen Kalid zum Lügner machen; dann aber wird es euch schlecht ergehen. Gib also Befehl, Alturo, daß deine Leute nicht mit dem Kopfe des Erschlagenen herauf ins Dorf kommen, wir dulden das nicht; und ihr sollt hier im Bai bewirthet werden, wie es sich geziemt für einen Rupack. Ab= reisen kannst du· heute doch nicht mehr, denn die Ebbe hat den Kanal schon trocken gelegt, und deine Amlais können nicht mehr zurück. Ich habe gesprochen, jetzt will ich gehen."

Und nun verließen, schweigsam, wie die unliebsamen Gäste gekommen waren, die Rupacks von Aibukit das Bai. Voran ging Mab zu seiner Thür hinaus, ihm folgte Arda, dann Era

Tabattelbil mit seiner schönen Flinte, die er, wie unabsichtlich,
den Aituro sehen ließ; und auf der entgegengesetzten Seite ging
Krei, noch immer den Betelbecher in der Hand, mit seinem
kühnen Gefolge hinaus. Um Aituro aber scharten sich die frem=
den Rupacks zu eifrigem Gespräch, nicht achtend der Aufforde=
rung der Armungul, vor dem Mittagsmahl sich noch ein wenig
der Ruhe hinzugeben, da sie ermüdet seien. Galt es doch Rath
zu pflegen über das Wohl des Staates Armlimui; man hatte
einen solchen Stolz nicht mehr von den Großen im Staate
Aibukit erwartet, der ja seiner schönsten Amlais im letzten Kriege
beraubt worden war. Aber freilich, Era Kaluk war ein mäch=
tiger Bundesgenosse für ihre Feinde; wie hatte der alte Mann
sie nicht alle bei seiner letzten Reise in Zittern und Zagen ver=
setzt. Eine solche Stimme wie Cabel Mul hatte selbst der sonst
so gefürchtete Cabel Schils nicht! Und dann Era Tabattelbil,
der nicht einmal im Bai vor den Kalids seinen Hut abnahm,
das mußte ein mächtiger Rupack sein, der gewiß auch bald einen
man-of-war rufen würde wie Cabel Schils, wenn er das nöthig
hätte. Aber mit seiner langen Flinte *) und dem kleinen Ge=
wehr brauchte er das ja gar nicht; das waren Waffen, gewiß
nicht von Menschen, sondern von Kalids gemacht, so wunder=
bar, selbst Cabel Schils hatte nie solche gehabt. Um die eine zu
laden, mußte er sie immer zerbrechen und dann wieder ganz
machen; das ging aber viel rascher als das Laden der ihrigen,
die doch immer unversehrt blieben. Und die kleine Flinte brauchte
gar nicht einmal geladen zu werden!

So saßen Aituro und sein Gefolge stundenlang im Bai,
berathschlagend, was zu thun; aber unter ihnen war niemand
so kühn wie Krei und so klug wie Mad. Rathlos saßen sie
also da und wurden immer milder und hungeriger und stiller;
und als nun die Armungul kamen, sie wiederholt zum festlichen

---

*) Ein Lefaucheux=Hinterlader.

Mahle einzuladen, da freuten sich alle, wie Aituro sich erhob,
seinen Platz am gastlichen Herde einzunehmen. Ein helles
Feuer hatten die dienstbereiten Mädchen angezündet, um den
Döllul und den Kukau warm zu erhalten; und rund um die
Lohe herum standen rothe Schüsseln und zierlich mit Muscheln
verzierte Trinkschalen aus Kokosnuß, zur Seite eines jeden
Platzes aber lag eine gleich große Menge frisch gepflückter
Bonganüsse und saftiger Betelblätter. Den süßen Trank der
Kokosblüte schenkten die Armungul, von einem zum andern
gehend, in die Trinkschalen ein; der Gäste Wünsche erfüllten sie
freudig. Hatten sie doch lange keine so vornehmen Fremden zu
bedienen gehabt; und Mad hatte ihnen ganz besonders einge=
schärft, den Fürsten von Armlimui zu zeigen, daß die gute alte
Sitte noch nicht in Aibukit ausgestorben sei. Nach dem einge=
nommenen üppigen Mahle aber ließen die Rupacks sich gern
zur Mittagsruhe auf weißer Matte von den freundlichen Ar=
mungul auffordern.

Era Tabatteldil aber und Krei und viele der andern Ru=
packs trafen sich wieder in einem andern Bai und unterhielten
sich lange noch von dem Uebermuth der Fremden und wie ihr
Stolz doch endlich einmal gedemüthigt worden sei. Denn daß
Aituro den Krieg nicht erklären würde, sahen sie alle ein, und
sie hatten diesen Tag einen Triumph gefeiert wie seit langer
Zeit nicht mehr. Da war der stolze Verbündete von Ebadul
gekommen, weil er glaubte, den durch den Jugles gedemüthig=
ten Bewohnern von Aibukit den Fuß auf den Nacken setzen zu
können; und nun konnte er nicht einmal im Zorn und unter
Drohungen davonfahren, sondern mußte sich die Gastfreundschaft
des gehaßten Feindes gefallen lassen. Wohl war das ein Sieg,
würdig begangen zu werden; und die Armungul in ihrem Bai
setzten sich schon im Kreise hin, um ein Lied auf diesen Tag zu
dichten. Aber Mad wehrte den Uebermüthigen mit frommer
Rede: „Höhnt doch die Gastfreunde nicht, ihr thörichten Mädchen;

morgen früh ziehen sie fort, dann ist es Zeit, euere Lieder zu
singen. Wißt ihr nicht mehr, was die gute Sitte hier in Palau
verlangt?" Durch das Dorf aber lief rasch die Kunde, daß der
Krieg nicht erklärt würde; und in den Bais wie in den Häusern wurde bis spät in die Nacht hinein von nichts anderm gesprochen als von den schönen Reden, die Mad und Krei gehalten, und wie gut es gewesen sei, daß Era Tabattelbil mit
seiner Flinte dabeigewesen war. Der aber mußte von Haus zu
Haus gehen; alle wollten ihn sehen, erst seine Mutter, Krei's
Frau, dann Mad's Schwester, die Königin von Aibukit und
alle Frauen der Rupacks. Wo er aber hinkam an jenem Abend,
da hieß er nicht mehr Doctor, sondern Era Tabattelbil; und
eine Künstlerin unter den Frauen — sie wurde weithin gerufen
nach Roll, ja bis nach Meligeok, um die künstlichen Figuren
auf den Beinen der Frauen zu zeichnen — diese Künstlerin
meinte, nun müsse doch auch Era Tabattelbil sich bald von ihr
zeichnen lassen, da er jetzt endlich einer der Ihrigen geworden sei.

War es ein Wunder, daß er nicht daran dachte, am Abend
nach Tabattelbil zurückzukehren? Nun mußte er ja auch, gleich
den andern Rupacks, im Bai schlafen, wenn er wirklich zu ihnen
gehören wollte. Was sollte er auch noch am Meeresstrande
thun? Arbeiten konnte er nicht mehr, denn nur noch ein
dünnes Tagebuch stand ihm zur Verfügung; und sollte er sich
da unten am Strande immer durch Woodin daran mahnen
lassen, daß er eigentlich ein Fremdling im Lande sei?

Die einbrechende Nacht sah auch ihn im Bai der Rupacks
von Aibukit, und früh am nächsten Morgen zog er aus mit seinem Freunde Arakaluk, sich im nächsten Bache zu baden und
zu waschen. "Höre", sagte er diesem, "ich muß nun doch euer
Land noch besser kennen lernen; ich will jetzt bald einmal nach
Meligeok, und dann nach Coröre, um Ebadul dort zu besuchen.
Willst du mich dahin begleiten?" — "Ja wohl, ich bin dein

Freund und ich verlaffe dich nicht. An beiden Orten habe ich
gute Freunde, die uns gewiß gern aufnehmen werden. Nach
Meligeok müffen auch bald wol Mad und Krei hin, denn der
King von da liegt krank und wird gewiß nächstens sterben. Da
könnten wir mit ihnen gehen." — „Das ist vortrefflich; ja wohl,
ich will das gleich Krei sagen, wenn wir wieder im Dorfe find."

Wieder vergaß Era Tabatteldil, als er sich den Häusern
näherte, daß er als Rupack nicht so eilig laufen dürfe; Arakalulk
hatte Mühe, ihn zurückzuhalten, ihn, der nun schon wieder an
nichts anderes dachte als an seine Reise nach Meligeok. Wenn
nur der alte König von dort recht bald sterben wollte! „Pfui, Era
Tabatteldil", rief ihm da Doctor zu. Nun war er am Hause
Krei's. „Ift Krei da oder nicht?" — „Diak"*), war die Ant=
wort seiner Frau; „aber was willst du von ihm? Krei hat
viel zu thun, erft muß er sich bei Aituro verabschieden und dann
muß er nach Rallap, um dort Arda zu holen. Sie wollen heute
Abend noch fort." — „Fort? Krei und Arda? Und wohin?
weshalb?" — „Nun, Era Tabatteldil, nicht so ungestüm; sie
wollen fort nach Meligeok." — „Nach Meligeok? Der König
ift todt? Arakalulk, jetzt reisen wir auch heute Abend! Rasch
laufe hinunter nach Tabatteldil und sage Alejandro, er soll mir
schnell ein paar Hemden und Hosen waschen. Ich will jetzt zu
Mad und sehen, ob ich auch Matten auftreiben kann — wie
viele nimmt denn Krei mit?" — „Wol zwanzig, von der aller=
feinsten Sorte", antwortete meine Mutter, „etwa sechs kann ich
dir noch verschaffen." — „Schön, nun will ich gehen. Zu
Mittag esse ich bei dir." Und nun stürmte Era Tabatteldil
fort, erft in den Aruau, wo er gerade noch von dem scheidenden
Aituro Abschied nehmen konnte. Hier auch traf er Mad; aber
dieser ließ sich nicht aus seiner Ruhe bringen. Als er endlich
nach vielem Sprechen den gutmüthigen König bewogen, ihm

*) Diak = nein.

auch einige Matten zu geben, die er als Todtengeschenk darzu=
bringen dachte, eilte er weiter, nach Rallap zu Asmaldra, dann
wieder zurück zu Cordo's Vater, von einem zum andern, sich zu
verabschieden oder um Matten zu erbetteln. Die Sonne stand
im Westen, als er endlich wieder bei seiner Mutter in Aibukit
anlangte.

„Du kommst spät; ich hatte so schönen Döllul für dich ge=
macht. Ich habe ihn warm gehalten, da ist er; aber gewiß
schmeckt er nicht mehr so gut wie vorhin. Was du doch für
ein sonderbarer Mensch bist! Krei ist ärgerlich, daß er nach
Meligeok gehen muß, aber er muß dem verstorbenen König die
letzten Ehren erweisen, das ist einmal so Sitte hier in Palau.
Aber du hast nichts damit zu thun und könntest dich hier so gut
amusiren; statt dessen läufst du dich jetzt müde, blos um mit
auf die Reise zu gehen.“ — „Ja, und geht Arba nicht auch?
und bin ich nicht Era Tabattelbil, ein vornehmer Rupack bei
euch hier in Aibukit? Drum will ich auch hingehen und dem
todten König meine Matten bringen. So, Mutter, der Döllul
hat gut geschmeckt. Hast du eine Matte für mich? Ich bin
müde und will etwas schlafen.“

Er mochte lange geschlafen haben, trotz des Lärmes um ihn
herum, den die spielenden Knaben machten; da rüttelte ihn plötz=
lich ziemlich unsanft sein Freund Arakalulk aus dem Schlafe.
„Doctor, Era Tabattelbil! wache auf, ich komme von unten,
dich zu holen; Cabel Mul ist in deinem Hause und will dich
sprechen; er sagt, es habe Eile.“ — „Cabel Mul? Was mag
der wollen? Du aber vergißt, daß ich nicht mehr Doctor bin.
Nun gut, laß uns gehen; du kommst doch mit? Wir wollen
meine Sachen aus Tabattelbil holen und zurückkehren, damit
wir morgen früh genug in Rallap sind, um mit Mad absegeln
zu können nach Meligeok. Good bye, Mutter“, rief er schei=
dend noch Krei's Frau zu, die sich auch rasch, wie Arakalulk,
an den englischen Abschiedsgruß gewöhnt hatte.

„Was wol der alte Kapitän wollen mag? Weißt du das,
Arakalulk?" — „Nein." — „Hast du ihm von unserer Reise
erzählt? Auch nicht? Was er wol will! Liegt das Schiff
noch auf seiner alten Stelle, Freund?" — „Ja, aber es liegt
gerade, und die Masten stehen auch wieder." — „Wahrhaftig,
Freund? Vorwärts, Arakalulk, rasch, daß ich Cabel Mul treffe.
Mir ahnt etwas." — „Was denn?" fragte jener, als Era Ta=
battelbil innehielt. — „Nichts, nichts; wahrhaftig, da liegt das
Schiff ganz gerade vor Anker. Wie sie wieder schmuck aussieht,
die alte Lady Leigh; sie ist um zwanzig Jahre jünger geworden.
Da fährt ein Boot; das muß Cabel Mul sein. Nun kommen
wir doch zu spät."

Gleich darauf sind sie in Tabattelbil. „Wo ist Cabel Mul?"
— „Eben fort; aber hier den Brief hat er hinterlassen, Señor",
sagt Alejandro. Hat Era Tabattelbil keinen Blick für die mun=
tere Miene seines Dieners? Nein, wahrlich nicht; wie sollte er
auch beim Lesen dieses Briefs! „Hurrah, Arakalulk, jetzt bin ich
wieder Doctor! Cavite schreibt, daß wir in vierzehn Tagen ab=
segeln nach Angabard!" — „Und ich verliere meinen besten
Freund", erwidert wehmüthig Arakalulk. — —

IX.

Reife nach Coröre.

Am nächſten Tage überlegte ich zunächſt mit meinem Bruder, was zu thun ſei. Meligeok mit der alten, in ſeiner Nähe liegenden Stadt — die ich doch troß Arakalulk's Behaup=tungen nicht ins Reich der Fabeln verſeßen mochte — reizte mich mächtig; und ebenſo ſehr zog mich nach Coröre, was mir ein Bewohner von dort über die nächſtliegenden Inſeln, den ſogenannten „Rokeal", erzählt hatte. Mit dieſem Namen be=zeichnet man eine Gruppe kleiner, dicht bei Coröre liegender Inſeln, die für ſich auch wieder ihre beſondere Benennung tragen und nach der Beſchreibung gehobene Atolle *) zu ſein ſcheinen. Sie ſteigen ſteil aus dem Meere zu ziemlicher Höhe an, ganz aus ſchroffen Kalkklippen beſtehend und auf dem Gipfel einer jeden ſoll ſich ein Loch befinden, das tief hinunter geht bis zu gleichem Niveau mit dem Meere. Im Grunde breitet ſich immer ein Salzwaſſerſee aus, in dem Seethiere aller Art leben; der=ſelbe ſteht mit jenem durch untermeeriſche Spalten und Thore in Verbindung, durch welche die Ebbe und Flut eindringt.

---

*) Atolle ſind ringförmige Korallenriffe, welche einen See mit oder ohne darin liegende Inſel umſäumen.

Dort, meinte ich, müsse man durch genaue Untersuchung solcher gehobener Korallenriffe zu einer Entscheidung über die allgemeine Gültigkeit der Darwin'schen Hebungs- und Senkungstheorie kommen. — Ich war der Ansicht, wir könnten über Meligeok nach Coröre reisen und doch noch rechtzeitig zur Abfahrt der „Lady Leigh" — wie hüpfte mir das Herz, wenn ich daran dachte — wieder hier in Aibukit eintreffen. Aber Arakaluk kannte sein Land und seine Leute doch noch besser als ich; er rechnete mir vor, daß wir mit dem Trauerklökabauel um Korangl wenigstens acht Tage verlieren würden, und so entschloß ich mich, da jetzt mit einem male wieder mein wissenschaftliches Interesse erwacht war, nur nach Coröre zu gehen, Mad aber und Krei allein um den verstorbenen Freund trauern zu lassen.

Nun ging es an die Vorbereitungen zur Reise. Arakaluk versprach mir, ein Amlai zu liefern und für Mannschaft wie Lebensmittel und Wasser zu sorgen; ich selbst suchte mir Kisten und Tonnen, um alle meine Schätze, die in Tabattelbil zerstreut herumlagen, verpacken zu können. Das war eine zeitraubende Arbeit. Es vergingen die Tage im Fluge, meine Hände waren fortwährend beschäftigt, und meine Gedanken flogen hinüber nach Manila. Endlich war alles am 29. October bereit, meine Kisten und Instrumente, auch die beiden schönen Flinten an Bord der „Lady Leigh" gebracht; Gonzalez und Alejandro erhielten Erlaubniß, sich im Dorfe herumzutreiben nach Herzenslust; wer von den übrigen Hausgenossen nicht mit nach Coröre ging, wurde meines Dienstes entlassen. Wie gern gab ich diesen die letzten Messer und Stückchen Zeug, die ich noch mein eigen nannte, als Lohn für ihre treuen Dienste.

Am 30. October mittags segelten wir ab. An Bord der „Lady Leigh" winkte uns der Kapitän ein Lebewohl zu, als wir rasch an ihm vorüberfuhren, das Segel geschwellt vom günstigen Nordostwinde. Gleich danach waren wir im Tief-

wasserkanal, in welchem einige Amlais nach verschiedenen Rich=
tungen hin segelten.   Die Landspitze Arzmau trat weit ins Meer
herein nach Westen zu; wir sahen deutlich die Palmenwaldungen,
unter denen einst ein blühendes Dorf versteckt lag.   Jetzt stiegen
keine Rauchwolken zwischen ihnen auf, und gastliche Unterkunft
fände niemand dort mehr, der dem großen, gerade auf die
Spitze Arzmau zutretenden Kanale gefolgt wäre.   Rasch waren
wir daran vorbeigesegelt.   Weit im Süden trat eine zweite
Landspitze noch mehr hervor; von den Bergen um Tabattelbil
hatte ich auch diese schon früher bemerkt.   Bei ihr begann der
Staat Aituros; vor uns im Osten zeigte mir Arakalulk den
Einschnitt im Lande, der nach Armlimui führte.   Hier über=
raschte uns heftiger Südostwind mit Regen; und da es bereits
zu dämmern begann, so beschlossen wir, dort zu übernachten.
Einige Fischerboote spielten auf dem Kanale herum; plötzlich
wurden wir angerufen.   „Hackewe*), Freunde, wo wollt ihr
hin? Kommt doch näher! Olokoi, Doctor, bist du es; und
auch du, Arakalulk?"   Es war ein Bewohner von Coröre, der
mich einige male in Tabattelbil besucht hatte; ohne viel Um=
stände zu machen, stieg er gleich in unser Amlai.   „Wo wollt
ihr hin?" lautete die Frage. — „Nach Armlimui." — „Da will
ich euch geleiten; ich bin dort wohlbekannt und kenne auch den
Weg gut.   Aber ihr findet Aituro nicht zu Hause; wenn du
den sprechen willst, Doctor, so mußt du schon nach Coröre
gehen." — „Das ist auch meine Absicht, zu thun; ich wollte
auch Ebadul besuchen.   Was gibt's für Neuigkeiten?"**) —
„O nichts Besonderes", hieß es, zögernd — der Mann schien
etwas auf dem Herzen zu haben, er sah mich so eigenthümlich
lauernd an — „nichts Wichtiges, Doctor; du wirst es wol auch

---

*) Hackewe, eine Interjection, etwa wiederzugeben durch „heda".
**) Die stehende Frage bei Einleitung einer Unterhaltung; diak-a-keiss?
(nicht eine Neuigkeit?) oder auch me keissem (gib deine Neuigkeit).

schon wissen." — „Nun, was denn?" drängte ich ihn. — „Cabel Schils ist wiedergekommen und mit ihm auch ein weißer Rupack von Manila. Sie haben viele schöne Sachen mitgebracht, viel mehr als dein Cabel Mul." — „Da werdet ihr Leute von Coröre recht froh sein. Gewiß hat er viele Flinten und Pulver mitgebracht, nicht wahr?" — „He Freund, gib Acht", rief hier Arakalulk dem Steuermann zu, „du sagtest, du kenntest den Weg, und doch rennst du mein Amlai gleich gegen diese Klippe hier an!"

Nun waren wir am Eingange des, wie immer, künstlich in das Mangrovendickicht eingeschnittenen, gerade nach Osten streichenden Kanals; aber nur von geringer Ausdehnung ist hier der meerentsteigende Wald. Bald verschwinden an der südlichen Seite die Mangroven; es erhebt sich eine völlig senkrechte, wol über 100 Fuß hohe kahle Wand von porphyrartig aussehendem Gestein. Gleich darauf sind wir am Landungsplatz; unter dem Schuppen war noch Platz für unser Amlai, und als es glücklich untergebracht war, machten wir uns auf den Weg. Der Freund aus Coröre hatte einen Boten vorausgeschickt, uns in dem Hause Aituro's anzumelden; er selbst blieb immer an meiner Seite und knüpfte bald die vorhin abgebrochene Unterhaltung wieder an.

„Hier, Doctor, geht der Weg, über diesen rothen Hügel. Wie schade, daß Aituro nicht da ist, er würde dir viel mehr erzählen können als ich. Aber du wirst ja bald alles in Coröre hören, Doctor." — „Nun, ich dächte, Freund, du hättest es mir schon gesagt, daß Cabel Schils da ist. Gibt es denn sonst noch Neuigkeiten?" — „Ich weiß nicht, Doctor, ob es wahr ist; man lügt so viel in Palau. Da kam heute Morgen die Nachricht — ich bin schon seit zwei Tagen hier —, daß ein neuer man-of-war kommt; Cabel Schils hat es gesagt." — „Nun, wenn der es gesagt, dann wird es wol wahr sein; er hat ja auch den man-of-war gerufen, der Aibukit besiegt hat." —

„O nein, Doctor, er hat gesagt, ein anderer habe ihn gerufen. Weißt du wirklich nichts davon?" — Nun verstand ich die lauernden Blicke des Burschen! „Wie sollte ich etwas davon wissen, Freund?" erwiderte ich. — „Nun, ich meinte nur so, Doctor. Ihr Männer von Angabard seid so klug. Dann hast du wol auch nichts davon gehört, daß jemand einen Brief an den großen Rupack von Manila geschrieben hat; darin hat er um einen man-of-war gebeten. Von dem Briefe weißt du also auch nichts?" — „Nein, aber es reizt mich davon zu hören. Erzähle mir doch mehr; du hast gewiß Cabel Schils noch allerlei gesagt." — „Nein, Doctor, mehr weiß ich auch nicht wie du. Nun sind wir auch im Dorfe. Siehst du, wie hübsch das hier ist?"

Meinen erstaunten Blicken bot sich in der That ein anziehendes Bild. Einer Wendung des ziemlich scharf ansteigenden Feldwegs folgend, bogen wir plötzlich ein in die gepflasterte Hauptstraße des Orts. Dieselbe war breiter, als sie im Norden zu sein pflegen, und ganz rein von Unkraut gehalten; zu beiden Seiten niedrige, in Reihen angepflanzte Sträucher, die sich an das Untergehölz anlehnen, das unter den Palmen und den Brotfruchtbäumen mit ihren großen ausgezackten Blättern üppig wuchert. Ehe die Straße den Gipfel erreicht, auf dem das Dach eines mächtigen buntbemalten Bais sich malerisch schön gegen den blauen Himmel und den grünen Hintergrund der Bäume abhebt, weitet sie sich nach rechts hin aus zu einem mäßig großen freien Platz. Halb von Bäumen beschattet, noch durch den letzten Strahl der scheidenden Sonne erwärmt, liegen da unter mächtigen Steinen die Vorfahren Aituro's, wenige Schritte nur vom Hause seiner Familie entfernt. Kein Gras oder Unkraut wuchert hier; Baumwollenstauden mit ihren bunten trichterförmigen Blüten und andere Zierpflanzen stehen, fast geschmackvoll geordnet, um das Grab seiner Ahnen herum. Dort seitwärts, unter einer Gruppe hoch aufgeschossener Melonenbäume,

deren goldgelbe Früchte gerade einige Buben mit langen Stecken
herunterschlagen, steht das rothbemalte Haus ihres Familien-
gottes, und das Wohnhaus selbst scheint eben erst gebaut zu
sein, so rein gehalten und sorgfältig sieht alles aus. Nur auf
des Daches höchstem First wachsen einige Grasbüschel und einige
Farrnkräuter; die Mühe war wol gar zu groß, dies Unkraut
dort oben zu entfernen. Einige Taubenpaare sitzen schnäbelnd
auf dem Dache, andere picken im Verein mit Enten und Gänsen
das Futter auf, das ihnen eben ein junges Mädchen hingeworfen
hat; für jene Maiskörner, diesen die Blätter vom Kukau und
andern saftigen Pflanzen. Ein paar große Truthähne begrüßen
mich kollernd und offenbar sehr erstaunt über den unerwarteten
Besuch; sie scheinen sich zu wundern, daß ein anderer als Aituro
selbst sich zu so später Stunde ihrer Behausung naht. Würdevoll und freundlich aber begrüßt mich des Rupacks Frau; und
gern sprach ich den Speisen zu, die sie ihren Mädchen in rein-
lichen Schüsseln mir vorzusetzen befahl. Größerer Reichthum
und Behäbigkeit, als ich bisher in Palau kennen gelernt hatte,
blickte aus allem, was ich sah; unverkennbar war der Einfluß,
den der regere Verkehr mit den handeltreibenden Männern von
Angabard auf das Wohlleben der Bewohner gewonnen hatte.

    Früh am Morgen des 1. November brachen wir auf bei
Windstille. Die hohe Flut gestattete uns, dicht am Ufer entlang
ganz über das innere Riff zu fahren. Bald kamen wir am
Eingang einer tiefen Bucht vorbei, die sich weit hinein in das
Land ziehen soll; halb versperrt ist er durch eine Reihe kleiner
bewaldeter Inseln, die gewiß früher miteinander zusammen-
hingen und namentlich gegen die Seeseite einen überaus schroffen
Absturz zeigen. Dann tritt das Land wieder nach Osten zurück
— hier liegen an der Küste von Babelthaub die Staaten Eirei
und Eimeliß — und vor uns erheben sich nun die schroffen
Zacken der an ihren Abhängen ganz kahlen Felsen des sogenannten Kokeal. Ein günstiger Wind, der sich erhebt, treibt

unser Amlai rasch vorwärts, der südlichsten unter jenen Inseln
zu, die sich durch ihre sanft geschwungene Oberfläche und den
Wechsel zwischen Wiesen, Palmenhainen und Laubwäldern auf
den ersten Blick von den grauen starren Kalkklippen unterschei=
den. „Das ist Corōre, Doctor; dahinter liegt Malakka, die
Insel des Cabel Schils.“

Die Sonne stand über unserm Scheitel, als wir in den
Hafen von Corōre einfuhren. Das Meer schien fast ganz ver=
ödet zu sein, nirgends sahen wir Fischer in ihren Fahrzeugen.
Aber gerade, als wir in den Kanal, der zum Hafen führt, ein=
lenken wollten, begegneten uns zwei große Amlais. Ich kannte
die Leute darin nicht; sie sahen mich befremdet und vornehm an.
„Das ist Ebadul, Doctor“, raunte mir Arakalulk zu, „und
Aituro, sie wollen gewiß nach Malakka. Du mußt sie ansprechen,
das ist so Sitte.“ Wir waren schon etwas vorbeigefahren; ich
gab Befehl zur Umkehr. „Good morning, Ebadul“, rief ich
diesem zu, „ich komme, dir deinen Besuch wiederzugeben; wann
treffe ich dich in deinem Bai?“ — „Fahre nur in den Hafen,
Doctor. Arakalulk — nicht wahr, du bist es doch? — wird
dir schon den Weg nach Aibil *) zeigen. Mein Weib weiß schon,
daß du kommst, und du wirst viele Menschen bei ihr finden.
Wir wollen nach Malakka, aber zum Abend sind wir wieder
zurück.“

Nun fuhren wir ein in den Hafen, der von einem großen,
sich weit ins Meer hinausziehenden steinernen Wall ganz gegen
die Wogen gesichert war. Am Landungsplatze stand neben den
Häusern zum Aufbewahren der Amlais ein schönes, gut gehal=
tenes Bai, aus dem einige schlaftrunkene Männer und Mädchen
herauslugten, die durch den ungewohnten Lärm aus ihrer
Mittagsruhe aufgescheucht worden waren. „Hackewe, Freund“,
rief mein Bruder einem derselben zu, „hier ist Doctor gekommen,

---

*) Aibil heißt das Wohnhaus des Ebadul.

um Ebabul zu besuchen; zeige ihm den Weg nach Aibil hinauf,
während ich das Amlai in das Haus bringe. Wir wollen hier
einige Tage bleiben." — „Wirklich? Nun dann komme, Doctor."
— „Und wo treffe ich dich wieder, Arakalulk?" — „Ich habe
meinen Freund hier, bei dem ich bleiben werde; ich komme aber
zu dir, ehe es Abend wird. Good bye." — „Good bye."

Wir waren bald in Aibil, dem Hause des Ebabul. Der
Weg dahin führte in einigen Windungen steil den Berg hinan;
er war vortrefflich gehalten. Ueberall sah man die Spuren des
ausgedehnten Handels von Coröre. Wo ich einen Blick in die
am Wege stehenden Häuser that, bemerkte ich eine Menge Kisten
und große Kochschüsseln, allerlei europäische Geräthschaften,
Messer und Gabeln in Massen und selbst Teller aus Porzellan.
Zahlreiche Truthühner und Gänse liefen hier, wie in Armlimui,
im Dorfe herum. — Aibil selbst lag auf der Höhe, wie immer
mit einem ziemlich großen Platz davor, der zum größten Theil
durch die Gräber ihrer Vorfahren eingenommen war. Gegen=
über dem Hause stand ein bedecktes langes Gerüst; seitwärts
davon eine Hütte, die offenbar nur provisorisch hier aufgeschlagen
war. Eine Anzahl Menschen saßen darin, und auch im Hause
Ebabul's fand ich eine große Gesellschaft um die Frau des Kö=
nigs versammelt. In ihrer nächsten Nähe die Weiber und
Kinder; am entgegengesetzten Ende mehrere Männer, die offen=
bar gleich mir zu Besuch gekommen waren.

„Ich bin hierher gekommen", begann ich, „um Ebabul zu
besuchen und Coröre zu sehen; das ist ein so berühmter Ort,
den mußte ich doch kennen lernen, ehe ich wieder nach Anga=
bard zurückkehre." — „Nun, da kommst du gerade zur rechten Zeit,
Doctor", erwiderte die Frau Ebabul's, „Aituro ist jetzt hier,
um für seine kranke Frau ein Opfer zu bringen dem großen
Kalid von hier. Da seitwärts in dem kleinen Hause, da wohnen
die Gäste; und hier gerade vor uns wird übermorgen ein großer,
ganz neuer Tanz aufgeführt. Ihr da, ihr Mädchen, bringt

Doctor doch zu trinken, und er wird auch Hunger haben. Du
mußt hier im Hause bleiben", fuhr die Frau gutmüthig fort,
„ich habe dich viel zu fragen, und du kannst hier besser schlafen
als im Bai. Da in der Ecke magst du dein kleines Haus auf=
schlagen, in das du immer des Nachts hineinkriechst." — „Schon
gut, Frau Ebabul's, ich werde hier bleiben. Dein Mann kommt
wol erst spät nach Hause? Da es noch hell ist, will ich jetzt
einen Gang durchs Dorf machen. Da kommt gerade Arakalulk,
mich abzuholen."

Es war ein herrlicher Abend. Auf den breiten Wegen und
freien Plätzen lagen schon die tiefen langen Schatten der ein=
brechenden Dämmerung, und die letzten Strahlen der scheidenden
Sonne vergoldeten die Gipfel der Bananen und Brotbäume, der
Palmen und Papayas, die in üppigem Wachsthum malerisch
geordnet die Häuser umgaben. Ueberall heiteres Spiel der
Kinder auf Straße und Plätzen; watschelnde Gänse und kollernde
Truthähne, Hühner und Enten drängten sich in Scharen fried=
lich zwischen den Menschen herum. Auf der Anhöhe, halb in
Bäumen versteckt, stand ein schönes Bai; in seinen Fenstern
saßen zahlreiche Armungul, unter denen einzelne mich schon in
Aibukit und Kreiangel gesehen haben wollten. Dann umgab
dichtes Gebüsch die Straße, die immer höher anstieg; auf einer
großen Wiese grasten Hunderte von Kühen und Stieren, und
zwischen den Wald hindurch fiel mein Blick auf die spiegelnde
Fläche des nahen Meeres. Ich wollte über die starke Umzäu=
nung wegsteigen, da ich so lange kein Rindvieh in der Nähe
gesehen hatte und dies gewiß die Abkömmlinge jener Thiere
waren, welche die Ostindische Compagnie vor nun reichlich
siebzig Jahren an Ebabul von Coröre schenkte. Aber der Freund
meines Bruders warnte mich. „Die Thiere sind sehr böse;
niemand von uns darf auf die Wiese. Wenn Cabel Schils
Ochsen haben will, so müssen wir sie schießen. Früher liefen
sie frei im Dorfe herum; aber da sie bald wild wurden, einige

Leute verwundeten und unsere Gärten zerstörten, so haben wir sie hier auf die Wiese getrieben und den Zaun gemacht, daß sie nicht mehr herauskönnen. Es wäre besser gewesen, wenn Cabel Wils uns die Thiere nicht gebracht hätte; sie nützen uns doch nichts. Aber Ebabul will sie nicht alle tödten; er sagt, das sei ein Andenken an den ersten Rupack von Angabard, der den Knochenorden bekommen. hätte." — Die Sonne war längst in ihr Haus eingekehrt, und die Dämmerung wich rasch der einbrechenden Nacht. Hier und da begegneten uns schon Män= ner mit angezündeten Fackeln, mit deren grellem Lichte der blaue Schein des vollen Mondes merkwürdig im Dunkel der Nacht contrastirte. Als ich in Aibil wieder ankam, fand ich Ebabul schon nicht mehr vor; er war nur kurze Zeit in seinem Hause gewesen und hatte sich bald nach eingenommener Mahlzeit mit Aituro in sein Bai begeben.

Früh am nächsten Tage ließ ich mich durch Arakalulk in das Bai der Rupacks führen, um hier Ebabul meinen Besuch abzustatten. Der gutmüthig aussehende, wohlbeleibte und etwas ältliche Fürst saß bereits emsig bei seiner Arbeit. „Good morning, Ebabul", sagte ich, nachdem ich der Sitte gemäß schweigend ins Bai gestiegen war und mich ihm gegenüber niedergehockt hatte, „schon so früh so fleißig?" — „Ja Doctor, das ist mein Gebrauch so, ich bin sehr geschickt im Drillen der Taue, und ich als König muß meinen Leuten ein Beispiel geben. Bringst du Neuigkeiten?" — „Nein, Ebabul, ich komme, hier Neues zu hören und zu sehen; was sollte sich auch in Aibukit Wichtiges ereignen? Wir wollen bald abreisen nach Manila; und ich wollte Palau nicht verlassen, ohne dein Land gesehen zu haben." — „Mein Land? das hast du auch in Ngirrarth*) ge=

---

*) Mit diesem Namen bezeichneten die Bewohner von Coröre den Staat Aibukit mit seinen Vasallenstaaten; das Wort „Aibukit" hörten sie im Ge= spräch ebenso ungern wie einige andere (auka, rack), für welche im Süden andere Bezeichnungen im Gebrauch sind.

sehen, ich bin König von ganz Palau." — „Nun ja, ich meinte auch nur diese Insel hier und ganz besonders den Kokeal. Einer von deinem Volk hat mir viel davon erzählt, und nun bin ich neugierig geworden, die Inseln des Kokeal selbst zu sehen." — „Das kannst du thun, Doctor, ein Amlai wirst du schon finden, und weit ist es nicht von hier. Doch nun komm mit nach Aibil, heute kannst du doch nicht mehr fort — siehst du die Wolken dort? Es wird bald regnen — und in meinem Hause will ich dir etwas Schönes zeigen, das book von Cabel Wils."

Es war hohe Zeit, daß wir gingen. Die Kronen der Palmen rauschten schon mächtig im anziehenden Sturmwinde, und zwischen den düstern Wolken blickten nur kleine Fetzen des blauen Himmels durch. Bald fielen auch große Tropfen schwer auf die Blätter der Bäume. Ueber die Straßen eilten Kinder und Weiber, um in ihre Wohnungen zu kommen, und als wir durch die niedrigen Thüren von Aibil eintraten, hatte der Sturm seine volle Gewalt entfesselt. Dem furchtbaren, von der Windsbraut gepeitschten Guß folgte bald ein stetiger, kräftiger Regen und hielt, mir sehr zur Freude, die Gäste aus dem sonst immer vollen Hause meines königlichen Wirthes fern.

Ebadul gab bald seiner Frau den Befehl, das Buch aus der Kiste zu holen. „Siehst du, Doctor, das ist das book, das uns Cabel Wils schickte, als Libu dort in Angabard gestorben war. Das zeige ich nur guten Freunden und großen Rupacks; es ist ein kostbares Gut, und wir halten es höher als die steinernen Beile und Meißel, mit denen unsere Aeltern ihre Häuser zimmerten und die Amlais aushöhlten. Solche Beile haben sie auch in Ngirrarth, aber das book ist nur hier. Da, Doctor, nimm es, um drin zu lesen, wenn du Lust hast; ich muß jetzt fort, und nachher kannst du mir erzählen, was alles darin steht."

Mit eigenthümlicher Empfindung nahm ich das mir wohlbekannte Buch in die Hand, das nun schon mehr als siebzig

Jahre hier bewahrt worden war.   Wie oft wol mochte jener
Ebadul, der Wilson seinen Sohn mitgab, damit er im fremden
Lande etwas lernen solle, das Bildniß seines todten Sohnes
betrachtet haben!   Wie manche Thräne hatte unbemerkt in stillen
Augenblicken wol die Mutter über ihren verlorenen Liebling
vergossen!   Zwar dem Volke zeigen durften sie ihren Schmerz
nicht; galt es doch von jeher in Palau für eine Eigenschaft vor
allem der Fürsten, weder Schmerz noch Zorn, weder Ueber=
raschung noch Aerger erkennen zu lassen oder ihm andern als
würdigen Ausdruck zu geben.   Wohl empfinden auch diese „wil=
den Kopfjäger" — die wir so gern mit christlicher Nächstenliebe*)
an unsere Kriegführung gewöhnen möchten — Regungen des
Mitleids und der Theilnahme für andere; auch ihnen klopft ein
Herz in der Brust, und der tiefsten, leidenschaftlichsten Erregung
und Hingabe sind auch sie so gut fähig wie höher begabte und
weiter fortgeschrittene Völker.   Aber in die gewissenhafteste Er=
füllung der alten Gebräuche setzen sie alle ihren höchsten Stolz;
darum drängen sie ihre Gefühle gewaltsam zurück, denn es ist
„schlechte Sitte", der innern Erregung auch leidenschaftliche Worte
zu leihen.   Als Ebadul, der Vater jenes Libu, von dem Tode
seines Sohnes hörte, sagte er nur, mühsam seine Fassung sich
erhaltend: „Es ist gut, es ist gut."

Man sah dem Buche die rührende Pietät an, mit welcher
dieses Völkchen an allem hängt, was seine Väter betrifft; kein
Blatt war zerrissen oder beschmuzt, der Einband so sauber, als
hätte er die ganze Zeit her in dem Schranke eines Bibliothekars
gestanden, der seine Bibliothek als ein kostbares, durch keine Hand
eines Lesers zu entweihendes Heiligthum betrachtet.   Die Bilder
zeigte mir Ebadul's Frau, sie erklärte mir alle mit innigstem Be=
hagen; wie gönnte ich der guten Frau die kleine Freude.   Dann

*) „Gnade vor euerer Liebe." — Gesammelte Novellen in Versen von
Paul Heyse (Urica, S. 146).

ließ sie mich weiter blättern; ich vertiefte mich in die reizende Erzählung vom Ende des jungen Prinzen. Geliebt von allen, die ihn kannten, starb er im fremden Lande mit stoischer Ruhe; und seinem Andenken widmete die mächtige Ostindische Compagnie ein eigenes Monument auf dem Kirchhofe zu Rotherhithe. Fast gedankenlos las ich die auch im Buche mitgetheilte Inschrift: „To the Memory of Prince Lee Boo, a native of the Pelew, or Palos islands; and son to Abba Thule, Rupack or King of the Island Coroora" — halt, was ist das, habe ich recht gelesen? Rupack oder King der Insel Coröre (Coroora)? So bezeugen also die Engländer selbst, daß Ebadul nicht König von ganz Palau ist — jetzt aber thut er doch immer, als ob er solcher sei? Nachdenkend, wie wol dieser Widerspruch zu lösen wäre, blättere ich weiter; da auf einmal fällt zwischen den letzten Blättern ein Manuscript heraus. Was mag das sein? Beim Himmel, das ist interessant! „Eine Constitution von Palau" und hier daneben „Ein Handelstractat zwischen Ebadul, König der Palau = Inseln, dem Fürsten von Coröre, und Andrew Cheyne!"

Wie freute ich mich nun des Regens, der mir Zeit gab, eine Copie dieser interessanten Documente zu nehmen. Es waren nur Copien; die Originale waren angeblich, wie ich später er= fuhr, im englischen Consulat in Manila deponirt. Hier mögen beide für Verständniß und Beurtheilung der dortigen Verhält= nisse so wichtigen Documente ihren Platz finden, unter Beibe= haltung der englischen falschen Schreibweise der einheimischen Namen.

1.

A Treaty of Commerce between Abba Thule King of the Pelew Islands and the Nobles of Corror on the one part and Andrew Cheyne, owner and commander of the British

Bargue „Black River Packet" and proprietor of the Island of Malaccan, Pelew Islands, on the other part.

Article 1. King Abba Thule and the undersigned Nobles of Corror hereby grant the said Andrew Cheyne, his heir, successors and assigns the sole and exclusive right and privilege of purchasing all the biche de mer, tortoise shell and all other marketable productions of the Pelew Islands now worth exporting, or that may be raised from the soil hereafter, such as coffee, sugar etc. for five hundred moons, reckoning from the date of this Treaty. At the expiration of this time this Treaty may be renewed or the trade declared open, as may be most advantageous to the Corror Government.

Art. 2. Whatever unoccupied lands the said Andrew Cheyne or his aforesaids requires for cultivation, shall be sold to him or them at a reasonable price.

Art. 3. No land shall be sold or leased to any Foreigner except the said A. Cheyne and his aforesaids, nor shall any vessels be allowed to trade at any part of the Pelew Islands except those belonging to him or his aforesaids, nor shall any Foreigner be allowed to reside on any of the Islands of the Pelew Group, except those in the employ of the said A. Cheyne.

Art. 4. Andrew Cheyne shall be allowed to have an establishment at Aramanewie (Armlimui?) as formerly and to purchase land there and cultivate it.

Art. 5. A. Cheyne binds himself and his aforesaids not to dispose of Arms or ammunitions to any of the inhabitants of the Pelew Islands except to the Corror Government.

Art. 6. Any seamen or labourer in the employ of the said A. Cheyne, absenting themselves without leave or deserting from his vessels or his service are to be apprehended and delivered over to the said A. Cheyne, or the Captains

of their respective vessels. Seamen deserting from other
vessels, which may visit Malaccan Harbour are to be sent
on board their ships, and will not be allowed to remain on
this Group on any pretence whatever, except in case of
illness, when A. Cheyne will take charge of them and forward
them to a civilized part when well.

Art. 7. Any natives of the Pelew Islands desirous of
entering the service of the said A. Cheyne or his aforesaids
are to be allowed to do so, without let or hindrance on the
part of the King or Corror Government and they are to be
paid fair wages for their labour, no part of which is to be
taken from them by the Corror Government and they shall
be at perfect liberty to leave the service of the said A. Cheyne
or his aforesaids, when their term of service expires. It is
clearly understood, that such natives although in the employ
of A. Cheyne, are still subject to the native laws of the
Pelew Islands.

Art. 8. Any foreign runaway sailor or sailors or other
foreigners now living in the Erkelthow District or
any other Districts who by preying on the ignorance
or credulity of the Corror Government or people,
tell them falsehoods with the view of injuring the
lawful trade of the said A. Cheyne at these Islands and
which will also indirectly injure the Corror people or interfere in any other way between the said A. Cheyne and the
Government or people shall, on proof of the same, be
expelled from the Group.

Art. 9. King Abba Thule and the Nobles of Corror
hereby promise, that in the event of quarrels arising
between their Government and the Rulers of other
Districts, the matter in dispute is to be referred to
the said A. Cheyne for arbitration, who will hear
both statements and give his decision in a just and

impartial manner, which the Corror Government hereby bide themselves to abide by, and in no case are they to resort to hostilities, unless in case of armed rebellion.

Art. 10. The inhabitants of Pillelew (Peleliu) having procured a supply of arms and ammunition from passing ships have thrown off their allegiance to the Corror Government and shot some of their people, they are therefore at present a set of armed lawless ruffians, dangerous to ships passing the south end of the Group, as they would not hesitate to cut off a vessel, would they get a favourable opportunity. As the said A. Cheyne can have no guarantee for the safety of his property on Malaccau, while they remain so, King Abba Thule and the Nobles of Corror hereby promise to take effectual measures to have them disarmed, and brought under proper legal authority, the same as formerly.

Art. 11. Should any natives of the Pelew Islands attempt to capture any vessel passing this Group, or kill any shipwrecked people, that may be cast on these Islands in boats or otherwise, or kill any foreigners, the parties guilty of the same shall be punished with death by the Corror Government and the town to which they belong utterly destroyed. And the King and Nobles of Corror hereby promise that all shipwrecked people shall be hospitally·· treated and handed over to the said A. Cheyne at Malaccan.

Art. 12. King Abba Thule and the Nobles of Corror hereby bind themselves their heirs and successors, to aid and protect the said A. Cheyne, his ships, people, land and trade, whenever called upon to do so from all attacks or aggressions whatever.

Art. 13. Abba Thule and the Nobles of Corror hereby bind themselves and their successors to abide by the annexed of their respective vessels. Seamen deserting from other vessels, which may visit Malaccan Harbour are to be sent on board their ships, and will not be allowed to remain on this Group on any pretence whatever, except in case of illness, when A. Cheyne will take charge of them and forward them to a civilized part when well.

Art. 7. Any natives of the Pelew Islands desirous of entering the service of the said A. Cheyne or his aforesaids are to be allowed to do so, without let or hindrance on the part of the King or Corror Government and they are to be paid fair wages for their labour, no part of which is to be taken from them by the Corror Government and they shall be at perfect liberty to leave the service of the said A. Cheyne or his aforesaids, when their term of service expires. It is clearly understood, that such natives although in the employ of A. Cheyne, are still subject to the native laws of the Pelew Islands.

Art. 8. Any foreign runaway sailor or sailors or other foreigners now living in the Erkelthow District or any other Districts who by preying on the ignorance or credulity of the Corror Government or people, tell them falsehoods with the view of injuring the lawful trade of the said A. Cheyne at these Islands and which will also indirectly injure the Corror people or interfere in any other way between the said A. Cheyne and the Government or people shall, on proof of the same, be expelled from the Group.

Art. 9. King Abba Thule and the Nobles of Corror hereby promise, that in the event of quarrels arising between their Government and the Rulers of other Districts, the matter in dispute is to be referred to the said A. Cheyne for arbitration, who will hear both statements and give his decision in a just and

impartial manner, which the Corror Government hereby
bide themselves to abide by, and in no case are they
to resort to hostilities, unless in case of armed rebellion.

Art. 10. The inhabitants of Pillelew (Pelelin
having procured a supply of arms and ammunition trou
passing ships have thrown off their allegiance to the Corr.
Government and shot some of their people, they are theretu
at present a set of armed lawless ruffians. danger
to ships passing the south end of the Group as
would not hesitate to cut off a vessel, would the
favourable opportunity. As the said A. Cheyne ca: h
guarantee for the safety of his property on Malacca
they remain so, King Abba Thule and the Noble
hereby promise to take effectual measure
disarmed, and brought under proper lega ant
same as formerly.

Art. 11. Should any natives of t!
attempt to capture any vessel passing th
any shipwrecked people, that may be c
in boats or otherwise, or kill any fore
guilty of the same shall be punish
Corror Government and the tow:
utterly destroyed. And the Kn.
hereby promise that all shipwr
hospitally treated and ha
A. Cheyne at Malaccan.

Art. 12. King Abba Tn
hereby bind themselves th
and protect the said A Ch
trade, whenever calle:
aggressions whatever

Art. 13. Abb:
bind themselves m

whole
alau).
ntinue
now is,

Constitution and Regulations for the Government of their people and protection of trade.

Art. 14. A. Cheyne agrees to give King Abba Thule and his Government all the aid and assistance in his power to enforce due observance of the annexed Constitution and Regulations, to support the lawful authority of the Government and to assist in every way to promote the civilization, peace and prosperity of the people.

Art. 15. In consideration of these concessions A. Cheyne agrees to pay the Corror Government Ten p. cent duty on the value paid by him for the produce purchased from the Corror people; also 10 p. cent on the price paid for the production of all other Districts, one half of which is to be paid to the Corror Government, and the other half to the Governor of the District.

Art. 16. And the said A. Cheyne further engages that in consideration of King Abba Thule and his Government assisting him with men to cure biche de mer at Yap and granting him protection while there — Yap being subject to Corror — to pay the Corror Government 10 p. cent on the value of the goods paid by him to the Yap people for the marketable productions of that Island.

Art. 17. A. Cheyne agrees that so soon as his means will allow he shall provide a competent instructor for the Corror people and King Abba Thule and the Nobles of Corror hereby promise to grant him an allotment of five acres of ground at Corror for a house and garden. In the meantime A. Cheyne shall do all in his power to instruct and assist the people to cultivate the ground, so as to develop the resources of these fertile Islands.

Art. 18. We Abba Thule King of the Pelew Islands and the undersigned Nobles of Corror, hereby declare that we have not received any goods, money or article whatever from the said **A.** Cheyne, or from any other person, as an equivalent for granting or to induce us to grant him these concessions, but that it is entirely our own free act and deed, done in the belief that by having a fair and regular system of trade established, it will confer a lasting benefit on ourselves and our people, strengthen our Government and promote the ultimate peace and welfare of all classes of our subjects.

Art. 19. And lastly, we Abba Thule King of the Pelew Islands and the undersigned Nobles of Corror, hereby bind ourselves, our heirs and successors to the due performance of this Treaty.

Signed and concluded by the contracting parties on board the British barque „Black River Packet" lying in Malaccan Harbour, Pelew Islands on the fifth day of March 1861 in the presence of John Davy Interpreter and James Lord Wilkinson of Hobart Town.

A. Cheyne. † Abba Thule, King.
† Eareyekalow, Prime Minister.
† Arrakuoka, Successor to the King.
† Clantrow, Noble.
† Arramuggid, Noble.

2. Constitution of Pellow.

Art. 1. Abba Thule is absolute sovereign of the whole Pelew Islands, of which the native name is Pellow (Palaú).

Art. 2. The succession to the throne is to continue the same as it was in the days of our ancestors and now is,

as: on the death of King Abba Thule Prince Arrakuoka
succeeds him; Prince Koback of Arakapasau succeeds Arrakuoka and Prince Eyeuke of Corror succeeds Koback of
Arakapasau and the next prince entitled takes Eyeukes place
at Corror. This is the ordre of succession of the kingdom.
The succession of the Nobles shall also be as formerly.

Art. 3. Our ancient laws respecting the power, rank,
might and privileges of the King, Princes, Nobles, Chiefs and
their wives and children and the respect and obedience to
be paid them by our subjects, are to remain in full force and
are in no way to be altered.

Art. 4. The laws for carrying on the Government and
deciding all matters of importance by the King and Nobles
in council, shall remain in full force.

Signed as above.

Regulations.

1. Having entered into a Treaty of Commerce with
Capt. Cheyne owner and commander of the British Bargue
„Black River Packet" and proprietor of the Island of Malaccan, we Abba Thule and the Nobles of Corror hereby
decree, that for the protection of trade and the security of
our Government, no person or persons on the Pelew Islands
are to trade or barter with any ship, or go on board any
ship or vessels, other than those belonging to the said Capt.
Cheyne, and that all biche de mer collected and cured at
the Pelew Islands together with tortoise shell and all other
marketable productions at present worth exporting, or that
may be at any future time worth exporting, or that may be
raised from the soil hereafter, such as coffee, sugar, must
be brought to Malaccan for sale and sold to the said Capt.
Cheyne or his Agent for the time being and to no other
person whatever. And we make known to all men, that no

part of the earning of the inhabitants of the Pelew Islands
shall be taken from them by the Corror Government, Capt.
Cheyne having in the Treaty of Commerce agreed to pay us
a duty of 10 p. cent on all the marketable productions of
the Group. Those found in trading with other vessels, or
other persons will be heavily fined, the amount to be fixed
by the King and Nobles of Corror in council.

2. For the better security of our Government and
fulfilment of the said Treaty of Commerce with Capt. Cheyne
we also decree, that a Corror Noble or Chief shall be
appointed Governor of Pillelew and that effectual measures
shall be taken to disarm the inhabitants, who are at present
a band of lawless ruffians, dangerous to ships passing near
Pillelew — and bring them under proper legal authority the
same as formerly.

3. Erturo (Aituro), a Noble of high rank who is now
Governor of the Aramanewie (Armlimui) Dictrict, shall hold
that appointment during his lifetime.

4. A Corror Noble or Chief shall be appointed Governor
of Eye Rye (Eirei), Arakaumully District, to prevent the
people obtaining arms from passing ships and for the protection of trade.

5. Should the present Governor of the Ngirrarth District
(Aibukit), and who is a Corror chief, fail in making his
people carry out the provisions of the Treaty of Commerce
made by us with Capt. Cheyne, or allow his people to obtain
arms or ammunition he shall be succeeded by a more competent person.

6. A Corror Chief shall be appointed Governor of the
Urrakalong District, to prevent the people obtaining arms
from passing ships and for the protection of Trade.

7. No foreigner, Manila man or white man residing in

these islands shall be allowed to distil spirits from the cocoa
nut toddy, or in any other way. On proof of his doing so,
he shall be fined, and repeating the offence he shall be
expelled from the Group.

Signed as above.
† Earatogagee, Noble.

I John Davy hereby declare that I have faithfully and
truthfully interpreted the above Treaty of Commerce to the
King and Nobles of Corror, that they thoroughly understand
its nature and contents, and that they have signed their
names by marks in my presence. I have been residing on
the Pelew Islands for the last 25 years, and thoroughly
understand the native language.

Signed John Davy.
Signed James Lord Wilkinson, Witness.

―――――――

„Buenos dias, caballero" — „Wie geht es, Dr. Semper",
— ſo begrüßten mich zwei Europäer, die plötzlich in das Haus
traten, als ich eben die letzte Zeile der Conſtitution von Palau
geſchrieben hatte. Erſtaunt ſah ich ſie an; ſie waren mir un=
bekannt. Der Spanier mußte wol der Kapitän des „Pelayo"
ſein, welcher ja noch im Hafen von Malakka lag; aber der
Deutſche? „Mit wem habe ich die Ehre?" — „Mein Name
iſt Tetens, ich bin ſeit zwei Monaten erſter Steuermann bei
Kapitän Cheyne, und da ich wußte, daß Sie ein Landsmann von
mir ſind, ſo benutzte ich einen kurzen Urlaub, um Ihnen meinen
Beſuch zu machen." — „Ich danke Ihnen, Herr Tetens, leider
werde ich nicht im Stande ſein, Ihnen denſelben an Bord des
«Black River Packet» zu erwidern. Sie waren alſo kürzlich in

Manila und haben dort wol auch meinen Schwager Herrmann
kennen gelernt?" — „Ja wohl, doch habe ich ihn nur selten
gesehen; wir hatten sehr viel zu thun, und unsere Abreise sollte
auch geheim gehalten werden. Das ist der Grund, warum ich
Ihnen weder Grüße noch Briefe bringe. Aber ich habe nichtsdestoweniger viel von Ihnen gehört. Sie wissen schon, was ich
meine. Der Brief, zu dessen unbewußtem*) Träger Sie Cheyne
machten, hat dort viel Staub aufgewirbelt, das heißt in den
Salons und in den Zeitungen." — „Nun, und die spanische
Regierung? Ich hatte geglaubt, daß diese sich der Gelegenheit
bemächtigen würde, endlich einmal wirklich festen Fuß auf diesen
Inseln zu fassen, die sie vor 150 Jahren besucht haben wollen
und deswegen auch auf ihren Karten als «Posesiones de
ultramar» immer mit aufführen. Die Regierung schwieg also
still?" — „Welche Illusionen, Dr. Semper! Man sieht, daß
Sie schon lange unter halbwilden Leuten gelebt haben. Wie
konnten Sie nur glauben, daß sich die spanische Regierung um
ein paar hundert brauner Menschen willen in Schwierigkeiten
stürzen würde? Da hat sie wahrlich noch genug in ihrem
eigenen Lande zu thun; die Piraten im Süden regen sich wieder, und im Norden von Luzon gibt es wol nächstens eine
Expedition gegen die Wilden; dann der Krieg in Cochinchina —
gewiß genug der Arbeit und Mühe für einen Gouverneur von
Manila. Die Spanier freuten sich über Ihren Brief nur, weil
es doch einmal eine Abwechselung in die Unterhaltung brachte.
Uebrigens meinte man, daß Sie wol stark mit Kapitän Woodin
engagirt seien." — „Nun wahrlich, Herr Tetens, das sieht den

---

*) Die oben mitgetheilte Erzählung vom Angriff der Engländer auf
Aibukit hatte ich durch einen Matrosen des Cheyne, ohne des letztern Wissen,
nach Manila zu senden gewußt. Mein Schwager Herrmann, Kaufmann
dort und späterer deutscher Consul, erfüllte meinen Wunsch und publicirte
dieselbe im „Diario de Manila". Mit welchem Erfolg, ist im Text erzählt.

Menschen von dort recht ähnlich. Wessen man sich selbst für fähig hält, dessen klagt man auch gern andere an. Uebrigens danke ich Ihnen für die Mittheilung; ich werde sie nicht ver= gessen. Haben Sie Lust zu einem kleinen Spaziergang, meine Herren?" Unsere Gesellschaft hatte sich noch um einen ver= mehrt; ein Franzose, der mit dem Pelayo gekommen war — ich glaube, er war Supercargo desselben — hatte seinen Ka= pitän gesucht. Diese beiden Herren gingen fort, ihren Ge= schäften nach. So schlenderten Herr Tetens und ich allein durch das Dorf.

„Die Dörfer hier um Malakka herum", begann ich die Unterhaltung, „sind hübscher als im Norden; man sieht, daß die größere Nähe der handeltreibenden Europäer größern Wohl= stand erzeugt hat. Aber die Leute gefallen mir nicht so gut wie die von Aibukit; sie sind ränkevoller und ehrgeiziger. Das Dorf meiner Freunde hat viel unter ihren Listen zu leiden ge= habt." — „Ich verstehe, worauf Sie anspielen, Sie meinen die Affaire mit dem englischen Kriegsschiff?" — „Ja wohl, und noch manches andere. Dahinter aber scheint mir doch immer schließlich Kapitän Cheyne zu stecken. Soeben erst habe ich ein interessantes Document entdeckt, das mir manches Unerklärliche in jenem englischen Angriff auf Aibukit aufzuklären scheint. Da oben in Aidil liegt in einem alten Buche ein Handelstractat zwischen Cheyne und Ebadul, ferner eine Constitution von Palau. Ihr Kapitän zeigt sich darin als starker Monopolist; doch ließe sich darüber wenig sagen, wenn er sonst das Zeug zu einem Rajah Brooke hätte, den er sich offenbar als Vorbild genommen hat. Wenn wirklich die Bestimmungen jener Constitution und des Tractats ausgeführt werden, so ist Cheyne de facto König von ganz Palau. Hätten Sie Lust zu seinem Premierminister, Herr Tetens?" — „Ich kann nicht sagen, daß mir der Platz sonderlich gefällt; und was Kapitän Cheyne für Plane hat, ist mir ziemlich gleichgültig. Ich bin Seemann und kein Politiker."

— „Nun, Sie werden sich auch schon acclimatisiren. Jene bei=
den Documente waren ein Jahr vor dem englischen Angriff
verfaßt, und ich glaube nun zu verstehen, warum der Kapitän
des Schiffs sich dazu hergab, jenen abenteuerlichen Zug nach
Aibukit zu unternehmen. In ihnen figurirt nämlich Ebadul als
König sämmtlicher Inseln hier, die Fürsten der andern Districte
sind seine Vasallen, und Mad von Aibukit wird geradezu ein
Rupack von Coröre genannt. Ferner haben sich Cheyne und
Ebadul feierlich verpflichtet, sich gegenseitig in der Durchführung
sämmtlicher Paragraphen zu helfen, und unter diesen sind einige,
welche jedem andern Europäer als Cheyne untersagen, hier sich
ohne seine Erlaubniß irgendwo aufzuhalten oder in andern
Districten Handel zu treiben. Gegen diese letzte Bestimmung
hatten Woodin und die Bewohner von Aibukit gesündigt. Ist
es nun ein Wunder, daß jener Kriegsheld — dem doch offen=
bar durch Cheyne eine Einsicht in die Documente verschafft
wurde — auf dieser Seite das Recht wähnte? Galt es doch,
jemand zu unterstützen, der jünger war und thatkräftiger als
der alte Woodin, einen Mann, der Lust zu haben schien, festen
Fuß auf diesen Inseln zu fassen — solche Gelegenheit, hier sich
das Recht zur Gründung einer neuen Colonie zu verschaffen,
durfte nicht versäumt werden. Vielleicht wollte Kapitän Browne
nur die Fürsten von Aibukit veranlassen, die scheinbar nach
jenem Document Ebadul zukommende Souveränetät über die
Inseln thatsächlich anzuerkennen, ihr eigenes Land als ein
Lehen oder eine Provinz von Coröre ansehen zu wollen. Das
schlug natürlich fehl; aber auch der Kampf, der nun folgte,
führte nicht zum Ziele. Jetzt sind die Leute von Coröre in
einer gewaltigen Angst, aus der ihnen auch Cheyne nicht heraus=
zuhelfen scheint. Ehe ich noch hergekommen war, hörte ich schon
von einem man-of-war, den jemand in Aibukit zu Hülfe gerufen
haben sollte; hier sagt man mir es geradezu ins Gesicht, ich
hätte das gethan. Leichtgläubige Kinder sind unsere Freunde

of their respective vessels. Seamen deserting from other
vessels, which may visit Malaccan Harbour are to be sent
on board their ships, and will not be allowed to remain on
this Group on any pretence whatever, except in case of
illness, when A. Cheyne will take charge of them and forward
them to a civilized part when well.

Art. 7. Any natives of the Pelew Islands desirous of
entering the service of the said A. Cheyne or his aforesaids
are to be allowed to do so, without let or hindrance on the
part of the King or Corror Government and they are to be
paid fair wages for their labour, no part of which is to be
taken from them by the Corror Government and they shall
be at perfect liberty to leave the service of the said A. Cheyne
or his aforesaids, when their term of service expires. It is
clearly understood, that such natives although in the employ
of A. Cheyne, are still subject to the native laws of the
Pelew Islands.

Art. 8. Any foreign runaway sailor or sailors or other
foreigners now living in the Erkelthow District or
any other Districts who by preying on the ignorance
or credulity of the Corror Government or people,
tell them falsehoods with the view of injuring the
lawful trade of the said A. Cheyne at these Islands and
which will also indirectly injure the Corror people or interfere in any other way between the said A. Cheyne and the
Government or people shall, on proof of the same, be
expelled from the Group.

Art. 9. King Abba Thule and the Nobles of Corror
hereby promise, that in the event of quarrels arising
between their Government and the Rulers of other
Districts, the matter in dispute is to be referred to
the said A. Cheyne for arbitration, who will hear
both statements and give his decision in a just and

impartial manner, which the Corror Government hereby
bide themselves to abide by, and in no case are they
to resort to hostilities, unless in case of armed rebellion.

Art. 10. The inhabitants of Pillelew (Peleliu)
having procured a supply of arms and ammunition from
passing ships have thrown off their allegiance to the Corror
Government and shot some of their people, they are therefore
at present a set of armed lawless ruffians, dangerous
to ships passing the south end of the Group, as they
would not hesitate to cut off a vessel, would they get a
favourable opportunity. As the said A. Cheyne can have no
guarantee for the safety of his property on Malaccau, while
they remain so, King Abba Thule and the Nobles of Corror
hereby promise to take effectual measures to have them
disarmed, and brought under proper legal authority, the
same as formerly.

Art. 11. Should any natives of the Pelew Islands
attempt to capture any vessel passing this Group, or kill
any shipwrecked people, that may be cast on these Islands
in boats or otherwise, or kill any foreigners, the parties
guilty of the same shall be punished with death by the
Corror Government and the town to which they belong
utterly destroyed. And the King and Nobles of Corror
hereby promise that all shipwrecked people shall be
hospitally·· treated and handed over to the said
A. Cheyne at Malaccan.

Art. 12. King Abba Thule and the Nobles of Corror
hereby bind themselves their heirs and successors, to aid
and protect the said A. Cheyne, his ships, people, land and
trade, whenever called upon to do so from all attacks or
aggressions whatever.

Art. 13. Abba Thule and the Nobles of Corror hereby
bind themselves and their successors to abide by the annexed

Constitution and Regulations for the Government of their
people and protection of trade.

Art. 14. A. Cheyne agrees to give King Abba Thule
and his Government all the aid and assistance in his power
to enforce due observance of the annexed Constitution and
Regulations, to support the lawful authority of the Government
and to assist in every way to promote the civilization, peace
and prosperity of the people.

Art. 15. In consideration of these concessions A. Cheyne
agrees to pay the Corror Government Ten p. cent duty on
the value paid by him for the produce purchased from the
Corror people; also 10 p. cent on the price paid for the
production of all other Districts, one half of which is to be
paid to the Corror Government, and the other half to the
Governor of the District.

Art. 16. And the said A. Cheyne further engages that
in consideration of King Abba Thule and his Government
assisting him with men to cure biche de mer at Yap and
granting him protection while there — Yap being subject to
Corror — to pay the Corror Government 10 p. cent on the
value of the goods paid by him to the Yap people for the
marketable productions of that Island.

Art. 17. A. Cheyne agrees that so soon as his means
will allow he shall provide a competent instructor for the
Corror people and King Abba Thule and the Nobles of
Corror hereby promise to grant him an allotment of five
acres of ground at Corror for a house and garden. In the
meantime A. Cheyne shall do all in his power to instruct
and assist the people to cultivate the ground, so as to
develop the resources of these fertile Islands.

Art. 18. We Abba Thule King of the Pelew Islands
and the undersigned Nobles of Corror, hereby declare that
we have not received any goods, money or article whatever

from the said A. Cheyne, or from any other person, as an equivalent for granting or to induce us to grant him these concessions, but that it is entirely our own free act and deed, done in the belief that by having a fair and regular system of trade established, it will confer a lasting benefit on ourselves and our people, strengthen our Government and promote the ultimate peace and welfare of all classes of our subjects.

Art. 19. And lastly, we Abba Thule King of the Pelew Islands and the undersigned Nobles of Corror, hereby bind ourselves, our heirs and successors to the due performance of this Treaty.

Signed and concluded by the contracting parties on board the British bargue „Black River Packet" lying in Malaccan Harbour, Pelew Islands on the fifth day of March 1861 in the presence of John Davy Interpreter and James Lord Wilkinson of Hobart Town.

A. Cheyne.   † Abba Thule, King.
                † Eareyekalow, Prime Minister.
                † Arrakuoka, Successor to the King.
                † Clantrow, Noble.
                † Arramuggid, Noble.

2. Constitution of Pellow.

Art. 1. Abba Thule is absolute sovereign of the whole Pelew Islands, of which the native name is Pellow (Palaú).

Art. 2. The succession to the throne is to continue the same as it was in the days of our ancestors and now is,

as: on the death of King Abba Thule Prince Arrakuoka
succeeds him; Prince Koback of Arakapasau succeeds Arrakuoka and Prince Eyeuke of Corror succeeds Koback of
Arakapasau and the next prince entitled takes Eyeukes place
at Corror. This is the ordre of succession of the kingdom.
The succession of the Nobles shall also be as formerly.

Art. 3. Our ancient laws respecting the power, rank,
might and privileges of the King, Princes, Nobles, Chiefs and
their wives and children and the respect and obedience to
be paid them by our subjects, are to remain in full force and
are in no way to be altered.

Art. 4. The laws for carrying on the Government and
deciding all matters of importance by the King and Nobles
in council, shall remain in full force.

Signed as above.

Regulations.

1. Having entered into a Treaty of Commerce with
Capt. Cheyne owner and commander of the British Bargue
„Black River Packet" and proprietor of the Island of Malaccan, we Abba Thule and the Nobles of Corror hereby
decree, that for the protection of trade and the security of
our Government, no person or persons on the Pelew Islands
are to trade or barter with any ship, or go on board any
ship or vessels, other than those belonging to the said Capt.
Cheyne, and that all biche de mer collected and cured at
the Pelew Islands together with tortoise shell and all other
marketable productions at present worth exporting, or that
may be at any future time worth exporting, or that may be
raised from the soil hereafter, such as coffee, sugar, must
be brought to Malaccan for sale and sold to the said Capt.
Cheyne or his Agent for the time being and to no other
person whatever. And we make known to all men, that no

part of the earning of the inhabitants of the Pelew Islands
shall be taken from them by the Corror Government, Capt.
Cheyne having in the Treaty of Commerce agreed to pay us
a duty of 10 p. cent on all the marketable productions of
the Group. Those found in trading with other vessels, or
other persons will be heavily fined, the amount to be fixed
by the King and Nobles of Corror in council.

2. For the better security of our Government and
fulfilment of the said Treaty of Commerce with Capt. Cheyne
we also decree, that a Corror Noble or Chief shall be
appointed Governor of Pillelew and that effectual measures
shall be taken to disarm the inhabitants, who are at present
a band of lawless ruffians, dangerous to ships passing near
Pillelew — and bring them under proper legal authority the
same as formerly.

3. Erturo (Aituro), a Noble of high rank who is now
Governor of the Aramanewie (Armlimui) Dictrict, shall hold
that appointment during his lifetime.

4. A Corror Noble or Chief shall be appointed Governor
of Eye Rye (Eirei), Arakaumully District, to prevent the
people obtaining arms from passing ships and for the protection of trade.

5. Should the present Governor of the Ngirrarth District
(Aibukit), and who is a Corror chief, fail in making his
people carry out the provisions of the Treaty of Commerce
made by us with Capt. Cheyne, or allow his people to obtain
arms or ammunition he shall be succeeded by a more competent person.

6. A Corror Chief shall be appointed Governor of the
Urrakalong District, to prevent the people obtaining arms
from passing ships and for the protection of ·Trade.

7. No foreigner, Manila man or white man residing in

16 *

these islands shall be allowed to distil spirits from the cocoa
nut toddy, or in any other way. On proof of his doing so,
he shall be fined, and repeating the offence he shall be
expelled from the Group.

Signed as above.
† Earatogagee, Noble.

I John Davy hereby declare that I have faithfully and
truthfully interpreted the above Treaty of Commerce to the
King and Nobles of Corror, that they thoroughly understand
its nature and contents, and that they have signed their
names by marks in my presence. I have been residing on
the Pelew Islands for the last 25 years, and thoroughly
understand the native language.

Signed John Davy.
Signed James Lord Wilkinson, Witness.

„Buenos dias, caballero" — „Wie geht es, Dr. Semper",
— so begrüßten mich zwei Europäer, die plötzlich in das Haus
traten, als ich eben die letzte Zeile der Constitution von Palau
geschrieben hatte. Erstaunt sah ich sie an; sie waren mir unbekannt. Der Spanier mußte wol der Kapitän des „Pelayo"
sein, welcher ja noch im Hafen von Malakka lag; aber der
Deutsche? „Mit wem habe ich die Ehre?" — „Mein Name
ist Tetens, ich bin seit zwei Monaten erster Steuermann bei
Kapitän Cheyne, und da ich wußte, daß Sie ein Landsmann von
mir sind, so benutzte ich einen kurzen Urlaub, um Ihnen meinen
Besuch zu machen." — „Ich danke Ihnen, Herr Tetens, leider
werde ich nicht im Stande sein, Ihnen denselben an Bord des
«Black River Packet» zu erwidern. Sie waren also kürzlich in

Manila und haben dort wol auch meinen Schwager Herrmann kennen gelernt?" — „Ja wohl, doch habe ich ihn nur selten gesehen; wir hatten sehr viel zu thun, und unsere Abreise sollte auch geheim gehalten werden. Das ist der Grund, warum ich Ihnen weder Grüße noch Briefe bringe. Aber ich habe nichts= destoweniger viel von Ihnen gehört. Sie wissen schon, was ich meine. Der Brief, zu dessen unbewußtem *) Träger Sie Cheyne machten, hat dort viel Staub aufgewirbelt, das heißt in den Salons und in den Zeitungen." — „Nun, und die spanische Regierung? Ich hatte geglaubt, daß diese sich der Gelegenheit bemächtigen würde, endlich einmal wirklich festen Fuß auf diesen Inseln zu fassen, die sie vor 150 Jahren besucht haben wollen und deswegen auch auf ihren Karten als «Posesiones de ultramar» immer mit aufführen. Die Regierung schwieg also still?" — „Welche Illusionen, Dr. Semper! Man sieht, daß Sie schon lange unter halbwilden Leuten gelebt haben. Wie konnten Sie nur glauben, daß sich die spanische Regierung um ein paar hundert brauner Menschen willen in Schwierigkeiten stürzen würde? Da hat sie wahrlich noch genug in ihrem eigenen Lande zu thun; die Piraten im Süden regen sich wie= der, und im Norden von Luzon gibt es wol nächstens eine Expedition gegen die Wilden; dann der Krieg in Cochinchina — gewiß genug der Arbeit und Mühe für einen Gouverneur von Manila. Die Spanier freuten sich über Ihren Brief nur, weil es doch einmal eine Abwechselung in die Unterhaltung brachte. Uebrigens meinte man, daß Sie wol stark mit Kapitän Woodin engagirt seien." — „Nun wahrlich, Herr Tetens, das sieht den

---

*) Die oben mitgetheilte Erzählung vom Angriff der Engländer auf Aibukit hatte ich durch einen Matrosen des Cheyne, ohne des letztern Wissen, nach Manila zu senden gewußt. Mein Schwager Herrmann, Kaufmann dort und späterer deutscher Consul, erfüllte meinen Wunsch und publicirte dieselbe im „Diario de Manila". Mit welchem Erfolg, ist im Text er= zählt.

Menschen von dort recht ähnlich. Wessen man sich selbst für
fähig hält, dessen klagt man auch gern andere an. Uebrigens
danke ich Ihnen für die Mittheilung; ich werde sie nicht ver=
gessen. Haben Sie Lust zu einem kleinen Spaziergang, meine
Herren?" Unsere Gesellschaft hatte sich noch um einen ver=
mehrt; ein Franzose, der mit dem Pelayo gekommen war —
ich glaube, er war Supercargo desselben — hatte seinen Ka=
pitän gesucht. Diese beiden Herren gingen fort, ihren Ge=
schäften nach. So schlenderten Herr Tetens und ich allein durch
das Dorf.

„Die Dörfer hier um Malakka herum", begann ich die
Unterhaltung, „sind hübscher als im Norden; man sieht, daß
die größere Nähe der handeltreibenden Europäer größern Wohl=
stand erzeugt hat. Aber die Leute gefallen mir nicht so gut
wie die von Aibukit; sie sind ränkevoller und ehrgeiziger. Das
Dorf meiner Freunde hat viel unter ihren Listen zu leiden ge=
habt." — „Ich verstehe, worauf Sie anspielen, Sie meinen die
Affaire mit dem englischen Kriegsschiff?" — „Ja wohl, und
noch manches andere. Dahinter aber scheint mir doch immer
schließlich Kapitän Cheyne zu stecken. Soeben erst habe ich ein
interessantes Document entdeckt, das mir manches Unerklärliche
in jenem englischen Angriff auf Aibukit aufzuklären scheint. Da
oben in Aibil liegt in einem alten Buche ein Handelstractat
zwischen Cheyne und Ebadul, ferner eine Constitution von Palau.
Ihr Kapitän zeigt sich darin als starker Monopolist; doch ließe
sich darüber wenig sagen, wenn er sonst das Zeug zu einem
Rajah Brooke hätte, den er sich offenbar als Vorbild genommen
hat. Wenn wirklich die Bestimmungen jener Constitution und
des Tractats ausgeführt werden, so ist Cheyne de facto König
von ganz Palau. Hätten Sie Lust zu seinem Premierminister,
Herr Tetens?" — „Ich kann nicht sagen, daß mir der Platz
sonderlich gefällt; und was Kapitän Cheyne für Plane hat, ist
mir ziemlich gleichgültig. Ich bin Seemann und kein Politiker."

— „Nun, Sie werden sich auch schon acclimatisiren. Jene bei=
den Documente waren ein Jahr vor dem englischen Angriff
verfaßt, und ich glaube nun zu verstehen, warum der Kapitän
des Schiffs sich dazu hergab, jenen abenteuerlichen Zug nach
Aibukit zu unternehmen. In ihnen figurirt nämlich Ebadul als
König sämmtlicher Inseln hier, die Fürsten der andern Districte
sind seine Vasallen, und Mad von Aibukit wird geradezu ein
Rupack von Coröre genannt.   Ferner haben sich Cheyne und
Ebadul feierlich verpflichtet, sich gegenseitig in der Durchführung
sämmtlicher Paragraphen zu helfen, und unter diesen sind einige,
welche jedem andern Europäer als Cheyne untersagen, hier sich
ohne seine Erlaubniß irgendwo aufzuhalten oder in andern
Districten Handel zu treiben.   Gegen diese letzte Bestimmung
hatten Woodin und die Bewohner von Aibukit gesündigt.   Ist
es nun ein Wunder, daß jener Kriegsheld — dem doch offen=
bar durch Cheyne eine Einsicht in die Documente verschafft
wurde — auf dieser Seite das Recht wähnte?   Galt es doch,
jemand zu unterstützen, der jünger war und thatkräftiger als
der alte Woodin, einen Mann, der Lust zu haben schien, festen
Fuß auf diesen Inseln zu fassen — solche Gelegenheit, hier sich
das Recht zur Gründung einer neuen Colonie zu verschaffen,
durfte nicht versäumt werden. Vielleicht wollte Kapitän Browne
nur die Fürsten von Aibukit veranlassen, die scheinbar nach
jenem Document Ebadul zukommende Souveränetät über die
Inseln thatsächlich anzuerkennen, ihr eigenes Land als ein
Lehen oder eine Provinz von Coröre ansehen zu wollen.   Das
schlug natürlich fehl; aber auch der Kampf, der nun folgte,
führte nicht zum Ziele.   Jetzt sind die Leute von Coröre in
einer gewaltigen Angst, aus der ihnen auch Cheyne nicht heraus=
zuhelfen scheint.   Ehe ich noch hergekommen war, hörte ich schon
von einem man-of-war, den jemand in Aibukit zu Hülfe gerufen
haben sollte; hier sagt man mir es geradezu ins Gesicht, ich
hätte das gethan.   Leichtgläubige Kinder sind unsere Freunde

hier. Weil zufällig jenes englische Kriegsschiff nach Malakka
kam, sein Kapitän Cheyne's Sache zu der seinigen machte, so
heißt es nun überall in Palau, Cheyne habe ihn hergerufen.
Ehe noch Kapitän Browne mit seinen Booten vor Aibukit angelangt war, hatten die Bewohner dort längst die Nachricht von
der Ankunft des man-of-war des Cabel Schils — wie sie hier
Cheyne nennen — erhalten. Sie lassen sich das nicht aus-
reden; und ich habe mich stundenlang abgemüht, die Leute in
Aibukit zu überzeugen, daß es nicht in meiner Macht stünde,
ein Kriegsschiff herzurufen. Gott weiß, in welchem Rupacks-
gehirn der Gedanke entstanden ist, daß ich wirklich nach Manila
um ein solches geschrieben hätte — oder sollte auch hier etwa
Ihr Kapitän die Hand im Spiele haben? Er meinte vielleicht,
mir dadurch einen schwierigen Stand auf diesen Inseln zu bereiten." — „Ich weiß nichts von allem, Dr. Semper, es ist
mir auch ziemlich gleichgültig; ich bin Cheyne's Steuermann
und weiter nichts." — „Nun, es ist auch mir ziemlich gleichgültig; seinen Zweck erreicht er doch nicht. Gestern Nachmittag
freilich war Cheyne hier im Aruau — das Haus, wo die Fürsten ihre Sitzung halten, Herr Tetens — in eifriger Berathung
mit den Rupacks. Seitdem sind die Leute von hier viel kühler
gegen mich, und mein Freund Arakalulk beklagt sich sehr über
die schlechte Behandlung, die er erfährt. Aber von bösen
Reden zu schlimmen Thaten ist bei den Coröreleuten ein langer
Weg; ich habe, obgleich ohne Waffen, nichts von einem Angriff
zu befürchten. Hier sind wir am Bai, Herr Tetens. Haben
Sie Lust, sich einmal die bunten Annalen der Bewohner darin
anzusehen? Einen Trunk vom süßen Kokossaft wird Ihnen jene
braune Schöne gewiß auch gern reichen." — „Nein, ich danke,
auch ist meine Zeit um, und auf meinem Schiffe gefällt es mir
doch besser als hierzulande." — „Nun, dann leben Sie wohl,
Herr Tetens; ich reise morgen ab von hier. Acclimatisiren Sie
sich nur nicht zu rasch hier in Coröre. Adieu!"

Das Regenwetter hielt mit geringen Unterbrechungen auch noch am nächsten Tage an, und die Unfreunblichkeit der Bewohner gegen mich und meine Leute nahm zusehends zu. Arakalulk mußte, wo er hinkam, schlimme Worte hören: was wir Männer von Aibukit hier in Coröre wollten, wir sollten machen, wieder in unser Dorf zu kommen; ja, wenn Doctor nicht wäre, so würden er und Arungul sicherlich ihren Kopf verlieren. Ich sah es seinen täglich finsterer werdenden Zügen an, wie sehr er sich Gewalt anthun mußte; als er nun gar am dritten Tage mir anzeigte, daß in der vergangenen Nacht von böswilliger Hand — auf wessen Veranlassung wol? — ein Loch in den Boden seines Amlais gestoßen war, da kostete es mir große Mühe, ihn vor übereilten Schritten zurückzuhalten. Mir selbst ging es nicht viel besser. Der König wie Aituro nahmen so gut wie gar keine Notiz von mir, obschon ich in des erstern Hause wohnte. Armlimui's Fürst hatte mir meinen Besuch gar nicht erwidert, und Ebabul kam am 4. November nicht mehr wie gewöhnlich, um seinen Morgenimbiß einzunehmen, in seine Wohnung. Als ich ihn suchte, fand ich ihn frühstückend im Hause seines Sohnes. Meine Bitte, mir, da mein eigenes Amlai beschädigt sei, ein anderes zu leihen, um den Kokeal besuchen zu können, schob er, ohne im mindesten den Anstand zu verletzen, recht vornehm königlich beiseite. Während ich die Unterhaltung mit seinem Sohne fortführte, stand Ebabul auf und ging fort, ohne mich weiter eines Wortes zu würdigen; als ich später selbst nach Aibil kam, fand ich ihn dort im lebhaftesten Gespräch sitzen. Meine Ankunft verscheuchte ihn wieder. Selbst seine Frau, die immer freundlich gegen mich gewesen war, ließ nach in ihrer Sorge um mein Wohlergehen; Bananen, die ich hatte Ebabul essen sehen, bekam ich trotz meiner Bitten keine mehr.

Am 5. November fand endlich der Tanz statt. Es war der würdige Beschluß eines seit zwei Monaten dauernden Kranken-

festes, das Aituro dem Kalib von Coröre gab, um durch seine
Gebete die Heilung seiner kranken Frau zu erlangen. Ein
großer Theil der täglich auf Aituro's Kosten zubereiteten Speisen
wurde jenem dargebracht. Das seitlich von Aibil stehende Haus
für die Gäste und der bedachte Tanzraum davor war auf seine
Kosten erbaut. — Schon früh am Morgen sammelte sich das Volk
auf dem Platze vor Aibil. Voran, den Gräbersteinen der Ahnen
Ebabul's zunächst, setzen sich die Frauen hin, in ihrer Mitte die
aus königlichem Geblüte; in zweiter Reihe die jungen Mädchen
des Dorfs. Seitwärts aber, halb in den Büschen versteckt, oder
in dem Düster des Hauses verbergen sich die Männer. Nun
hört man schon das Rauschen der Blätterkleider, die im Takt
von den in langer Reihe einherziehenden Tänzerinnen ge=
schwungen werden. Ihre Schürzen sind von der feinsten ge=
flochtenen Sorte; ihr nackter Körper aber ist phantastisch und
willkürlich mit rothgelber Farbe bemalt. In der einen Hand
einige hölzerne kurze Instrumente, — sie schienen Waffen be=
deuten zu sollen — in der andern einen Stab mit einer aus
großen weißen Holzspänen kunstvoll verfertigten und an den
Spitzen rothbemalten Büschelkrone daran: so treten sie in ein=
facher Reihe auf die erhöhte Plattform, deren Dach sie gegen
den zu starken Brand der Sonne schützt.

    Nun beginnt der Tanz. Eine Vorsängerin singt eine
Strophe vor, ohne Bewegung; dann wiederholt sie der ganze
Chor mit begleitendem Blätterrauschen ihrer Kleider und leichten
wie in die Ferne deutenden Bewegungen der Arme. Bald wer=
den sie lebhafter: das sind offenbar Scenen der Freude, der
Begrüßung, die sie ausdrücken wollen. Jetzt ergreifen sie jene
hölzernen Instrumente — mein Nachbar bestätigt mir, daß sie
Waffen vorstellen —, mit ihren Armen theilen sie in sanft
schwingender Bewegung die Luft vor sich her. Der Kriegszug
entfernt sich immer weiter vom Orte der Abfahrt. Nun ein
lauter Schrei, wilde Bewegungen der Arme, des ganzen Kör=

pers, die heftig gesungenen Strophen und funkelnde Augen
drücken die Erwartung des nahenden Kampfes aus. „Freund",
fragte ich meinen Nachbar, „was bedeutet dies alles? Kannst
du mir sagen, was sie da singen?" — „O nein, Doctor,
das ist nicht möglich, ich verstehe es nicht; das ist ein Tanz
der Weiber, den dir nur diese erklären können. Wenn wir
Männer unsere Tänze aufführen, so verstehen uns die Frauen
auch nicht." — „Wahrhaftig, Freund? und warum lachtet ihr
denn eben?" — „Meinst du, ich lüge, Doctor? Das verstehen
sie bei euch in Ngirrarth besser. Geh zu Ebadul's Frau, die
wird dir wol erklären, was die Frauen dort singen."

Immer wilder werden die Geberden der Tänzerinnen, mit
ihren Füßen stampfen sie den Boden, und die bewaffneten Hände
schlagen im Rhythmus des Gesanges hier einen Feind nieder,
dort einem andern den Kopf ab. Der Sieg ist gewonnen. Sie
ergreifen die Stäbe mit den gelbgefärbten Büscheln und in einer
geraden Linie erheben sie diese und senken sie wechselsweise nieder auf den Boden. „Was bedeutet dies, Frau Ebadul's?"
fragte ich diese, zu ihr in die verdeckte Reihe der Zuschauerinnen
tretend. „Das ist der Krieg der Ingleses gegen Aibukit, das
sie besiegen; jetzt eben senken sie das Feuer nieder auf die
Dörfer. Die gelben Büschel dort sind die Fackeln, mit denen
sie die Häuser angezündet haben." — „Und ist es denn wahr,
daß euere Männer den Gesang der Frauen nicht verstehen, wie
mir eben ein junger Bursche sagte?" — „O nein, Doctor, er
scheute sich wol, die Wahrheit zu sagen; du bist Era Tabatteldil
und Rupack von Aibukit. Er fürchtete gewiß, dich zu beleidigen." — „Nun, er hätte mich doch kaum zu fürchten gehabt;
ich bin ja hier, wie ihr alle wißt, ohne Waffen und ohne
Schutz." — „Nein, Doctor, du bist ein Rupack, den niemand
anzugreifen wagt, und du bist unser Gast hier in Aibil. Wer
dir und deinen Brüdern etwas thäte, der würde schwere Strafe
zahlen müssen an Ebadul. Doch sieh, der Tanz ist aus; komm

mit ins Haus und plaudere ein wenig mit uns Frauen." —
"Nein, ich kann nicht; dort hinten sehe ich Arakalulk kommen;
er hat gewiß ein Amlai gefunden. Wir wollen nach dem Ko=
keal, den ich noch sehen will, ehe ich morgen zurückkehre nach
Aibukit." *)

So war es wirklich. Mit lachendem Gesicht forderte mich
Arakalulk auf, mit ihm zu kommen. "Endlich habe ich ein
Amlai, mache rasch, damit wir aus diesem abscheulichen Orte
fortkommen. Arpes wartet unten schon, und mein Freund ist
auch da."

Bald schaukelten wir uns auf dem Meere, dessen spiegel=
glatte Fläche meine Freunde mit kräftigem Ruderschlage durch=
schnitten. In ein Labyrinth von Kanälen und Inseln bogen
wir ein. Hier stiegen mannichfach zerklüftete grauschwarze Klip=
pen senkrecht in die Höhe; auf ihren Gipfeln standen Casua=
rinen, ein dichtes Gestrüpp unschöner Büsche, an ihrem Fuße
hatten in Jahrtausenden wol die Wogen eine Hohlkehle ausge=
fressen, unter deren überhängendem Rande eine Menge Strand=
thiere — Schnecken und Krebse — ihr Wesen trieben. Nirgends
war auf diesen Kalkfelsen eine Spur bebauten Landes zu finden.
Anders die trachytischen Inseln; hier wechselten Wiesen und
Wald miteinander ab, ihre sanft ansteigenden Abhänge trugen
bis hoch hinauf schlanke Kokospalmen, und zwischen ihnen lugte
bald hier, bald dort das spitze Dach eines bunt geschmückten
Bais hervor. So lagen Einöden und cultivirter Boden im
schroffsten Gegensatz hart nebeneinander, und um den Contrast
noch mehr zu erhöhen, erblickten wir plötzlich im Hintergrunde
einer schönen, nach Osten hin den Blick auf den Ocean öffnen=
den Bucht zwei Schiffe dicht vor einer kleinen Insel und hoch

---

*) Die Eingeborenen nehmen nie in Worten Abschied voneinander; sie
sagen höchstens "ich gehe".

oben auf dem Gipfel derselben ein europäisches Haus, gebaut im tagalisch-christlichen Stile Manilas.

„Das ist Malakka, Doctor; da droben in dem großen Hause wohnt Cabel Schils." Und wahrlich, dem Geschmacke des Mannes mußte ich recht geben, daß er sich gerade diese Insel zu seinem ersten Eigenthum erkoren hatte! Mit freiem Blick auf den Eingang in den Hafen von Malakka wie auf die Kanäle nach Coröre und dem Norden zu, südlich ganz umgeben von einem Halbkreise jener düstern Kalkinseln mit ihren traurigen Casuarinen, sie selbst prangend im üppig grünen Schmucke ihrer Laubwälder und Kokoshaine, ihrer Wiesen und Zuckerrohr-Plantagen, zu ihren Füßen einen Binnensee, groß genug für eine ganze Flotte — so lag die Insel da, ein köst-licher Schatz für einen Lebensmüden, der sich hier ein idylli-sches Lebensende bereiten wollte. Doch ich träume; ist es doch Cheyne, der sich dieses friedlich aussehende Kleinod ge-kauft hat; Cheyne, der den alten freundlichen Woodin durch alle möglichen Ränke und Listen von hier zu vertreiben suchte; Cheyne, der mit ihrem Besitze den ersten festen Fuß hier auf den Inseln gefaßt und schon durch jenen Tractat weitere Ueber-griffe in das heimische Recht eingeleitet hat. Lebt doch da oben nicht ein Einsiedler im beschaulicher Ruhe, sondern ein moderner Flibustier, dessen persönlicher Ehrgeiz durch die Erinnerung daran, wie so manche Colonie seinem Lande gewonnen sein mochte, mächtig gestachelt wird, in dessen nie ruhendem Geiste alle politischen Fäden zusammenlaufen, die seit einem Jahrzehnt hier gesponnen wurden!

So verdeckt die friedlichste Stille der üppigen tropischen Natur das unruhige Geistesleben eines unternehmenden Aben-teurers, dessen Plane wol einen Funken von jenem kühnen und raschen Sinn eines Rajah Brooke erkennen lassen. Aber sein Können hält nicht gleichen Schritt mit seinem Wollen, und alle seine Plane zerstört er selbst wieder, da er glaubt, durch List und Ränke sein Ziel erreichen zu können, wo er es nur durch den unbeugsamen Muth und die strenge Wahrheits- und Gerechtigkeitsliebe eines Sir James Brooke wirklich zu er- obern vermöchte.

X.

Rückkehr nach Aibukit und zweite Reise nach dem Süden.

Mit dem Besuche des Kokeal und der genauen Erforschung einer seiner Inseln hatte ich meinen vornehmsten Zweck erreicht, sodaß ich, am Abend des 5. November nach Coröre zurückgekehrt, den Befehl zur Abreise am nächsten Tage geben konnte. Auch war der Termin, den mir Woodin zur Rückkehr angesetzt hatte, fast verstrichen; und die Behandlung, der sich Arakaluk von seinen Feinden ausgesetzt sah, wurde nachgerade auch für mich recht unbequem. Der Abschied von Ebadul und seiner Familie war im höchsten Grade kühl. Am Landungsplatze erwartete mich schon Arakaluk; sein Gesicht strahlte vor Freude. Wenn wir noch lange dort geblieben wären, meinte er, hätten er und Arpes wol beide verhungern müssen. Nun wolle er sich in Aibukit einmal recht pflegen; wenn wir nur erst da wären!

Sein Wunsch wurde rasch erfüllt. Ein günstiger kräftiger Südwind trieb uns im Fluge über das ruhige Wasser des Kanals dahin, und am Nachmittag 5 Uhr schon fuhren wir an der „Lady Leigh" an. Woodin hämmerte wieder an seinem Schiffe. „Nun, schon wieder da, Dr. Semper?" rief er mich an, „ich dachte, Ihr würdet noch länger dort unten geblieben sein. Zeit genug hättet Ihr gehabt; ich habe wieder ein neues Leck gefunden, und wenn Ihr Lust habt, so könnt Ihr ganz bequem noch einmal hinunterreisen. Vor vierzehn Tagen von heute an segeln wir keinesfalls ab." — "Was nun, Arakalulk?" fragte ich diesen, "Cabel Mul sagt mir da eben, daß sein Schiff noch immer nicht fertig ist. Was meinst du, wenn wir gleich umkehren und auch einmal Peleliu besuchen?" — "Wie du willst, Doctor, ich folge dir; aber heute ist es zu spät; es ist besser, wir gehen zur Nacht nach Aibukit und sehen erst einmal zu, was es dort Neues gibt. Auch ist das Amlai nur schlecht ausgebessert; mit demselben Fahrzeug können wir doch nicht die weite Reise nach Peleliu machen."

Der Abend sah mich wieder als Era Tabattelbil im Bai der Rupacks von Aibukit. Hier ward bis spät in die Nacht hinein beim Scheine des lustig flackernden Feuers politisirt. Erst wollte jeder von ihnen "meine Neuigkeiten" hören *), jedem neuen Ankömmling mußte ich sie wiederholen. Dabei wußten sie das Gespräch immer wieder auf ihre Lieblingsfrage zu bringen: ob ich denn, nachdem es mir weder in Kreiangel noch in Coröre gefallen, jetzt nicht endlich offen erklären wolle, bei ihnen zu bleiben. Krei namentlich malte mir wieder die Vorzüge ihres Lebens mit den glänzendsten Farben; als letzten Trumpf spielte er das Anerbieten aus, mich mit seiner eben erst erwachsenen Tochter zu verheirathen. Ich ließ den Fluß seiner Rede geduldig über mich ergehen; zu oft schon hatte ich vergeblich die

---

*) Wenn Reisende zurückkommen oder Fremde ankommen, so ist die erste Frage nach den begrüßenden Worten: "Woher kommst du?" (komorker) oder "Wer bist du?" (lakad-er-ker, d. h. Mann von wo?) immer zuerst nach den Neuigkeiten, die sie mitbringen. Ist man wortkarg, so peinigen einen die Leute bis aufs Blut mit ihrer ewig wiederholten Aufforderung "me keissem", d. h. gib (me) deine Neuigkeit. Sagt man "diak-a-keissek", d. h. ich habe keine Neuigkeit, eigentlich "meine Neuigkeit gibt es nicht", so wird man ausgelacht. Wenn einer eine Reise thut, so kann er was erzählen; hier heißt es vielmehr: so muß er was erzählen.

guten Leute aus ihren Träumen zu wecken versucht. Seine
Illusionen läßt auch der Wilde sich nicht gern rauben. Zum
Schluß gab er mir als stärkste Motivirung seiner Bitte eine
Nachricht, die mich überraschte, obgleich ich längst so etwas ver=
muthet hatte. Hin und wieder hatte schon Arakaluk einige
Andeutungen darüber fallen lassen, daß Piter wol nicht ganz
zuverlässig sei; dunkle Gerüchte trug das Volk herum, daß sein
rasch anwachsender Reichthum wol aus nicht ganz lauterer
Quelle stamme; es sei in Auru viel leichter als früher, schöne
Sachen zu kaufen. Schließlich hatte auch der alte Woodin da=
von gehört — wo fehlen auf der Erde die guten Freunde? —;
eines schönen Tags stellte er sich unerwartet in Auru ein, er=
tappte gerade einen Burschen, wie er einige Meißel davontrug,
und jagte nun, als die Bücher nicht stimmten, Johnson ohne
weiteres zum Tempel hinaus. Aber der Kapitän war arg in
seinem Zorn. Flugs berief er, als Era Kaluk, den Aruau und
hielt den Leuten eine Rede, die sie natürlich nicht recht ver=
standen. Doch ward es ihnen klar, daß Piter ein verlorener
Mann sei; und da sie doch lieber ihn als Era Kaluk aufgeben
wollten, so fällten sie einen Urtheilsspruch, dessen Vollstreckung
ihm auf dem Fuße folgte.

„Das ist so unsere Sitte, Doctor“, schloß mein Vater, „er
hat Cabel Mul bestohlen, dafür sollte er eigentlich sein Leben
lassen. Aber er ist auch ein Mann von Angabard, die mögen
wir nicht tödten; drum haben wir ihm seine Frauen und sein
Geld genommen, sein Haus niedergebrannt; nun ist er nach
Meligeok gegangen. Wir aber brauchen hier einen Weißen.
Piter hat uns früher viel genützt, denn er war klug und muthig;
aber du bist es noch mehr. Drum bleibe hier, du sollst es gut
haben bei uns. Wie du selbst in Feindesland geachtet wirst,
hast du gesehen; haben doch die Leute von Coröre Arakaluk
nur geschont, weil du dort als sein Vater galtest. Wir sind aber
deine Freunde, wir wollen dich noch viel mehr ehren, als es

die Feinde schon thaten. Werde ein Mann von Aibukit — und
es wird dir an nichts fehlen." — „Bis auch ich einmal fort=
gejagt werde, nicht wahr, Krei? Nein, nein, daraus wird nichts.
Ich gehe bald nach Angabard zurück, denn da ist meine Frau,
die mich erwartet. Auch bleibe ich nur noch einige Tage hier,
ich will noch einmal nach dem Süden, ich muß Peleliu sehen;
und sollte Cabel Mul abreisen, ehe ich wieder zurück bin, so
holt er mich dort ab und ihr seht mich nie wieder." — „Wirk=
lich, Doctor? und du willst doch Arakalulk mitnehmen? Das
ist nicht schön von dir, ihn so zu verlassen; was soll er im
Süden anfangen ohne dich? Da werden sie ihn gewiß tödten."
— „Nun, sei ohne Sorgen, Krei, ich gehe allein mit Gonzalez
und den Leuten von Peleliu, die jetzt hier sind. Arakalulk
bleibt bei euch, keiner von euern Leuten soll mit mir gehen.
Auch Alejandro bleibt hier, der ist zu übermüthig und zu ver=
liebt, er könnte mir dumme Streiche machen. Nun will ich noch
alle meine Freunde besuchen in Roll und Rallap, und dann sage
ich euch Good bye."

Ueber der Freude, Arakalulk in Aibukit zu behalten, ver=
gaßen nun Krei und die übrigen, mich noch ferner zu bestürmen,
bei ihnen zu bleiben. Wie hatten sie ihn doch alle ob seines
Muthes bewundert, daß er sich mit mir bis in die Hauptstadt
des Feindes gewagt; es war ein Wunder, daß er lebend wieder
zurückgekommen! Und nun wollte er mir gar auf die zweite
noch viel gefährlichere Reise folgen — der gute treue Freund
hätte sicherlich sein Wort gehalten —, von der er gewiß nie
wiedergekehrt wäre. Aus dieser Angst, einen ihrer Tapfersten
zu verlieren — er war es gewesen, der bei jenem Angriff der
Leute von Coröre ein feindliches Amlai in den Grund gebohrt
hatte — erlöste sie nun mein Versprechen, ihn nicht mitzuneh=
men. Er selbst freilich nahm die Nachricht zwar ohne Wider=
rede, aber auch ohne Freude auf. Von nun an ließ er mich
keinen Augenblick aus den Augen. Frühmorgens holte er mich

aus dem Bai der Rupacks, um mich zum Badeplatz zu geleiten;
und in seinem Hause hatte sein Weib immer ein Frühstück nach
meinem Geschmack für mich bereit. Dann wanderten wir beiden
allein durch die Palmenhaine und über die Berge, auf denen
wir so oft früher Schmetterlinge gefangen oder mit dem Theo=
bolithen gemessen hatten; ein letztes mal freute ich mich an
seiner kräftigen Gestalt, wie er, vorn im Boote stehend, das rasch
dahinfliegende Amlai mit sicherm Blick vor den emporstarrenden
Klippen schützte. Asmaldra traf ich krank, als ich auf dem
Wege nach Rallap in seinem Hause zum Abschied vorsprach.
Ueberall fand ich gute Freunde und Freundinnen, alle wollten
mich noch einmal sehen, mir die Hand drücken, und mancher
wehmüthige Ausruf entschlüpfte den Lippen, die sonst so sehr
die Sitte gewahrt und nie das eigene Gefühl vor dem Volke
offenbart hatten. Nur Arakalulk blieb stumm und ernst an
meiner Seite.

So vergingen einige Tage mit meinen Abschiedsbesuchen.
Auf den 12. November nachmittags war endlich die Abreise fest=
gesetzt; aber noch hatte ich Roll nicht wieder besucht, jenes stille
Dorf im Palmenwalde, das es mir mit dem leisen Rauschen
seiner Palmenkronen und seiner melancholischen Glut angethan
hatte. Um der Menschen willen, die da drin lebten, ein ver=
kommenes Geschlecht, wanderte ich nicht am frühen Morgen
des 12. mit Arakalulk zum letzten male dahin. Schweigend
gingen wir nebeneinander her im dämmernden Lichte. In der
aufgehenden Sonne glänzten Tausende von Thautropfen, die
an den hohen Grashalmen der Wiesen hingen, über die unser
Weg führte. In den Zweigen eines Brotfruchtbaumes saßen
einige Tauben, gurrend und kollernd; aber Arakalulk achtete
ihrer nicht, obgleich seine Flinte ihm über der Schulter hing.
Es war, als wenn die Täubchen ahnten, daß wir uns an die=
sem Morgen nicht mit Mordgedanken trugen; unser Tritt
scheuchte sie auf, aber sie flogen nur einige Zweige höher den

Baum hinan. Auch über Roll lag die tiefste friedlichste Stille
ausgegossen; Eidechsen spielten wieder wie früher in den ersten
Strahlen der Sonne, weche die trockenen Blätter auf den
Steinen des Weges vergoldeten. Wieder, wie früher, schlugen
die Wipfel der Palmen auf das Dach des Bais, in welchem
einige Rupacks schlafend lagen; immer noch hingen die gold-
gelben Nüsse der Areca, halb verborgen unter den vertrockneten
Fiedern eines eben abfallenden Blattes, und an den Kokospalmen prangten Blütenkolben, reife und halbreife Nüsse, wie
damals, nebeneinander. Gerade so wie bei meinem ersten Besuche übertönte das Rauschen der nahen Brandung in regel-
mäßiger Folge das leise Flüstern der Palmenblätter.

Im Angesichte des Meeres streckte ich mich hin, einer majestätischen Kokospalme zu Füßen. Arakalulk blieb neben mir
stehen. „Freund", unterbrach er nach einigem Sinnen die
Stille, „ich weiß, daß du nicht wieder von Peleliu zurückkommst.
Mein Kalid hat es mir gesagt." — „Du könntest recht haben",
entgegnete ich, „auch mir ahnt so etwas, und ich bin traurig
darüber. Aber ich muß den Süden noch einmal besuchen.
Siehst du, das gehört auch zu einer solchen Kette, wie die war,
die wir in Kreiangel machten. Kann ich vor unserer Abreise
noch einmal wieder zurückkommen, so werde ich mich sehr freuen;
ich möchte dich wiedersehen, Arakalulk. Aber hinunter muß
ich." — „Auch ich möchte dich wiedersehen, Doctor", antwortete
mein Bruder, „am liebsten ginge ich mit dir nach Angabard,
um ganz bei dir zu bleiben. Aber mein Weib und meine Kinder wollen mich nicht lassen. Ja, wenn ich die nicht hätte —
um Mad und Krei würde ich mich nicht viel kümmern, sie haben
mich schlecht behandelt. Aber mein Weib hält mich zurück." —
„Auch ich, Arakalulk; denn sieh, ihr Leute von Palau taugt
nicht in unser Land. Bei uns ist das Leben viel schwerer als
hier; in deiner Heimat bist du doch ein Rupack, wenn du auch
niemals Mad wirst — aber in Manila oder gar in dem kalten

Lande, wo ich wohne und das man Europa nennt, du würdest
weder ein Rupack sein, noch könntest du da lange leben. Nur
wir Weißen, die wir das kalte Klima gewohnt sind, können es
dort aushalten — wie wolltest du ohne das Meer und das
Fahren auf den Amlais, ohne Kukau und Bonga, ohne Sonne
und Palmen leben? Dein Herz würde dir bald brechen; auch
Libu ist dort im trüben Lande der Ingleses gestorben. Aber
vergessen sollst du mich nicht, Arakalulk; auch ich werde dich nie
vergessen. Wenn ich erst wieder zurück bin in meiner Heimat
und ich müde geworden bin vom vielen Wandern, dann setze
ich mich hin und schreibe ein book, wie Cabel Wils es gethan
hat. Darin erzähle ich meinen Freunden von Angabard, wie
du mein Freund und Bruder geworden bist und wie du mit
mir in Kreiangel und in Coröre warst. Da kommst auch du
hinein und Krei und Mad; dazu hat Gonzalez euch alle abge-
zeichnet. Wenn dann aber einmal ein anderer Doctor auf
Reisen geht, gerade so wie ich, nicht um Balate zu holen oder
Oel wie Cabel Mul, sondern Schnecken und Muscheln und
Käfer und Schmetterlinge zu fangen, dem gebe ich das book
mit und an dich einen Brief und mich selbst *), das wird er
dir dann alles bringen und dir dabei sagen, daß ich dich nicht
vergessen habe." — "Und wenn ich dich wirklich nicht wiedersehe, Doctor, so will auch ich dir etwas schicken durch Cabel Mul.
Wenn der abreist, so will ich ihm ein Amlai für dich mitgeben;
du hast solche Freude an dem Fahren auf der See, und so gut
wie unsere Amlais fährt kein boat von Angabard. Dann will
ich dir auch Geld schicken, damit du deinem Weibe zeigen kannst,
wie schön es ist; du hast doch die hübschen Geschichten nicht
vergessen, die ich dir davon erzählte? Auch will ich einige von
den alten Steinbeilen, mit denen unsere Väter arbeiteten und

---

*) D. h. mein Bild; ein Wort hierfür fehlt natürlich in der Palau-
sprache und ist bisjetzt auch nicht eingeführt.

an denen du so große Freude hattest, aus dem Kasten nehmen, worin unser theueres Familiengut aufbewahrt wird. Mad wird böse werden, wenn er das erfährt, aber ich mache mir nichts aus seinem Zorn. Ich weiß, daß du dich freuen wirst, sie zu haben; ich habe nicht vergessen, wie du dich darüber wundertest, daß unsere Väter mit diesen Beilen die großen Häuser gezim= mert haben. Sage mir, was du sonst noch für Sachen haben willst; wenn ich sie besitze, sind sie dein.“ — „Du bist ein guter Mensch, Arakalulk, ich wünsche nichts mehr von dir.“ — „Doch, da fällt mir ein, ich habe noch eine von den runden Bänken, auf die wir bei unsern Festen die Kukau=Pyramiden aufbauen, die ist ganz alt und auch mit einem Steinbeil ge= arbeitet; die sollst du auch haben. — Doch nun steh auf, Doctor, die Sonne steht schon hoch, du mußt noch essen in Aibukit, und gleich nach Mittag wollen die Leute absegeln. Da mußt du doch zur rechten Zeit am Hafen sein, es ist das einzige Amlai, das jetzt aus dem Süden da ist.“

In Aibukit erwartete mich meine Mutter schon lange. Auch sie meinte, es sei wol das letzte mal, daß sie mich sähe und be= wirthen könnte. Ein treffliches Mittagsmahl setzte die gute Frau mir vor, mit eigenen Händen schenkte sie mir den letzten Trunk Eilaut in die Trinkschale aus Schildpatt ein, die sie mich bat, als Andenken an sie mitzunehmen, „damit ich sie nicht vergäße“. Die gleiche Bitte überall, von Knaben und Mädchen und Frauen; schon entfernt von den Häusern riefen sie mir immer noch das eine Wort nach: diak ulebess, diak ulebess.*) Stürmisch war so die Trennung von den Frauen und Kindern; aber die Für= sten erwarteten mich schweigend in ihrem Bai, und in wohl= gesetzter Rede nahmen Krei und Mad von mir Abschied. Auch bei ihnen hieß der Refrain, „da ich nun einmal nicht einer der Ihrigen werden wolle, so solle ich sie wenigstens nicht vergessen“. Von Herzen gab ich den guten Leuten meine Hand darauf.

---

*) D. h. nicht vergessen.

„So, Arakalulk, nun laß uns eilen, Gonzalez ist schon mit den
Sachen unten, und ich fürchte zu spät zu kommen." — „Nun,
wenn Gonzalez am Hafen ist, werden die Leute schon auf dich
warten. Hier habe ich aber noch etwas für dich, Doctor. Siehst
du, das hier ist ein Brief an meinen Freund Tomue in Peleliu."
Dabei hielt er mir seinen Schildpattpfriem hin, an welchem
zwei kurze Faden durch einige Knoten miteinander verschlungen
waren. „Dieses Ende des Fadens das bin ich, jenes bist du;
wir beide sind durch diesen Knoten, wie ihn nur Brüder brauchen, verbunden. Gib den an Tomue, er kennt meinen Pfriemen, er wird dich gerade so aufnehmen wie mich; von nun an
bist auch du sein Freund und Bruder. Und wenn du nicht
wiederkommen kannst von Peleliu, und Cabel Mul dich dort
unten abholen soll, so schicke mir Tomue's Pfriemen mit einem
Faden darin; Tomue wird dir schon zeigen, wie du ihn knoten
mußt. Wenn ich den Brief erhalte, so bringe ich alle Sachen,
die ich dir versprochen habe, an Cabel Mul; denn dann weiß
ich, daß ich dich nicht wiedersehen werde."

Wenige Minuten später sind wir am Hafen. Das Amlai
liegt schon bereit, Gonzalez darin, eifrig sprechend; als er mich
sieht, ruft er mir zu, zu eilen. Nun sind wir am Quai. Noch
ein letzter Blick in meines Freundes treues Auge, ein Händedruck,
„Good bye, Arakalulk!" — „Good bye, Doctor!" — und mit
lautem Halloh senken meine Leute ihre Ruder ins Wasser, während
mein Bruder stumm den Waldweg hinanschreitet. Eine Biegung
des Wegs — er ist verschwunden auf Nimmerwiedersehen! — —

Rasch fliegen, wie wir nun mit der Ebbe hinunterfahren,
die wohlbekannten Mangrovenbäume an mir vorüber. Noch ist
das Loch nicht ganz zugewachsen, welches eine englische Kugel
in das Gebüsch gerissen hatte; der Baum, welcher von einer
andern getroffen worden, senkt, schon halb erstorben, seine ver-
dorrenden Aeste traurig nieder. Nun werden die Kanäle weiter,
wir sind im äußern Hafen. Da liegt Auru; wie lange mögen

wol noch die Rauchwölkchen an den Seiten des hohen Daches
hervorquellen, zum Zeichen, daß dort noch immer Trepang für
Cabel Mul gekocht wird? Eine Wendung macht das Boot —
da liegt Tabattelbil! Hier bringt kein Rauch, wie ehemals, aus
der kleinen seitwärts liegenden Küche hervor; einige Löcher hat
schon der stürmische Wind der letzten Tage in das Palmendach
gerissen. Die Fenster sind geschlossen; nur die Thür ist weit
offen; einer der Thürflügel hängt schräg ins Innere hinein, die
ihn tragenden Bänder sind schon ganz lose geworden. Kein
Eingeborener sitzt jetzt dort di melil. Eine Schlange windet
sich eben den Thürpfosten hinan; wie mögen sich nachts die
Ratten dort tummeln! Nun liegt auch mein Schloß hinter
meinem Rücken; vor mir die wohlbekannten Riffe und das blaue
Meer. Die Lady Leigh liegt wieder schief — schöne Aussichten
das; an ihrem Bug hämmert der Kapitän. „Nun, wollt Ihr
fort, Dr. Semper?" ruft er mir zu. — „Wie Ihr seht, Kapitän
Woodin, ich habe mich ausgerüstet auf vierzehn Tage; denn
länger dauert es doch keinesfalls?" — „O nein, seid ohne Sorgen; in vierzehn Tagen bin ich fertig. Aber wie wollt Ihr
wieder zurückkommen?" — „Das weiß ich nicht; Ihr habt mir
ja versprochen, mich dort im Süden abzuholen, wenn ich in
vierzehn Tagen nicht wieder hier bin. Darauf rechne ich, daß
Ihr Euer Wort nicht brecht. Ihr findet mich unter allen Umständen in Peleliu. Und nun viel Glück zur Arbeit und gute
Gesundheit, Kapitän Woodin. Good bye." — „Good bye,
Dr. Semper, glückliche Reise!"

Und fort ging es nun die wohlbekannten Kanäle hinunter
mit frischem Winde dem Süden zu. Die Kühle des Seewindes
erfrischte meine heiße Stirn; den Abschied hatte ich mir nicht so
schwer gedacht. Da saß ich nun in einem kleinen Fahrzeuge
unter wildfremden Menschen, ohne meine treuen Freunde, die
mich bisher auf allen meinen Zügen begleitet hatten. Würde
ich mich auf Gonzalez, den Mestizen von Manila, in schwierigen

Lagen verlaffen können? Ich wußte es nicht. Als Diener konnte ich ihn auch nicht gebrauchen, dazu hatte ich ihn zu fehr verwöhnt. Doch das waren nutzlose Träume; nun galt es frifch zu wagen. Und der Gedanke an das Abenteuerliche des Zuges erfrifchte mich ungemein; fo ganz nur auf mich felbft angewiefen, mitten unter die Feinde zu fahren! Mit diefem Gedanken war ich wieder der Alte, die Vergangenheit lag fchon in weiter Ferne hinter mir, und die Zukunft lockte mich mit ihren Erlebniffen, die ich mir mit den bunteften Farben aus= malte. Im Hintergrunde aber aller der Bilder, die ich mir fo in die Ferne entwarf, leuchtete mir immer der Leuchtthurm von Corregidor am Eingange der Bucht von Manila. —

Die Abenteuer ließen nicht lange auf fich warten. Der Eigenthümer des Amlai hatte nichts zu effen mitgenommen, ich ebenfalls nicht; nun lag die Bucht von Armlimui in lockender Nähe vor uns. Natürlich fuhren wir ein. Es war ein herr= liches Becken, das fich an diefer breiteften Stelle der Infel weit ins Land nach Often hineinzog. Der Eingang, eigentlich fehr breit, wurde eingeengt durch zahlreiche hohe und bis an das Meer herunter dicht bewaldete Infeln, welche in doppelter Reihe enge Thore zwifchen fich ließen. Wol reichlich eine Viertelftunde fuhren wir auf der fpiegelglatten Fläche des Baffins einher, auf welches die hohen Ufer fchon tiefe Abendfchatten warfen. Dann bogen wir ein, nach Norden zu, in einen fehr breiten und tiefen Fluß mit reißendem Strome. Schon in geringer Entfernung führte er ganz füßes, trinkbares Waffer; bald auch machten die Mangroven andern Bäumen Platz, deren mächtige Wurzeln der fteile Abfall des mehr und mehr fich erhebenden Ufers an vielen Stellen entblößt hatte. Die Fahrt in dem Fluffe dauerte lange; tiefe Nacht war es, als wir endlich am Eingange des Dorfes Tamabé anlangten.

Der nächfte Morgen follte mich belehren, was für eine wichtige Perfon im Lande ich fei. Wir hatten in einem hart am Ufer liegenden Bai übernachtet, ziemlich weit entfernt von den nächsten Häusern. Aber die Fama ruht hier auch des Nachts nicht, und die Nachricht meiner Ankunft hatte sich rasch verbreitet. Es war noch ziemlich früh — ich hätte eben meinen Morgenkukau verzehrt — da erschienen zwei Rupacks aus Emungs, einem kleinen dicht bei Coröre liegenden Ort. Sie stellten sich mir als Abgesandte von Coröre vor: Ebadul ließe mir sagen, er wisse von meiner Abreise nach Peleliu, aber er verbiete mir dorthin zu reisen, außer in einem Amlai von Armlimui oder Coröre. Ich lachte die Boten aus; aber wie vermißte ich nun meinen treuen Arakalulk! Die Leute, die mich mitgenommen, meinten, den Befehlen des mächtigen Ebadul müsse man sich fügen, ich solle zurückbleiben und auf eine bessere Gelegenheit warten. Nun fing ich an zu schelten — da wurde ich ausgelacht; zu bitten — das half auch nichts. Endlich nach stundenlangem Schwatzen versprachen sie mir, mich mitzunehmen; und den Rupacks wurde als Antwort gesagt, daß wir erst nach Coröre segeln und Ebadul um die Erlaubniß zur Weiterreise bitten würden. Das befriedigte die Sendboten.

Mit ihrer Abreise aber waren die Schwierigkeiten noch immer nicht gehoben. Die Unterredung mit diesen Fürsten hatte bis zum Nachmittag gedauert — nun war es doch offenbar zu spät, um abzusegeln. Auch hatten wir noch nicht hinreichend Lebensmittel eingekauft und standen noch in Unterhandlung wegen Kukau und Betel. Wenn wir jetzt gleich fort wollten, so müßten wir das Gewünschte sehr theuer bezahlen; auch sei nicht genug im Dorfe. Das war vielleicht wahr; denn wenig genug erhielten wir zu essen, und was wir bekamen, mußten wir sogar noch kaufen: mein Besuch wurde offenbar nicht als Klökabauel anerkannt. Der erste Tag war vergangen; der zweite brach an, und mit ihm begannen wieder dieselben Verhandlungen mit meinen Leuten. Aber es half wieder nichts. Der Tag verstrich wie der erste, und alles, was ich erlangte,

war die Zusage, in der Nacht (vom 14. auf den 15. Nov.) ab=
zufahren. Ich selbst weckte meine Freunde und erinnerte sie an
ihr Versprechen — sie legten sich auf die andere Seite und
schliefen weiter. Als ich den einen etwas unsanft am Arme
faßte, meinte er, das nütze mir doch nichts, es sei eben noch
nicht Zeit zum Abfahren. Am nächsten Morgen war wieder
etwas am Amlai zu repariren; um Mittag hieß es, das Wasser
sei so niedrig, daß es unmöglich sei, jetzt auszufahren. Nun
hatte ich genug; 2½ Tage hatte ich fast ausschließlich im Bai
zugebracht, in der Hoffnung, die Leute endlich zur Abreise be=
wegen zu können; wenn das so fortginge, würde ich sicherlich
zu spät wieder nach Aibukit zurückkommen. Meine Ungeduld
half mir nichts, das sah ich nun ein. Drum that ich es den
Männern aus dem Amlai gleich und ging, wie sie, mit Gonzalez
di melil in das Dorf.

Ich hätte dies früher thun sollen; dann hätte ich wenigstens
die Lösung des Räthsels, warum sich unsere Abreise so ver=
zögerte, eher erhalten; ob diese Kenntniß freilich die Abfahrt
beschleunigt haben würde, steht dahin. Wir schlenderten lang=
sam durch das Dorf, das nichts Bemerkenswerthes zeigte, es
war gebaut wie alle andern im Lande; die Häuser isolirt in
Gärten gelegen, von hohen Bäumen beschattet, hier und da ein
Bai mit dem freien Platze davor und überall gepflasterte Wege.
Nur fielen mir hier Reihen von Ziersträuchern auf, welche die
Straßen an dem einen Ende des Dorfes einfaßten, wie die Obst=
bäume oder Pappeln unsere Chausseen. Solche Sträucher hatte
ich in Aibukit und Coröre nicht gesehen; nachher traf ich sie
freilich in Peleliu in großer Menge wieder. Am Ende dieser
recht hübschen Straße fand ich auch meine Freunde vom Süden
sämmtlich in gemüthlichster Ruhe in einem Hause sitzen. Es
war das Haus des Anführers des Clöbbergölls, in dessen Bai
wir schliefen. Wir traten ein, neugierig gemacht durch eine
laute hohe Stimme, wie die eines Bauchredners. Da saßen

unsere Leute im Halbkreise um ein altes Betel kauendes Weib — es war ein Kalid. Die Unterhaltung mochte schon lange gedauert haben; einige unserer Leute waren sehr erregt, ihr Anführer aber saß stumm da und mischte sich nicht in das Gespräch. Das alte Weib war in heftigem Zorn; mit hoher Kopfstimme sprudelte sie einen Schwall von Worten heraus, die ich nur zum Theil verstehen konnte, so undeutlich sprach sie. Aber ich merkte bald, daß es sich um unsere Abreise handelte: der Kalid wollte offenbar nichts davon wissen — und jetzt verstand ich, warum die Leute sich geweigert, mit mir abzureisen. Nun ward ich besorgt, es möchte doch schließlich meine Reise nach Peleliu hier in Tamadé enden; und nicht leicht konnte ich mich bei der Versicherung des Omleblokl — so hieß der Eigenthümer des Amlai aus Peleliu — beruhigen, daß er stillschweige zu all dem Gerede, am Nachmittag aber abreisen werde. Ich hatte schon zu gut die Sitten des Landes kennen gelernt, um noch solcher Versicherung unbedingt zu trauen.

Um jedoch unsererseits die Abreise nicht zu verzögern, gab ich den Plan auf, den von hier leicht zu erreichenden höchsten Berg der Insel zu ersteigen, und ging mit Gonzalez ins Bai zurück. Hier wollten wir unser Bündel schnüren. Die Arbeit aber hatte uns ein guter Freund zu erleichtern versucht. Einer der Männer aus Peleliu war zur Bewachung unserer Effecten zurückgeblieben; natürlich war der auch ins Dorf gegangen di melil, und in seiner Abwesenheit hatte ein anderer mir meine Bettdecke und Gonzalez sein sämmtliches Zeug gestohlen. Ich donnerte und schalt; Gonzalez und die Eingeborenen nahmen die Sache kühler. Mein Schelten helfe doch zu nichts, meinten sie, damit kämen die gestohlenen Sachen nicht wieder. Man müsse doch erst wissen, wer der Dieb sei, und das werde nicht schwer sein zu erfahren, da zum Glück einer von unsern Leuten geschickt sei im Deuten der Zeichen. Etliche Bastfasern von Fingerslänge drehte dieser nach einigen vorbereitenden Worten

und mit der ernsteſten Miene von der Welt zu einem kleinen
Tau zuſammen; dann zählte er die Windungen und that nun
den weiſen Spruch: es müſſe einer aus dem Dorfe geweſen ſein.
Das war mir denn doch zu ſtark, als nun die andern meinten,
jetzt müſſe dem erſten Rupack des Dorfes die Sache vorgetragen
werden. Mit der Drohung lief ich zum Bai hinaus, ich wolle
ſelbſt alle Häuſer des Dorfes durchſuchen, und wenn ich den
Dieb entdecke, könne er ſich auf eine gute Tracht Prügel von
mir gefaßt machen. Das hatte wahrſcheinlich geholfen. Eben
wollte ich in das erſte Haus eintreten, um meine Nachforſchungen
zu beginnen, da rief mich Gonzalez zurück, man habe alles ge-
ſtohlene Gut in einem Gebüſche verſteckt gefunden. Wahrſcheinlich war wol der weiſe Taubreher ſelbſt der Dieb, oder er
kannte ihn doch; die Angſt vor den Schlägen, die ich ihm verſprochen, und die Furcht, doch ſpäter noch von ſeinen Gefährten
verrathen zu werden, hatten ihn wol beſtimmt, die Sachen wieder herauszugeben. Mit einem ſcharfen Blicke ſagte ich ihm,
es ſei doch ſonderbar, daß einer aus dem Dorfe das bunte
Zeug nicht ins Dorf getragen habe, und wie es ihm doch ſo
leicht geworden ſei, es in dem Verſteck zu finden. Doch mußte
ich lachen, als er mir nun wieder die Antwort gab, er habe
noch einmal, als mich ſchon entfernt hätte, das Tau befragt;
das neue Mangalild*) habe ihm dann den Ort verrathen, wo
der Dieb das Geraubte verborgen habe. An den Sachen fehlte
zum Glück nichts; und da nun auch Omleblokl zu mir mit der
Anzeige kam, daß das Amlai bereit liege zur Abfahrt, ließ ich
die Sache fallen. Was hätte mir auch ſein Geld genützt, das
er als Sühne vielleicht hätte zahlen müſſen? Das hätte ich
doch nur zum kleinſten Theile erhalten, da von jeder ſolchen

---

*) Mangalild nennen die Eingeborenen ſolches Wahrſagen, gleichgültig,
ob es wie hier mit einem Knotentau oder mit Blättern der Palmen oder
Gräſer oder mit ſonſt etwas geſchieht.

Strafe eine erhebliche Abgabe an die Fürsten bezahlt werden muß.

Diesmal endlich war es Ernst mit der Abreise. Mit uns zugleich segelte ein zweites Amlai ab, worin sich jene Gesandten aus Emungs befanden, vielleicht zu meiner Bewachung. Ich war so froh, als wir uns endlich wieder auf dem Meere schaukelten, daß ich jeden Versuch aufgab, die Leute zur directen Fahrt nach Peleliu zu bestimmen. Der Wind war günstig, und bei Sonnenuntergang trafen wir in Coröre ein. Niemand geleitete uns hinauf nach Aibil, dem Wohnhause des Ebabul. Der Fürst war nicht zu Hause, aber seine Frau nahm mich ganz freundlich auf. Ich hatte andern Empfang erwartet; statt der Kühle und Vornehmheit, auf die ich gefaßt war, erschöpfte sich die gute Frau in Bemühungen, mir gefällig zu sein. Sie hatte gerade starken Weiberbesuch im Hause; um einen jeden von uns beiden — Gonzalez war natürlich mit mir gegangen — setzten sich im Kreise die Schönen, die neugierig zusahen, wie wir aßen und tranken. Während des Mahles herrschte frohes ungezwungenes Geplauder der jungen Mädchen, aber sie verstummten, als nachher Ebabul's Frau mit mir ein ernstes Gespräch begann.

„Doctor", sagte sie, „du bist ein großer Rupack; so wie du hat noch keiner von Angabard hier im Lande zu reisen gewagt. Auch Cabel Mul hatte doch sein Boot und seine Kanone mit sich. Du mußt sehr mächtig sein, daß du ohne Waffen und allein hierher kommst, wo doch dein Feind, Cabel Schils, lebt. Fürchtest du dich nicht vor ihm?" — „Warum sollte ich? Ich weiß, daß er mir nichts thun kann." — „Nun, dann kannst du uns vielleicht helfen. Cabel Schils hat viele schöne Sachen mitgebracht, und wir sind durch ihn reich geworden; aber wir mögen ihn doch nicht, er ist ein böser, grausamer Mensch. Er thut hier so, als wäre er King von Coröre, und gegen Ebabul ist er oft recht übermüthig; er lebt hier im Lande, aber er will

die Gebräuche nicht achten.   Wir Leute von Palau lügen recht
viel, doch Cabel Schils thut es noch viel mehr.   Da hat er vor
langer Zeit die Insel gekauft, auf der jetzt sein großes Haus
steht — sieht so auch das Haus von euerm King aus?“ —
„O nein, das Haus, worin unser König wohnt, ist so groß,
daß alle Leute von Coröre darin Platz hätten.   Man nennt es
deshalb auch nicht Haus, sondern Palacio.“ *) — „Siehst
du, daß Cabel Schils ein großer Lügner ist; er sagte, ein so
schönes Haus wie er habe kein Rupack in Angabard, und
sein Schiff sei das größte von allen.   Er will ein großer
King und sehr reich sein; aber die Insel Malakka hat er uns
noch immer nicht bezahlt.   Nicht wahr, Doctor, das ist doch
schlecht?“   So ging es fort mit Klagen über Nichtbezahlen seiner
Schulden und über unrechtmäßige Eingriffe in die heimische
Sitte; hier hatte er den Bewohnern von Aracalong versprochen,
ihnen Flinten zu bringen, was doch gegen das Uebereinkommen
sei, und ein anderes mal hatte er Ebadul verweigert, Pulver
als Bezahlung für einen schönen Ochsen zu geben, den sie ihm
doch geschossen hatten.   Auch feige sei er; denn er wolle ihnen
nicht in einem Kriege beistehen, obgleich er ihr Bundesgenosse
wäre; und über sein Leben mit den jungen Mädchen wäre alles
empört.   Früher habe man ihn gern als Sohn in eine Familie
aufgenommen, denn es sei eine Ehre, einen Mann von Anga=
bard zum Schwiegersohn zu bekommen; aber seit Monaten schon
habe er in seinem Schiffe, wie in einem Bai, wol acht und
mehr Mädchen auf einmal.   Die aber könnten es nicht mehr
aushalten, so schamlos sei er gegen sie; noch nie habe sich ein
Mann von Angabard so vor ihnen und gleich vor so vielen
auf einmal gezeigt.   Leider könnten sie nichts gegen ihn machen,
denn er habe sie gekauft; mehrere von den Mädchen, die ent=

*) Das Wort Palacio (Palast) ist aus dem Spanischen dort eingeführt
oder wenigstens bekannt.

laufen wären, müßten deswegen auch mit Gewalt wieder zu ihm zurückgebracht werden. „Wir wissen uns nicht mehr zu helfen", fuhr meine Wirthin fort, „Cabel Schils ist ein mächtiger, reicher Rupack, und alle Klagen nützen uns nichts. Wenn der Aruau etwas sagt, und es gefällt ihm nicht, so kehrt er sich nicht an unsere Sitte; neulich hat er Ebadul mitten im Aruau ausgelacht. Das hätte jedem andern das Leben gekostet; Cabel Schils hat nicht einmal ein Geschenk geschickt, um wieder Freund zu werden. Er verlacht unsere Sitte; wer hilft uns nun gegen ihn?" — „Ja, das ist schlimm", erwiderte ich der armen Frau, „wenn Cabel Schils euere Gebräuche nicht achtet, so ist wol nichts zu machen. Ihr müßt mehr auf euerer Hut sein und ihm nicht trauen." — „Wie sollen wir das machen, Doctor? Er ist doch einmal hier Rupack und geht immer in den Aruau und spricht immer mit und thut so, als wenn er hier King wäre. Kannst du uns nicht helfen? Du bist ja reicher und mächtiger als Cabel Schils; kannst du nicht euern King in Angabard bitten, daß er diesen bösen Menschen wegnimmt von Palau?" Vergeblich versicherte ich nun der Armen, daß mein Einfluß bei weitem nicht hinreiche, sie von ihrem Peiniger zu befreien, und bis spät in die Nacht hinein mußte ich immer wieder dieselben Klagen anhören und die gleichen Antworten geben; es schien mir die geringste Gunst zu sein, die ich ihr als momentanen Trost geben konnte, ihre beredten Klagen ohne Murren anzuhören. Längst schon hatten die Mädchen des Hauses sich auf ihre Matten hingestreckt; Gonzalez schnarchte nicht weit von mir aus Leibeskräften. Endlich übermannte die Müdigkeit auch meine Wirthin; und bald lag ich ebenfalls, vom Mosquitonetz gegen die läftigen Mücken geschützt, im süßesten Schlafe.

Am nächsten Morgen (des 16. November) wartete ich lange vergebens auf Ebadul; er kam nicht, trotzdem er sonst immer den Morgenimbiß in seinem Hause zu nehmen pflegte. Endlich

fiel mir ein, daß er ja so sehr auf die Etikette hielt. Es ist
nämlich Sitte, daß der Ankömmling den Fürsten des Ortes zuerst
in seinem Bai aufsucht. Das that ich nun auch und fand ihn
richtig dort, wieder Taue drillend und meiner wartend. Er
wußte schon von dem Zweck meiner Reise; seine Einwilligung,
mit dem Amlai von Peleliu die Reise fortsetzen zu dürfen, gab
er sogleich und, wie es schien, auch gern. Nur meinte er, ich
thäte besser, dort in Coröre zu bleiben; Peleliu sei ein schlechter
Ort, klein und arm und kein geziemender Aufenthalt für einen
Rupack. Zusammen gingen wir dann nach Aibil hinauf, das
Frühstück einzunehmen; bald darauf entfernte sich der Fürst.
Als ich dann gegen Mittag meine Leute zur Abreise bewegen
wollte, weigerten sich diese wieder; ohne Ebadul's ausdrückliche
Erlaubniß ginge das nicht, er müsse bei unserer Abreise zugegen
sein. Und so ging abermals ein Tag verloren, und wieder
mußte ich am Abend die Klagen der Weiber anhören und sie
zu trösten versuchen, obgleich ich wußte, daß es für ihre Leiden
keine Hülfe gab. Durfte ich das allein Richtige den Armen
rathen? Um keinen Preis! Denn nur zu gut wußte ich, was
es einem Heiden nützt, sein eigenes Recht gegen einen Christen
vertheidigt zu haben. Ich sah das Schlimmste voraus; meine
Ahnungen sollten mich leider nicht betrügen!

Endlich am 17. morgens holten sich meine Bootsleute persönlich die Erlaubniß vom König, mit mir abreisen zu dürfen.
Wir beide frühstückten noch zusammen in Aibil; er war freundlich gegen mich, wie zu Anfang meines ersten Besuchs, und er
und seine Frau riefen mir auch den Abschiedsgruß zu, ich solle
sie nicht vergessen. Ich versprach es ihnen von Herzen. Die
armen Leute thaten mir leid; ich sah sie am Rande eines Ab-
grundes stehen. Seit jenen Wochen, in denen ihre Vorältern
den schiffbrüchigen Engländern auf Urulong halfen, so gut sie
konnten, sie unterstützten und freundlich aufnahmen, seit jener
Zeit hat ein ehrgeiziger Taumel die Bewohner des kleinen Coröre

ergriffen. Fremde Hülfe förderte wirklich ihre Macht; aber die
eigene Kraft fehlte ihnen zu der Durchführung des Unterneh=
mens: so mußten sie den selbstsüchtigen Planen abenteuernder
Seefahrer, wie Cheyne, verfallen. Und diese, wohin würden sie
führen? Wenn er wirklich sich zum König der Inselgruppe auf=
schwänge? sie dann als wohlerworbene Colonie den Engländern
ließe? Es lag doch etwas in diesen so offenkundigen Planen,
das mich anzog; so auf seine eigene Hand, ein einzelner Mann,
eine ganze Colonie zu erobern! Ich schuf mir, mit Gonzalez
den Weg nach dem Hafen wandelnd, in Gedanken über Cheyne
und seine Plane vertieft, ein Bild von diesem Manne: groß
und schlank, aber kräftig, mit kühner Adlernase und feurigem
Blick und langen blonden Locken, etwas phantastisch, aber nicht
geschmacklos angezogen — ich vergaß völlig, daß ich in Manila
einen ganz andern Eindruck von ihm empfangen. — Da, mit
einem male, an der Biegung des Weges sehe ich eine Gruppe
von Männern stehen in europäischer Kleidung — und unter
ihnen Cheyne! Sein Steuermann Tetens, der Kapitän und der
Supercargo des „Pelayo" waren seine Begleiter. Mit diesen
Herren wechselte ich einige wenige Worte der Begrüßung und
des Abschiedes. Cheyne selbst maß ich stumm mit einem langen
Blick; er gab ihn mir zurück, aber wie! Nein, das war nicht
der kühne Eroberer, den ich mir gedacht; Feigheit und Hoch=
muth, Verschlagenheit und niedrige Rachsucht sprachen aus sei=
nem Auge. Wehe den armen Menschen dort oben in Aibil, die
mit unlöslichen Ketten an diesen Mann geschmiedet sind!

Wir hatten bald den Hafen von Coröre hinter uns, und
vor uns breiteten sich die grauschwarzen Klippen der Inseln des
Kokeal aus. Mit ihrem überhängenden, hohlkehlartig durch die
Brandung ausgewaschenen Fuße mahnten sie mich daran, daß
hier seit Jahrtausenden schon in nie ermüdender Kraft das Meer
siegreich den alten Streit des Wassers gegen die Feste der Erde
kämpft. Zahlreiche kleine Inseln, schroff wie Nadeln isolirt aus

dem Meeresgrunde aufsteigend und durch enge schäumende Thore
voneinander geschieden, läßt das übermächtige Meer wie Merk=
steine seiner Gewalt stehen. Dort hängt der Gipfel einer Insel
so weit über die Wasserfläche herab, daß man meint, er müsse
jeden Augenblick niederstürzen; aber der dichte Kalkstein, aus
dem sie fast alle bestehen, setzt dem Zuge des eigenen Gewichts
die stärkere Kraft des innern Zusammenhanges entgegen. Hier
hat der Sturm eine Insel mitten durchgespalten; die überhän=
genden Höhen der beiden Hälften berühren sich fast, nur durch
einen kaum 10 Fuß breiten Spalt getrennt. Darunter liegen,
den Kanal verengend, noch einige mächtige Kalkfelsen, die, von
der Höhe herabgestürzt, der Zahn des Meeres noch nicht ganz
hat zernagen können. Oder man sieht in tiefe düstere Höhlen
und enge Löcher hinein, die offenbar weder dem Einsturz der
Felsen, noch der Auswaschung durch das Meer ihren Ursprung
verdanken, sondern die Ueberbleibsel von Kanälen und Höhlungen
in den frühern untermeerischen, nun gehobenen Riffen sind.

Meine Begleiter nannten mir die Namen der Inseln, der
Klippen; eine jede hatte ihre Sage. Aber die am weitesten nach
Osten zu lag, zog mich mehr an als alle andern: es war die
Insel der Engländer, Urulong, auf welcher Wilson mit seiner
Mannschaft wochenlang gehaust und das Schiff gebaut hatte,
das ihn wieder der Heimat zuführte. Meinen Bitten, den Um=
weg nicht zu scheuen, entsprachen die Bootsleute gern, die mit
der Abreise von Coröre gefällig und liebenswürdig geworden
waren; waren sie jetzt doch Ebadul's Einflusse schon entzogen.
Es würde zwar durch den heftig wehenden Nordwind ein starker
Seegang dort erregt werden, und es sei fraglich, ob wir über=
haupt in den Hafen einlaufen könnten; aber wenn ich mich vor
einem Bad im Meere nicht fürchte, so seien sie bereit, die Lan=
dung zu versuchen. Meine Antwort kann man sich denken; so
ging es mit fliegenden Segeln hinein in die Bucht, welche gänz=
lich durch eine Reihe hoher Kalkklippen geschlossen zu sein schien.

Immer härter wurde der Wind, und immer aufgeregter schlugen die Wellen um unser Boot. Nun mußte der Mast niedergelegt werden, da man des dünnen Bodens wegen nie segelnd landen kann — die Gefahr des Zerschellens wäre gar zu groß. Dabei schlugen die Wellen schon heftig in das Amlai herein. Jetzt waren wir mitten in dem Strome, der mit großer Heftigkeit durch ein bisher verborgen gebliebenes Thor schoß, welches Urulong von der nächsten Insel trennte; dann öffnete sich der Hafen mit dem Blick auf eine Sandfläche in seinem Grunde. Dort hatte Wilson sein Zelt aufgeschlagen und sein Schiff ge= zimmert; von dort aus waren seine Genossen ausgezogen, Ebadul in seinen Kriegen zu unterstützen, und an jenem hohen Baume, der wegen seiner majestätischen Schönheit vor allen andern auf= fiel, mußte die Gedenktafel zu finden sein, die Wilson in ihn eingelassen hatte vor seiner Abreise. Aber ach! ich sollte den Ort nicht betreten. Die tiefe Ebbe, das furchtbar aufgeregte Meer verhinderten uns am Einlaufen; wir hätten sicherlich unser Amlai an den großen Felsblöcken, die überall aus dem Meeres= schaume hervorstarrten, zerschellt. Je tiefer wir in den Kanal einfuhren, um so wilder wurde das Spiel der Wogen, von allen Seiten schossen sie in unser Amlai herein, und die Leute ruderten aus Leibeskräften. Endlich waren wir gerettet, die Thore öffneten sich, und mit dem freien Blick auf das westlich vor uns liegende Meer trat der eben noch so wild sprudelnde Strom in ruhiger Breite in die gegen Wind und Seegang durch die Inseln geschützte See.

Noch wollte ich den Versuch nicht aufgeben, Urulong zu be= treten; wir legten deshalb an der Westseite an einem kleinen Ein= schnitt an, den hier die Brandung in die Felsen geschnitten hatte. Ein eigentliches Ufer fehlte vollständig, schroff stieg der Kalk fast zu Manneshöhe über dem Meere empor; dann aber folgte eine dem Blick ziemlich glatt aussehende geneigte Fläche, die sich nach oben in das Buschwerk verlor. Hier sei die einzige Stelle, meinten die

Leute, von welcher aus es möglich sein würde, über die Klippen
hinweg in das Innere der Insel zu gelangen; aber ich solle nicht
allzu lange mich auf dem Wege aufhalten, denn wenn plötzlich
ein West= oder Südwind einträte, so sei unser Amlai rettungs=
los verloren. Nun fing ich an zu klettern. Schon der erste
Schritt kam mir theuer zu stehen; eine scharfe Kante des Felsens
riß mir ein tüchtiges Loch in die Hose, und der Aermel meines
Hembes ließ einen großen Fetzen an einem struppigen Busch
hängen. Was ich von unten für eine ebene, von Gras bewach=
sene Fläche gehalten hatte, zeigte sich nun als ein Feld von
lauter Nadeln, deren Tücken nur schlecht verhüllt wurden durch
das zwischen ihnen hervorwuchernde Gras. Wer nie gesehen
hat, zu wie unzähligen kleinen Spitzen und Zacken von äußerster
Härte die Tageswasser ein gehobenes Korallenriff aufzulösen
vermögen, der kann sich nur schwer einen Begriff machen von
der Qual, welche selbst dem beschuhten Fuße das Gehen auf
Klippen bereitet. Hier fehlte auch jeder Halt für meine Hände,
denn die einzeln stehenden Pandanusbäume und Casuarinen
waren rings umgeben von einem dichten Wald stachelichter Ge=
büsche; Stämme und Zweige und Blätter, alles lief in eisen=
harte scharfe Spitzen aus, ja selbst das hohe Gras, an deffen
Büschel ich mitunter eine Stütze zu gewinnen suchte, schnitt mir
in die Finger ein wie scharfes Glas. Kaum funfzig Schritte
weit gekommen, sah ich schon ein, daß ich mein Vorhaben auf=
geben mußte, denn auch meine Schuhe zeigten die bedenklich=
sten Spuren. Was ich meinen Händen und Beinen zu Liebe
nicht gethan, das that ich um dieser willen — ich kehrte um,
denn außer dem einen Paar, das ich trug, besaß ich nur noch
ein zweites. Wir Europäer thun uns so viel zugute auf unsere
Unabhängigkeit; wie beneidete ich nun den Eingeborenen, deffen
nackte Sohlen die Qualen nicht fühlen, denen wir, selbst durch
die schützenden Stiefel hindurch, ausgesetzt sind. Um meine ver=
weichlichten Füße zu schonen, ließ ich ab von dem Spaziergang

nach dem Hafen von Urulong. Freilich nützte es wenig; denn vierzehn Tage später mußte ich sie dennoch an das unbeschützte Gehen auf den Riffen gewöhnen. Daß ich besser gethan hätte, meine Schuhe hier gleich in Urulong zu ruiniren, sah ich leider zu spät ein; nie wieder bot sich mir eine Gelegenheit, die Insel zu besuchen, an welche sich so manche trübe und heitere Erinnerung zugleich knüpft. — Erschöpft kam ich unten an; meine Genossen lachten mich gutmüthig aus. Sie hätten sich das wohl gedacht, daß ich nicht hinauf kommen würde, meinten sie; wir Männer von Angabard seien die Klippen ihres Kokeal nicht recht gewohnt, und auch ihnen falle es schwer genug, sie zu ersteigen. Wenn das Erklettern der Kalkfelsen nicht so entsetzlich mühsam und schmerzlich wäre, so würden schwerlich auch jene Palmen mit ihren glatten und langen Stämmen auf den höchsten Spitzen ihrer Inseln im Süden thronen. Trefflich in der That waren diese edelsten aller Bäume — es schien eine Art wilder Arecapalme zu sein, ähnlich derjenigen der Philippinen — durch das stachelichte Gestrüpp und das scharfe Gras und die Kalkklippen geschützt; und nirgends waren, außer eisenharten Casuarinen und einzelnen Pandanus, Stämme zu sehen, deren Nutzholz die Begierde der Eingeborenen zur Ueberwindung jener Schwierigkeiten hätte aufstacheln können.

Fort ging es nun auf ruhiger, spiegelglatter See. Weithin gegen Westen — die Entfernung mochte etwa eine deutsche Meile betragen — sah ich die weiße Schaumlinie der Brecher am Außenriffe; gegen Süden verlor sie sich allmählich und schien sich eng an die südlichsten Inseln anzuschließen. In dem so umschlossenen Becken finden sich zahlreiche Riffe, kaum an die Oberfläche des Meeres herantretend und meist abgestorben; gegen Westen und Süden vereinigen sie sich mehr und mehr zu einer Fläche, welche fast ununterbrochen sich bis zur Insel Eimeliß hinunterzieht und die südlichen Inseln miteinander zu verbinden scheint. Durchschnittlich liegt sie nur 4—6 Faden unter der

Oberfläche, und je weiter nach Süden zu, um so weniger von
Kanälen durchschnitten. Von ihr steigen alle Inseln senkrecht
empor, und bei der tiefen Ebbe und dem stillen, kaum vom
Winde gekräuselten Meere konnte ich deutlich erkennen, wie sich
an vielen Stellen der Kalkfels der Insel direct in die untermeerischen Rifflächen fortsetzt. Nur war hier ihre Beschaffenheit
eine ganz andere. Während überall, wo der umgewandelte Korallenkalk den Einflüssen der Atmosphäre ausgesetzt ist, die Oberfläche in lauter Zacken dadurch aufgelöst wird, daß die weichern
Theile des Gesteins durch den Regen ausgewaschen werden, die
härtern dagegen in immer spitzer werdenden Säulchen stehen
bleiben, hat unter dem Wasser der beständig von Süden und
Südwesten hereindringende Seegang das Riff in eine nahezu
horizontale und völlig glatte Fläche abgeschliffen, deren Steigen
erst in der nächsten Nähe der Inseln bemerklich wird. Die
Kanäle, welche wie mit einem Messer durch die isolirten Strömungen des tiefen Wassers in diese Kalkfläche eingeschnitten sind,
winden sich so stark und sind so schmal, daß ein größeres Schiff
ihnen nicht zu folgen vermöchte; und auch sie sollen sich, wie
mir meine Begleiter versicherten, allmählich gegen Peleliu zu
verlieren.

In Eimeliß, einer niedrigen, nur am Südende von Kalksteinklippen umsäumten sandigen Insel mit spärlichem Baumwuchs, hielten wir kurze Mittagsruhe. Von hier aus liegt
Peleliu fast genau gegen Süd, beide Inseln sind langgestreckt
und bilden einen weiten Bogen, dem aber das eigentliche Riff
im Westen nicht parallel folgt. Von Eimeliß an tritt es nämlich in scharfer Biegung südöstlich gegen die nächsten Inseln zu
und senkt sich allmählich bis zur Tiefe der obenerwähnten Fläche
unter das Meer, sodaß sein Rand nicht mehr durch die Brandung bezeichnet wird. So kam es, daß wir ohne einen Riffübergang von Eimeliß absegelnd allmählich in immer tieferes,
zuletzt dunkelblaues Wasser des offenen Oceans gelangten. An

der Nordspitze von Peleliu, dem wir uns nun immer mehr näherten, erhebt sich das Riff, ganz eng den Krümmungen des Ufers folgend, wieder bis zum Meeresspiegel, sodaß wir, gegen Sonnenuntergang an der Südspitze landend, abermals die hohe, durch den beständigen Seegang des offenen Meeres erregte Brandung zu überwinden hatten.

Hier lag Argeutel, das Dorf, in welchem unser neuer Freund Omleblokl lebte. Dieser hatte uns Gastfreundschaft in seinem Bai angeboten, die wir auch annahmen; aber die un= zählbare Menge der Mosquitos trieb uns bald in das Haus seiner Familie zurück, wo wir, wenigstens nothdürftig durch den Rauch gegen die lästigen Fliegen geschützt, einigermaßen der Ruhe pflegen konnten.

Pelelin.

Die Nachricht meiner Ankunft hatte sich rasch über die
ganze Insel verbreitet. Von allen Dörfern der Insel kamen
am nächsten Morgen Männer an, mich zu besuchen; unter ihnen
einer der ersten auch Tomué. Ich gab ihm Arakalult's Brief.
Es dauerte ziemlich lange, bis er ihn gelesen; auch andere halfen
ihm bei Entzifferung der Knoten. Doch schien alles in Ordnung
zu sein, denn freundlich begrüßte er mich nun als seinen Bruder
und sakalik (Busenfreund) und forderte mich auf, mit ihm nach
Nafiaß, seiner Heimat, zu kommen, da er dort besser für mich
sorgen könne. Heftiges Regenwetter verhinderte uns, gleich am
ersten Tage dahin zu gehen; am zweiten jedoch — den 19. No=
vember — ging die Sonne strahlend auf, und bald nachher
stellte sich Tomué ein, uns abzuholen.

Argeutel (d. h. was im Westen ist) liegt hart am Meere
auf einer kaum zehn Fuß über dem Meere sich erhebenden Ko=
rallensandfläche, aus der hin und wieder niedrige Kalksteinfelsen
hervorragen; gegen Nordwest schließen sich diese mehr anein=
ander an und bilden einen nach Norden zu der Küste parallel
laufenden Kamm von verschieden hohen schroffen Klippen. In
den Sand eingegraben liegt eine Unzahl Trümmer von Korallen

und Muschelschalen *); manche der letztern liegen so dicht an
einzelnen Stellen, daß ich gleich an die Anhäufung durch Men=
schenhand dachte.   Tomué bestätigte mir diese Vermuthung.
Allmählich steigt der Weg eine sanfte Anschwellung des Bodens
hinan; überall, selbst in das dichteste Gebüsch hinein sah ich die
Conchylienschalen, Spuren früherer starker Bevölkerung sich er=
strecken.   Nach etwa halbstündigem Marsch erhob sich das Land
in sanft ansteigenden Hügeln, die gegen Norden und Nordwesten
hart an senkrechte, wol 2—300 Fuß hohe Kalksteinklippen an=
stießen.   Auf ihnen war Nasiaß, ein ziemlich großes und recht
reinlich gehaltenes Dorf, erbaut; zwischen den Niederungen der
Hügel hin erstreckten sich ausgedehnte sumpfige Kukaufelder, in
denen zahlreiche Weiber und Mädchen arbeiteten.   Im trockenen
Boden der steinigen Hügel, die nur eine ganz dünne Humus=
schicht trugen, gedieh der Camote vortrefflich, und nirgends hatte
ich noch so große Stämme des Melonenbaumes, noch solche
Fruchtbarkeit derselben bemerkt.   Ganz kleine Bäume von kaum
3 Fuß Höhe trugen schon große Früchte; diese übertrafen in
Süßigkeit und Wohlgeschmack alle Papayas, die ich bisher ge=
gessen hatte.   Eine mächtige hochstämmige Arum=Art, Bissarc
genannt, breitete hier ihre fußgroßen saftigen Blätter aus und
mischte ihren Schatten mit dem der uralten Brotfruchtbäume
und der schlanken Kokospalmen.   Gelbe und rothe Blüten hingen
in Fülle an den Baumwollstauden, die, in den Gärten der
Eingeborenen gepflanzt, sich zu mehr als Manneshöhe erhoben.
So zeugte alles in der Nähe der Dörfer von der größten Frucht=
barkeit des Bodens.   Im Hintergrunde traten aus dem saftigen
Grün der Bäume und des niedrigen Gestrüpps graue oder
blendend weiße Kreidefelsen hervor, an deren Vorsprüngen
stachelichte Büsche hingen mit sperrigen Aesten; nur auf dem

---

*) Es sind „Kjökkenmöbdinger", Küchenabfälle, wie sie auch sonst vor=
kommen.

Gipfel standen einzelne Waldbäume, das niedrige dichte Unter=
holz hoch überragend. Möven umkreisten spielend und kreischend
diese Höhen, und mitunter schoß, einem Blitzstrahl gleich, ein
blendend weißer Vogel zwischen dem grünen Laub hervor, sich
tief niedersenkend, um dann in pfeilschnellem Fluge der Sonne
entgegenzustreben. Es war ein Tropikvogel, der Karamlal,
dessen lange Schwanzfedern vom reinsten Weiß bei religiösen
Festen und in den Kriegen eine große Rolle spielen. Es ist den
Eingeborenen dieser Vogel das Sinnbild der Schönheit und
Gewandtheit. — Auch das Innere der Wohnungen wie der
Bais gefiel mir, sie waren sauber gehalten; ein einzeln stehen=
des, im Baustil abweichendes Haus zeigte sogar einigen orna=
mentalen Schmuck, und die kleinen rothbemalten Wohnungen
ihrer Hausgötter sahen alle frisch und wohlgepflegt aus. Als
nun gar Tomué mir versicherte, daß es hier keine Mosquitos
gäbe, entschloß ich mich gern zur Uebersiedelung in das Dorf
und Haus meines neuen Bruders. Er selbst ging flugs nach
Argeutel, um unsere Sachen zu holen; wir aber schlenderten im
Dorfe umher, begleitet von einigen Mädchen und Knaben, mit
denen wir rasch Freundschaft geschlossen.

Mein erster Besuch galt natürlich den Rupacks des Staats;
doch trieb mich die steife Förmlichkeit der Vornehmen bald wie=
der zum Bai hinaus. Man hatte mir gesagt, ich müsse auch
dem Kalid meinen Besuch abstatten, es sei ein mächtiger Mann,
und wenn es mir gelänge, mir diesen zum Freunde zu machen,
so würden auch die übrigen Rupacks zutraulicher werden. Um
also nichts zu versäumen, ließ ich mich gleich zu ihm hinführen.
Ich fand den alten gutmüthig aussehenden Mann in jenem ge=
schmückten, roth, weiß, gelb und schwarz bemalten Hause sitzen,
das mir früher schon durch seine eigenthümliche Bauart aufge=
fallen war. Im Grundriß war das Gebäude achteckig mit zwei
längern Seiten; ein achteckiges Dach wurde oben durch einen
Giebelaufsatz abgeschlossen, dessen zwei schmale Giebelseiten den

beiben mittlern kurzen Seitenwänden des Gebäudes entsprachen.
Das Innere war ebenso eigenthümlich. Während sonst in den
Wohnungen der Eingeborenen gar keine Abtheilungen anzu=
treffen sind, warb hier der innere Raum durch vier mächtige
Pfeiler durchsetzt, welche den obern Giebelbau und in etwas
mehr als Manneshöhe einen' allseitig abgeschlossenen, mit Fen=
stern nach vier Richtungen versehenen Breterverschlag trugen,
der — ein Haus im Hause — mir als der Aufenthaltsort des
eigentlichen Kalid, d. h. des Gottes bezeichnet wurde, welcher
sich jenes Mannes von Zeit zu Zeit als seines Sprechorganes
bediente. Der Kalid — der leider diesmal nur gewöhnlich
menschlich sprach — erzählte mir, daß in dieser Weise alle
Häuser gebaut gewesen seien zu jener Zeit, als noch lauter
Kalids die Inseln bewohnten. Mit ihrem Auszug nach dem
Himmel sei auch ein neuer Stil im Bau der Wohnungen ein=
geführt; denn so wenig die Menschen bei ihnen aufrecht gehen
und sich den Kopf mit Hüten bedecken dürften — ein Vorrecht
der Götter sei dieses — so wenig sei es den Menschen gestattet,
ihre gewöhnlichen Häuser im Stile der Götterwohnungen aufzu=
führen. Nur die Kalids, die mitunter noch vom Himmel her=
unterstiegen, um unter den Menschen zu wohnen und für die
Aufrechthaltung der guten alten Sitte zu sorgen, vermöchten den
Männern, in deren Leib sie führen, das Recht zu geben, solche
achteckige Häuser aus Planken zu bauen. — Uebrigens scheint
allmählich auch diese Sitte schon zu verschwinden; denn in
Coröre bewohnte der sonst doch so geachtete Kalid des Ortes ein
gewöhnliches Haus, und auch in Peleliu fand ich später einen
solchen, dessen Wohnung nichts Besonderes zeigte. Aber auf
den Balken, die ich in Aibukit und Kreiangel mir genauer an=
gesehen hatte, erinnerten manche der Abbildungen gar sehr an
diesen Tempel in Rasiaß.

Es galt nun die Zeit zu nutzen, denn eine Woche schon
war verstrichen, sodaß mir höchstens noch vier bis fünf Tage

für die Untersuchung der Insel blieben, wenn ich zur rechten
Zeit wieder in Aibukit eintreffen wollte. Ich hatte deshalb be=
reits für den nächsten Tag (20. November) mit Tomué eine
Excursion verabredet nach Orocoll, einem an der Nordwestküste
der Insel liegenden Dorfe. Wir wanderten zuerst in fast nörd=
licher Richtung über die Hügel des Dorfes den Kalksteinklippen
zu und bogen dann in eine wilde Schlucht zwischen ihnen ein.
Nun wurde der Weg entsetzlich beschwerlich; denn überall ragten
aus dem steinigen, fast ganz von Erde entblößten Boden messer=
scharfe Spitzen des vom Regen durchfressenen Kalksteines hervor
und schnitten mir tiefe Löcher in meine Stiefel und Füße ein.
Trotz der Menge des Regens, die hier zu fallen scheint, und un=
geachtet der umgebenden Berge zeigte sich, ganz im Gegensatz zu
den trachytischen Inseln des Nordens, nirgends ein Bach, und
das einzige süße Wasser auf der Insel ist durchsickerndes Regen=
wasser, das sich in den tiefsten Löchern und Höhlen in Meeres=
höhe oder auf den sumpfigen Kukaufeldern sammelt. Bald stieg
der Weg steil die Klippen hinan, zwar gebahnt, aber doch rauh
und beschwerlich wegen des ganz steinigen Bodens und der
scharfen Kanten der Steine. Hoch oben in 2—300 Fuß Höhe
fand ich ein etwa fußgroßes Stück des Felsens, das noch ganz
seine Korallenstructur behalten hatte. Vom höchsten Gipfel durch
eine tiefe Schlucht getrennt, stiegen wir nun einen Kamm hinan
auf schmalem, furchtbar zerklüftetem und steilem Wege; den Zie=
gen gleich mußten wir das letzte Stück erklettern. Unsere Mühe
aber wurde reichlich belohnt. Auf der breiten Fläche des Kam=
mes wucherte in üppiger tropischer Fülle Gesträuch, und
Schlingpflanzen aller Art umrankten mächtige Stämme uralter
Brotfruchtbäume, die ich da oben nicht zu finden erwartete.
Auch zahlreiche Melonenbäume standen hier in einer Fülle der
Früchte und des Wachsthums, welche selbst die von Rafiaß noch
übertraf. Nur 1½—2 Fuß hohe, kaum fingersdicke Stämme
trugen schon zahlreiche goldgelbe Früchte, daneben standen andere

haushohe von mehr als 1 Fuß Durchmesser mit einer großen
Menge kleiner, auch Früchte tragender Nebenäste.*) Hier mußten
offenbar Menschen gehaust haben; und richtig, nach wenigen
Schritten schon kamen wir an einen der großen gepflasterten
Plätze, auf denen hier und da auch einige der mächtigen Steine
aufrecht standen, die überall die Bais der Eingeborenen um=
geben. Die meisten derselben waren freilich schon umgefallen
und längst überwuchert von dem Gebüsch; auch von den Häu=
sern war keine Spur mehr zu finden. Schön gepflasterte Wege
führten überall in den Wald hinein; einem derselben folgend
entdeckte ich doch noch ein paar elende Häuser, ganz versteckt in
dem alles überwuchernden Gestrüpp. Keine Seele darin; doch
schienen Menschen in ihnen zu wohnen. Nun führte mich Tomué
noch einige Schritte weiter nach Westen zu und auf eine kleine
Fläche des Felsens hinaustretend öffnete sich mir ein gewaltiger
Ausblick auf den Stillen Ocean. Scheinbar unter mir schlug
die Brandung — es war Springflut — an das Ufer, und auf
dem schmalen ebenen Saume, der den senkrecht abstürzenden
Felsen umgab, wechselten Kukaufelder und Kokoshaine miteinan=
der ab, zwischen denen hindurch ich hier und da ein braunes
Dach oder den buntbemalten Giebel eines Bais erkennen konnte.

„Dies hier ist ein berühmter Ort", fing Tomué mir zu
erzählen an. „Früher stand hier ein großes Dorf, du hast die
großen Steine da oben gesehen. Aber wir lebten nicht darin,
sondern nur dann, wenn wir im Krieg mit Coröre waren.
Jetzt nützt uns der Fels nichts mehr, wir sind zu schwach, un=
sere besten Männer sind uns alle gestorben, und seitdem die

---

*) Meistens bringt die Papaya (Carica papaya L.) nur einen Stamm
hervor, dessen Spitze die pilzförmige Blätterkrone rasch entsteigt; wenigstens
habe ich während meiner langjährigen Wanderungen auf den Philippinen
nur solche gesehen. Ebenso gebildet waren sie im Norden der Palaus; nur
hier im Süden und auf dem Gipfel dieses Felsens hatten alle ältern Bäume
mehrere Zweige, deren jeder seine eigene Blätterkrone trug.

Jngleses wieder so oft nach Coröre kommen und dorthin Flinten und Pulver bringen, können wir uns nicht mehr vertheidigen. Als wir aber noch mehr Menschen in den Dörfern hatten, — so erzählt man uns, ich selbst lebte noch nicht — da wurden viele blutige Kriege geführt, und wenn die Feinde gar zu mächtig waren, dann brachten wir unsere Sachen und Weiber und Kin= der hier oben herauf und wohnten hier oder in den Höhlen der Felsen, dann konnten sie uns nichts mehr thun. Es gibt nur zwei Wege da herauf, die aber sind so steil und eng, daß jeder von ihnen durch ein paar Mann leicht vertheidigt werden kann. Jetzt sind die Häuser verfallen, denn wir sind nur Freunde von Coröre und brauchen diesen Ort nicht mehr." — „Aber wozu sind denn die beiden kleinen Häuser hier neben uns? Da scheinen doch Menschen darin zu leben." — „O ja", erwiderte jener, „es sind auch gewöhnlich einige Leute hier oben, aber nur um auszusehen nach Schiffen auf dem Meere. Alle Schiffe, die von Angabard kommen oder dahin gehen, müssen hier vorbei; von hier aus haben wir auch euer Schiff erkannt, als ihr so dicht an der Insel vorüberfuhrt. Als früher unsere Leute noch muthiger waren, da haben sie auch einmal ein spa= nisches Schiff genommen und auf den Strand gezogen; ich weiß aber nicht warum. Nun thun wir das nicht mehr, wir sind jetzt besser geworden. — Doch jetzt komm, der Weg ist beschwer= lich. Orocoll scheint zu unsern Füßen zu liegen, aber wir haben noch weit dahin." Und nun ging an der senkrechten Fels= wand hinunter ein Klettern mit Händen und Füßen los, daß ich mich voller Erstaunen fragte, wie es nur möglich sei, Bambus= rohre mit Wasser gefüllt oder Körbe voll Kulau dort hinauf= zubringen — und doch mußten sie dies früher gethan haben, weil oben alles Wasser fehlt und Kulau nur in den sumpfigen Niederungen gedeiht.

Müde und zerschlagen an allen Gliedern kamen Gonzalez und ich im Dorfe an, und gern ließen wir uns von Tomué in

das gaſtliche Haus ſeines Freundes führen. Nach kurzer Raſt
und eingenommener Mahlzeit durchwanderten wir das Dorf;
auch hier, wie hoch oben auf der Felſenwarte, fanden wir die
deutlichſten Spuren des ärgſten Verfalls. Weithin in das Ge=
büſch konnte man die gepflaſterten Wege verfolgen; jetzt mochten
höchſtens noch acht bis zehn Häuſer in dem ganzen Dorfe zu
finden ſein. Eingeladen wurde ich freilich auch hier mit großer
Freundlichkeit, aber ich ließ mich dennoch leicht durch Tomué
bereden, wieder mit ihm am Nachmittag in ſein Dorf zurückzu=
kehren. Schwer genug ward mir der Weg, die Klippen hinan
und wieder hinunter — kein anderer führte nach Naſſaß zurück;
mehr kriechend als gehend, geſtützt auf Tomué, kam ich mit
ganz zerſchnittenen blutenden Füßen in unſerer Wohnung an.
Dieſer Spaziergang hatte mir das eine Paar meiner Stiefel
gekoſtet; nun blieb mir noch ein zweites, das ſchon in Urulong
ſtark gelitten hatte. Wie lange das wol noch halten wird?

Die Nacht brachte ich faſt ſchlaflos zu, ſo ſchmerzten mich
meine Wunden. Daran war nicht zu denken, am nächſten Mor=
gen auszugehen; mit dick geſchwollenen Füßen lagen Gonzalez
und ich den ganzen Tag im Hauſe. Am Nachmittag kroch ich,
geſtützt auf Tomué und ohne Schuhe, bis zu dem unterirdiſchen
Süßwaſſerteich, um mich zu baden. Ich hatte davon Heilung
erwartet; aber am nächſten Tage waren die Füße noch ſchlimmer,
alle Wunden fingen an zu eitern. Gonzalez hatte ebenſo zu
leiden. Unſern neuen Freunden freilich gefiel unſere Gefangen=
ſchaft gar ſehr; konnten ſie nun doch ihre Neugierde mit Muße
befriedigen! Ich kam mir vor wie ein wildes Thier im Käfig;
beſtändig wechſelten die Zuſchauer, einige gaben mir auch etwas
zu eſſen, aber die meiſten wollten etwas von mir erhalten. Ich
mußte alſo doch etwas Zutrauenerweckendes in meinem Weſen
haben.

Zuerſt beruhigten mich die Frauen über meine Füße.
„Dieſe Wunden haben nichts zu bedeuten“, ſagte mir Akiwakid

(d. h. über den Berg), die Frau meines Tomué, „daran leiden
alle Fremden, die zum erſten male nach Peleliu kommen. Das
macht das Waſſer und die vielen Steine. Die dummen Dinger,
deine Füße, die du ausziehen kannſt, wenn du willſt, nützen
dir hier doch nichts, die ſind bald zerſchnitten, und dann mußt
du doch gehen wie wir." Ich meinte, es würden meine Schuhe
wol noch ſo lange vorhalten, bis ich abreiſte von hier. Da
blickte mich meine Wirthin erſtaunt an. „Abreiſen? warum?
Ich dachte, du wäreſt hierher gekommen, weil es dir hier bei
uns gefällt?" — „Nun ja, es iſt hübſch in euerm Dorfe, und
ihr ſeid gut gegen mich — aber meine Frau wartet in Anga=
bard auf mich, und in fünf Tagen muß ich abreiſen von hier,
denn ſonſt fährt Cabel Mul fort und läßt mich vielleicht in
Peleliu zurück." — „Nun, eine Frau, Doctor, ſoll dir bei uns
auch nicht fehlen; und wenn Era Kaluk dich hier nicht holt, ſo
wirſt du bei uns bleiben müſſen. Da kommt gerade Tomué
und mit ihm ein Rupack; die werden dir gleich ſagen warum,
wenn du ſie fragſt." Traurig freilich lautete die Antwort, als
ich die beiden fragte, wann ich wol ein Amlai erhalten könne,
um nach Aibukit zurückzufahren. Das ginge nicht, ſagte man
mir; Ebabul habe ihnen ſtrengen Befehl geſchickt, mich gut zu
behandeln, aber auch mich nie außer Augen zu laſſen, und mich,
wenn ich Peleliu verlaſſen wolle, nicht nach Aibukit zurück, ſon=
dern zu ihm nach Coröre zu bringen. Ich dürfe unter keinen
Umſtänden wieder hinauf nach Aibukit; wenn Cabel Mul mich
hier abholen wolle, ſo hätten ſie nichts gegen meine Abreiſe
nach Angabard; ſonſt aber müſſe ich hier bleiben.

Wir waren alſo Kriegsgefangene Ebabul's! Gonzalez und
ich ſahen uns erſtaunt einer den andern an; wir mußten zuerſt
laut auflachen. Aber bald verging uns die luſtige Laune;
wenn nun durch irgendeinen unvorhergeſehenen Zufall doch Ka=
pitän Woodin gezwungen würde, direct nach Manila zu fahren
und uns zurückzulaſſen? Man kann ſich denken, daß der Verluſt

Semper. 19

unserer Freiheit den Schmerz an unsern Füßen nicht linderte.
Bisher hatte ich gegen jeden Kummer in der Bewegung und
Aufregung ein gutes Mittel gefunden; nun war auch dieses
anzuwenden mir versagt. Mürrisch und unwirsch, wie ich im
Lauf der nächsten Tage wurde, kamen mir Tomué und seine
Landsleute viel schlimmer vor, als sie in Wirklichkeit waren; in
solcher Stimmung schrieb ich am 26. November, also am sechsten
Tage meines gezwungenen Aufenthalts im Hause, Folgendes in
mein Tagebuch:

„Das Volk von Peleliu ist das faulste unter allen im
Lande; solange ich hier im Lande bin, sind die Männer erst ein
einziges mal als Clöbbergöll zum Fischen gegangen, an den
übrigen Tagen thaten sie gar nichts anderes als schlafen, essen
und schwatzen; von einem Haus ins Bai, von da wieder in ein
Haus — di melil —, das ist ihr Leben. Tomué gefällt mir
gar nicht, er ist faul wie die andern, verspricht sehr viel und
thut wenig und sagt offen, daß ihm unsere Sachen gefallen wür=
den, aber nur, wenn er sie geschenkt und ohne Arbeit erhalten
könnte. Mit solchem Volke zu leben, abhängig von ihnen in
jeder Beziehung, in den elenden niedrigen und raucherfüllten
Hütten und belästigt von der unverschämten Neugier der Be=
wohner, die mich jeden Tag besehen wollen wie ein wildes
Thier — das ist eine Qual, die nur der verstehen kann, der
dies Volk und seine Lebensweise kennt. Meine gänzlich hülflose
Lage — da ich Peleliu nicht zu verlassen vermag — zwingt
mich, dies zu ertragen, abhängig, wie ich bin, von Kapitän
Woodin und der Gnade der Bewohner. Was mich fast am
meisten empört, ist die Unverschämtheit, mit der sie uns unsere
Sachen abverlangen, aber immer von der Hand weisen, zu
lernen, sie zu machen. Es ist hier im Hause ein hübscher Korb
aus Neu=Guinea, der einst mit einem Canoe angetrieben kam,
alle sagen, daß er ungil klallo (schönes Gut) sei; aber keiner
hat sich je die Mühe gegeben, ihn nachzumachen. Ihre Antwort

auf die Frage, warum dies nicht geschehen sei, war: sie seien
zu dumm dazu. Verlangt man von ihnen ihre eigenen Sachen,
so ist die beständige Antwort: klo makräus (das ist sehr kost=
bar), und uns fordern sie sogar unsere Kleider, die wir am
Leibe tragen, ab, und wenn wir sie nicht geben, so schelten sie
uns schmuzig."

Ein Gutes aber hatte mein langer Aufenthalt in dem Hause
doch. Ich lernte die Menschen näher kennen, mit denen ich
noch so lange zu leben haben sollte, und in meinen Gesprächen
erfuhr ich gar manches über ihre Sitten, was mir von Nutzen
war zur Deutung alles dessen, was ich erlebte. Allmählich
fingen nun auch die Wunden zu heilen an, und meine nackten
Füße, die ich täglich auf kleinen Spaziergängen im Dorfe übte,
gewöhnten sich rascher, als ich erwartet hatte, an das Gehen
auf dem steinigen Boden. Absichtlich schonte ich mich in der
letzten Woche des November. Meine Freundinnen aus dem
Hause hatten mir nämlich erzählt, daß nächstens wieder Voll=
mond sei, dann wäre in den hellen Mondscheinnächten ein mun=
teres Leben auf dem Platze „Alamau". Knaben und Mädchen
zögen dann hinaus, mitunter auch die jungen Männer, um da
ihre Tänze zu tanzen und muntere Spiele zu üben; ich solle
doch auch hinkommen, ich würde mich gewiß an dem schönen
Mondschein und ihren Spielen erfreuen. Am 3. oder 4. De=
cember mußte der Vollmond eintreten; ich unterließ also alle
Excursionen, um ja an diesen Mondscheinfesten mit theilnehmen
zu können.

Da auf einmal kam ein Hoffnungsstrahl, der mich den
Mondschein und das junge Volk mit seinen Spielen momentan
vergessen ließ. Am Abend des letzten November erhielten wir
die Nachricht aus Aibukit, unser Schooner sei bereits einmal
ausgelaufen, aber eines Lecks wegen wieder am Außenriff vor
Anker gegangen. Dies erklärte das unbegreiflich lange Aus=
bleiben des Schiffes — schienen mir doch die vier Tage, die

bereits über den äußersten Termin verstrichen waren, eine Ewig=
keit zu sein! „Nun kann es doch nicht mehr lange dauern",
sagte ich zu Gonzalez, „am Außenriff ankert das Schiff, nach
einer andern Nachricht soll es sogar schon wieder abgesegelt sein;
dann muß es morgen kommen. Wenn ich doch nur jetzt ge=
sunde Füße hätte, um den Felsen dort zu ersteigen; von seiner
Höhe muß man das ganze Meer überblicken können." Aber
der nächste Tag verging, und das erlösende Schiff erschien uns
nicht. Mehrmals schickte ich Tomué auf die höchste Spitze der
Klippe Atöllul; jedesmal aber rief er uns von oben zu, er sähe
nichts. Am Abend des 1. December legte ich mich trauriger
nieder denn je zuvor, und an den Mondschein mit seinen Festen
dachte ich nicht mehr. Auch der zweite Tag verging so, und
noch einer — Kapitän Woodin kam nicht. Sollte ihm wirklich
ein Unglück zugestoßen sein? Was dann? — Nun, einmal war
ich ja schon Era Tabattelbil; was ist's denn weiter, wenn ich
dies zum zweiten mal und auf länger werden soll? Nachgerade
bin ich auf alles gefaßt; dies Jahr hat mir schon eine solche
Fülle von widerwärtigen Erlebnissen gebracht, mich schon so sehr
des Gedankens entwöhnt, meines eigenen Lebens Herr zu sein,
daß auch das Schlimmste ohne großen Eindruck bleiben würde.
Das einzige, was mich bei dem befürchteten Unfall der Lady
Leigh wirklich tief berühren würde, wäre der Verlust meiner
Tagebücher, der Sammlungen und Instrumente; dann müßte
ich sicherlich, wenn es mir schließlich auch gelänge, nach Manila
zu kommen, wol augenblicklich, viel, viel früher, als es in mei=
nen Planen gelegen, nach Europa zurückkehren. Wie wurde mir
doch so kalt bei diesem Gedanken! —

„Komm, Doctor, Era Tabattelbil, komm zum melil a buyöl"
(Spielen im Mondenschein), so stürmten einige Buben und
Mädchen auf mich ein am Abend des 5. December; „du brauchst
auch nicht zu tanzen, wenn du keine Lust hast." — „O doch,
geht nur voran, ich komme schon nach." — „Nein, nein, du

mußt gleich mit, Doctor; siehst du, wie schön der Mond scheint?
Rasch hin zum Alamau, die andern sind schon alle dort." —
Laut schreien die Ausgelassenen in die Nacht hinein: „Doctor
kommt, Doctor will auch tanzen. Doctor ist so weiß wie der
Mond; auf dem Alamau haben wir nun zwei Monde." Und
unter Juchzen und Singen, in tollen Sprüngen mich umgau-
kelnd, zieht mich das junge Volk fort auf den Platz. Im vollsten Mondenlicht — nicht kalt, wie in unserm Norden, ist der
Mond der tropischen Nächte — glänzt der Alamau vor dem
Bai; auf ihm ein munteres Getümmel. „Doctor ist da, komm
her, Doctor, Gonzalez", so tönt es von allen Seiten. „Willst
du unsern Rattentanz lernen, Doctor?" Und gleich umringt
mich eine Schar von zwanzig, dreißig Buben, sie ziehen mich
seitwärts und ordnen sich in zwei langen parallelen Reihen,
die Gesichter einander zugekehrt. „Das sind die Ratten von
Ngaur. Nun aufgepaßt, Doctor, in die Hände klatschen mußt
du und mit uns singen: Tunke, tunke, da le vara. U-je."
Und mit wüthendem lautem Aufschrei setzt sich nun die ganze
Doppelreihe der Knaben — Mädchen tanzen den Rattentanz
nicht — in die Hocke, und sich in den Knien wiegend, den
Oberkörper hebend und senkend, wobei sie sich hinten derb mit
ihren eigenen Händen schlagen, tanzen sie zwei Takte, dann
springen sie aufeinander zu, immer in derselben Hockstellung,
und schlagen wieder im Rhythmus zwei Takte hindurch sich
gegenseitig laut schallend in die Hände. Dann wieder zurück,
wieder vor, immer rascher im Takt; bald springt einer seitwärts
oder ganz dicht auf seinen Gegner heran. „Doctor tanzt den
Rattentanz", ruft alles gellend über den Platz hin, „Doctor ist
eine Ratte, Ratte" — hier fällt einer vor Erschöpfung um,
dort ein anderer — immer noch bewegen sich die beiden Reihen
in gleichem Rhythmus abwechselnd sich nähernd und wieder sich
entfernend. „Doctor ist eine treffliche Ratte, aber Gonzalez
nicht, Doctor, Ratte, Doctor, Ratte" — und endlich liegt alles

am Boden und mitten unter ihnen Doctor, der sich wälzen möchte vor Lachen! Und weit in das Dorf hinein schallt das Geschrei der ausgelassenen Buben: „Doctor ist eine schöne Ratte geworden, eine schöne große weiße Ratte! Uji!"

Erschöpft lasse ich mich auf einem Steine nieder; flugs bin ich umringt von einer Schar von jungen Weibern, darunter auch Akiwakid, meines Bruders Frau. „Ist unser Mond nicht schön, Doctor? Wir wollen dir auch unsern Mondscheintanz zeigen. Ihr da, ihr Freundinnen, tanzt doch den Tanz der Angabeke einmal, ich setze mich zu Doctor, ich will ihn erklären. Rasch, stellt euch im Kreise." In gleichmäßigem, langathmigem Rhythmus sangen nun die Weiber, ihre Arme langsam und ge= messen hin= und herschwingend. Ich verstand die Worte nicht, aber Akiwakid kam mir zu Hülfe. „Sie erzählen die Geschichte von Angabewo, Doctor. So heißt ein Kalid, der hier in Palau lebte — damals, als sie noch nicht nach dem Himmel gegangen waren — das war ein sonderbarer Kalid. Er wollte sich nicht verheirathen; aber Angabeke war sehr in ihn verliebt. Viele Monate suchte sie ihn vergeblich auf, sie konnte ihn nirgends treffen, da er immer noch zur rechten Zeit sie kommen sah und ihr zu entwischen verstand. Einmal aber gelang es ihr doch. Sie überraschte ihn, als er gerade auf einem Baume saß, Früchte essend. Nun war er gefangen. Da sagt sie ihm: «Angadewo, me rauskak» (Angadewo, gib mir Buyo zu kauen). Aber er hört nicht auf sie. Sie bittet ihn nochmals um Buyo, er ant= wortet wieder nicht. Nun wird sie ungeduldig und fängt an zu tanzen. Hörst du, eben rufen die Weiber dort: «Angadewo, ua!»" Nun beginnt ihr Tanz. „Angadewo, mörgu-rio, kama- a-tradela wen" (Angadewo, komm herunter, laß uns die Schild= kröte feiern), so schreien sie alle wild durcheinander; in Reihen haben sie sich aufgelöst und mit dem Gesicht gegen den Mond zu gewendet, springen sie nun, ihre Schürzen auf= und nieder= schlagend, vorwärts und rückwärts, immer toller, immer ausge=

lassener und ungebundener werden ihre Sprünge — man muß sie sehen, sie lassen sich nicht beschreiben. „Und hat Angabeke ihr Ziel erreicht?" wollte ich Akiwakib fragen, die aber hat sich auch unter die Tanzenden gemischt und springt mit ihren Freundinnen im wildesten Jubel herum, bis sie endlich erschöpft und keuchend sich niederlassen auf den Rasen zur kurzen Rast.

„Nun, Doctor, wie gefällt dir der Tanz des Angabewo?" fragt mich ein junger Bursche; aber ohne die Antwort ab=zuwarten, fährt er fort: „Ja ja, das war noch eine schöne Zeit, als die Kalibs auf der Erde lebten. Die hatten es besser als wir jetzt. Uns wird es oft schwer, eine hübsche junge Frau zu gewinnen; damals aber machten die Mädchen den Männern die Liebeserklärungen. Aber die Kalibs waren auch viel klüger, als wir es sind. Sie haben uns die Segel setzen gelehrt und das Fischen mit Netzen, sie haben uns immer unsere schönen Sachen gearbeitet, die wir selbst nicht machen konnten. Wir gaben ihnen freilich unser einheimisches Geld dafür. In Tomué's Hause kannst du noch etwas sehen, was die Kalibs gemacht haben, es ist ein kunstvoll gearbeiteter Schrein (casa) zum Auf=bewahren der Speisen. Die meisten davon sind jetzt schon zer=brochen; früher war in jedem Hause ein solcher. — Da ruft mich jemand, ich komme" — fort springt er, kehrt aber bald mit noch einigen jungen Männern wieder. Sie haben alle Stöcke in den Händen von 2 Fuß Länge. „Wir wollen dir auch einen Tanz zeigen, Doctor", beginnt mein junger Freund, „einen Tanz von Bölulakap (Yap). Die Männer von dort sind sehr geschickt, sie haben viele schöne Tänze, und klug sind sie auch; wir haben viel von ihnen gelernt jedesmal, wenn sie kamen, um ihr Geld, die Bola=Bola, von hier zu holen. Ihren Steckentanz wollen wir dir tanzen."

Nun schlossen acht Männer einen Kreis und versuchten zuerst den Takt durch eine vom Vorsänger gesungene Strophe zu fixiren. Bei der Wiederholung begannen sie den Tanz. Er

ist unschön, aber interessant wegen der großen Geschicklichkeit,
mit welcher die Tänzer, in den mannichfachsten Figuren sich
durcheinander hindurchwindend, mit den zwei Enden des kurzen,
in der Mitte gefaßten Steckens an die der Stecken ihrer beiden
Nachbarn anschlagen. Sie thaten dies mit einer solchen Sicher=
heit, daß mit seltenen Ausnahmen alle acht Stöcke immer gleich=
zeitig aufeinandertrafen und so einen einzigen, den Rhythmus
des begleitenden Gesanges markirenden Schall erzeugten. Wie
sich für Männer geziemte, wurde er mit großer Würde getanzt;
nur hin und wieder ertönte ein kurzes Lachen oder ein zorniger
Ausruf, wenn ein ungeschickter Tänzer einmal den Stock seines
Nachbarn verfehlte.

Nur bei den Pantomimen der sitzenden Frauen — wie ich
sie bei Aituro's Krankenfest in Coröre gesehen hatte — sind die
Bewegungen ihres Körpers oder ihrer Glieder harmonisch und
graziös; mit der tollen Ausgelassenheit aber, welche bei diesen
Mondscheinspielen in die ganze jugendliche Bevölkerung fährt,
werden ihre Bewegungen unschön und hart, ja widerlich mit=
unter. Gemildert freilich ist dies alles durch das sanfte Licht
des Mondes, das die allzu große Schärfe der Bewegungen durch
die tiefen Schatten verdeckt. Und so macht das Ganze doch
einen angenehmen Eindruck. Die Kinder und halberwachsenen
Leute sind unermüdlich in ihren Spielen, dabei herrscht die un=
gebundenste Willkür — die alles meisternde Sitte ist machtlos
zur Vollmondszeit auf dem Alamau — aber nie kommt ein
Streit vor, alles wird mit Scherzen abgemacht, und unter Lachen,
Springen, Singen und Tanzen bringen sie die ganze Nacht bis
zum Untergange des Mondes zu. Wahrlich, hier bekannte ich
mir, daß mein oben ausgesprochenes Urtheil nicht gerecht sei.
Lebhaftigkeit und große körperliche Gewandtheit kann diesem
Volke nicht abgesprochen werden, selbst thätig sind sie, sobald
die ihnen auferlegte Arbeit in die gewohnten Grenzen fällt;
aber ihre Faulheit ist nicht zu besiegen, wenn es gilt, ihrer

Thätigkeit neue Ziele zu weisen. Wären ihre alten Sitten, na-
mentlich die Gebräuche, welche ihre gemeinsame und individuelle
Arbeit regeln, leicht umzustoßen; wäre es möglich, ihnen neue
Bedürfnisse zu geben: so würden sie sicherlich thätiger werden
und ebenso rasch lernen, als die mir bisher bekannt gewordenen
Stämme malaiischer Abkunft auf den Philippinen.

Akiwakib hatte mich im Namen ihres Clöbbergölls „Jnatoluck" *) aufgefordert, sie am nächsten Nachmittag am Hafen
von Nasiaß zu treffen. Bisher hatte ich noch wenig genug vom
gemeinschaftlichen Leben der Frauen kennen gelernt. Ich wußte
zwar längst, daß auch sie ähnliche Genossenschaften bilden wie
die Männer, aber von ihrer Thätigkeit hatte ich nichts erfahren;
die Neugierde und Langeweile bestimmten mich, der Einladung
zu folgen. Als ich gegen Sonnenuntergang am Orte des Stell-
dicheins ankam, traf ich dort schon den ganzen Clöbbergöll, aus
etwa 15 Weibern bestehend, meiner harrend. In einer kurzen
Anrede sprach eine mir ihre Freude über mein Kommen aus
und erklärte mich zum „Sakalik"**) des Clöbbergölls Jnatoluck.
Zum nächsten Tage kündigten sie mir ihren officiellen Besuch an;
ich möge deshalb, damit sie nicht vergebens ihre Vorbereitungen
gemacht hätten, ruhig zu Hause bleiben. Pünktlich lösten sie
ihr Versprechen ein. Es mochte gegen 8 Uhr sein, da erschienen
meine neuen Freundinnen, in feierlichem Aufmarsch und, wie
immer, hochroth bemalt zum Ausdruck festlicher Freude. Jede

------

*) Jeder Clöbbergöll hat seinen besondern Namen.
**) Sakalik, d. h. „mein Freund", Wurzel sakali. Jedes Individuum
hat einen solchen Busenfreund; jeder Clöbbergöll kann sich mehrere solche
oder gleich einen ganzen Clöbbergöll auf einmal dazu erwählen. Die Stellung dieser Sakalik ist eine sehr bevorzugte; ihnen wird nichts versagt, dafür aber muß er sich auch ganz ihrem Dienste weihen.

von ihnen trug einige Schüsseln mit ihren Gaben darin. Die eine brachte mir noch dampfenden, schön gerösteten Döllul — die Frauen hatten auch hier schon meine Vorliebe für diese Form des täglichen Kukaugerichts bemerkt — eine andere einen frischen Fisch, wieder andere hatten Bananen, Betelnüsse und Kokosnüsse oder Eilaut in einem Bambusrohr. Im Kreise um mich herum setzten sie diese Gerichte nieder; dann hielt mir die Vornehmste unter ihnen, ihre Anführerin, folgende Rede:

„Doctor", sagte sie, „du bist jetzt unser Sakalik. Wir werden für dich sorgen, es soll dir an nichts fehlen; was wir haben, das ist auch dein. «Inatokete» hat Gonzalez zu seinem Sakalik gemacht. Aber ihr gehört auch uns nun an. Du, Doctor, darfst nun nicht zu Inatokete gehen; wenn Gonzalez zu uns kommen will, jagen wir ihn zu seinem Clöbbergöll zurück mit Schlägen. Unser Versammlungsort ist dort unten in dem leeren Hause, nicht weit von der Wohnung des Kalid; da findest du uns jeden Nachmittag mit Arbeiten beschäftigt, kein anderer Mann darf dahin kommen, du allein bist unser Sakalik, du kannst eintreten, so oft du willst. Wenn dann später Cabel Mul dich abholt, dann gibst du uns aber auch etwas Pulver und eine Flinte, nicht wahr, Doctor? Und hier hast du unsere Geschenke für den neuen Sakalik; wir haben dir von unserm Gelde mitgebracht, diese Löffel aus Schildpatt. Die sind für uns Frauen das, was das gläserne Geld ist für die Männer; wir kaufen damit Buyo und Betel, wenn wir nicht genug ernten, Bananen und andere Lebensmittel; auch Kukaufelder, das Eigenthum der Weiber, können wir mit den schönen großen flachen Schalen aus Schildpatt kaufen. So, Doctor, nimm sie hin; nun haben wir dich damit zu unserm Sakalik gekauft."

Auch hier ging es mir wie früher in Aibukit, wenn ich Krei und Mad versicherte, daß es nicht in meiner Macht stünde, ein Kriegsschiff von Manila kommen zu lassen. Meine neuen Freundinnen, die übrigens bei allen ihren Quälereien um Pulver

und Flinten doch immer liebenswürdig blieben, wollten es mir
durchaus nicht glauben, wenn ich betheuerte, ihnen keins von
beiden geben zu können.   Hatte ich doch in Ngirrarth zwei so
wunderschöne Flinten gehabt, die ich sicherlich den Freunden von
dort zurückgelassen; wie sollte ich nun nicht für sie noch eine
gewöhnliche Flinte haben, sie würden schon zufrieden sein mit
einem Steinschloßgewehr.   Ich blieb bei meiner Weigerung.
Meine Freundinnen hielten nichtsdestoweniger den Contract, den
sie so leichtsinnig eingegangen; und auch Gonzalez wurde von
seinem Clöbbergöll durchaus nicht vergessen.   Kein Tag verging
ohne Besuch von einigen unserer Sakaliks, und immer brachten
sie uns reiche Gaben an Lebensmitteln mit; wol zwölf bis funfzehn
Schüsseln mit allerlei Speisen kamen so jedesmal gegen Abend in
unser Haus, zur großen Freude von Tomué und seiner Familie,
die gewiß noch nie in ihrem Leben so unausgesetzt gute Tage
gehabt.   Doch benahmen auch sie sich sehr gut gegen uns,
ebenso die Leute des Dorfes, und wenn dieses nicht so verarmt
gewesen wäre wie alle Staaten im Süden, sie hätten uns mit
Essen noch getödtet.   Keinen Spaziergang konnte ich machen,
ohne überall angerufen und gebeten zu werden, zu essen und zu
trinken; schwer genug kränkte ich die guten Leute schon, wenn
ich keine Speise annahm.   Hätte ich aber einen Trunk Eilaut
oder frischen Saftes der Kokosnuß ausgeschlagen, sie hätten es
als tödliche Beleidigung empfunden.   Das einzige wenig gast=
freundliche Haus, in dem mir nie das Mindeste angeboten wurde,
war das des Königs; sein Volk selbst schalt ihn geizig und hab=
süchtig und nannte ihn einen ungeschickten Menschen, da er sich
so ganz vom Kalid, seinem Nachfolger, leiten lasse.

Die neue Freundschaft gab unsern Spielen auf dem Ala=
mau frische Nahrung; keine Mondscheinnacht ward nun von uns
versäumt.   Meine Füße, denen ich nur noch selten zu den Ex=
cursionen über die Klippen die „dummen Füße", die Schuhe, an=
zog, gewöhnten sich allmählich an den steinigen Boden, und den

Rattentanz lernte ich vortrefflich tanzen. Dafür wollte ich mich dankbar bezeigen. Ich verfertigte mir eines Abends ein Reck und machte ihnen alle Kunststücke vor, deren ich mich noch aus meinen Seemannsjahren erinnerte, und auf einem ebenen sandigen Theile des Alamau versuchte ich, die Knaben allerlei Sprünge zu lehren. Bei jedem neuen Stück, das ich ihnen zeigte, brachen sie in die lauteste Freude aus, immer hieß es: „Doctor, noch einmal, noch einmal"; einige besonders muthige Burschen versuchten, es mir gleich zu thun. Aber das dauerte nicht lange, rasch ermüdeten sie in den ungewohnten Uebungen, und als nun gar einmal einer vom Reck gefallen war und laut weinend und scheltend davonlief, da war auch die Freude an diesen Tänzen aus Angabard vorbei, und wir alle, auch ich, kehrten mit frischem Eifer zu unsern tollen Rattensprüngen zurück. Des Tags lagen wir dann meistens schlafend in unsern Wohnungen, uns zu erholen für die nächste Nacht; es war die Zeit des schönen Mondenscheines so kurz, es hieß genießen, was zu erlangen war. Und wahrlich, keine Stunde reut mich, die ich dort im vollen Glanze des tropischen Mondes verspielte, tollend mit der ausgelassenen Jugend meiner wilden nackten Freunde im Stillen Meer; und oft noch denke ich, längst zur Heimat zurückgekehrt, Sehnsucht im Herzen, an jene übermüthigen wilden Nächte zurück!

Mitten in diese Tage des Mondscheinjubels hinein fiel eine kleine Episode, die leicht hätte zu schlimmen Folgen Anlaß geben können. Am Nachmittage des 7. December saß ich in meiner Wohnung mit Tomué in ein ernstes Gespräch vertieft. Da trat ein junger Mensch ein, augenscheinlich sehr aufgeregt. „Doctor", ruft er mir noch halb in der Thür zu, „Doctor, da ist ein großer Rupack aus Coröre gekommen, der schickt mich, dir zu sagen, du sollst zu ihm kommen. Er ist in dem Hause von unserm King.' Tomué sieht mich erstaunt und fragend an. „Höre, Freund", erwiderte ich, „sage du dem Rupack, ich bin

Era Tabattelbil und ich thue, was mir gefällt. Will er etwas
von mir, so soll er hierher kommen; er hat mir nichts zu be=
fehlen. Geh und sag ihm das." Ganz verdutzt trollt sich der
Bursche; die Bewohner von Peleliu müssen offenbar in großer
Angst vor Ebadul leben. „Sag, Tomué, fürchtet ihr euch sehr
vor Ebadul?" — „O ja, Doctor, er ist so mächtig, ihr Männer
von Angabard bringt ihm so viel Flinten und Pulver; sollen
wir ihn da nicht fürchten? Aber was mag der Rupack von dir
wollen?" — „Das werden wir wol bald hören; da kommt er
schon und mit ihm noch einige von euern Rupacks, sogar der
Ring. Der bringt wol wichtige Nachricht." Aber ich ließ dem
Fürsten von Coröre keine Zeit, sein Anliegen vorzubringen, ich
fuhr ihn gleich tüchtig an. „Was ist das für eine Art, mich
zu behandeln? Du weißt doch, ich bin Era Tabattelbil, ein
größerer Rupack als du. Hast du Macht über mich, daß du
mich, wie einen aus dem Volke, rufen läßt? Mir scheint, die
Leute von Coröre kennen schlecht, was gute Sitte in Palau ist;
kein Wunder, sie haben ja Cabel Schils, der ihnen sagt, was
sie thun sollen. So, nun sprich, was willst du von mir?" —
„Ich habe nur gethan, was mir von Ebadul befohlen wurde.
Er sagt, du sollest nach Coröre kommen; es ist dort besser zu
leben als hier in dem armen Peleliu. In Aibil wird es dir
an nichts fehlen." — „Sag deinem Ebadul, es fehle mir auch
hier in Rasiaß an nichts. Meinst du, ich lasse mir von ihm
befehlen? Da irrst du dich sehr. Ich bleibe hier — oder wollt
ihr mich zwingen, nach Coröre zu gehen?" wandte ich mich
fragend an die Rupacks von Rasiaß. Zu meiner großen Freude
sagten sie gleich, ich möge nur hier bleiben, wenn ich wolle.
Beschämt zog der fremde Rupack von bannen. Ich selbst aber
ging in das Bai des Königs und unterhielt mich lange mit ihm
und den übrigen Großen des Orts über dies wichtige Ereigniß.
Manche meinten, es würde jetzt wol Krieg geben; ich hätte den
vornehmen Mann sehr heftig beleidigt, als ich ihm nicht einmal

das erfte Wort gegönnt. Zwar hätte ich recht gehabt, nicht zu
ihm zu gehen, es sei von dem Rupack sehr übermüthig gewesen,
daß er einen Mann von Angabard wie einen Sklaven behan=
deln wolle.   So seien aber die Leute von Coröre; sie thäten
immer, als wenn ihnen ganz Palau gehöre.   Und als ich sie
fragte, was sie thun würden, wenn nun wirklich Ebadul käme,
sie mit Krieg zu überziehen, da antworteten sie alle einstimmig
— selbst der König und der Kalib nickten bejahend zu —:
„Dann beschützen wir dich, Doctor, Ebadul soll dir nichts thun.
Du willst hier in Peleliu bleiben, du sollst es thun; willst du
fort, so bist du frei, nach Coröre zu gehen oder mit Cabel Mul
nach Angabard zu fahren.   Zwingen aber soll dich niemand,
etwas zu thun, wozu du keine Lust hast.   Sei ohne Sorge.
Kommt Ebadul, den Schimpf zu rächen, so geben wir auch dir
eine Flinte; wir wissen, daß du gut schießen kannst; Pulver
und Kugeln haben wir genug."   Und damit war endlich auch
zwischen den Fürsten und mir die Freundschaft geschlossen; von
jetzt an ging kein Fest in ihrem Bai vorüber, zu welchem ich
nicht besonders eingeladen wurde, und konnte ich nicht kommen,
so ward mir immer mein Antheil an den Festgeschenken in meine
Wohnung geschickt.

Wahrlich, die guten Leute thaten alles, um mir das Leben
bei ihnen erträglich und angenehm zu machen; und doch war
ich ihr Gefangener!   So oft ich sie auch bat, mich nach Aibukit
zu bringen, so hohen Lohn ich ihnen auch bot, ein kurzes Nein
war ihre stehende Antwort.   „Ebadul will es nicht" — und
damit schien alles gesagt.   Oft sann ich darüber nach, wie dieser
Widerspruch zu erklären sei: eben noch sprachen sie ohne Furcht
von dem möglichen Kriege mit Ebadul, und gleich nachher galt
sein Verbot, mich nicht nach Aibukit zu lassen, als ein nie zu
übertretender Befehl.   Sollten sie sich wirklich mit der Hoffnung
tragen, durch mich noch einmal große Vortheile zu erringen?
Dachten sie, wenn Cabel Mul veranlaßt würde, mich hier ab=

zuholen, so würde er wol mit ihnen Handel treiben? Es war
die einzige Erklärung, die ich finden konnte, und — sonderbar
genug — sie machte mir Kummer. Was hatte ich an diesem
Völkchen? Wie kam es, daß ich nur ungern ihren Handlungen
solche habsüchtige Motive unterlegte? Genug, ich that es; und
wenn ich mich dann allmählich in eine düster melancholische
Stimmung hineingedacht, dann ließ ich mich gern des Abends
von den Knaben zu den Mondscheinspielen auf dem Alamau
abholen. Konnte ich doch nur im aufregenden Spiel oder bei
dem Gesang der Weiber und ihrem unaufhörlichen Geschwätz
momentane Ruhe vor meinen quälenden Gedanken finden — sie
alle freilich verschwanden wie mit Einem Schlage, als am Abend
des 8. December mitten in die Aufregung des Mondscheintanzes
hinein mir ein Knabe zurief: „Doctor, oben in Tomué's Hause
ist ein Fremder, er hat einen Brief für dich von Cabel Mul!"
Hinauf eile ich, den Hügel hinan — „Es ist wahr, aber ach! der
Tag der Ankunft noch in weiter Ferne, zum 17. December erst
kündigt er sich an; jetzt sind die Lecks gestopft — alle die schlim=
men Nachrichten der Eingeborenen sind erlogen — aber nun
muß er den Balate abermals kochen, da er naß geworden und
im feuchten Schiffsraume nicht, ohne zu verderben, verpackt wer=
den kann." So klagte ich Gonzalez, den auch die frohe viel=
versprechende Nachricht in unsere Wohnung gelockt hatte.

Sahen mir die Leute an, daß ich wirklich litt, hatten sie
Mitleid mit uns? oder hofften sie in der That, die Thörichten,
auf reiche Belohnung? Ich weiß es nicht; eines Wilden Ge=
müth ist tiefer, als mancher erdumsegelnde Reisende sich träumen
läßt. Aber aufmerksamer wurden sie mit jedem Tage, und ihre
Bitten selbst um Pulver und Flinten hielten sie mehr und mehr
zurück. Ja, mancher von ihnen schien wirklich nur aus Freude
am Wohlthun mir zu dienen; so Inarratbac namentlich, ein
junger Mensch aus Tomué's Familie, der immer bedacht war,
mir, wo er konnte, einen Dienst zu erweisen, aber doch nie die

leiseste Andeutung fallen ließ, daß er auf Bezahlung hoffe. Er
auch war mir hier in Peleliu mein liebster, treuester Begleiter;
freilich, meinen trefflichen und gescheiten Arakalulk konnte er mir
bei weitem nicht erseßen.

Noch acht Tage bis zu Woodin's Ankunft — welche Ewig=
keit! Ich suchte sie möglichst auszunußen, und Tage brachte ich
nun zu mit Excursionen in die Umgegend und mit Sammeln
von Petrefacten und Landconchylien oder dem Studium der
lebenden Riffe. Ueberallhin durchstreifte ich das Land; so kam
ich auch am 17. nach Acbolabölu. Tief im Gebüsche versteckt
liegt dieses Dorf vom Ufer entfernt; deutlich aber tönt das
Rauschen der Brandung in dasselbe hinein. Hier sah ich nach=
mittags eine eigenthümliche Ceremonie. Vor dem Hause der
Schwester des Königs war aus dicken Baumstämmen ein etwa
zehn Fuß hohes Gerüst erbaut, einem Scheiterhaufen nicht un=
ähnlich, auf das eine roh gezimmerte Treppe führte. Auf der
Plattform und auf dem Wege vom Hause nach dem Gerüst zu
wurden feingeflochtene Matten ausgebreitet. Dann kam ein
junges Weib aus dem Hause heraus und stieg auf die Plattform
und setzte sich hier etwa funfzehn Minuten lang den Blicken der
versammelten Menge aus. Es war eine junge Mutter, deren
Kind heute zehn Tage alt geworden war. Ihr Haar war in
einen hohen glatten Wulst zusammengebunden, der, einer kleinen
Mütze ähnelnd, nach oben und nach vorn zu geneigt stand; in
ihrem Stirnhaar staken zwei kurze Stäbe mit Büscheln blendend
roth gefärbter Baumwolle daran. Ihr ganzer Körper, selbst
bis auf die Beine und Füße herab, war roth bemalt. Sie saß
zuerst eine Zeit lang die Elnbogen schräg gegen die Brüste an=
drückend, diese emporhebend und die Hände nach außen streckend;
später kreuzte sie die Arme über der Brust. Herabgestiegen,
wurden ihr Füße und Waden gewaschen, ehe sie wieder ins
Haus trat.

Diese Sitte, genannt momasserc, d. h. wörtlich „hinauf=

steigen", soll, wie man mir erzählte, eigentlich in Ngaur (Angaur) zu Hause sein. Es ist die dortige königliche Familie, die allein das Recht hat, ihre jungen Weiber nach der Geburt eines Kindes so öffentlich zu zeigen; und es scheint, als ob es nur die Mütter der Thronerben sind, also die Schwestern des Königs, die diesen Gebrauch üben. Das Haus, in welchem es hier geschah, ist bewohnt von einer Familie aus Ngaur, die zu ihren Mitgliedern die Schwestern des Königs von Acbolabölu zählt.

Mit bangem Herzen wandte ich mich nachmittags zur Heimkehr: es war der 17. December, der Tag, an welchem Woodin spätestens aus Aibukit abzusegeln versprochen. Aber vergebens hatte ich abermals gehofft; kein Segel hatte sich dem guten Jnarratbac gezeigt, der, mir zu dienen, mehrmals auf die höchste Klippe gestiegen war. Und ebenso verging der nächste Tag in bangem Warten — Cabel Mul erschien auch dann noch nicht. Nun stieg die Sorge in mir auf, er möge doch da gewesen, aber während der Nacht von Wind und Strömung fortgetrieben sein. Ich mußte näher am Meere sein; zu leicht schien es dort in Nasiaß, ihn zu verpassen. So wanderten wir schon am 19. abermals nach Drocoll, um hier den ganzen Tag am Riff vergeblich ins Meer hinaus zu spähen. Cabel Mul blieb wieder aus. Als schon die Sonne niedertauchte gegen Westen — in Angabard! — verließen Gonzalez und ich den einsamen Meeresstrand und gingen in eins der größten Bais, wo sie gerade jetzt einen heiligen Tanz, den „Ruck", einübten. Diese Uebungen dauern jede Nacht bis zum frühen Morgen drei bis vier Monate lang. Der Tanz selbst ist, wie der der Weiber, eine Pantomime, von Gesang und lautem Geschrei begleitet. Lebhafter als die der Frauen, sind die Bewegungen der Männer weniger graziös; sie arten oft in die scurrilsten und obscönsten Sprünge aus. Leider war es unmöglich, viel über die Bedeutung des Tanzes wie der Gesänge zu erfahren; fragt man danach, so ist die stereo-

type Antwort, „das sei eben der Tanz". Bewundern mußte
ich hier abermals ihre Thätigkeit und Ausdauer; dieselben
Männer, die nachts im Bai ihren Tanz einüben, gehen morgen
früh vor Aufgang der Sonne auf den Fischfang. Alle waren
mit dem höchsten Ernst bei der Sache, und in den Häusern
hörte man von nichts anderm reden, als von dem Ruck und
wann er getanzt werden solle vor dem Kalid. Wie sehr er
ihnen am Herzen lag, beweist wol besser als alles andere die
Thatsache, daß ich hier zum ersten male einen heftigen Streit
zwischen zwei Eingeborenen mit ansah. Ein kleiner Rupack war
ins Bai der Leute aus dem niedrigen Volk gegangen und hatte
ihr schlechtes Tanzen kritisirt in scharfen Worten. Ein hitz-
köpfiger junger Mensch, dem jener vorgeworfen, das sei gar kein
Ruck, was er da tanze, antwortete ihm grob, es kam zu heftigen
Worten und Schlagen mit Stöcken, und beide erhoben schließlich
sogar ihre Meißel gegeneinander. Es hatte die Wuth sie völlig
blind gemacht; namentlich der Rupack wüthete und tobte wie
ein Besessener. Ich stellte mich dicht vor ihn hin, glaubend,
daß mein Anblick ihn beruhigen würde; aber er kannte mich so
wenig wie die andern, und nur mit Anwendung von Gewalt
konnten wir Blutvergießen vermeiden. Am nächsten Morgen
ward dann der Streit mit einer kleinen Geldstrafe gesühnt, die
von beiden Männern an den Aruau zu zahlen war.

Zwei Tage hatte ich schon in Drocoll verbracht; Cabel Mul
erschien noch immer nicht. Nun packte mich die Unruhe, ich
wanderte wieder zurück nach Rasiaß am 21. December. In
meinen Träumen schaukelte ich mich voller Seligkeit auf dem
stürmisch erregten Ocean — die aufgehende Sonne sieht mich
wieder in Tomué's alter räucheriger Hütte. „Rasch, Freund,
steig hinauf auf die Klippe Atöllul und sieh zu, ob Cabel Mul
nicht kommt." Aber bald tönt von oben herunter — der Fels
stieg dicht hinter dem Hause fast senkrecht an —: „Kein Segel
zu sehen, Era Kaluk kommt auch heute noch nicht." Und später

am Nachmittag steige ich selbst hinauf, ist mir doch, als müsse
die langersehnte Lady Leigh erscheinen; doch vergebens blicke
auch ich nach Norden — kein weißes Segel kündigt mir die
Erlösung an.   Träumend saß ich lange dort oben.   Ich dachte
des Tages, da ich am 1. Januar so muthig und froh den letzten
Blick auf Manilas Häuser warf.   Wo werde ich sein am Jahres=
schluß?   Wer werde ich sein?   Ein Rupack im Staate Nasiaß,
denn mein Zeug beginnt schon bedenklich mürbe zu werden,
meine Schuhe und Strümpfe sind schon hin, und die Seife —
nun, die brauche ich ja auch nicht mehr, wenn ich erst einen
Hussaker *) trage!

*) Der Lendengürtel der Männer.

XII.

Peleliu.

„Kommt, Gonzalez und Tomué, Jnarratbac, laßt uns gehen! Ihr habt mir so viel vom King in Ardelollec erzählt; ich will ihn heute besuchen.“ Nach gewohnter Sitte zögern sie alle noch, der eine hat dies, der andere jenes zu thun; ganz zuletzt erst kommt Gonzalez, seine Mappe unter dem Arm. Fort geht es, im Gänsemarsch, durch die sumpfige Niederung, welche den Staat Nasiaß von dem mehr östlich liegenden Ardelollec trennt. Nach einer halben Stunde etwa sind wir am Hause des Königs. Es fällt auf durch seine Größe und Bauart; zwar nicht so hoch wie die Bais, ist doch der Stil derselbe, statt des gewöhnlichen Geflechts aus gespaltenem Bambusrohr bilden hier Planken den Fußboden wie die Seitenwände, und innen durch= ziehen wie in den Bais bemalte Durchzugsbalken, Träger des Dachstuhls, das Haus. Es ist offenbar ein reicher und ange= sehener Mann, dieser König; man sieht ihm an, wie er so würdevoll dasitzt, mir mit einer Handbewegung meinen Platz anweist, daß er sich seines Werthes bewußt ist. „Ich komme, King“, begann ich, „dein schönes Haus zu sehen; ich habe in Nasiaß so viel von dir und deinem Staate gehört, ich nahm mir deshalb vor, euch zu besuchen.“ „Das ist schön von dir, Doctor“, erwiderte der König, „du sollst auch gut bewirthet werden. Wenn wir nur nicht so arm wären; früher wärest du mit großen Festen empfangen worden. Jetzt geht das nicht mehr, unser Staat ist so klein geworden." Und in ernstes Schweigen versinkt der König nach diesen Worten. „Man hat mir schon davon erzählt in Nasiaß, daß dein Staat, o King, früher so mächtig war ..." — „Ja wohl", fällt der alte Mann lebhaft ein, „sie haben dir die Wahrheit gesagt. Jetzt sind nur noch acht Häuser bewohnt hier in Arbelollec. Aber als ich ein kleiner Knabe war, da waren wir sehr mächtig; alle Staaten vom Norden verbündeten sich gegen uns; sie kamen fünfmal zum Krieg hierher, mußten aber immer wieder ohne Sieg da= vonziehen. Das ist ein Ehrenplatz, Doctor, auf dem du da sitzest mir gegenüber; er war sonst nur für die ganz vornehmen Rupacks bestimmt. Wenn aber nun Ebabul einen ganz kleinen Mann schickt, so setzt er sich gleich hierher; früher mußten solche Leute von Coröre in der Thür bleiben und dort ihr Essen ver= zehren. Auch Nasiaß war damals sehr mächtig. Da kamen die Leute von Coröre und Armlimui, von Aibukit und Aracalong oder Meligeok immer hierher, wenn sie in Angelegenheiten des Staats sich Raths erholen wollten; unsere Könige waren mächtig und angesehen, aber auch weise, und deshalb kamen die Frem= den, hier die Politik zu lernen (tid-a-messub-a-korulau-ar-tia- bölu). Doch was machst du da?" wendet er sich fragend an Gonzalez. Dieser erwidert: „Nak-a-malukkus-ar-kau" (ich zeichne dich). Mit ernster Miene, doch freundlich nickend, sagt jener: „Nak-a-makesaú." Gonzalez wiederholt sein Wort. Nun verschwindet der freundliche Ausdruck im Gesicht des Königs. „Nak-a-makesau", herrscht er den Mestizen berichtigend*) an, und als dieser abermals sein „Nak-a-malukkus-ar-kau" wieder= holt, springt jener zornig auf und geht, nochmals rasch das „Nak-a- makesau" dem verdutzten Manilesen zubrüllend, zur Thür hinaus. Bald aber tritt er wieder herein und setzt sich ganz beruhigt nieder.

---

*) In solchen Synkopen zu sprechen, ist vornehm; Gonzalez kannte nur die niedere Sprache.

„Das ist ein thörichter Mensch, dein Begleiter dort, Doctor", redet er mich an, „ich bin doch ein King, zu dem niemand die Sprache des gemeinen Volkes zu sprechen wagt." *) — „Gon=zalez kennt die vornehme Sprache nicht, King, du mußt ihm deshalb auch nicht böse werden." Und nun wendet er sich noch=mals an diesen: „Laß sehen, wie du mich gezeichnet hast"; aber erschreckt fährt er zurück, als er das Blatt in die Hand nimmt. „Das ist schlecht von dir, mich so zu zeichnen, es sieht ja aus, als wenn ich geköpft wäre; wo sind meine Arme und Beine und mein Körper? Gleich male die auch hin, Gonzalez." Und dieser, der ähnliche Scenen schon oft erlebt haben mochte, fügt mit leichten Strichen alles Gewünschte hinzu und reicht die Zeichnung dem König, der nun, Befriedigung in seinen Mienen, das wohlgelungene Bild mit hohem Stolz den Seinen zeigt. „Nicht wahr, Doctor, das läßt du mir hier als Andenken an dich?" — „Recht gern, nimm es hin. Doch nun Good bye, King, jetzt will ich noch an den Strand, und zu Abend muß ich wieder nach Nasiaß zurück. Vielleicht ist Cabel Mul gekom=men, um mich zu holen, dann muß ich heute Nacht noch hinüber nach Drocoll." — „Good bye, Doctor, hier, nimm diesen Schildpatt als Geschenk von mir."

Gegen Sonnenuntergang waren wir wieder in Nasiaß. „Nun, Tomué" — er trat mir vor seiner Hütte entgegen — „ist Cabel Mul da?" — „O nein, Doctor, ich war zweimal dort oben, es ist kein Segel zu sehen. Aber der Kalid von

---

*) Auch auf Java und in andern malaiischen Staaten muß der niedriger Stehende den Höhern in der feinen Sprache anreden; der Vornehme bedient sich dagegen umgekehrt der gewöhnlichen Volkssprache. Wer weiß, ob nicht manche englische Grammatik der Sprachen im Stillen Ocean uns nur Kunde gibt von der gemeinen schlechten Volkssprache, welche dort wie auf den Pa=laus auch die Umgangssprache zwischen Eingeborenen und ·Europäern ge=worden sein mag. Ich meinerseits bin überzeugt, daß die melanesischen Sprachen in dem Gabelenz'schen Werke nur aus diesem Grunde so einfach gebaut erscheinen.

Orocoll läßt dich einladen, ihn morgen zu besuchen; und über=
morgen ziehen die Männer, welche nächstens den Ruck aufführen
sollen, in das Bai der Rupacks ein und tanzen ihn zum ersten
mal, wie es sich gehört."

Natürlich ging ich zu dieser Hauptprobe in das Nachbar=
dorf. Tomué wollte mich gleich nach eingenommener Mahlzeit
in das Haus des Kalib führen, den er seinen Vater nannte.
„Was hast du nur davon, Tomué, daß ich dahin gehe? Ich
will lieber den Ruck ansehen, das macht mir mehr Freude." —
„Nun, wie du willst; ich gehe mit dir an den Strand, wo
sich die Männer ankleiden." Wir kamen noch zur rechten
Zeit. Die letzten Vorbereitungen zu ihrer Probe machten die
Leute; der eine bestrich sich gerade über und über mit rother
Farbe, ein anderer, schon mit hochrothen Arabesken bemalt,
band sich um den Hals eine aus Kokosblättern gemachte weit
abstehende Binde. Mit den langen Schwanzfedern des Tropik=
vogels hatten sie ihre sorgfältig ausgekämmte und oft auch roth
gepuderte Haarkrone verziert; in den Händen hielten sie eine
Klapper, ihre Axt und ihr Kalkrohr, als sie nun den Marsch
begannen. Wie die Gänse, ebenso würdevoll und ebenso lächer=
lich einherschreitend — ich hatte Mühe, trotz meiner gedrückten
Stimmung, den Ernst zu bewahren — ziehen sie nun vom
Strande her in das Dorf ein und gerade auf das Bai zu, in
das sie mit einer Art von eintönigem Gesang eintreten. Gleich
nachher beginnt der Ruck. Wie immer, wird auch hier der
Tanz mit Gesang begleitet; das Lied, das sie singen, ist in
deutlich erkennbare Strophen abgetheilt. Jeder Vers wird durch
ein eigenthümliches, von unsern Ohren kaum zu fassendes Ge=
schrei eingeleitet und beendigt. Ein einziger Vorsänger singt
das begleitende Lied, der Chor stimmt nur in jenes Geschrei
mit ein. Völlig gleichwerthig sind die langsam gesungenen Sil=
ben; in zwei oder drei Tönen höchstens scheint sich die musika=
lische Strophe zu bewegen. Uebrigens sah ich nur einen Theil

des Ganzen, drei Tage lang soll der ganze Tanz dauern. Auf=
fallend genug war dabei die Verschiedenheit in den Bewegungen:
die Tänze, welche Palau eigenthümlich sind, durchaus ruhig,
gemessen, weniger Tänze als Pantomimen; die von Yap*) da=
gegen lebhaft, ungestüm und äußerst mannichfaltig in den Fi=
guren. Mit dem Ende des nächsten Monats, hieß es, sollte das
eigentliche Fest erst beginnen, es würde großartig werden, denn
fast alle Männer von Peleliu hätten ihre Mitwirkung zugesagt,
und die Frauen wären schon seit Wochen beschäftigt, süße Ku=
chen zu backen aus dem Saft der Kokosblüte und den Mandeln
des Mijuk (Barringtonia).

Aber beständig plagte mich Tomué, mit ihm zu seinem
Vater, dem Kalid, zu gehen, der mich gern sehen wolle. Gegen
Abend folgte ich ihm in dessen Haus. Hier fand ich statt des
erwarteten Mannes ein altes Weib, in welches der Kalid zu
fahren gewohnt war. Ich mußte lange warten, bis dieser mir
den Gefallen that, vom Himmel herabzusteigen. Unsere Unter=
haltung drehte sich eine geraume Weile um gleichgültige Sachen,
ob es mir hier in Peleliu gefalle, ob der Ruck schön getanzt
worden sei, warum ich mich nicht tätowiren ließe. Endlich
schien sie vorbereitet genug zu sein. Auf ein Zeichen von ihr
erhoben sich die Mädchen des Hauses und theilten die Ecke des
Hauses, in der sie saß, durch Matten völlig von dem durch uns
eingenommenen Raume. Dann begann sie, gänzlich meinen

---

*) Die Einwohner von Palau haben von jeher, trotz großer Verschieden=
heit ihrer Sitten, in einem sehr intimen Verkehr mit den Leuten von Yap
gestanden; Sagen haben sie adoptirt und ebenso ihre Tänze. Weiter freilich
scheint der Einfluß hier nicht gegangen zu sein. Es würde gewiß eine dan=
kenswerthe Aufgabe einer freilich Jahre in Anspruch nehmenden Expedition
sein, alle solche mannichfaltigen, so verwickelten und doch so deutlich nach=
weisbaren Beziehungen der Völker Mikronesiens zu enträthseln. Mehren
sich doch von Tag zu Tage die Anzeichen, daß gerade auf diesem Boden gar
manche der interessantesten anthropologischen Fragen endgültig zu lösen sein
werden. Missionare freilich und Seeleute werden uns hier nie weiter helfen
können.

Blicken entzogen, mit leiser heiserer Stimme im hohen Kopfton ein Gespräch mit mir, das ganz identisch war mit solchen, die ich schon früher mit Tomué oder den von ihm beeinflußten Leuten gehabt hatte. „Ich weiß es wohl", sagte sie, „der König von Ardelollec hat dir ein Stück Schildpatt gegeben; ich wußte es schon vorgestern, daß er es thun würde; es war eigentlich mein Eigenthum, aber ich schenke es dir auch. Und wenn du nach Angabard zurückgehst, so wollen dir die Rupacks von Nasiaß und Orocoll Briefe mitgeben an den King von Manila, den sie bitten werden, ihnen zu helfen; ich aber will dir einen schreiben, der soll viel besser sein, als jene ihn zu schreiben vermögen." Und so ging's fort, fast wörtlich mitunter Tomué's Gedanken wiederholend. Unbegreiflich schien mir nur die Dummheit dieses eiteln Menschen, der meinte, mich durch solche Komödie täuschen zu können; er selbst vermochte öfters sein Lachen dabei nicht ganz zu unterdrücken. Im Grunde freilich ist der Widerspruch nur scheinbar. Erfüllt von Ehrfurcht vor den Heiligen, die selbst wol meistens, wie anderwärts, an ihre Gottgeweihtheit glauben, durchdrungen von der Wahrheit alles dessen, was ein Kalib sagt, wenn er inspirirt ist: so mochte er glauben, auch mir mit einer solchen Scene imponiren zu können; und daß er lachte, erklärt sich dadurch, daß er selbst des Priesters Begeisterung für unecht erkannte, sie aber doch hinreichend gut gespielt erachtete, um mich zu täuschen. Ihm kam es sicherlich nur darauf an, bei mir den Glauben zu erwecken, als gehöre er einer bedeutenden, einflußreichen Familie an, um dann später vielleicht mit größerm Nachdruck seine Forderungen bei mir und Cabel Mul vertreten zu können. — Doch wo blieb dieser? Tomué und seine Freunde schienen ebenso enttäuscht wie ich, daß er noch immer nicht kam, und nach zwei Tagen, die ich dort in Orocoll verbrachte, fuhren wir still und niedergeschlagen im Amlai wieder nach Nasiaß zurück.

„Doctor, heute Nachmittag mußt du nach unserm koromul (Versammlungsort) kommen", rief mir Akiwakib zu, als ich am 28. December mich anschickte zu einem größern Spaziergange. „Wir werden dir böse werden, wenn du nicht öfter zu uns kommst, Gonzalez ist viel freundlicher gegen Jnatokete als du gegen uns. Er blieb bei seinen Freundinnen, als du nach Drocoll gingst, dafür aber haben sie ihm auch ein schönes Gedicht gemacht." — „Wirklich, Akiwakib? Und kennt ihr das Lied auch? Dann bleibe ich hier und gehe heute zu unserm Koromul. Doch mußt du mir versprechen, daß ihr mir das Lied von Gonzalez vorsingt, ich will es lernen, damit ich es später den Frauen in Angabard vorsingen kann."

Als ich hinkam zu dem Versammlungsort, fand ich meine Freundinnen alle schon versammelt. Stürmisch ist die Begrüßung. „Das ist schön von dir, Doctor, daß du kommst, wir waren schon ganz traurig, und wir meinten, daß du nicht mehr unser Sakalik sein wolltest. Sollen wir dir etwas vortanzen? oder von den Kalids erzählen?" — „Nein, nein", ruft hier Akiwakib, „unser Freund will den Allall*) hören, den Jnatokete Gonzalez vorgestern zugesungen hat. Wer kennt ihn gut? Gewiß du, Kimon, singe doch das Lied." — „Sehr gern, wenn unser Sakalik es hören will. Komm, Doctor, setze dich her zu mir, damit du mich verstehst." Und flüsternd halb, halb singend trägt sie mir folgende Verse nun vor:

1. Augull.

Adabadanga-e-Gonzalez | kolongaranarodel-a-Messabölu madangardi |

(Gonzalez zur Ruhe hingestreckt | steigt mit Messabölu in die Lüfte empor.)

Serssell.

e-Gonzalez katim-robo-makutirurur-a-diall | eleme-alulak angidobil |

(Du Gonzalez willst nicht hingehen ein Schiff herbeizurufen, | daß es komme und ankere in Angibobil.)

---

*) Allall = Lied.

2. Augull.

Messabölu madangardi | a-la-me-arroi-i-blai | dilikiju akul-
a-tu |

(Meſſabölu iſt hoch emporgeſtiegen, und ſie [die andern] kommen
in die Nähe des Hauſes und ſitzen nieder am Fuße der
Banane.)

Serssell.

(Wie vorher.)

„Das iſt das Lied von Gonzalez, Doctor, iſt es nicht
ſchön?" — „Wahrhaftig, es iſt ſehr ſchön; doch ſagt, warum
wiederholt ihr denn den serssell?" — „Ja, das iſt ſo der lall",
erwidert Akiwakib; „zuerſt kommt der augull, darin erzählt man,
was Gonzalez thut, er ruht in Meſſabölu — wo Jnatokete ſich
verſammelt — und ſteigt mit ſeinen Sakaliks hoch in die Luft,
damit die Menſchen ihn nicht ſehen ſollen. Im serssell ſpricht
dann Jnatokete zu ihm ſeine Wünſche aus, er möchte gern, daß
ein Schiff nach Angibobil, unſerm Hafen, käme. Dann wieder
im zweiten augull ſchwebt Gonzalez mit den Mädchen von Meſſa=
bölu in der Luft, und die Leute des Dorfes finden das Haus
nicht mehr und ſitzen nieder unter der Banane, ſtatt hineinzu=
gehen." — „Und kommt dann wieder derſelbe serssell?" —
„Ja wohl, der wird im lall immer wiederholt; aber die augull
müſſen immer verſchieden ſein. Habt ihr denn auch in Anga=
bard ſo ſchöne Lieder?" — „O ja, Kimon, aber ich kann nicht
ſingen, und wenn ich auch könnte, ich bin jetzt zu traurig dazu.
Nun bin ich ſchon viele Monate fort, und meine Freunde wiſſen
gar nichts von mir, ſie meinen gewiß, ich ſei ſchon todt; ich
möchte ſo gern nach Angabard, der häßliche Cabel Mul lügt
mir immer vor, er käme bald. Aber er kommt doch nicht; ich
fürchte, er kommt gar nicht mehr und läßt mich hier allein bei
euch zurück." — „Nun und haſt du es hier nicht etwa gut?
Sind wir nicht deine Sakaliks?" fährt mich hier Jnatekko an.
„Laß doch den armen Doctor", entgegnet Akiwakib, „er iſt ſo

traurig, daß er nicht zu seiner Familie kann; wir wollen ihm noch einmal das hübsche Lied singen, damit er nicht mehr an seine Heimat denkt." — „O nein", ruft hier die musikalische Rimon, „wir wollen Doctor selbst ein Lied dichten. Ist er nicht ein größerer Rupack als Gonzalez? und sind es nicht immer unsere vornehmsten Männer oder die schönsten und muthigsten, welchen wir einen lall singen? Gonzalez hat den seinigen schon, und nun wollten wir Doctor nach Angabard gehen lassen ohne solchen? O nein, er soll auch einen haben, den werden wir dann später, wenn unser Sakalik schon längst nach Angabard gegangen ist, hier in Peleliu bei unsern Festen singen und tan-zen." — „Ja wohl, ja wohl", rufen alle, „wir wollen Doctor auch einen lall machen; du mußt nun fortgehen, Doctor, wir wollen gleich an die Arbeit, und morgen, wenn du wiederkommst, dann singen wir dir deinen lall vor."

Am nächsten Nachmittag fand ich, so früh ich mich auch einstellte, doch schon den ganzen Clöbbergöll versammelt. „Wir sind schon fertig", rufen mir die Frauen entgegen, „setze dich her und nimm dein Papier, du kannst es gleich aufzeichnen." Mit größter Mühe meinerseits und liebenswürdiger Geduld von seiten meiner Freundinnen gelang es mir, das Lied, das hier folgt, und seine Bedeutung zu erfassen.

Allal mora Doctor kamam Inatoluck.
Lall für Doctor von uns Inatoluck.

1. Augull.

Kadidil kapörseni matangal-arrois | Doctor kora-di-karamlal
Siehe am Abend schwebt vom Fels herunter Doctor dem Tropik-vogel gleich.

Serssell (Inatoluck spricht).

Soack-el-mo-ra-diall, Doctor holtik-ar-nak
Ich wünsche zum Schiff zu gehen, aber Doctor hält mich zurück.

2. Augull.

komorangabard ekwe Doctor | nack-a-mor-arrois ak trollo-
lengumt tararessem

Du gehst nach Angabard, o Doctor, ich aber steige auf die Klippe
und verfolge dein Segel in weiteste Ferne.

Serssell wie vorhin.

3. Augull.

eika tekinjem ekwe Doctor | ak sub-ak-neielmart-casa me-
lemad e-lakad-ar-kau

Diese deine Gewohnheiten, o Doctor, will ich lernen und ver=
bergen im Schrein ein theueres Andenken an dich.

4. Augull.

tikelgib-e-bik-lakad | ni-a-dikeltukel Doctor kuk-mal soack
lakad

Wenn enggedrängt die Leute stehen | ihn, Doctor, herrlich vor
allen, liebe ich gar sehr.

5. Augull.

Chiquito kora tilab el buyöl | Doctor lutom-a sel-telia

Mein Liebling (chiquito) wie der junge Mond | so erscheinst du
Doctor dort auf jener Seite.

6. Augull.

Doctor oblomklallo | soack-a-dingar-ra casa.

Wie theures Gut wünsche ich Doctor im Schrein zu verbergen
(zu haben).

7. Augull.

Kapörseni marreiel-mor Ardelollec | Doctor kuk-di-kikirdena

Abends geht Doctor eilends nach Ardelollec und verbrennt sich
sehr sein Gesicht.

8. Augull.

Alongerol berrottel Doctor akmirti | al-kalssell-lakap-arakoru-
melam

Dich Doctor wie kostbarstes Eigenthum verbergen wir tief in der
Asche unseres Versammlungsortes.

9. Augull.

Kadokasso Doctor amelilidap | reikil-kora-ka-eimo latiteremal.
Abends steigt Doctor empor am Tau einer Schwalbe vergleichbar.

„Aber nun, Doctor", ruft Akiwakib, „sind wir müde vom
vielen Singen. Wenn du das Lied noch nicht kannst, so wieder=
holen wir es morgen; heute laß uns lieber plaudern. Die
andern, die schläfrig sind, mögen sich schlafen legen; du sollst
mir und Kimon von Angabard erzählen." — „Nun sprecht ihr
schon wieder von Angabard, und doch wißt ihr, daß ich so gern
dahin abreisen möchte. Da wohnt meine Frau in einem großen,
großen Hause ganz aus Stein und trauert auch, daß ich nicht
zu ihr komme, und sie fühlt sich so allein, obgleich noch viele
gute Freunde, Frauen und Männer mit ihr zusammenwohnen."
— „Ja, leben denn die bei euch in denselben Häusern und habt
ihr keine Bais, wo die Männer schlafen?" — „O nein, Aki=
wakib, das ist ganz anders bei uns, Mann und Frau leben
immer zusammen in demselben Haus." — „Das ist doch son=
derbar, Doctor, bei uns ist es mugul, daß ein Mann in dem
Hause schläft, wo die Familie wohnt; deshalb haben wir alle
auch unsere Wohnung verlassen, als du dort einzogst. Mann
und Frau sehen sich nur des Tages, und auch nur in ihren
Häusern, auf der Straße kennen sie sich nicht, und nachts treffen
sie sich nur in den hübschen rothen Häusern unserer Kalibs." —
„Das sind ja aber die Wohnungen der Kalibs, nicht wahr?"
— „Ja wohl, aber nur die Kalibs unserer Familie wohnen
darin, die kleinen Kalibs, jede Familie hat die ihrigen für sich;
die müssen unsere Kinder beschützen. Wenn wir von diesen
etwas wissen wollen, so fragen wir sie durch das Mangalilb."
Nun waren die Schleusen geöffnet; einmal im Zuge, vergaßen
sie Angabard und daß sie eigentlich hatten zuhören wollen;
statt dessen erzählten sie mir stundenlang von ihren Sitten, und

ich bedauerte nur, daß mein Papiervorrath zu klein schien, alles
zu notiren, was ich aus ihrem Munde hörte. „Und euere
Frauen", fuhr Kimon fort, „sind denn die damit zufrieden,
daß sie keine Bais haben? Wenn bei uns eine Frau ihrem
Manne böse ist, so läuft sie in das nächste Bai; dann muß der
Mann, wenn er sich wieder mit ihr versöhnen will, sie durch
ein Stück Geld von dem Clöbbergöll loskaufen, dem das Bai
und alles, was darin ist, zugehört. Wenn er kein Geld zahlen
mag, so hat er kein Recht mehr an sie. Dann bleibt sie bei
den Männern so lange, bis ein anderer Mann, der mächtiger
war als ihr früherer, sie von jenen loskauft. Wie können sich
denn euere Frauen schützen gegen ihre Männer, wenn diese
grausam sind und sie schlecht behandeln?" wandte sich meine
Freundin fragend an mich. — „O bei uns, Kimon, halten
Mann und Frau viel fester zusammen wie bei euch, sie brauchen
gar kein Bai, und wenn sie sich nicht vertragen können, dann
trennt sie der Aruau; aber zu einem andern Manne braucht sie
darum nicht zu laufen." — „Ich möchte doch nicht in Anga=
barb leben, Doctor", erwidert jene, „ich bin meinem Manne
schon einmal weggelaufen und habe mich im Bai sehr gut unter=
halten. Die Schwester von Inarratbac ist neulich auch nach
Orocoll ins Bai gegangen, weil ihr Mann ihr untreu geworden
war; nun bleibt sie dort als Armungul drei Monate. Wenn
sie ihrem Manne, um sich zu rächen, auch untreu geworden
wäre, dann hätte der Aruau ihr zur Strafe ein Ohr abge=
schnitten; jetzt aber schützt der Clöbbergöll sie gegen die Ru=
packs." — „Aber warum straft dann der Aruau nicht den un=
getreuen Mann?" — „O die Männer, Doctor, die Männer
sind viel schlechter als wir; sie sollten für ihre Untreue ihr
Leben verlieren, aber das geht doch nicht, Freund, dann be=
hielten wir ja gar keine Männer übrig." — „Das ist wahr,
Doctor", fiel hier Akiwakib ein, „die Männer sind recht schlecht
gegen uns; warum sollen wir nicht ebenso frei sein wie sie?

Wir sind aber nur frei, wenn uns jemand beschützt, und da
die Rupacks nicht so zahlreich sind, so müssen wir schon in das
Bai gehen, wenn wir einmal frei sein wollen." — „Aber ihr
lebt doch auch in Clöbbergölls, ihr heißt Jnatoluck und Gonzalez
seine Sakaliks Jnatokete; warum schützt denn euer Clöbbergöll.
euch nicht gegen die Männer?" — „O Doctor, du bist doch
ein thörichter Mensch; man sieht, daß du die Sitte in Palau
nur schlecht kennst. Wie sollten wir denn ohne Männer leben?
Unser Clöbbergöll kann uns nur beschützen, wenn wir mitunter
nach dem Kokeal mit unsern Freunden fahren, da dürfen unsere
Männer nicht mit, und dann sind wir einen Tag lang ganz
frei, wie der Karamlal. Du solltest neulich mit uns gehen zum
Kokeal, aber da hattest du wunde Füße und bliebst zu Hause;
wir aber haben uns mit Gonzalez und den andern Männern
den Tag vortrefflich unterhalten, es war so schön auf Eimeliß."
— „Ja, das ist sehr schade, Akiwakid", erwiderte ich, „aber
das sind euere scharfen Felsen schuld. Nun aber bin auch ich
müde, und die Sonne geht schon unter; ich will nach Haus
und zu Abend essen und mich schlafen legen. Morgen aber
singt ihr mir mein Lied wieder vor, es ist so schwer zu lernen,
und ich möchte es gut können, ehe ich abreise nach Angabard."

Und so verging ein Tag nach dem andern, und immer
noch kam Cabel Mul nicht, mich zu holen. Am letzten Tage
des Jahres nur kam vom Norden eine Botschaft — aber leider
nicht von ihm! Mitten in die musikalische Unterhaltung mit
meinen Sakaliks — ich zwang mich absichtlich, nicht an den=
selben Tag des Jahres 1861 zu denken — rief mir eine neu=
ankommende Freundin zu: „Doctor, Nachricht von Aibukit!"
Aber nun erzählte sie mir in fliegenden Worten, hoch erregt
durch das wichtige Ereigniß, daß die Leute von Corōre zwei
feindliche Köpfe dicht bei Aibukit erbeutet hätten. Einige Männer
aus Roll hatten Fremden aus Corōre, die zu Besuch bei ihren
Freunden in Aracalong waren, Kokosnüsse und Eilaut gebracht,

und auf ihrem Heimwege wurden sie, waffenlos, von denselben
Leuten verfolgt und angefallen, denen sie vorher vertrauensvoll
in Feindesland hinein Lebensmittel auf ihren Wunsch gebracht
hatten. Nun waren die Frauen und auch die Männer von ganz
Masiaß begeistert über die Tapferkeit derer von Corōre; sie
nannten sie bageu (muthig). Mein Zorn ob dieser Feigheit
fand bei ihnen kein Verständniß.

Wie dankte ich aber nachts, als ich mich schlafen legte,
meinem Schicksal, das mir gerade heute am letzten Tage des
Jahres solchen Zorn gebracht! Er schützte mich vor Träu=
mereien und nutzloser Erinnerung an bessere schönere Zeiten.
Härten, wie die Sohlen meiner Füße, mußte ich auch mein
Herz; was hätten mir, dem Verlassenen, Gefangenen, eitle Kla=
gen, weiche Stimmungen genützt fürs neue Jahr?

Schlaflos war die Neujahrsnacht für mich; in schweren
Träumen wälzte ich mich bis spät in den Morgen hinein. Die
Sonne des ersten Tags des neuen Jahres stand schon hoch, als
Akiwakib, stürmisch in das Haus eintretend, mich aus meinem
Schlummer weckte. „Hast du schon gehört, Doctor? Heute
Nacht ist Inatokete entflohen nach Eimelig!" — „Wie so, Sa=
kalik, ich verstehe dich nicht, das ist ja dummes Zeug, Gonzalez'
Sakalik heute Nacht nach Eimelig entflohen? Wozu? und wie?"
— „O Doctor, sei doch nicht so närrisch; ihre Freunde aus
Eimelig, ein Männer=Clöbbergöll sind gekommen, sie abzuholen,
damit die jungen Mädchen dort bei ihnen im Bai als Armungul
einige Monate leben. Jetzt sind sie wol schon da und feiern
mit Tänzen das gelungene Unternehmen." Nun kam auch Gon=
zalez, der die Nacht im Bai geschlafen; er hatte auch, wie ich,
die Nachricht zuerst ungläubig aufgenommen. „O Señor", sagte
er mir, „das ist ein infames Volk, diese Menschen von hier.
Sie scheinen wirklich alle fort, die zu Inatokete gehörten, ich

war schon in einigen Häusern und habe nach den jungen Mäd=
chen gefragt; selbst Angabele und Sakabil, die doch immer so
schüchtern thaten und mich nicht heirathen wollten, obgleich ihre
Aeltern eingewilligt hatten, alle diese unschuldigen Kinder sind
nun zu den Männern von Eimelig ins Bai gezogen.“   Und
nun erzählte mir der aufgeregte Mestize — dem der Verlust
seiner jugendlichen Freundinnen offenbar sehr zu Herzen ging —,
daß er schon mit den Aeltern von mehrern der Entflohenen
darüber gesprochen, sie gescholten hätte; aber was seien ihre
Antworten gewesen?   Die jungen Mädchen wären jetzt er=
wachsen und Herrinnen ihrer selbst; wenn sie sich von den Män=
nern aus Eimelig hätten beschwatzen lassen, so wären sie vorher
wol auch schon einig geworden um den Lohn, der ihnen nach
ihrem Dienste im Bai bezahlt werden müßte.   Schade sei es
nur, daß gerade jetzt diese ganz unvermeidliche Katastrophe ein=
getreten wäre, denn noch sei das Feld nicht bestellt; nun müßten
die ältern Frauen für jene jungen mit arbeiten, die leichten
Herzens hinausgezogen in die weite Welt!

Soll ich es leugnen? Auch mich erregte dieser Vorfall tief.
Nun schien mir nicht mehr so ganz unglaublich, was mir
Johnson früher von den leichtfertigen Sitten dieses Völkchens
erzählt hatte. Nun überkam mich ernstliche Reue, daß ich mich
früher, ehe ich sie noch kannte, zu einem Schritte verleiten ließ,
der mich vielleicht zwingen würde, die Sache eines Volkes in die
Hand zu nehmen, für das ich kein ernstliches Interesse mehr zu
hegen glaubte. Alles schien mir jetzt niedrigen Beweggründen
entsprungen: das Vertrauen, mit dem sie unsere Worte aufzu=
nehmen scheinen, ist Lüge oder dümmste Leichtgläubigkeit, da sie
es jedem schenken, der von Angabard kommt; ihr Wohlwollen
ist Interesse nur am gehofften Gewinn, nichts weiter. Und
Arakalulk? der war doch sicherlich ein weit besserer Mensch! —
oder sollte ich mich auch in ihm getäuscht haben?

So quälte ich mich selbst; den wahren Grund meiner trüben

Stimmung wollte ich mir nicht gestehen. Nun war ich froh, mit scheinbarem Rechte meinem Unmuthe Spielraum geben zu können. In dieser Laune lief ich im Dorfe herum, immer wieder zu fragen, ob es denn wirklich wahr sei, hier zu schelten und dort nach den Motiven zu forschen, und wie es denn möglich gewesen sei, daß so viele Mädchen — es mochten wol zwanzig sein — auf einmal hätten entfliehen können, ohne ertappt zu werden. Allmählich klärte sich denn auch die ganze Sache etwas auf. Mein guter Freund Jnarratbac, der selbst aus Eimelig gebürtig war, schien hier die Hand im Spiele gehabt zu haben. Im Bai erschien er erst ganz früh am Morgen; in seinem Hause sollen die Leute aus Eimelig eine Zusammenkunft mit ihm gehabt haben und seine Frau, behauptet man, habe die jungen Mädchen geweckt und an den Hafen geleitet. Doch war das alles längst abgekartete Sache. Wieder war es Akiwakid, die gesprächigste meiner Freundinnen, welche mir zur Aufklärung verhalf. „Siehst du, Doctor", und dabei schlug sie rasch einige Knoten in ein Tau, „ein solches Knotentau hatten bei den letzten Vollmondspielen die Männer von Eimelig an Jnatokete gegeben; die Anführerin des Clöbbergöll bewahrte dieses Tau und entfernte jede Nacht einen Knoten. In der Nacht, in welcher sie den letzen hätte lösen müssen, wollten dann die Freunde erscheinen; diese hatten auch ein solches Knotentau." — „Aber, Akiwakid, wie ist es möglich, daß Jnatokete so lange darüber schweigen konnte? Sonst hört man doch gleich alles, was vorgeht?" — „Ja, dies war ein großes Geheimniß, Freund, selbst Jnatokete wußte es nicht einmal, nur die Anführerin und einige Frauen. Wenn die aber etwas gesagt hätten, so wäre ihnen eine schwere Strafe auferlegt worden; auch Jnarratbac, der ihnen geholfen hat, mußte schweigen, denn sonst hätte Jnatokete ihm gewiß das Haus als Strafe für sein Schwatzen angezündet." — „Das verstehe ich nicht, Akiwakid; es war doch etwas Unrechtes, was sie thaten, warum sonst thaten sie es bei Nacht?" — „Das ist so Sitte in Palau, Doctor. Unrecht ist es nicht, im Gegentheil, wir Frauen sind alle einmal so davongelaufen. Und das ist eine schöne Sitte; nur so bekommen wir etwas von den andern Inseln zu sehen. Unsere jungen Mädchen hier aus Rasiaß gingen von jeher nach Eimelig; die aus Argeutel, Orocoll und Arbelollec gehen nach Coröre, die aus Coröre nach Rallap. Dann bleiben sie drei Monate lang in den Bais, lernen hier den Männern dienen und ihnen gehorsam sein, und wenn sie zurückkehren, so bringen sie ihren Aeltern ein hübsches Stück Geld mit." — „Du hast mir aber noch nicht gesagt, warum sie nicht bei Tage abreisen." — „O Doctor, das geht nicht, dann würden es ja die Männer des Dorfes sehen, und dann gäbe es einen harten Kampf. Denn diese dürfen eigentlich die Mädchen nicht fortziehen lassen, drum geschieht es bei Nacht, damit sie es nicht merken und Streit anfangen. Es wäre so schade, wenn dabei einige unserer Männer umkämen; es hilft ja doch nichts, denn in ein Bai müssen nun einmal die jungen Mädchen, wenn sie erwachsen sind. Das ist unser Makesang. Wenn ein junger Clöbbergöll in das richtige Alter kommt, so muß er irgendwohin gehen, und keins von den Mädchen darf dann zurückbleiben; thut eine es doch, so schelten ihre Aeltern sie aus, und sie findet auch so leicht keinen Mann, denn nun heißt sie überall im Staat ein ungeschicktes und dummes Mädchen, das nicht zur Frau taugt. Aber die andern, wenn sie heimkehren, verheirathen sich rasch."

Das hatte ich freilich nicht erwartet, bei diesem anscheinen= den Raube der jungen Mädchen alles selbst bis ins kleinste Detail hinein so geregelt zu finden. Noch manche Einzelheit erzählte mir Akiwakid von den Gebräuchen, die mit solchem Makesang der Mädchen verbunden sind; je mehr sie sprach, um so enger schien sich mir, trotz allem Schein der wildesten Un= gebundenheit, die Kette zu verschlingen, welche hier die Sitte, die allmächtige Tradition, um Staat und Individuen geschlungen

hat. Nicht wundern kann man sich eigentlich darüber; aber
doch setzt es uns unwillkürlich in Erstaunen, wenn wir zuerst
nur einfachste, blos den Trieben individuellster Zwanglosigkeit
entspringende Handlungen zu sehen glauben, dann aber plötzlich
gewahr werden, daß ihre Freiheit nicht durch das Gesetz, wohl
aber durch Sitte und Gewohnheit in einer Weise eng beschnitten
ist, wie wir es bei den sogenannten „primitiven Völkern" mei=
stens nicht für möglich halten.

Natürlich war das ganze Dorf in Aufregung, die, ich muß
es zugeben, wir beiden, Gonzalez und ich, zu unterhalten uns
möglichste Mühe gaben. Wir waren Thoren, daß wir glaubten,
ihnen Abscheu vor ihren alten angestammten Sitten einpredigen
zu können; ich merkte nicht, daß ich dasselbe that, was ich so
oft bei unsern Missionaren gescholten hatte. Zur Ruhe kamen
wir beide erst wieder, als uns unser Eifer in ernste Verlegen=
heit gebracht hatte. Am Nachmittag kam ein kleiner Rupac
mit vielen andern in meine Wohnung. Ich sprach in starken
Worten über ihre infamen Sitten und tadelte besonders die
Väter, welche an dem ganzen Unwesen schuld seien; sie würfen
ihren Töchtern, welche ruhig in der Familie blieben, immer vor,
daß sie im Hause äßen und schliefen, aber dafür kein Geld ins
Haus brächten. Jener Rupac lachte mich aus, auf meinen
wiederholten Befehl, zu schweigen, lachte er nur noch stärker;
dies brachte mich auf, ich springe auf, fasse ihn beim Arme
und werfe ihn zur Thür hinaus. Einige Augenblicke blieb er
ruhig, dann aber fing er auf Gonzalez zu schelten an, nachher
auch auf mich und redete sich mehr und mehr in die heftigste
Wuth hinein; endlich griff er nach einem Stock und drohte, uns
zu schlagen. Ich hatte mich rasch wieder beruhigt und hingesetzt,
doch alle seine Bewegungen beobachtete ich, um ihn bei der
ersten angreifenden Bewegung niederzuschlagen. Tomué und
seinen Freunden gelang es endlich, ihn zur Ruhe und aus dem
Hause zu bringen. Am andern Morgen kam ein hoher Rupac

zu mir, abgesandt vom Aruau, mich um Verzeihung zu bitten
im Namen meines Widersachers; der habe seine Strafe bereits
bezahlt und habe eingesehen, daß er unrecht gehabt, dem Befehle
des Era Tabattelbil nicht zu folgen. „Nun sei auch du ihm
nicht mehr böse", schloß der Abgesandte seine Rede.

Im Streite hatte ich alle meine Ruhe wiedergefunden, aber
leider auch die Unruhe, die mich plagte ob meines ungewissen
Schicksals. So fuhr ich, um in der Bewegung meiner Stim=
mung Herr zu werden, am 4. Januar schon wieder nach Ar=
delollec. Der gute alte König, der so viel auf die feine vor=
nehme Sprache hielt, hatte mir das Versprechen abgenommen,
ihn wenn möglich noch einmal zu besuchen. Dies Wort wollte
ich nun einlösen. Gonzalez fuhr mit, auch Tomué und Inar=
ratbac. Am Hafen angekommen, fand ich zum ersten male etwas,
was einer Befestigung ähnlich sah. Der Ausgang von dem
breiten Wege des Dorfes, gegen das Meer zu, wird vertheidigt
durch eine dicke mannshohe Mauer mit engem Eingang und
einem dreimal rechtwinkelig gebogenen, zwischen Mauern liegen=
den Gang, der zur Zeit nur einem Manne den Durchtritt ge=
stattet. Nach beiden Seiten verlängerte sich dann die Mauer,
parallel dem Strande, bis sie sich im Sumpfe und dem düstern
Dickicht der Mangroven verlor. Da mochte wol mancher vor
der Mauer gefallen sein, als Ardelollec noch im Vollbesitze seiner
alten Macht sich gegen die Coalition der nördlichen Staaten zu
vertheidigen vermocht hatte. Jetzt schien sie seit langem unge=
braucht zu sein, Unkraut aller Art wucherte auf ihr, und manche
Steine waren schon herabgefallen und vergraben im Flugsande
oder dichten Gebüsch. Auch der wol zehn Fuß breite gut ge=
pflasterte Weg, der von der Mauer an in schnurgerader Linie
auf den freien Platz vor des Königs Hause führte, zeigte deut=
lich den Verfall des Staats. Die Mittelreihe der schön be=
hauenen Steine, sonst wol geglättet durch die vielen sie betre=
tenden Wanderer, war nun fast ganz von Gräsern überzogen;

auf einem schmalen Saum von Erde, der zu beiden Seiten jene
einfaßte, standen hier und da noch lange Reihen jener schön=
blätterigen Stauden, die ich schon in Tamadé als Einfassung
der Wege gesehen hatte. Sie waren alle wild aufgeschossen, die
Mehrzahl aber längst verdorrt, und ihre Stümpfe nur ragten
aus dem stachelichten Buschwerk hervor, das von beiden Seiten
aus dem Mangrovendickicht herüber in den Weg wachsen zu
wollen schien. Dies trübe Bild des Verfalls harmonirte mit
meiner Stimmung, und nur halb hörte ich den Reden zu, die
mir einer aus dem Dorfe zum Preise seines Heimatsortes und
seines Königs hielt. — Noch waren wir nicht im Hause des
letztern, da kommt mir eine Frau mit hoch gehobenen Händen
entgegen, rasch laufend — wahrhaftig, Akiwakib ist es, und sie
hält einen Brief in der Hand — mir will das Herz zerspringen
vor freudiger Ahnung, ich hätte den Boten umhalsen und küssen
mögen, wenn es nicht mugul wäre. „Richtig, wir sind erlöst,
Gonzalez! Cabel Mul kann jeden Augenblick ankommen, er
schreibt, in zwei bis drei Tagen segeln wir gewiß ab von Aibukit.
Da muß er heute, spätestens aber morgen kommen; also rasch
nach Nasiaß, um unsere Sachen zu packen. Heute Abend oder
morgen früh müssen wir nach Orocoll."

Und nun geht es, ohne den König zu besuchen, stracks
durch das Dorf durch und zu Fuß hinauf nach unserer Heimat.
Rasch werden die Steine und Conchylien, die ich gesammelt, in
Körbe verpackt, Abschiedsbesuche bei den Rupacks gemacht und
zum letzten male sieht mich Inatoluck, zum letzten male singen
mir meine Freundinnen das Lied an Doctor vor. Doch erst
am nächsten Abend kam ich wirklich fort; wie fürchtete ich, als
wir gegen Sonnenuntergang barfuß den Weg über die hohe
Klippe einschlugen, es möchte Cabel Mul schon dagewesen und
durch die starke Strömung in der Straße von Ngaur schon
weithin fortgerissen sein! Es war tiefe Nacht, als wir im
Nachbardorfe im Hause meines dortigen durch Tomué gewonnenen

Freundes anlangten. „Ift Cabel Mul schon vorbeigefahren?" war meine erfte Frage; wie süßefte Musik klang mir das „Nein" zur Antwort. — —

„Gonzalez, heute ift der 6. Januar, nun muß doch ficherlich die Lady Leigh erscheinen; ich gehe hinaus zum Strande — wer begleitet mich?" — Da ist das Meer; wie so ruhig liegt doch die unendliche Fläche vor mir. Nur an der schäumenden weißen Linie des Riffes sieht man, daß es noch lebt; kein Lüftchen kräuselt seinen Spiegel. — „Du siehft das Schiff, Freund Tomué?" — „O nein, es war mir nur, als sähe ich dort einen großen Rul treiben, innerhalb des Riffes; wenn der noch einige Stunden sich seinem Schlafe hingibt, so ist er gefangen, das Wasser ebbt schon stark." Mit der steigenden Sonne erhebt sich nun ein frischer östlicher Wind, die Brandung rauscht vernehmlich zu uns herüber, und am Horizonte tanzen die Wellen des hohen Meeres rastlos auf und ab. Doch, was erhebt sich dort im Norden? „Tomué, steig doch auf diesen Baum, sieh nach, ist das ein Schiff?" — „O nein, Doctor, nur ein Baumstamm ist's, der dort im offenen Meere treibt." So vergeht der Tag, am Abend wandere ich traurig wieder in das Dorf zurück.

Und am andern Morgen früh mit Sonnenaufgang schon sitze ich wieder am Strande, spähend, ob nicht endlich doch das Schiff erscheine; und wieder dieselben Täuschungen, wie am Tage vorher. Doch nein, nicht ganz. Freund Tomué hat diesmal wirklich den Rochen entdeckt, wie er von der Ebbe innerhalb des Riffes sich überraschen läßt. Nun geht die Jagd los. „Willst du mit, Doctor?" — „O nein, wenn unterdessen Cabel Mul kommt — wolltet ihr mich dann gleich zum Schiff hinbringen? Fangt ihr nur euern Rul allein." Schon senkt die Sonne sich gegen Westen, noch immer sehe ich kein Segel am Horizont; den Rochen aber bringen meine Freunde im Triumph einher. „Das war eine schöne Jagd, Doctor, nun haben wir Fleisch für viele Tage im Dorfe, denn die Männer,

die den Ruck jetzt tanzen, dürfen ihn nicht eſſen.“ — „Und
warum?“ — „Das iſt ſo Sitte beim kalssimel. Die Männer
dürfen bald nicht mehr aus dem Bai heraus, nicht eher, als
bis der Ruck getanzt iſt, und ſolange ſie drin bleiben, dürfen
ſie keine Muſchel und keinen Fiſch, nichts was aus dem Meere
kommt, eſſen, auch kein Salz, das wir doch ſo lieben. Deshalb
auch bekommſt du hier kein Huhn, kein Schwein, auch keine
Eier mehr zu eſſen, Doctor; das geht nun alles ins Bai zu
den Männern des Ruck. Dreimal täglich müſſen die Mädchen
des Dorfes ſchön zubereitete Speiſen dahin tragen; wenn du
Fleiſch eſſen willſt, ſo gehe zu ihnen ins Bai — du als Rupack
aus Angabard kannſt es thun —; ſie werden dir gewiß von
ihren Speiſen geben. Nun geh doch mit ins Dorf, wenn
Cabel Mul auch heute noch kommt, wir erfahren es doch, und
du kannſt ſicher ſein, daß du es hörſt, ſowie das Schiff er-
ſcheint. Komm mit, heute gibt es einen guten Schmaus für
uns im Dorfe.“

Wieder vergeht ein Tag. „Geht es Euch auch ſo, Gonzalez, wie mir? Ich weiß nicht, iſt’s die Seeluft oder das
viele Gehen, was mir ſolchen Appetit macht; oder iſt es blos
der Mangel des Fleiſches? Genug, ich werde nicht ſatt, und
doch eſſe ich faſt den ganzen Tag. Da rufen uns jene Mädchen
abermals an, und wahrlich, ich verſpüre ſchon wieder Hunger,
obgleich ich erſt vor wenig Stunden mein Mittagsmahl verzehrt.“ — „Mir geht es ebenſo, Señor; ich glaube, auch die
Angſt um Kapitän Woodin macht uns hungerig.“ Wir treten
ein. „Wollt ihr nicht etwas trinken und eſſen, hier iſt ſchöner
Döllul für euch, und auch einen Krebs habe ich für dich gefangen, Doctor. Willſt du nicht morgen mit uns Mädchen auf
die Riffe gehen, um Muſcheln und Krebſe zu fangen?“ —
„O ja, recht gern, wenn ich dann noch hier bin.“ — „Nun
gut, dann rufen wir dich morgen gegen Mittag ab. Nun aber
müſſen wir dieſe Schüſſeln hin ins Bai tragen.“

Ich folge den Mädchen; ich wünschte einmal dem Ruck wieder beizuwohnen, der nun täglich zum mindesten dreimal im vollen Costüm getanzt wird. „Olokoi, Doctor, läßt du dich auch sehen? Komm her, setze dich zu uns und iß mit uns.“ — „Nein, ich bin nicht hungerig, ich komme, um nachher den Ruck zu bewundern, den ihr so gut tanzen sollt. Das ist ein schöner Tanz, aber schwer; ich möchte ihn auch lernen.“ — „Ja, Doctor, das geht wol nicht“, erwidert einer aus der Menge. „Nun, und warum nicht?“ — „Ja, Doctor, wer mittanzt, der muß richtig angezogen sein. Siehst du, wir haben hier einen schönen Blätterkragen für den Hals, und diese buntgefärbten Palmen= blätter binden wir uns in künstlichen Schleifen an Füße und Hände. Aber du hast alles dieses nicht, und auch dein Zeug aus Angabard ist schon recht schlecht. Zwar es ist sehr gelb schon vom Safran, das ist eine hübsche Farbe, aber euere weißen Hemden und Hosen sind gar nicht schön; auch die vielen Löcher darin sind häßlich. Siehst du, Doctor, da kommt schon dein Elnbogen aus dem Aermel heraus, und auch dein weißes Knie kann man schon sehen.“ — „Ja, Freund, ich weiß, was soll ich machen? Ich habe kein Zeug mehr, und wenn Cabel Mul nicht bald kommt — nun, so mußt du mir schon einen Huffaker geben, dann binde ich auch die Halsbinde um und tanze mit euch den Ruck.“ Nun ist das Mahl beendigt, und nach voll= endeter Toilette führen wol an hundert Männer den heiligen Tanz auf, an dessen Touren jener kritische Rupack nichts mehr auszusetzen findet. Und wieder senkt sich die Sonne ins Meer; doch kein Bote kommt, mir Woodin’s Ankunft anzuzeigen.

Am nächsten Mittag holt mich wirklich eine Schar ausge= lassener Mädchen ab. Ruhig ziehen wir unsers Weges, solange wir im Dorfe sind; ist es doch mugul, die heilige Ruhe des kalssimel zu stören! „Doctor“, flüstert mir eine der Schönen zu, „draußen wollen wir recht lustig sein, hier im Dorfe ist es jetzt so langweilig. Heute ist ein heiliger Tag; der König.

unfer größter Kalib, zieht heute in jenes Haus, dort vor dem
Bai. Und von morgen an müssen wir alle in den andern
kleinen Wohnungen auf dem Platze wohnen, die rings herum
erbaut sind, dann darf kein Mensch mehr in den alten Häusern
schlafen. So, da ist der Strand — hu=i!" Und in den lauten
Ruf stimmen sie alle ein. „Ui! Nun wollen wir mit Doctor
Muscheln suchen, er mag die Kim so gern essen! Doctor, hier
ist schon eine — Nein, komm zu mir, ich habe auch eine, die
ist viel größer — Olokoi, da hat Doctor selbst eine schöne Kim
gefunden! Ui! Doctor ist schon Palau, er kann schon Muscheln
suchen; und wenn er nur erst einen Huffaker trägt, dann kann
er mit den Männern ausziehen zum Makefang und mit uns
zum Kokeal, wenn wir dahin gehen di melil." — „Doctor",
flüstert mir hier eine der Ausgelaffenen ins Ohr, „Doctor,
willst du mich nicht heirathen? Mein Vater hat schon gesagt,
du solltest es doch thun." — „Wahrhaftig? Das ist dein Ernst
nicht — ich kann auch nicht dein Mann werden, Cabel Mul
kommt gewiß morgen schon, mich zu holen, und ich sehne mich
so zu meiner Frau nach Angabard zurück." — Aber Cabel Mul
kommt auch am nächsten Tage wieder nicht. — —

 „Ja, Doctor, das ist ein großes Fest, das wir jetzt hier
feiern, und du bist sehr glücklich, kein Mann von Angabard
hat je einen solchen kalssimel gesehen." So sprach der König
zu mir, den ich nun in seiner Wohnung am freien Platze vor
dem Bai besuchte. „Viele Jahre vergehen, ohne daß der Ruck
einmal getanzt wird. Das geschieht immer nur zu Ehren un=
sers großen Kalib, der mächtiger ist als die andern alle; die
haben ihre Häuser bei unfern Wohnungen, aber der große Kalib
braucht keine solche. Hörst du die Muschel blasen, Doctor?
Jetzt werden die Männer bald aus dem Bai kommen, sie wollen
sich baden, und das muß im Dorfe angezeigt werden, damit ja
niemand ihnen auf dem Wege begegnet. Ohne dieses Zeichen
zu geben, darf niemand aus dem Bai heraus; der Kalib würde

sehr böse werden, wenn einer von den heiligen Tänzern auf der
Straße von uns gesehen würde. Im nächsten Monat wird
dann das Fest hier auf diesem Platze gefeiert. Du wirst dich
sehr freuen, Doctor, das zu sehen." — „O Ring", erwiderte ich
ihm — ich wäre beinahe, erschreckt durch seine Aeußerung, gegen
alle Sitte aufgesprungen — „ich glaube nicht, Ring, daß ich
dann noch hier bin, morgen, vielleicht heute schon kommt Cabel
Mul, mich abzuholen." — Und wieder saß ich einen Nachmittag
vergebens am Strande, mein Blick hing noch am fernen Hori=
zont, als schon die Abendröthe — dieser „Schmerz am Fuße des
Himmels" (meringen-a-gul-eijangit), wie sie schön genannt
wird — Meer und Himmel in gleicher Glut zu schmelzen
anfing.

„Warum bist du denn so traurig", fragte mich an einem
der nächsten Tage ein Rupack, der mir sehr freundlich gesinnt
zu sein schien. — „Soll ich das nicht sein? Ich fürchte, daß
ich nicht zu meiner Familie zurück kann, ich werde meine Frau
gewiß nie wiedersehen." — „Ja, Doctor, das ist auch traurig;
wir Männer von Palau weinen auch, wenn wir vom Sturme
verschlagen sind und nicht zu unsern Freunden zurück können.
Das thaten auch die vier Rupacks von Argeutel, ihre Geschichte
siehst du da im törreibölu abgebildet." — „Erzähle mir das
doch, Freund; ich kenne sie nicht." Und nun erzählte er mir
folgende reizende Sage:

„Vier Rupacks von Argeutel fuhren eines Morgens, als die
Sonne vom Hahn morusrongnus (d. h. wörtlich: der Verkünder
[Kräher] des Ostens = Morgens) zu ihrer Reise über die Erde aus
dem Schlafe gerufen wurde, ihr nach in einem Amlai. Es waren
muthige Männer, die schon viele Reisen gemacht hatten; nun woll=
ten sie auch einmal bei der Sonne zu Nacht einkehren. Am Abend
kamen sie denn auch am guleijangit (am Fuße des Himmels) an,
als gerade die Sonne in das Meer eintauchte, sich zur Nachtruhe
in ihr Haus zu begeben. Hier stand der Baum dingis — da ist er

auch abgebildet, Doctor — und im Schatten seiner Aeste, die weit
über das Meer herüberhingen, sahen die Rupacks einen großen
Haifisch im Meere auf Beute lauern. Da stieg einer von ihnen
auf den Baum·und pflückte die süßen Früchte ab, die an ihm
hingen, und ·sie warfen sie ins·Meer dem Haifische zum Fraß.
Als dieser nun im besten Fressen war, stürzten sich die Rupacks
in das Meer der Sonne nach, und sie fanden sie richtig in
ihrem Hause bei ihrem Abendessen. Sie blieben bei ihr über
Nacht. Als sie nun am nächsten Tage mit ihr auszogen auf
die. tägliche Wanderung den Himmel entlang, da sahen sie tief
unter sich ihre Verwandten und Freunde, die wehklagend in
ihrem Heimatsdorfe auf= und abliefen und die verlorenen Rupacks suchten. Diese aber fingen auch an zu weinen. Da fragte
die Sonne: «Warum weint ihr denn?» Und die Rupacks
fürchteten sich, ihr die Wahrheit zu sagen und sprachen: «Es
ist so viel Rauch in deinem Hause, o Sonne, der treibt uns
das Wasser in die Augen.» Aber sie war klüger als ihre Gäste,
sie errieth den wahren Grund und versprach ihnen Hülfe. Sie
nahm nun einen großen Bambu, dahinein steckte sie die vier
Leute und schloß die Oeffnung mit einem Pfropfen aus den
Blättern des Baumes cassuc, dann warf sie das Rohr ins
Meer. Das aber wurde von den Wogen nach Argeutel ge=
trieben. Es war zur Zeit hohe Flut, und viele Menschen waren
am Strande, sie wollten gerade mit ihren Amlais ausziehen, um
ihre verlorenen Freunde zu suchen. Das Bambusrohr aber war
ihnen ein ganz fremder Baum, sie hatten nie etwas Aehnliches
gesehen; sie fischten es auf aus dem Meere und waren sehr er=
staunt, als sie darin rufen hörten. Sie zogen den Blätter=
pfropfen heraus; wie freuten sie sich, als nun plötzlich ihre
verlorenen Rupacks hervorsprangen! Den Bambu warfen sie
fort, die thörichten Menschen, aber den Cassuc behielten sie, weil
er so schöne bunte Blätter hatte; sie pflanzten ihn vor ihrem
Bai in gute Erde ein — da hast du doch den großen alten Cassuc

gesehen, Doctor, der dort steht.   Von ihm stammen alle die
kleinen Bäume ab, die du hier in Orocoll und in Ardelollec
und auch in Coröre gesehen hast.   Der Bambu aber trieb mit
der Ebbe nach Naracobersá dicht bei Coröre, wo er zuerst ge=
pflanzt wurde; deshalb sind dort im Norden alle Inseln voll
von diesem nützlichen Baum.   Weil aber doch die Rupacks von
Argeutel ihn von ihrer gefährlichen Reise mit herunter auf die
Erde gebracht haben, so hatte nun ihr Dorf lange Zeit das
Vorrecht, dort in Naracobersá sich ihren Bedarf an Bambusrohr
alljährlich zu holen, ohne dafür zu bezahlen; die andern Staaten
aber mußten, was sie brauchten, mit theuerm Gelde bezahlen.
Und das ist die Geschichte von den Rupacks, die weinten, als
sie fern von ihrem Lande bei der Sonne zu Besuch waren."

„Wie werden sich meine Freunde in Angabard freuen",
erwiderte ich, „wenn sie diese hübsche Geschichte hören.   Aber
erzähle mir mehr, da ist ja noch das bri und daub *) voll
von Figuren." — „Die kenne ich nicht, Doctor, das sind
ganz alte Geschichten, die wir schon lange vergessen haben." —
„Aber ihr habt sie ja selbst gezeichnet." — „Ja wohl, aber
wenn ein Bai zu Grunde geht, dann zeichnen wir auf dem
neuen immer dieselben Geschichten wieder, und unser König hält
ganz besonders viel darauf, daß hier nur die alten Geschichten
abgemalt werden.   Er will nicht, wie in Ardelollec oder Ar=
geutel, ein Schiff oder Menschen aus Angabard auf dem Dache
oder an den Balken im Hause abzeichnen lassen."

----

*) Die dreieckige Fläche jedes Giebels eines Bais wird in sieben Felder
getheilt, von denen jedes seinen Namen hat und die Sage, welche nur auf
ihm abgebildet werden darf.   Da es mir nicht vergönnt war, dieses Werk mit
Bildern auszustatten, die ich dort theils selbst skizzirte, theils durch Gonzalez
ausführen ließ: so muß ich den Leser, welcher gerade hieran besonderes In=
teresse nimmt, vertrösten auf ein rein wissenschaftliches Werk, welchem ich
auch jene Abbildungen beizugeben gedenke — wenn es die Umstände ge=
statten!   Eine genauere Beschreibung ohne solche hier zu liefern, ist völlig
nutzlos.

Nur noch die Geschichte in einer Abtheilung des Giebelfel-
des, dem sogenannten meleck, konnte mir mein Freund erklären.
Sie stammt aus Yap (Bölulakap). *) In der Stadt Auidel
lebte einst ein Kalid, der nach seinem Tode in das Meer ver-
senkt wurde, wo sein Geist fortlebte und sein Weib und Kinder immer mit Früchten, Fischen und andern Lebensmitteln
versorgte, die sein ältester Sohn mit der Angel heraufholte.
Eines Tags, als er so nach den Gaben seines Vaters angelte,
brachte er auch Blätter mit herauf, etwas später erschienen Aeste
und Zweige, dann die Stämme großer Bäume, und endlich erhob sich aus dem Meere auch das Land. Am Fuße eines schönen alten Baumes lag der Vater des Knaben in einen Stein
verwandelt. Als nun zwei Männer das sich zwischen ihren
Inseln aus dem Wasser erhebende Land sahen, behaupteten beide
ihr Recht an dasselbe; der junge Mensch aber sagte, es sei Eigenthum seines Vaters, mit seiner Hülfe habe er es vom Meeresgrunde heraufgeholt. Als ihm aber jene, gierig nach dem Besitz
der fruchtbaren Strecken, widersprachen, da öffnete der Stein
seinen Mund und bestätigte seines Sohnes Recht darauf. Tief
unten aber säßen, schloß mein Gewährsmann, zwei Weiber, die
Kalids der Erde, die mit hochgehobenen Armen die Inseln zu
stützen hätten, daß sie nicht wieder zurückfielen auf den Grund
des Meeres.

Doch nun ist auch dieses Thema zur Unterhaltung erschöpft!
Tag für Tag wiederholen sich jetzt in eintöniger Reihenfolge
bei mir dieselben Gedanken, dieselben Wege: vom Strand zum
Dorf und wieder zurück, von Peleliu nach Angabard, und immer
finde ich mich wieder in Orocoll. Unausgesetzt vom frühen
Morgen bis in die späte Nacht hinein üben die heiligen Tänzer
den Ruck ein, unermüdlich sind sie in ihrer Arbeit, und näher

---

*) Eine Sage, die übrigens, mannichfach variirt, überall im Stillen
Ocean wiederkehrt.

und näher rückt der Tag heran, an welchem sie dem Volke, das
von nah und fern herbeiströmt, ihres Gottes heiligsten Tanz
vorführen werden. Fortwährend erstehen neue Hütten in der
Nähe des Platzes vor dem Bai; mit stolzer Freude sieht der
König die Menge der Besucher zunehmen und täglich läßt er
sich berichten über Stand und Wachsthum seines frommen Unter=
nehmens. Freude glänzt auf allen Gesichtern; nur ich allein
wandle unter ihnen, stumm und einsam trotz der Menschen=
menge, Gram und Verzweiflung im Herzen. Tage, Wochen
vergehen; kein Schiff erscheint! Nun locken mich die jungen
Mädchen vergebens hinaus aufs Riff, um meine Lieblings=
muschel, die große Kim, zu suchen; umsonst ist all ihr Bitten,
mit ihnen, wie in Nasiaß, die Mondscheinnächte nun zu feiern.
Inatoluck sogar — zu Besuch in Orocoll — erkennt den Sakalik
nicht mehr, so stumm und trüb ist er geworden. Nichts reizt
ihn, nicht mehr die hübschen Geschichten, die ihm Akiwakid er=
zählen will. Auch die Gespräche mit dem King und den Ru=
packs kommen mir so schal nun vor; mir ist, als kennte nur
das Meer, das ewig unruhige, die Sprache, die mir noch zum
Herzen bringt.

Da plötzlich fällt ein Hoffnungsstrahl vom Himmel. Ein
Schiff ist da! „Woher?" — „Nicht Cabel Mul, es geht nach
Angabard." — „Nach Angabard? Ich muß ihm nach! Hinaus,
ihr Freunde, rasch, legt Hand ans Werk. Du, Freund, lauf
du ins Dorf und such Gonzalez, sag ihm, er solle eilends kom=
men, wenn er mit will in die Heimat." Das süße Wort!
„Eilt doch, ihr Freunde, eilt; seht ihr denn nicht, wie das
Segel rasch nach Westen treibt? Steigt ins Amlai hinein —
nein, nicht so viele! — habt ihr auch Mast und Ruder? Stoßt
ab, Gonzalez kommt ja doch nicht mehr, stoßt ab!" Das ist
ein Wirrwarr! Wol zehn Menschen sitzen enggedrängt im klei=
nen Boot, mit Mühe nur kann ich mich einiger erwehren, die,
halb schwimmend schon, gefolgt sind, um die Fahrt auch mitzu=

machen. Endlich sind wir frei! Nun sind die Ruder nicht zu
finden — gottlob! da liegen sie, und Inarratbac sitzt darauf.
Vorwärts geht es jetzt, nicht achtend der Gefahr, mitten durch
die Brandung hindurch schießt unser Boot — wir sind hinüber.
Nun den Mast gesetzt — hier fehlt ein Tau, dort wieder eins
— nein, es fehlt keins. Wie langsam geht doch alles! Wäre
nur mein Freund jetzt da, ihr solltet sehen, wie das Amlai schon
längst die Wogen peitschen würde. Endlich steht der Mast.
Das Segel auf! — Mit Windeseile geht es nun dem Schiffe
nach, das seinen Curs nordwestlich hält. „Freunde, helft doch
nach mit Rudern, es geht nicht rasch genug.“ Doch, was ist
das? das Schiff dreht von uns weg, und wir gewinnen ihm
keinen Vorsprung ab! „Wie langsam segelt doch unser Amlai!
Vorwärts, vorwärts!“ rufe ich, als könnt' es mich verstehen.
Das Schiff hält noch mehr ab, nun richtet es seinen Curs
gerade gegen Westen! „O Cheyne, der du auch dieses mir
gethan! Du hast die Eingeborenen alle zu «Piraten» gemacht*),
und niemand wagt nun, da dein Wort hier viel gilt, den Inseln
allzu nahe zu kommen! Ein vermeintlicher Seeräuber jage ich jetzt
jenes Schiff, den letzten Rettungsanker in meiner Noth, von mir
weg! immer weiter schwindet es vor meinen Augen — o, wenn doch
Windstille käme: rudernd wollten wir es schon erreichen!“ — „Es
ist vergebens, Doctor, wir fahren nun schon viele Stunden, die
Sonne steht im Westen und unsere Inseln sehen wir nicht mehr!“ —

---

*) Außer verschiedenen Büchern, welche Cheyne geschrieben hat, pflegte
er nach jeder Reise in einem Blatte des Hafens, wo er seine Waare absetzte,
einen Bericht über seine Erlebnisse mitzutheilen. Durch ihn wurde so in
Singapore und China die Meinung verbreitet, es seien die Bewohner von
Peleliu waghalsige Seeräuber. Ich will nicht behaupten, daß sie niemals
Piraterei getrieben haben — wie ja auch Tomué mir dies selbst eingestand —;
aber ein Geschäft haben sie nie daraus gemacht, und waghalsig, muthig sind
sie nie gewesen. Cheyne's Feigheit nur ließ sie in solchem Licht erscheinen.
Ein einziger entschlossener Europäer treibt Dutzende von ihnen zu Paaren;
überlegener Zuversicht des weißen Mannes hält dort niemand stand.

Semper.　22

„Was thut's? Ich muß dem Schiffe nach! ich muß, ich will nach Angabard!" — „Nein, Doctor, nein! es geht nicht mehr; wenn wir zur Nacht hier draußen bleiben sollen, sind wir verloren! Kehrt um!" befiehlt ein Rupack seinen Untergebenen. — —

Und ich? Ich weiß nicht mehr, was ich nun that! Verschwunden sind mir ganz aus meinem Leben die Stunden, die ich noch auf jener Insel zugebracht. Einer Pflanze gleich aß, trank und schlief ich nur. Mein Tagebuch gibt mir von jenen letzten Tagen keine Erinnerung mehr ein — wie mit dem Schwamme weggewischt von einer Tafel sind sie mir verloren!

Nur eines Abends wunderbarer Sonnenuntergang rief mein Bewußtsein mir zurück. Hoch oben auf der Felsenwarte über Orocoll, hart am Abgrund hängend, wie der Karamlal, träumte ich, den Blick gen Westen richtend — wie lange? Ich weiß es nicht. Tief unter mir kräuselten sich des Meeres Wogen, ansteigend in scheinbar gefälliger Ruhe gegen des Riffes Rand, und aus dem Schaume ihrer Brandung stiegen wohlbekannte, geliebte Gestalten auf, mir winkend, ihnen doch zu folgen. Das leise Flüstern des Meeres verlieh solchen Truggebilden meiner Phantasie laute Stimmen: o komme doch! komme bald! Ueber mir rauschten die Blätterkronen des mächtigen Brotfruchtbaumes, der dort hart an der Klippe Rand wuchs, wie zum Abschied noch einmal das Lied, das mir Jnatoluck gedichtet. Ueber all die Pracht des tropischen Landes goß die untergehende Sonne ihr schwebendes Gold aus, daß der Kreidefelsen unter mir in röthlichem Scheine erglühte wie in unsern Alpen der Gletscher Weiß im Morgenkuß des aufgehenden Gestirns; und ihr röthliches Licht legte einen merkwürdigen Schein über die dunkle und doch so durchsichtige Bläue des Meeres, und der Brandung schneeweißer Saum warf beständig kleine Locken, grell vom Lichte beschienen, in das Hellgrün des Riffkanals hinein. Tiefer und tiefer sinkend zog die Sonne, nur halb verhüllt durch einige Wölkchen, mit ihren Strahlen Furchen

über das verdunkelte Meer, als wollte sie mir über seine Fläche
hin den Weg zeigen, den ich ihr nach ziehen solle! Und als
sie nun niedergetaucht war unter den Spiegel, zur Nacht aus=
zuruhen in ihrer nassen „Behausung": da zauberte sie, schon im
Einschlafen, mir in buntestem Wechsel und blendendster Pracht
der Farben, wie sie nur der Tropenhimmel zu erzeugen vermag,
allerlei liebliche Bilder meiner Sehnsucht an des „Himmels Fuß"
(gul-eijanget). Aber vor ihren wechselnden Erscheinungen erhob
sich in schärfster Form ein wohlbekanntes Schiff, und es wuchs
und wuchs, und mit ihm stieg sein alter Kapitän auch immer
höher den Himmel hinan, bald seines Fahrzeugs Masten über=
ragend, mehr und mehr jene andern Gestalten verdrängend, bis
es endlich mit seinen ausgebreiteten Segeln und Woobin hinten
und der alten Lady Leigh vorn am Bug den ganzen Himmel
mit dem gleichmäßigen Grau der rasch hereinbrechenden Nacht
überzogen. — Glücklicher Ahnung voll legte auch ich mich nieder
zur Nachtruhe. Und als der wieder erwachten Sonne erster
Strahl hoch über mir jenes Brotfruchtbaumes höchsten Gipfel zu
vergolden begann: da eilte ich hinaus an den noch in Dämme=
rung liegenden Strand, und wieder stand vor mir das riesige
Bild des Schiffes, das ich am gestrigen Abend gesehen! Wie
aber die Sonne sich mehr und mehr erhob, schrumpfte es immer
mehr ein, und als endlich! endlich! das Gestirn seinen ersten
glühenden Strahl über die östlichen Klippen hinweg auf das
Meer warf: da schwamm wirklich die alte Lady Leigh, kein
Phantasiegebilde wie noch im Augenblick zuvor, nein, die wirk=
liche echte Lady Leigh mit ihrem alten treuen Kapitän auf unser
Eiland mit weit und fröhlich ausgebreiteten Segeln zu!

Vergessen waren nun mit Einem Schlag alle Leiden meines
Aufenthalts hier in Peleliu. Mit dankerfülltem Herzen sagte
ich allen meinen Freunden, voran Inatoluk und Tomué, mein
Lebewohl. Wie leicht war doch mein unbeschuhter Fuß, als ich
zum letzten mal vom Dorfe über die Klippen weg zum Strande

eilte! Wie sprang ich über die scharfen Spitzen der Korallen hin, das Wasser zu gewinnen! Doch — nicht beschreiben läßt sich die Freude, mit der ich endlich wieder der uralten Lady Leigh morsche, wurmzerfressene Planken betrat. Keine Worte fand ich für mein Entzücken, als des Schiffes Bug sich heimwärts wandte. Drum schließe ich hier, wie ich mein Tagebuch beendete: „Endlich die Lady Leigh da und fort nach Manila!" (26. Januar 1862).

XIII.

Rückkehr nach Manila. Die Katastrophe.

„Ja, das kam so, Dr. Semper", erzählte mir bald darauf
Kapitän Woodin. „Krei und Marisseba (Mad) baten so lange,
dem braunen Burschen da, dem Amelukl, zu erlauben mitzu=
reisen, daß ich endlich nachgab, obgleich ich keine Neigung dazu
hatte. Marisseba schickt seinen Sohn doch nur mit mir, damit
er mich dort in Manila gut im Auge behalte; sie meinen, wenn
ich einen der Ihrigen mit mir nehme, so würde das allein mich
zwingen, wieder zu ihnen zurückzukehren." — „Denkt ihr denn
daran, das Fahren nach den Inseln aufzugeben?" — „O nein,
aus freiem Willen sicher nicht; aber ach, ich fürchte, mein Un=
glück wird mich dazu nöthigen. Meine Ladung ist nicht groß;
und sicher werde ich wieder nur schlechten Markt dort finden,
und da ich Schulden habe, so kann ich nicht warten, ich muß
verkaufen — nun, und dann wißt ihr, was mir bevorsteht.
Soll ich denn als Bettler sterben, nun wohl, wenn ich nur
Weib und Kinder vor meinem Tode wiedersehe! Genug davon.
— Ich hatte viel zu thun, mich anderer Gäste noch zu erweh=
ren; hätte ich es zugegeben, gewiß ein Dutzend Männer von
Aibukit wären mitgegangen, so große Lust zur Reise nach Anga=
bard hatten sie alle. Auch Euer Freund Arakaluk wollte mit,

es kostete mir Mühe genug, ihn davon zurückzuhalten. Mir wäre er lieber gewesen als Gast, denn jener Amelukl; aber dieser ist des Königs Sohn. Euer Freund läßt Euch noch vielmals grüßen und Euch sagen, ihn nicht zu vergessen. Hier dieses Päckchen hat er mir für Euch gegeben; und drunten unter Deck habe ich ein Amlai, das er Euch schenkt mit allem Zubehör. Auch die Balken, die Euch die Rupacks so bereit= willig aus dem Bai absägten, habe ich im Raum, gut einge= wickelt in Matten, daß die Zeichnungen darauf keinen Schaden leiden können. Es sind doch gute Leute, die von Aibukit, aber ganz besonders lieb ist mir Arakalulk, die treue gute Seele." — „Das weiß der Himmel, Kapitän Woodin, eine treue Seele ist's, ein wahrer echter Mensch! — Doch was ist das? Dort sehe ich eben zur Schiffsluke noch ein zweites braunes Gesicht herauslugen, Kapitän Woodin. Wahrhaftig, das ist ja Freund Anguakl — wie kommst du hierher?" Und nun tritt Barber auch herzu und erzählt, wie dieser ihn schon lange mit Bitten belästigt habe, ihm doch zu erlauben, mitzureisen, seine Sehn= sucht, Angabard zu sehen, sei gar zu groß. Da habe er ihm endlich denn gestattet, sich unter dem Balate im Schiffsraum so lange zu verbergen, bis das Schiff auf hohem Meere sei; könne er das aushalten, ohne sich nur Einem von der Mann= schaft zu entdecken — die es gewiß dem Kapitän anzeigen wür= den — so wolle er nachher ein gutes Wort für ihn einlegen. Dieser verzieh ihnen leichter, als ich vermuthet, den schlechten Streich, den sie ihm gespielt; ich meinerseits war froh, denn Anguakl war ein lebenslustiger, munterer Gesell, während Amelukl, im Bewußtsein seiner königlichen Würde, nie den Ernst des Fürsten zu verleugnen wagte.

Frisch blies der Ostwind ein in unsere Segel und trieb das Schiff in schnellem Lauf — viel zu langsam doch für meine Ungeduld — der Heimat zu. Schon am fünften Tage er= blickten wir die Insel Pampan, wo wir einst vor langer, langer

Zeit im Hafen lagen; dann ging's ohne Unfall durch die enge
Straße von San=Bernardino durch, und immer noch war Wind
und Meer uns günstig. Burias und der Vulkan von Taal,
südlich dann Mindoro zogen rasch an uns vorüber; nordwärts
bogen wir und sahen — endlich! am elften Tage der Reise
Manilas Hafen und an seinem Eingange auch den Leuchtthurm
von Corregidor, ganz wie ehedem. Wie ich meine Freunde
dort wol finden werde? — Endlich, endlich fällt der Anker,
nun rasch ins Boot, da ist der Pasig — wie so heiter blickt
mich doch alles an. Nun den Kanal hinauf — hier ist die
Treppe, jetzt hinein ins Haus. „Moritz, Moritz, da bin ich
wieder!"` — „Beim Himmel, Semper, zur gelegenen Stunde
kommst du Verschollener zurück. Wir alle gaben dich schon
längst verloren!" — „Ein Wort nur, Moritz, was macht
deine — meine Anna?" — „Hier ist sie, in Binondo, in mei=
nem Hause, ich schicke augenblicklich einen Boten hin, bald .dann
gehen wir selbst. Sie hat viel um dich gelitten." — „Das
glaub' ich dir, und hätte ich es ihr ersparen können, du weißt
es, Freund, ich hätte es gewiß gethan. Doch davon später;
nun zu ihr. Nur eines klär' mir auf. Du sagtest, zur ge=
legenen Stunde käme ich an, wie verstehe ich das?" — „Sieh
hier, da dies Papier ist der Contract mit einem Spanier, der
sich gegen theures Geld verpflichten wollte, dich im Stillen
Ocean zu suchen; mit ihm sollte Don Pepe gehen. Selbst
Anna wollte mit; sehr schwer nur ließ sie sich von solch toller
Fahrt abhalten. In wenig Stunden hätte ich das Blatt da
unterzeichnet; das hast du nun durch deine Rückkehr dir und
uns erspart. — Doch, da ist der Wagen. Rasch, Kutscher, laß
die Pferde laufen!" — Des Wiedersehens Freude aber ließ
meine Braut und mich noch lange nicht zum ruhigen Erzählen
des Erlebten kommen!

Wochen vergingen nun. Meine Frau und ich, wir saßen längst im Süden, in Bohol, mit uns und unsern Arbeiten beschäftigt, und dachten kaum noch des vergangenen kummervollen Jahres. Vor uns lag die Hoffnung auf den Lohn, den wir jetzt schon in größerer Nähe uns winken sahen: wir sprachen oft von unsern Planen, wie wir die reichen Resultate meiner Reisen, heimgekehrt, recht auszunutzen dachten. Was sollten wir, da so viel zu thun noch vor uns lag, uns jetzt die Thatkraft schwächen lassen durch behäbiges Zurückschauen auf den bereits zurückgelegten Weg? Doch unwillkürlich warf uns eines Tags in trübster Weise ein Brief in die Erinnerung an das letzte Jahr zurück. Mein Schwager Hermann theilte uns mit, wie schließlich doch des alten Woodin traurige Ahnungen sich erfüllten. Er schrieb mir Folgendes:

„Wie Ihr wißt, hatte Woodin nur eine ziemlich mäßige Ladung Trepang mitgebracht, und da der arme Mann noch von seiner letzten Anwesenheit her hier Schulden zurückgelassen hatte, so war er genöthigt, um diese zu decken, seine Ladung à tout prix loszuschlagen. Der Trepang stand gerade auffallend niedrig, tiefer als seit vielen Jahren; das Geschäft war schlecht. Nun hätte Woodin wieder viel Geld aufnehmen müssen, wenn er seine Reisen auf Trepang nach den Carolinen hätte fortsetzen wollen; auch die Lady Leigh war schon so schlecht geworden, daß sie einer gründlichen Reparatur dazu bedurfte. Er wäre sicherlich immer tiefer in Schulden gerathen. Als einziges Mittel, sich vor gänzlichem Untergang zu retten, schlug ich ihm Folgendes vor. Ich wollte seinen Schooner, nachdem er hier die nothdürftigste Ausbesserung erhalten hätte, zu einer Reise nach China miethen (chartern), wohin ich in nächster Zeit Reis zu schicken gedachte. Ging es unterwegs unter, so war meine Ladung freilich dahin, denn versichern konnte ich sie in diesem elenden Schiffe nicht. Kam er aber an in Hongkong, so blieb ihm von der Fracht nach Ablohnung seiner Mannschaft noch

einiges Geld übrig, und mit dem Erlös des dort zu verkaufen=
den Schiffes sollte er sich dann zu den Seinen nach Hobart
Town begeben. Nach schwerem Kampfe mit sich selbst nahm
Woodin mein Anerbieten an; mit Thränen in den Augen klagte
mir der Arme seinen Schmerz, daß er nun doch den Freunden
von Aibukit als ein Wortbrüchiger erscheinen würde. Erst als
ich ihm versprach, mich seiner beiden Schützlinge von dort an=
zunehmen, erklärte er sich einverstanden. — Glücklich war seine
Reise nach Hongkong. Sein Schiff ward dort noch zu ziemlich
hohem Preise verkauft. Was dann aus ihm geworden ist, weiß
ich nicht; seit der Anzeige, daß er seine Lady Leigh verkauft
habe, hat er mir nicht wieder geschrieben.

„Ebenso traurig, nein viel trauriger noch ist es den beiden
von Aibukit gegangen. Der kraushaarige Fürstensohn war noch
während Woodin's Anwesenheit immer melancholischer geworden,
Anguakl trug die lange Abwesenheit von der Heimat besser.
Mit Woodin's Abreise nahm des erstern Melancholie immer zu,
er magerte sichtlich ab und starb hier schließlich im Hospital an
allgemeiner Entkräftung. Sectionen, weißt du, darf man hier
nicht machen; dem Arzte blieb die Krankheit, an der er ge=
storben, räthselhaft. Sein letztes Wort war eine Erinnerung an
sein Vaterland; es hieß: Palau. Nun kam Cheyne mit vollem
Schiff hierher. Anguakl, bei dem jetzt auch die Sehnsucht er=
wachte, wenngleich nicht so stark wie bei dem armen Ameluki,
willigte ein, mit diesem Erbfeind seines Stammes nach Palau
zurückzukehren. Vor wenig Tagen sind sie dahin abgesegelt. —
Cheyne hat natürlich wiederum reiche Ladung mitgebracht und
treffliche Geschäfte gemacht; jetzt war der Markt ausgezeichnet,
und dieselben Sorten, die Woodin noch vor wenig Monaten für
einen Spottpreis hat losschlagen müssen, wurden von jenem für
das Doppelte fast verkauft.“

So weit der Brief. — Ob Anguakl wirklich in seine Hei=
mat gelangte, ob er vielleicht als Feind des Staates Coröre

dort bei seiner Ankunft nach landesüblicher Sitte getödtet wurde: ich weiß es nicht. Nie habe ich wieder von ihm gehört. Auch Kapitän Woodin war für mich verschwunden. Als ich zwei Jahre später auf der Heimreise Hongkong berührte, war alle Mühe vergeblich, die ich mir gab, zu hören, ob ihm wirklich sein letzter Wunsch erfüllt wurde: seine Frau und Kinder vor seinem Tode noch einmal zu sehen. Er war ein guter Mensch, aber der Unternehmung nicht mehr gewachsen, der er sich am Ende seines Lebens unterzog. Er war zu schwach zum Hammer, und als Amboß mußte er unterliegen im Streit mit Cheyne, der ihm an Kenntnissen, geistiger Gewandtheit und rücksichts= loser Anwendung aller Mittel ohne Wahl gewaltig überlegen war. Ehrliche Beschränktheit führt im Kampf ums Dasein, wie er dort im Stillen Ocean entbrannt ist, eher noch als anderswo zum Untergang.

Mein Wanderleben lag längst hinter mir. Zurückgekehrt nach Deutschland hatte ich meiner Thätigkeit mir ungewohnte, neue Bahnen eröffnen müssen; mehr und mehr entschwand mir die Erinnerung an die Vergangenheit, da ich unverwandt den Blick auf meine Zukunft zu richten gezwungen war. Selten nur gab ich mich dem Genusse hin, durch Lesen meiner Tagebücher mich noch einmal wieder zu verjüngen. Dann verweilte ich vorzugsweise gern bei meinem treuen Freunde von Aibukit; fände ich doch nur Gelegenheit, ihm, wie ich es versprach, ein Lebenszeichen von Angabard aus hinzuschicken, damit er sähe, daß ich ihn nicht vergessen. — Vergebens war mein Bemühen, über Manila oder auf anderm Wege, der sich mir später zu bieten schien, Nachrichten von Palau zu erhalten, solche dahin gelangen zu lassen. Denn alle Schiffe gingen nun, wie früher auch, im Hafen von Coröre zu Anker, und die Geschenke, die ich etwa

dem Steuermann des Cheyne oder selbst andern hätte anver=
trauen wollen, sie hätten sicher niemals ihren Weg bis nach
Aibukit hin gefunden. Ein größerer Kummer wäre es sicher=
lich für Arakalulk gewesen, wenn er gehört hätte, Doctor
schickte Sachen nach Palau, aber nicht an ihn, als den er
nun empfindet, da er meint, ich habe ihn vergessen. Kommt
aber einst noch günstige Gelegenheit, so sende ich ihm, außer
andern Sachen, wie ich es ihm versprach, nun auch dies book
und auch mich selbst darin. Dann wird er sehen, daß Doctor
seiner Freunde nie vergißt.

Zur Seite solcher freundlich heitern Erinnerung stand aber
oft ein Bild, das sich mir unauslöschlich eingeprägt, in das
hinein sich alle Züge kaltblütiger Grausamkeit, feiger Hinter=
list und niedrigster Gewinnsucht sammeln, an denen wahrlich
das Leben unserer handeltreibenden Seeleute dort im fernen
Osten so überreich ist: das Bild des Cheyne. Er allein von
allen, die ich dort gekannt, schien seines eigenen Glückes Schmied
geworden zu sein; ihm allein gelang, was er begann. Sein
Name wurde weit über seine Kreise hinaus geehrt. Ihm ver=
dankt die Welt mehrere Schriften über die Inseln und die
Schiffahrt in jenen Meeren, die dem Gelehrten großen Werth
dadurch gewannen, daß in ihnen ein gewiß begabter, recht ge=
bildeter Mann das Selbsterlebte mit klarem Blick und Ehrlichkeit
zu schildern schien; die dem Seemann auf seinen Fahrten dort
im fälschlich so genannten Stillen Ocean treffliche Führung wol
gewähren mochten; die dem Leser oft, trotz vieler Widersprüche,
den Autor als durchaus humanen, vom edelsten Gefühl für
Sitte, Recht und Menschlichkeit durchdrungenen Mann erscheinen
ließen. Wie anders stellte sich mir, der ich ein Bruchstück seines
Lebens kannte, sein Charakter dar! Doch einen vollen Blick in
dessen düstere Tiefen je zu thun, ist nun uns andern wol für
immer versagt: die Nachricht seines plötzlichen gewaltsamen Todes
auf dem letzten Schauplatze seiner Thaten erreichte mich, als ich

schon glaubte, daß er, auf dem Gipfel seiner Macht, sich selbst
die Krone über die dortigen Reiche aufgesetzt, Reichthum und
Ansehen überall und seinem Vaterlande eine Colonie gewonnen
habe!

Cheyne habe — so sagt die Zeitungsnachricht — den Haß
der Eingeborenen von Coröre dadurch erweckt, daß er nicht ihnen
blos, sondern auch feindlichen Staaten Schießwaffen verkauft
habe; trotz des größten Vertrauens, das er bis dahin von ihrer
Seite genossen, sei er nun ergriffen und getödtet worden. Aber
dieselbe Nachricht sagt ausdrücklich gleich darauf, daß der Mör-
der nur auf Befehl des Häuptlings Ebadul gehandelt habe. —
Sollte es je gelingen, den Schleier zu heben, der noch über dem
Motiv zu dieser That ruht: ich bin gewiß, daß man dann erkennen
wird, es sei nur die aufs höchste mishandelte Geduld jener Armen gewesen, die sie endlich, nach Brauch und Sitte des eigenen
Landes, das Todesurtheil über ihren Peiniger durch den Aruau
aussprechen ließ. Rechtlos, ein Geächteter in seiner eigenen Heimat, steht dem englischen Colonialgesetz der Heide gegenüber:
eines gemeinen Verbrechers Schwur, wenn er nur Europäer und
ein Christ, wiegt schwerer dort als das einfache Wort zahlreicher
sogenannter Wilden. Nun gar in diesem Falle: wer sollte sie
vor Cheyne behüten, als nur er selbst? Hatten sie sich nicht
durch jenen Handelstractat und ihre Constitution so ganz in
seine Gewalt begeben, daß er allein Herr über sie geworden
schien? Wie war es möglich, ihre Klagen gegen ihn dorthin zu
bringen, von wo das Schicksal dieser Armen doch immer nur
gelenkt wird, nach Hongkong? Und wie wol wäre ihnen, da
sie nicht Christen, der Beweis geglückt, daß Cheyne sich wirklich
gegen sie vergangen habe? Ich meinerseits bin überzeugt, daß
er nie für jene Insel zahlte, die er dort gekauft; ich glaube fest,
daß er ganz allein die Schuld an seinem Tode trägt. Noch
mehr, durch jenen Contract hatte er sich selbst unter das heimische Gesetz gestellt; und schließlich blieb ihnen nur dies eine

Mittel zum Schutze gegen ihn: sich seiner zu entledigen nach heimischem Gebrauch, unter dem er selbst ja stand — durch Tödtung auf Befehl des Aruau.

Aber noch in seinem Tode brachte er den Menschen Un= heil, denen er ein Segenspender zu werden vorgab. Den Mord des Europäers an den rohen Wilden zu rächen, sandte die eng= lische Regierung von Hongkong den „Perseus", Commander Stevens, nach Palau. Dieser verlangte ohne jede Untersuchung des Falles die Auslieferung des Mörders. Der Eingeborene, welcher ihm als solcher bezeichnet und auf sein Schiff gebracht wurde, gestand dem Kapitän Stevens, daß er auf Ebabul's aus= drücklichen Befehl den Cheyne getödtet habe. Nun verlangte der Seemann, — schien ihm doch wol der Fall undenkbar, daß Ebabul in seinem eigenen Lande das Recht zu jener That ge= habt — daß der König selbst sein Leben lasse zur Sühne für das des englischen Flibustiers. Der Aruau gab auch hierin nach; natürlich, denn sie wußten aus Erfahrung, was ihnen bevorstand, wenn sie sich geweigert hätten. Nur verlangten sie, daß Ebabul durch die Mannschaft des Schiffes erschossen werde. Stevens schlug dies ab, verschmähte aber doch nicht, seinen ersten Lieutenant und einige Marinesoldaten an Land zu schicken, um die richtige Vollziehung des „Urtheils" — meine Feder wollte „des Mordes" schreiben — zu überwachen. Zwei englische Marinesoldaten nahmen den König zwischen sich. Ebabul, ernst gefaßt, echten königlichen Muthes voll, sah seinem Unterthan — vielleicht dem eigenen Sohne — gefaßt ins Auge, der mit einem Schuß den Tod ihm gab! Gesühnt hat er dadurch die Schuld, die seiner Vorfahren und sein eigener kraftloser Ehrgeiz auf sein Volk geladen hat. Schön war sein Sterben: er fiel für sein Volk! Schöner wahrlich als das des Cheyne, des Christen: dieser starb nur um sein Geld!

Nachtrag I.

Ueber das Aussterben der Palau-Insulaner und dessen muthmaßliche Ursachen.

Daß die Bevölkerung der Palau=Inseln am Ende des vorigen Jahrhunderts eine sehr viel größere war, als sie jetzt ist, zeigt eine nach den von Wilson 1783 gelieferten Daten leicht an= zustellende Berechnung, verglichen mit einer auf ziemlich sicherer Basis· beruhenden Zählung der jetzigen Einwohner, die ich mit Hülfe von Arakalulk vornahm. Ich ließ diesen ehrlichen und durchaus zuverlässigen Freund zuerst die in jedem einzelnen Staate befindlichen Städte aufzählen, dann die in jeder derselben vor= handenen Clöbbergölls. Sodann ermittelte ich durch die ihm nur für Aibukit genau bekannten Mitgliederzahlen der dortigen Clöbbergölls die Durchschnittszahl eines einzelnen und erhielt schließlich durch Multiplication der letztern mit der Gesammtzahl der Clöbbergölls annähernd die Gesammtsumme der männlichen Bevölkerung. Natürlich ist eine solche Zählung äußerst roh, aber für den vorliegenden Zweck völlig ausreichend, wie man gleich sehen wird. Aus der Zählung der Individuen von 42 Clöbber= gölls erhielt ich als Mittelzahl 17,8; und dies gab bei der Totalsumme von 213 Clöbbergölls eine männliche Bevölkerung von etwa 4000 Individuen. Nimmt man nun an, daß die Zahl der Weiber derjenigen der Männer nahezu gleich ist oder

sie etwas übersteigt, und daß bei der ungenauen Methode viel=
leicht ein Irrthum von 25 Procent vorgekommen ist, so würde
das Maximum der gegenwärtigen Bevölkerung sich auf 10000
Seelen belaufen.

Zu Wilson's Zeiten aber müssen die Inseln sehr viel dichter
bevölkert gewesen sein. Diese Behauptung gründet sich auf die
ausführlichen Angaben, welche Wilson bei der Beschreibung der
verschiedenen von Coröre nach Meligeok unternommenen Kriegs=
züge über die Zahl der Kriegsboote macht, welche dieser kleine
Staat ausrüsten konnte. Coröre war aber von jeher ein un=
bedeutendes Königreich gewesen, das seine Macht kaum über
die nächsten Inseln auszudehnen vermochte. Auf dem ersten
Kriegszuge hatte Coröre, fast ganz ohne Bundesgenossen, etwa
150 Boote mit circa 1500 Mann, auf dem dritten mit seinen
Bundesgenossen zusammen mehr als 300 Boote kriegsbereit ge=
stellt. Wollte man nun — unrichtigerweise — annehmen, daß das
Verhältniß der Bevölkerungen der verschiedenen Staaten damals
dasselbe war wie jetzt, so ergäbe sich, da im ersten Feldzug
Coröre mit seinen Verbündeten nach diesem Maßstabe ungefähr
den sechsten Theil der Gesammtbevölkerung ausmachte, eine Ge=
sammtzahl von etwa 8—9000 streitbaren Männern, die aber
zunächst noch um wenigstens 5000 Mann zu erhöhen wäre, da
die Bundesgenossen niemals ihre gesammte Zahl an kampffähigen
Männern ins Feld stellen. Dies gäbe etwa 13—14000 Mann.
Rechnet man dann ferner 5—6000 noch nicht mit in den Krieg
ziehende Knaben und alte gebrechliche Männer hinzu, so wäre
damals (1783) die Zahl der Männer annähernd etwa 18—
20000 gewesen. Dies gäbe eine Gesammtsumme von mindestens
40000 Einwohnern. Und wenn man dann noch bedenkt, daß
damals Aibukit, Meligeok, Peleliu, Armlimui viel mächtigere
Staaten waren, als sie jetzt sind, daß Arzmau noch nicht zerstört
worden war und Roll eine Ausdehnung besaß, die das heutige
Dorf gewiß zehnfach an Areal übertraf: so wird man wol in

der angegebenen Zahl von 40000 Einwohnern nicht eine über=
mäßige, sondern eher eine viel zu niedrig gegriffene Schätzung
erblicken.

Was aber mögen die Ursachen sein, die das Herabsinken
der Einwohnerzahl von ungefähr 40—50000 Menschen auf
gerade ein Fünftel in weniger als einem Jahrhundert zur
Folge hatten?

Welche Mittel die Menschen von jeher anwandten, absicht=
lich oder unbewußt, um diejenigen zu vertilgen, die ihnen,
weil sie ein älteres Recht an die Scholle ihres Heimatlandes zu
haben glaubten, den begehrten Platz streitig machten, ist all=
bekannt. Bluthunde und Wegblasen durch Kanonen, Feuer=
wasser und Sklavenarbeit, Krieg und rohester Mord (auf den
Marianen), Krankheiten und päpstliche Decrete, Habsucht und
Bekehrungseifer: sie alle wirkten und wirken noch zusammen,
um den blutigen Weg zu bezeichnen, den unsere europäischen
Völker in den letzten Jahrhunderten um die Erde genommen
haben. „Das geschah aber doch alles zur Förderung der
Civilisation“, höre ich sagen. — Wol möglich; ich habe das
hier nicht zu untersuchen; ich wollte nur ein kurzes Ge=
dächtniß wieder an die Thatsachen erinnern. — Aber nicht
immer, sagt man, sei mit solcher Grausamkeit verfahren worden
wie in Amerika: ja selbst die Spanier, die doch vor allen sich
den Ruf der blutigsten Verbreiter europäischer Civilisation er=
worben hätten, seien doch auf den Philippinen höchst human in
ihrem Bekehrungswerk gewesen. Beweis: der blühende Zustand
der Colonien. — Ich besaß einst eine Neufundländer Hündin,
ein treues liebenswürdiges Thier und eine zarte Seele: ein
strenger Blick, ein hartes Wort erzwangen rasch ihren Ge=
horsam. Mitunter bekam sie doch auch ihre Schläge. Und
haben die Bewohner der Philippinen ihre Schläge nie bekom=
men? Wenn sie nicht solchen Muth und Zähigkeit des Wider=
standes hatten wie die Karaiben, um sich wie diese gänzlich vom

Erdboden vertilgen zu lassen: beweist das etwa für die Humanität, mit der man sie behandelte? Es ging eben meistens ohne Schläge ab.

Nur zum Vergleiche zog ich diese Verhältnisse heran; denn auf den Philippinen hat die Bevölkerung nicht abgenommen, und die Ursachen des Aussterbens wilder Völker gilt es doch hier zu untersuchen. An die rohesten und zumeist in Wirksamkeit getretenen Ursachen habe ich oben erinnert. Das Beispiel der Philippinesen aber zeigt uns, wie noch ganz andere Kräfte in Bewegung kommen bei dem Zusammenstoß verschiedener Nationen, selbst der ungebildetsten. Ich habe in meinen Skizzen „Die Philippinen und ihre Bewohner" erklärt, wie es kam, wie es kommen mußte, daß die Spanier sich das Land erobern konnten, ohne genöthigt zu werden, seine Bewohner auszurotten. Einerseits waren die Insulaner nicht bereit und auch nicht fähig zu einem geschlossenen nachhaltigen Widerstande; ihr Clanwesen steigerte die natürliche Schwäche dieser passiven Rasse. Andererseits aber paßten sich die Einrichtungen, wie sie, als Folge päpstlicher Prätensionen damaliger Zeit, bei den Expeditionen eines Magellan, Legaspi u. s. w. getroffen wurden, namentlich das Institut der Encomiendos und Encomenderos, den Zuständen auf den Philippinen vortrefflich an. Jeder Cazike mußte zuerst einmal die Wucht des Armes eines neuen Encomendero zu fühlen bekommen; war das geschehen, so dankte er regelmäßig zu Gunsten des Bagani aus dem Lande der Weißen ab. Seine Götter behielt er, nur ordnete er sie den neugekommenen Priestern unter. Das Clanwesen bildet noch heutigen Tages die Grundlage aller socialen Verhältnisse, aber über dem einheimischen Fürsten, dem Bagani, stand der fremde Encomendero. Diese eine Zwischenstufe vermittelte den Uebergang aus der heidnisch-malaiischen in die christlich-spanische Zeit: beide Culturstufen verbanden sich, weil sie gleich von Anfang an einen gemeinsamen Punkt der

Berührung gefunden und darin die Möglichkeit einer ziemlich
harmonischen Verschmelzung gewonnen hatten.

Und damit haben wir auch den Punkt angedeutet, von
welchem aus wir das Aussterben selbst solcher polynesischer
Rassen verstehen lernen, gegen welche man kein einziges der
obenerwähnten rohesten Ausrottungsmittel angewandt hat. Die
Thatsache solches Aussterbens ohne greifbaren Grund beweisen
eben die Palau=Insulaner. Die Pocken sind dort gänzlich un=
bekannt, ebenso andere ansteckende Krankheiten, oder sie haben
ihre Kraft eingebüßt. Die Kriege sind in diesem Jahrhundert
viel weniger blutig als zu Wilson's Zeiten, und berauschende
Getränke haben die Europäer nie dort eingeführt. Die Missio=
nare haben sich noch nicht des einheimischen Aberglaubens be=
mächtigt. Das einzige, was seit Wilson's Zeiten unser euro=
päischer Verkehr ihnen gebracht, sind bessere Waffen und schär=
fere Instrumente: jene wenden sie weniger an als früher die
schlechtern, und mit diesen beenden sie eine Arbeit in wenig
Tagen, zu der sie sonst Wochen brauchten. Und trotz aller
solcher Vortheile sterben doch diese liebenswürdigen Menschen aus!

Die Erklärung scheint mir sehr einfach. Die Lebenskraft
ihres apathischen Naturells und des Culturzustandes, in welchem
sie zu Wilson's Zeiten lebten, mußte durch äußere Mittel gesteigert
werden. Zu solchen nöthigte sie die Steinperiode. Das Bewußt=
sein, für Beschaffung selbst der geringen Bedürfnisse des dorti=
gen Lebens hart arbeiten zu müssen, erhöhte ihre Energie, und
diese wirkte natürlich auch auf ihre Bedürfnisse zurück. Künst=
liche Schnitzereien, reichverzierte Suppenterrinen, schöngeschmückte
Dolche aus Schildpatt, wie sie Wilson in seinem Buche ab=
bildet, müssen damals gerade nichts Seltenes gewesen sein; ihre
langen Bänke und runden Böcke zum Aufbauen der Kukau=
pyramiden zierten sie in geschmackvoller Weise mit weißen Muschel=
schalen. Ueber dem Herde hing in jedem Hause ein nicht selten
zierlich geflochtener Schrank zum Aufbewahren der nicht ver=

brauchten Speisen. Jetzt ist von solcher Thätigkeit keine Spur mehr zu finden. Wo ich auch hinsah, im Norden wie im Süden, in den Häusern der Fürsten wie des Volks: überall sah ich Reminiscenzen an jene vergangene thatkräftige, gesunde Zeit; und wo ich hinhörte, da sagte man mir überall: „Ja, diese schönen Sachen haben früher unsere Kalids gemacht, deshalb halten wir sie so heilig; aber selbst machen können wir sie nicht." Mit den Beilen und Waffen aus Stein und Fischknochen haben wir Europäer ihnen das einzige Mittel genommen, sich des schädlichen Einflusses ihrer natürlichen Faulheit und Indolenz zu erwehren: das Bewußtsein, leicht etwas erreichen zu können, ertödtet nicht blos bei Wilden die Begierde nach dem Besitz. Das Eisen des Europäers folgte zu rasch auf den Stein des Wilden: so mußte nothwendig das, was für sie vorgeblich ein Segen werden sollte, sie krank machen und hinsiechen lassen an Seele und Leib.

Absichtlich habe ich das, was ich dort aus eigener Beobachtung vor langen Jahren ermittelte und im Jahre 1866 bei der Vertheidigung meiner Habilitationsthesen auch deutlich aussprach, hier nur kurz und flüchtig hingeworfen. Denn meine Erfahrung in Bezug auf das Aussterben wilder Völker stimmt mit jener Erkenntniß, wie sie Georg Gerland auf theoretischem Wege gewonnen und in seiner bekannten trefflichen Schrift „Ueber das Aussterben der Naturvölker" niedergelegt hat, so durchaus überein, daß ich es für überflüssig halten darf, hier anders als in kurzen Worten durch das Resultat meiner praktischen Wahrnehmungen die Ansichten dieses tüchtigen Ethnologen zu bestätigen.

Nachtrag II.

Name und Stammverwandtschaft der Palau-Insulaner.

Was den Namen der Palau=Inseln und den scheinbar autochthonen der Bewohner selbst betrifft, sei es mir gestattet, hier einen Aufsatz, den ich im „Correspondenzblatt der deutschen anthropologischen Gesellschaft", 1871, Nr. 2, Februar, veröffent= lichte, zu reproduciren, um dem Leser in dieser, wie mir scheint, ganz erledigten Frage alle die Argumente an die Hand zu geben, welche zur Bildung eines eigenen Urtheils dienen können.

„Die westlichste Inselgruppe der Carolinen im Stillen Ocean wird bekanntlich von den Engländern mit dem Namen «Pelew-Islands» belegt, von den Spaniern dagegen auf ihren Karten und in ihren Geschichtswerken «Islas Palaos» be= zeichnet. Woher jener englische Name stammt, weiß ich nicht. Möglich, daß er durch eine Verdrehung des Namens der Insel «Peleliu» entstand; gewiß ist, daß von den Eingeborenen die ganze Gruppe weder mit diesem noch mit jenem Namen belegt wird.

„Die spanische Benennung der Inselgruppe ist ganz ent= schieden falsch. Zunächst geht aus den detaillirten Angaben des P. Murillo Velarde («Historia etc.» [Manila 1749], S. 375 fg.) hervor, daß diejenigen Insulaner, welche zu verschiedenen Zeiten durch östliche Stürme an die Ostküste von Samar oder

Mindanao geworfen wurden, keine Bewohner jener westlichsten Carolinen gewesen sein können. Die Namen ihrer Inseln finden sich nicht auf den Palaus, sondern weiter östlich; keine einzige der wirklichen Palau=Inseln wird dort genannt. Ihre Boote waren Doppelcanoes, wie sie nirgends auf den Palaus gebräuchlich sind; sie führten Weiber auf ihren Seereisen mit sich; die Männer trugen Mäntel über den Schultern; die Frauen ließen ihr Haar lang auf die Schulter niederfallen — alles Gebräuche, die ganz gegen die Sitte der Palau=Insulaner verstoßen. Der von jenem Schriftsteller beschriebene Gruß, mit der Hand die Stirn zu be= rühren (a. a. O., S. 376), wird von den echten Palaus nicht angewandt; er deutet auf einen Zusammenhang mit den Malaien hin. Auch in den Nachrichten, die uns über die Carolinen in den «Lettres édifiantes» mitgetheilt worden sind, findet sich keine ein= zige Notiz, welche jene nach den Philippinen hin Verschlagenen als Bewohner der Palaus kennzeichnete, wohl aber manche, weche beweisen, daß bis an das Ende des vorigen Jahrhunderts kein einziges mal Eingeborene dieser Inseln nach den Philippinen kamen. Es kommt ihnen und ihrer Inselgruppe also auch nicht der Name «Palaos» zu, obgleich er schon vom P. Murillo Velarde auf sie angewandt wurde. .

„Wahrscheinlich sind nun auch die Insulaner, welche in unserm Jahrhundert hin und wieder nach den Philippinen ge= langten, keine Bewohner der westlichsten Carolinen, sondern stammen wol von Yap oder andern mehr östlich gelegenen In= seln. Durch die Güte des Dr. Jagor in Berlin habe ich Photographien von sogenannten «Palaos» erhalten, die derselbe in Samar angefertigt hat; ich glaube ziemlich sicher behaupten zu können, daß sie von einer andern Insel als der jetzt wieder namenlosen herstammen.

„Auffallend ist schon in dem genannten Buche des P. Ve= larde, daß er (S. 375) die Leute sowol, in der Kapitelüber= schrift, wie auch die Fahrzeuge, in denen sie ankamen, «Palaos»

nennt. («El año 1696 salieron dos embarcaciones, que
llaman Palaos.» Im· Jahre 1696 fuhren zwei Fahrzeuge
ab, wece fie [die Insassen?] «Palaos» nennen.) Das
Räthsel wurde mir gelöst durch den Brief des P. Paul Clain
vom 18. Juni 1697 («Lettres édifiantes», 1863, 4. Thl.,
S. 672), wo es heißt: «Ils étaient venus· sur deux petits
vaisseaux, qu'on appelle ici (d. h. also in Manila) paraos.»
Dies ist das philippinische (malaiische) Wort für ein größeres
Fahrzeug und würde im Deutschen «Paraú» zu schreiben sein;
R und L sind im Spanischen sowol wie in den philippinischen
Idiomen identisch, und da die spanische Sprache den Diphthong
au ebenso gut ao schreiben kann, wie aus den tagalischen
Wörterbüchern zu ersehen ist, denselben aber doch nicht als sol=
chen (im Spanischen) aussprechen läßt, so ist der Irrthum sehr
erklärlich, daß später die Spanier, dem Geiste ihrer eigenen
Sprache gemäß, den Ton auf die erste Silbe des nun dreisilbig
gewordenen Wortes Pá-la-os legten. Während also zu Murillo
Velarde's Zeiten das Wort Palaós oder Paraós gesprochen
wurde, machten die Spätern Pálaos daraus. Diese Ableitung
des Wortes macht es im höchsten Grade wahrscheinlich, daß durch
irgendein Versehen der von den Samaresen gewissen Booten
beigelegte Name parau irrthümlich auch auf die Menschen darin
angewandt, nachher aber in der angegebenen Weise hispanisirt
wurde. Ich sage wahrscheinlich, weil ich die erste Ausgabe der
«Lettres édifiantes» nicht kenne. Sollte P. Clain wirklich ge=
schrieben haben: «qu'on appelle ici», so würde damit der Be=
weis geliefert sein, daß obige Vermuthung das Richtige getroffen
hat; denn die «Geschichte» des P. Murillo Velarde stützt sich hierbei
(allein) auf jenen Brief des P. Clain, und der Irrthum ist dann
sicherlich nur dadurch entstanden, daß er statt jener bestimmten
(französischen) Wendung die unbestimmtere «que llaman Palaos»,
deren Subject nach damaliger Schreibweise so gut die Insassen

der Boote wie die Bewohner von Samar gewesen sein können, substituirt hat. Der Name der Inselgruppe und ihrer Bewohner wurde also hergenommen von der Bezeichnung eines philippinischen Fahrzeugs. Uebereinstimmend damit kennt denn auch die Sprache der Bewohner der westlichsten Carolinen das Wort palau nicht als Fahrzeug. Die drei verschiedenen Canoes derselben heißen geib, kotraul und kawekel. (Auch auf Yap wird, wie ich aus einem mir gütigst von Herrn Godeffroy in Hamburg mitgetheilten Wörterbuch der dortigen Sprache ersehe, das Wort palau nie für ein Fahrzeug gebraucht. Späterer Zusatz 1872.)

„Wohl aber bezeichnen die Eingeborenen ihre Inseln als Palaú und sich selbst als lakad-ar-Palaú, d. h. Menschen von Palau. Dies, däucht mir, ist leicht zu erklären. Mit dem Worte Palau oder Palaos bezeichneten die Spanier im 18. Jahrhundert alle östlich von Mindanao liegenden Inseln, und als die Missionare ihre bekannten Versuche machten, den Palaus das Christenthum zu bringen, rechneten sie sowol die näher bei Neu-Guinea liegende Insel Sonsorol wie auch Yap und Fais mit dazu. Die Patres gelangten nur nach diesen drei genannten Inseln; daß sie wirklich die Inselgruppe, welche man jetzt ausschließlich Palaus nennt, erreicht haben, ist nur eine unbegründete Vermuthung. Mit dem Tode des P. Cantova und einiger andern nahmen solche Versuche ein Ende. Als dann gegen Ende des Jahrhunderts Wilson und die Engländer die echten Palaus entdeckten, die sie aber Pelew-Islands nennen, eröffneten sie den Spaniern von Manila ein durch lange Jahre hindurch bebautes fruchtbares Feld für Handelsunternehmungen. Es ist notorisch, daß in den ersten drei Decennien unsers Jahrhunderts zahlreiche spanische Schiffe auf Trepang nach Coröre, dem Haupthafen der Inselgruppe, fuhren, und dabei werden sie wol den Namen Palaos den Bewohnern gegeben, diese ihn gern angenommen haben. Eine Anzahl

spanischer Worte sind theils ganz unverändert, theils corrumpirt
in ihre Sprache aufgenommen, ja das Wort chiquito (klein)
ist als ein Zärtlichkeitswort sogar in ihre poetische Sprache ein=
gedrungen; während sie doch an verwandten Ausdrücken keinen
Mangel in ihrem Idiom litten. Es kann also kaum unerklärlich
erscheinen, daß sie den von den Spaniern eingeführten Namen
adoptirten. Gestützt wird solche Annahme noch durch folgende
Sage über die Entstehung desselben, die offenbar auf eine Ein=
führung durch Christen hindeutet. Es führten, so erzählt die
Mythe, in frühern Zeiten die Inseln einen andern Namen als
jetzt. Da sei einst ein junges Mädchen aus Coröre in den
Rachen eines großen Fisches gerathen und habe in ihm sieben
Tage lang gelebt; dann sei der Fisch ans Land getrieben und
habe das Mädchen ausgespien, die nun nach einigen Stunden
gestorben sei. Um das Andenken an dieses Wunder zu erhalten,
habe man ihren Namen Palau auf die Inselgruppe über=
tragen. Ein solches Verfahren verstößt aber durchaus gegen
die Gewohnheit der Bewohner. Eifersüchtig bewahrt dort ein
jeder Staat seine ihn auszeichnenden Eigenthümlichkeiten in
Wort und Sitte; für denselben Begriff gibt es mitunter drei
gänzlich verschiedene, von den Bewohnern verschiedener Dörfer
gebrauchte Worte, und eine willkürliche Benennung der ganzen
Inselgruppe durch die Bewohner im Süden würde sich nie im
Norden Geltung verschaffen, und umgekehrt. Wohl aber nehmen
sie alle im Verkehr mit Europäern gern die Worte an, welche
diese eingeführt haben; und da, wie ich oben gezeigt, der Name
Palau schon auf den Philippinen entstanden war, als man
noch sicherer Nachrichten über die Bewohner der schon (1696)
benannten, aber noch unbekannten Inseln entbehrte, so ist
wol die Annahme, daß der neue Name dann auch von den
Eingeborenen bereitwilligst zur Bezeichnung ihres Landes adoptirt
wurde, so weit sichergestellt, als dies überhaupt möglich zu sein
scheint."

Damit iſt dann aber auch bewieſen, daß die erſte und ein=
zigſte Quelle für das Stubium der Sitten der echten Palau=
Inſulaner das Buch des Kapitän Wilſon iſt; und ferner, daß
die Nachrichten der Spanier über die von ihnen ſogenannten
Palaos nicht zu benutzen ſind, wenn es ſich darum handelt, die
Verwandtſchaftsbeziehungen derjenigen Südſeebewohner zu be=
ſtimmen, welche wir nun einmal Palaus oder Pelews nennen.
Daß der Name durch einen Irrthum entſtanden iſt, thut nichts
zur Sache, da wir jetzt zum Glück ganz genau wiſſen, welche
Inſelgruppe und welche Menſchen wir mit dieſem falſchen Na=
men bezeichnen.

Bei dem heutigen Zuſtande der wiſſenſchaftlichen Anthropo=
logie und Ethnologie hält es dem Reiſenden, der nicht ſpeciell
als Anthropolog reiſt, ſehr ſchwer, bedeutendes Material in
Bezug auf die phyſiſchen Eigenthümlichkeiten einer Raſſe beizu=
bringen. Beſchreibungen, wie ſie frühere Erdumſegler gaben,
ſind jetzt faſt überflüſſig. Aber leicht gewinnt der naive
Beobachter einen gewiſſen Blick für die Eigenthümlichkeiten
einer Raſſe, ich möchte ihn den „ſpecifiſchen Blick“ nennen —
wie ja auch der Zoolog durch ſtetes Beobachten ſpecifiſcher Be=
ſonderheiten in einer Thiergruppe ſich dieſen ſpecifiſchen Blick
auch für andere Formen erwirbt, ohne daß er freilich ſein
Urtheil durch Maße zu belegen vermöchte. Das meine, in
langem Verkehr mit den Palau=Inſulanern gewonnen, geht nun
dahin: daß ſich im Haar wie in der Geſichtsbildung eine ganz
deutliche Miſchung zweier verſchiedener Raſſen erkennen läßt,
nämlich der malaiiſch=polyneſiſchen und der papuaſiſchen. Die
Körperfarbe variirt zwiſchen hellem Gelbbraun, Kupferbraun und
ziemlich intenſivem Braunſchwarz; verdeckt wird freilich die Haut=
farbe häufig durch entſtellende Hautkrankheiten (Ichthyoſis) oder
durch .die Gewohnheit, ſich den Körper mit einem aus der Cur=
cuma bereiteten gelbrothen Farbſtoff zu beſchmieren. Alle ihre
Häuſer ſind voll von dieſer Farbe, ſodaß es einem Europäer in

weißer Kleidung geradezu unmöglich ist, diese auch nur für
einige Stunden rein zu bewahren; daß dabei die natürliche
Hautfarbe der nackten Eingeborenen stark verdeckt wird, ist er=
klärlich. Das Haar ist schwarz, mitunter glänzend, doch häu=
figer matt und dann, wenn ungeölt, von etwas bräunlichem
Anflug; das glänzende schwarze Haar ist meistens glatt oder
nur wenig kraus; das matte braunschwarze dagegen immer kraus
und in großen Locken wachsend, wie sie, eigenthümlich frisirt,
so charakteristisch für die papuasischen Bewohner des eigentlichen
Melanesien sind. Sie tragen dies krause Büschelhaar aber sehr
einfach, von vorn nach hinten zurückgekämmt und am Hinter=
haupt — bei beiden Geschlechtern — in einen großen einfachen
Knoten zusammengebunden. Beim Baden öffnen sie diesen
Knoten; dann erstaunt man über den mächtigen Umfang ihres
Haupthaars, das alle Theile des Kopfes in gleicher Länge wie
eine große runde Kappe umgibt. Wenn mein Freund Arakaluk
sich sein Haar ausgekämmt hatte, so wies er eine Haarkrone auf,
wie sie ein echter Papua — abgesehen von seiner gekünstelten
Frisur — sich nicht besser wünschen würde.

Schärfer noch als in der Haarbildung spricht sich in den
Gesichtszügen die Mischung aus. Ganz rein malaiische Formen
kommen so wenig vor wie reine Papuagesichter. Leider bin ich
nicht im Stande, die guten Porträts und Photographien, die
ich besitze, diesem Buche beizugeben; durch sie würde auf den
ersten Blick bewiesen werden können, daß malaiisches Blut in
den Adern der Palaus rollt. Für die papuasische Beimischung
aber spricht ein Umstand — ganz abgesehen vom Haar, der
Farbe u. s. w. —, der in seiner exceptionellen Bedeutung bis=
jetzt, meines Wissens, nur von wenigen Reisenden recht gewür=
digt worden ist. Earl und Wallace machen beide in ihren
Reisewerken mit großer Emphase darauf aufmerksam, daß bei
den Papuas häufig jüdische (europäische) Physiognomien, echt
jüdische Nasen vorkämen (was übrigens auch schon früher Rei=

senbe bemerkt haben), während sie bei allen echten Malaien
gänzlich fehlen. Diese jüdischen Gesichtszüge sind auch mehrfach
in dem Buche von Salomon Müller zu finden, und ganz ähn=
liche Köpfe waren mir gleich bei der erſten Begegnung mit
Peleliu=Leuten aufgefallen.*) Als ich diese Bemerkung nieder=
schrieb, war mir nur Müller's Atlas bekannt; Wallace und
Earl hatten ihre reichen Beobachtungen theils noch nicht mitge=
theilt, oder sie waren mir wenigſtens bis zum Jahre 1861
gänzlich unbekannt geblieben, sobaß ich ohne jede vorgefaßte
theoretische Meinung von den verwandtschaftlichen Beziehungen
zu Papuas oder Malaien die Thatsache meinem Notizbuch ein=
verleibte, „daß mich einige der Peleliu=Insulaner, die an Bord
gekommen waren, als wir uns den Inseln näherten, auffallend
an gewiſſe jüdiſch ausſehende Bewohner von Neuguinea er=
innerten.“

Nur einen einzigen Schädel habe ich mir während meines
zehnmonatlichen Aufenthalts auf den Palau=Inseln verschaffen
können. Der Unterkiefer fehlt an demselben; sonst ist er
wohlerhalten. Er wurde im Dorfe Aibukit neben dem Bai
der Rupacks im Gebüsch liegend gefunden und muß einem
feindlichen Staat entstammen, da die Palau=Insulaner ihre
eigenen Todten mit großer Ehrfurcht bestatten und ihre Gräber
pflegen, wie ich es selten bei heidniſch=malaiischen Völkern ge=
sehen habe. Die Pietät, welche sie ihren im Grabe ruhenden
Vorfahren zollen, hat es auch verhindert, daß ich mehr als
dieſen einen Schädel erbeutete, und der Zufall misgönnte mir

---

*) Häckel hätte beſſer gethan, ſtatt einer Caricatur eines Papua, wie
er ſie in ſeiner „Natürlichen Schöpfungsgeschichte“ (2. Aufl., Taf. XIV),
gibt, eine der Müller'ſchen oder Earl'ſchen Abbildungen zu copiren. Ich
weiß nicht, woher er ſein Bild genommen hat; daß es aber abſolut unwahr
iſt, leibet für mich keinen Zweifel. Vgl. Temminck, „Naturlijke Geschie-
denis etc. Land en Volkenkunde door Salomon Müller“ (Neuguinea),
Taf. 7 und 8, und Earl, „Papuans“, Taf. VI.

die Erwerbung des Kopfes jenes Erschlagenen, um dessentwillen
sich Aituro solcher Demüthigung im Staate Aibukit ausgesetzt
sah.   Obgleich nun die Wahrscheinlichkeit sehr groß ist, daß
dieser Schädel wirklich ein Palau=Schädel ist, so wage ich ihn
doch nicht ganz unbedingt als solchen anzusprechen, da auf diesen
Inseln auch einige von Stürmen dahin verschlagene echte Malaien und einige Bewohner von Yap — ganz abgesehen von
den naturalisirten Europäern — lebten; schon zu Wilson's
Zeiten waren echte Malaien dort, freilich in äußerst geringer
Zahl.   Ich habe für nöthig gehalten, dies hervorzuheben, da
in der weitaus größten Zahl der Fälle ein sträflicher Leichtsinn
bei Bestimmung der Herkunft der Schädel fremder Nationen
obwaltet.   Die Bezeichnung „Papua von Neu=Guinea" oder
„Negrito von den Philippinen" ist kaum besser zu verwerthen,
als wenn ein auf einer Anatomie in Deutschland erworbener
Schädel als „Germanenschädel" in dem Schranke eines Lieb=
habers paradirt.   Ob z. B. die Schädelform, wie sie Virchow
kürzlich von den Negritos der Philippinen beschrieben hat, wirk=
lich die typische der dortigen Negritos ist, scheint mir noch etwas
zweifelhaft; denn es stammen sämmtliche von ihm untersuchte
Schädel von Mariveles her, einem Gebirgsstock in nächster Nähe
Manilas, dessen Bewohner seit den ältesten Zeiten nicht blos
mit den christlichen Malaien der Ebene in täglichem Verkehr
gestanden haben, sondern sich auch thatsächlich häufig mit ihnen
vermischten.   Die Annahme, daß die brachycephale Form auf
einer solchen Mischung beruhe, dürfte so lange nicht als un-
haltbar zurückgewiesen werden, als nicht größere Schädelreihen
namentlich solcher Negritostämme nach Europa gelangt sind, wie
sie nur noch an der Nordostküste Luzons in ziemlich bedeutender
Menge und großer Selbständigkeit leben.   Virchow hebt ebenda
hervor, daß sämmtliche ihm vorliegende Schädel von Negritos
spitz zugefeilte Zähne zeigen.   Diese Sitte kommt sowol bei
malaiischen wie — allerdings bei weitem häufiger — bei papua=

fischen Raſſen vor; aber auf den Philippinen iſt ſie merkwürdig
genug ganz auf die Negritos von Mariveles beſchränkt. Wenigſtens habe ich ſelbſt, der ich glaube die Wilden der Philip=
pinen beſſer zu kennen als irgendeiner der modernen Reiſenden
— da ich weitaus mehr als zwei Drittel meiner Reiſezeit eben
unter den dortigen Wilden zugebracht —, ich ſelbſt, ſage ich,
habe Negritos und Negritomiſchlinge auf den verſchiedenſten
Inſeln geſehen, aber jene Sitte des Abfeilens der Zähne nir=
gends anders als in Mariveles beobachtet. Eine beſondere
Eigenthümlichkeit des ganzen Negritoſtammes iſt alſo dieſer Ge=
brauch ſicherlich nicht.

Es wird alſo — um von dieſer Abſchweifung zum Thema
zurückzukehren — mein Palau-Schädel höchſt wahrſcheinlich ein
ſolcher ſein; aber er muß doch vorläufig mit leiſem Mistrauen
betrachtet werden. Er iſt entſchieden dolichocephal, ziemlich hoch
— doch gehört er nicht zu der hypſiſtenocephalen Gruppe —,
von ziemlich erheblichem Prognathismus und mit ſchräg zurück=
weichender Stirn, wie ſie den eigentlich malaiiſchen Völkern zu=
kommt. Eine ausführliche Beſchreibung mit Maßangaben und
Abbildung werde ich an einem andern Orte veröffentlichen.

Auch die Sitten und Gebräuche beweiſen deutlich, wie
ihr Aeußeres, den Miſchlingscharakter dieſes Volks. Wenn
ihre früher gewiß nicht unbedeutende Kenntniß der Sternbilder,
die Erbfolge in der weiblichen Linie, Gebrauch des Geldes und
Eintheilung deſſelben in ſieben verſchiedene Sorten, die All=
gemeinheit des echten Tätowirens mit einer Nadel; wenn
das Geſetz, daß der Niedriggeſtellte im Umgange mit Fürſten
ſich der vornehmen Sprache zu bedienen habe, umgekehrt der
Edle — der Rupack — mit dem gemeinen Volke die niedrige
Sprache ſpricht, und wenn noch ſo manche andere, hier zu über=
gehende Züge theils polyneſiſch-malaiiſchen, theils auch wol gar,
wie aus einigen Sagen hervorzugehen ſcheint, chineſiſchen oder
chineſiſch-malaiiſchen Einfluß aufs deutlichſte erkennen laſſen: ſo

ist andererseits auch der melanesische ebenso scharf bezeichnet.
Das „Sumbah" der Malaien, jener bekannte Gruß durch Er=
heben der Hände an die Stirn, fehlt hier gänzlich, obgleich es
nach Murillo Velarde weiter östlich auf den Carolinen und bei
Polynesiern zu finden ist.   Neben Speeren spielen Bogen und
Pfeile als Waffen eine große Rolle, wie bei allen echten Pa=
puas und selbst den Negritos der Philippinen; den Malaien
fehlen sie fast gänzlich.   Alle Papuas durchbohren sich ihre
Nasenscheidewand; auch diese Sitte wird auf den Palaus geübt,
ist aber den Malaien unbekannt.   Diese letztern lieben rau=
schende, lärmende Musik, deren sie bei ihren Spielen sowenig
wie bei ihren Gelagen und Aufzügen entbehren mögen; ihre
Instrumente sind zahlreich und verschiedenartig.   Bei den Austral=
negern, Negritos und Papuas gibt es nur zwei Instrumente:
die Flöte und die Trommel.   Auf den Palaus ist nur den
Mädchen im Bai, den Armungul, gestattet, die Flöte zu blasen,
jedes andere musikalische Instrument ist verpönt; ihre einzige
öffentlich geübte Musik ist der den pantomimischen Tanz beglei=
tende Gesang.   Ja selbst dieser ist himmelweit von dem des
Malaien verschieden: ruhig, ohne Rhythmus und doch nicht un=
melodisch, aus tiefer Brust heraus dort auf den Palaus; bei
den Malaien näselnd, im höchsten Falset und oft in lebhaftem,
leidenschaftlich bewegtem Rhythmus.   Für die auffallendste Sitte
aber, weche dem ganzen Leben dort seinen so scharf mar=
kirten Stempel aufdrückt, für das getrennte Leben der Ge=
schlechter im „Bai" der Männer und im „Balai" oder „Bli"
der Weiber und kleinsten Kinder, gibt es unter malaiischen
Stämmen nichts Analoges.   Man möchte vielleicht hier die großen
Häuser der Dayaks und anderer malaiischer Stämme heran=
ziehen; aber das geschähe mit Unrecht.   Denn es wohnen in
ihnen die Familien nebeneinander in kleinen Abtheilungen —
Stuben — jenes großen Hauses; es sind eine Menge kleiner
Wohnungen mit gemeinschaftlichem Dache.   Hier bei den Ma=

laien ist es die Frau, welche den Hausstand begründet, ihr Mann gehört ihrer Familie nicht an, sondern nur der eigenen. Im schroffen Gegensatz dazu ist auf den Palaus der Mann der Herr seines Hauses. „Het Maleische gezin, in de engere beteekenis van het woord (samandei), bestaat dus uit de moeder met hare kinderen. De vader behaart er niet toe" („Tijdschr. v. Nederl. Indie", 3. Serie, 3. Jahrg., 1869, S. 174).

. Aber dies ist nur ein Unterschied zwischen den Palaus und den echten Malaien, dessen Bedeutung freilich auch so nicht zu verkennen ist. Beweisend jedoch würde es für den Zusammenhang der Palaus mit den Papuas erst dann sein, wenn auch diese das Bai und das Balai — im Palau-Sinne — hätten. Und das scheint in der That der Fall zu sein; freilich sind es nur wenige Beobachtungen, auf die ich mich hier berufen kann. Jukes erzählt in seinem „Narrative of the Cruise of H. M. S. Fly" (S. 272 fg.), von einem Hause an der Südostküste von Neuguinea, das 300 Fuß lang, 30 Fuß breit sei, in welchem aber keine Weiber lebten; diese bewohnten vielmehr mit den Kindern die danebenstehenden kleinen Hütten. Ebenda bildet er ein solches Haus ab. In einigen Dörfern sah er drei bis vier solcher großen Häuser neben zahlreichen kleinen Hütten. Nach Williams und Calvert (Waitz, „Anthropologie der Naturvölker", Bd. 6, S. 637) dürfen bei den Melanesiern (Fidschis) „Männer und Weiber nie zusammen essen, ja auch nicht zusammen schlafen, denn die Männer schlafen meist zusammen in dem großen Gemeindehaus, wie auch die unverheiratheten Jünglinge ihre gemeinschaftlichen Schlafhäuser haben". Und ebendaselbst (Bd. 6, S. 677) sagt Gerland, sich stützend auf die Autorität von D'Urville, Erskine, Williams und Calvert, von den Pempelu: „Wie im übrigen Melanesien dienten auch die zu Fidschi, wo jeder Ort einen oder mehrere hat, als Versammlungsort, Schlafraum für die Männer und öffentliche Herberge." Das ist zwar nur wenig; aber doch scheint es mir

hinreichend, um der Vermuthung Raum zu gönnen, daß im
ganzen Melanesien früher ähnliche Einrichtungen bestanden
haben mochten, wie sie auf Palau im Clöbbergöll ihre schärffte,
kürzeste Bezeichnung gefunden haben.   Daß man von ihnen
nichts weiß, nimmt mich nicht wunder.   Daß Erzählungen
der Missionare keine lautern Quellen zum Studium des Lebens heidnischer Völker sind, wissen wir längst; und daß Seefahrer oder selbst Reisende von Fach bei flüchtigster Berührung
die eigene, oft noch rein subjective Auffassung zum Maß des
Lebens anderer ihnen ganz unverständlicher Völker machten, ist
auch bekannt.   Wenn man nun bedenkt, wie leicht ein solcher
etwas, was doch äußerst wichtig zu wissen wäre, für unbedeu-
tend, der Mittheilung unwerth ansehen kann, weil er, ohne
Kenntniß vom Leben der Bewohner, das Wesentliche nicht vom
Unwesentlichen zu trennen vermag: so ist es auch wol kaum zu
verwundern, daß wir bis jetzt bei den Papuas, die uns noch so
äußerst unbekannt und immer nur flüchtig von Reisenden besucht
worden sind, von der Clöbbergöll-Sitte der Palaus keine deutliche Spur gefunden haben.   Trotzdem mag sie noch gefunden
werden; ich meinestheils bin hiervon überzeugt, weil ich mir
jene naive Beobachtung Juke's und die andern mitgetheilten
Bemerkungen nur auf solche Weise recht zu deuten vermag.
Daß andere Reisende nichts Aehnliches sahen, ist kein Argument
dagegen; sie hatten eben nicht die Augen dafür, oder sie mis-
deuteten das Gesehene. ·Wie leicht das, namentlich früher, geschah, zeigt Wilson: in seinem dicken Buche wird uns viel erzählt über allerlei Erlebtes, Unwichtiges; aber nur einige ganz
flüchtige Andeutungen lassen erkennen, daß er die Bais gesehen
und in ihnen die Armungul und die so auffallenden interessanten
bildlichen Darstellungen der alten Sagen auf den Tragbalken
des Dachstuhls.   Ginge aus seinen Aeußerungen nicht deutlich
hervor, daß das Leben der Palaus vor fast hundert Jahren
genau dasselbe war wie heute noch, ich würde, hätte er auch

solche kurze Bemerkungen unterdrückt, nicht zu widersprechen wagen, wenn jemand skeptisch vermuthete, es könnten wol diese bunten Bilder durch den von Wilson dort zurückgelassenen Engländer zum Zeitvertreib ersonnen und ausgeführt, das ganze Clöbbergöll-Leben von ihm aber später dort eingeführt worden sein.

Das stärkste Argument aber für die Mischung papuasischen und malaiisch-polynesischen Einflusses *) auf den Palaus scheint mir die Sprache. Ich habe bereits im Jahre 1871 auf der Anthropologischen Versammlung in Schwerin in einem Vortrage auf den höchst eigenthümlich gemischten Charakter der Palau-Sprache hingewiesen; in dem Correspondenzblatte des Vereins für 1871 wurde dieser Vortrag auch publicirt. Da außerdem im Text des vorliegenden Buchs einige der hervorragendsten Eigenthümlichkeiten der Sprache bereits eingehend geschildert wurden, so kann ich mich hier darauf beschränken, die hauptsächlichsten Züge im allgemeinen hervorzuheben. Diejenigen Besonderheiten, welche nach von der Gabelentz die melanesischen Sprachen von den polynesischen scheiden, sind zweierlei: 1) der Reichthum an Consonanten und die vorwiegend consonantale Endung der Worte;

---

*) Die Ansicht von der Mischung verschiedener Rassen im Stillen Ocean ist bekanntlich sehr alt. Man hat sie in neuester Zeit fallen lassen; doch geschah dies meistens von Stubengelehrten. Gerland namentlich, der verdienstvolle Herausgeber des sechsten Bandes von Waitz' „Anthropologie der Naturvölker“, vertritt die Ansicht von der großen Reinheit der melanesischen und polynesischen Rasse mit entschiedenstem Nachdruck. Von seiner Beweisführung kann ich freilich nur sagen, daß sie mich nicht überzeugt: denn sie beruht ausschließlich auf der allerdings nicht direct ausgesprochenen, doch herauszulesenden Behauptung, die aber durch nichts bewiesen wird: daß alle die sonst als Spuren polynesischen Einflusses in Sprache, Sitten, Religion u. s. w. gedeuteten, von ihm selbst hervorgehobenen Aehnlichkeiten zwischen Melanesiern und Polynesiern als ursprünglich den Melanesiern ebenso gut wie den Polynesiern zukommend anzusehen seien. Eine Kritik seiner Argumente zu geben, muß ich hier unterlassen, um sie an günstigerm Orte später zu bringen.

Semper.   24

2) das Vorhandensein von Possessivpartikeln, welche, dem per=
sönlichen Pronomen entnommen, als Suffixa gewisser Wurzeln
(nämlich solchen, die Körpertheile und Verwandtschaftsgrade be=
zeichnen) angehängt werden. Was den ersten Punkt betrifft,
so hat nach Gabelentz keine melanesische Sprache mehr als 18
Consonanten; auf den Palaus habe ich 21 gefunden. Die
Zahl der Worte, welche mit Consonanten auslauten, ist größer
als die der vocalisch auslautenden; und ebenso ist es mit dem
Anlaut der Worte. Dieser consonantale Charakter der Sprache
spricht sich noch entschiedener in der häufigen Zusammenstellung
mehrerer Consonanten aus, z. B. schils, drumk, weijukl,
rollengl, aussekrek, aranklel, tsmorch, massicd, mtek u. s. w.
In Bezug auf den zweiten Punkt hebe ich Folgendes hervor.
Es hat sich auf den Palaus (wie schon im Text geschildert)
aus dem melanesischen Possessivsuffix eine wirkliche Declination
und sogar Conjugation entwickelt. Declinirt werden in der
früher angegebenen Weise nicht blos Worte, welche Theile
des Körpers, des Geistes oder Verwandtschaftsgrade bezeichnen
— wie im Annatom und andern Dialekten Melanesiens —,
sondern auch alle Wurzeln von Substantiven, welche über=
haupt besessen werden können, z. B. Haus, Matte, Canoe,
Meißel u. s. w. Genau die gleichen Possessivsuffixa (siehe
S. 204) werden aber auch an Verbalwurzeln angehängt, so=
daß eine echte Conjugation entsteht. Solche zu conjugirende
Verbalwurzeln sind z. B. koiti (wegwerfen), biska (geben),
so (lieben), kati (nicht mögen), meli (trinken), telebjul (lü=
gen) u. s. w.; daneben gibt es freilich eine größere Zahl von
Verben, welche nicht in dieser Weise conjugirt werden. Eigen=
thümlich und das Verständniß erschwerend ist dabei, daß das
Suffix des Verbums nicht immer das Subject des Satzes be=
zeichnet; so heißt zwar soak: ich liebe, aber biskak: gib mir.
Auffallend ist ferner noch und, wie es scheint, ganz ausschließ=
lich die Palausprache bezeichnend der Umstand, daß viele der

abzuwandelnden (Substantiv = und Verbal =) Wurzeln anders
lauten als die zweite nicht abzuwandelnde Form (S. 204 einige
Beispiele). Diese Verschiedenheit der gleichbedeutenden Wurzeln
kann mitunter sehr groß sein und Ursache zahlreicher Misver=
ständnisse im Verkehr mit den Insulanern werden, deren ich
eins im Text mitgetheilt habe.

Andererseits finden sich im Wortschatz zahlreiche polyne=
sische oder malaiische Wurzeln, und die Mehrzahl der Pro=
nominalformen sowie der Zahlwörter ist wol malaiischen Ur=
sprungs. Ueberhaupt hat man ja auch die malaiisch=polynesische
Verwandtschaft der Mikronesier und damit auch der Palau=
Insulaner nie bezweifelt, sodaß es sich hier nur darum han=
deln konnte, den doch so scharf ausgesprochenen melanesischen
Charakter der Sprache hervorzuheben. Läßt man aber gelten,
daß die hier kurz bezeichneten Eigenthümlichkeiten der Sprache
und der Sitten wesentlich melanesisch sind, so ist damit die
Mischung bewiesen, wenn man nicht zu dem unter den heu=
tigen Anthropologen nicht selten beliebten Mittel greifen will,
Sprache und Sitten als ganz ungeeignet zur Erkennung der
Verwandtschaftsbeziehungen zwischen Völkern zu perhorresci=
ren. Gegen ein solches Verfahren kann ich natürlich nur
Protest einlegen; eine Discussion ist dann unmöglich. Anders
stehe ich denen gegenüber, welche, wie Gerland, die Bedeutung
der Sprache für ethnologische Forschungen anerkennend, die
Reinheit der melanesischen und polynesischen Rasse zu ihrem
Glaubensbekenntniß gemacht haben. Diese können meines Er=
achtens nur zu zwei Resultaten kommen: entweder mit mir
in den Palaus eine entschiedene Mischlingsrasse zwischen Ma=
laio=Polynesiern und Melanesiern zu sehen; oder aber anzu=
nehmen, wie von der Gabelentz es („Die melanesischen Sprachen",
S. 265) als möglich und glaubwürdig bezeichnet, daß die bei=
den sonst so sehr verschiedenen Stämme doch urverwandt seien.
Dieser letztern Annahme steht aber namentlich die große Ver=

schiedenheit im Körperbau entgegen, wenigstens vorläufig; sodaß
ich meinerseits mich lieber der andern Auffassung hinneige, weil
sie durch sich selbst schon zu immer erneuter Untersuchung dieses
so wichtigen Problems auffordert, statt in dogmatisch eintheilen-
der Weise eine Lösung desselben gewaltsam herbeizuführen, wie
es die entgegengesetzten Meinungen thun würden.

Druck von F. A. Brockhaus in Leipzig.

Lightning Source UK Ltd.
Milton Keynes UK
UKHW011447010219
336576UK00010B/591/P